Entwicklung der Lage in der Normandie (6. Juni bis 24. Juli 1944)

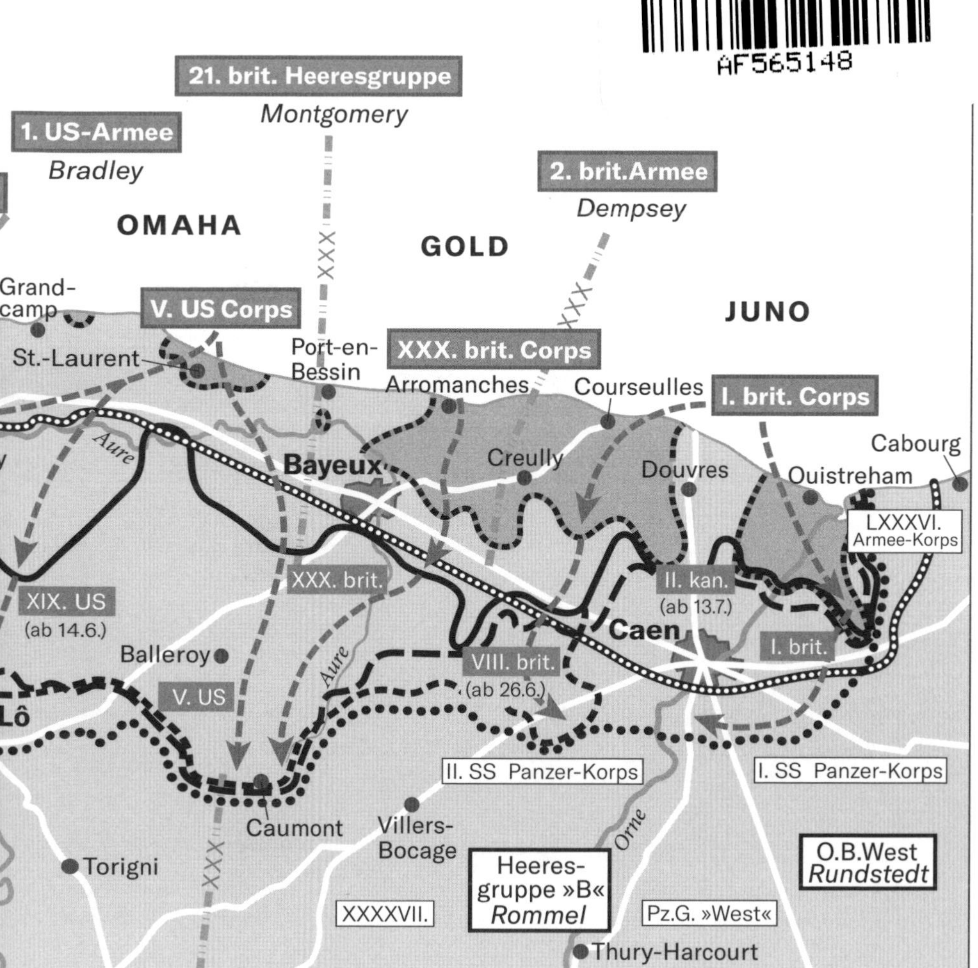

Klaus-Jürgen Bremm

Normandie 1944

6. Juni 1944: Alliierte Soldaten landen am *UTAH*-Beach in der Normandie. Links ist ein Landungsboot *Landing Craft, Tank (LCT) 779* zu sehen, im Vordergrund ein *Landing Craft, Vehicle, Personnel (LCVP)*. Am Himmel schützen Sperrballons vor feindlichen Luftangriffen.

In einer ursprünglich für das Pentagon angefertigten Studie war der israelische Kenner der deutschen Militärgeschichte Anfang der 1980er-Jahre der Frage nachgegangen, welche Faktoren zur Verbesserung der Kampfkraft von Armeen beitrugen. Ausgerechnet bei der gründlich geschlagenen Deutschen Wehrmacht glaubte van Creveld besonders fündig geworden zu sein. In beinahe allen Bereichen von der Führerauswahl bis zur Organisation des Personalersatzes, so sein paradoxer Befund, sei die immer wieder geschlagene deutsche Wehrmacht dem amerikanischen System weit überlegen gewesen. Weniger als mittelmäßig stufte er dagegen das amerikanische Offizierkorps im Zweiten Weltkrieg ein. Ein Vergleich mit ihren deutschen Kontrahenten sei sogar schlechterdings kaum möglich.[9]

Lediglich in ihrer konsequenten Konzentration auf das Operative und damit auf das Gefecht der verbundenen Waffen, glaubte van Creveld eine notorische Blindstelle deutscher Streitkräfte zwischen 1939 und 1945 ausmachen zu können. Militärische Doktrin, Ausbildung und Organisation des Heeres seien nach seinem Urteil mit seltener Konsequenz auf das Kämpfen ausgerichtet gewesen. Logistik, Verwaltung und Management hätten dagegen nur eine nachrangige Rolle gespielt. Die Amerikaner seien genau umgekehrt vorgegangen und schienen sogar alles getan zu haben, um ausgerechnet die Infanterie, immer noch das Rückgrat auch moderner Armeen, zugunsten anderer Truppengattungen zu vernachlässigen. Bei der Zuweisung des besseren Personals sei sie gewöhnlich leer ausgegangen, da die Militärbehörden diesen »Job« jedem Kandidaten zugetraut hätten. An wirklicher Kampfkraft sei den Amerikanern auch gar nicht gelegen gewesen, da nach ihrer Philosophie sämtliche Gefechte hauptsächlich durch die Massierung gewaltiger Feuerkraft entschieden werden sollten. Der Jerusalemer Professor nannte Eisenhowers und Omar Bradleys Methoden sogar verächtlich einen Maschinenkrieg.[10]

Selbst amerikanische Historiker und ehemalige Militärs sparten im Rückblick nicht mit Kritik am Kampfverhalten der amerikanischen Divisionen in Europa. Der renommierte Militärhistoriker Russel Weigley von der Temple University in Philadelphia beurteilte den

Auch unter Berücksichtigung der für die Amerikaner äußerst verlustreichen Kämpfe im Hürtgenwald, die schließlich in ihrem Rückzug aus Schmidt und Kommerscheidt gipfelten, wirkt die militärische Bilanz der Wehrmacht gegen die US-Armee geradezu deprimierend. Weder in Italien noch in Frankreich gelangten deutsche Truppen gegenüber ihren amerikanischen Widersachern jemals über temporäre Abwehrerfolge hinaus. Ein nach allen Regeln der operativen Führungskunst unternommener Angriff auf den amerikanischen Brückenkopf bei Anzio-Nettuno schlug im Februar 1944 nicht mehr durch.[7] Selbst Phasen beispielloser Schwäche auf Seiten der Amerikaner wie am Strand von *OMAHA*, in den überfluteten Landezonen der US-Fallschirmjäger auf Cotentin oder später in den verschneiten Wäldern der Ardennen und Vogesen konnten die Deutschen trotz örtlicher numerischer Überlegenheit nicht mehr zu ihren Gunsten nutzen.

Die bis dahin in der ganzen Welt hoch geachtete oder je nach Sicht auch gefürchtete preußisch-deutsche Armee mit ihrem durch Tradition und Kastengeist gefestigten Korps hervorragend geschulter Berufsoffiziere sollte in den letzten drei Kriegsjahren beinahe regelmäßig gegen eine Armee aus Bürgersoldaten und eilig angelernten Offizieren versagen, die erst zwei Jahre zuvor aus dem Nichts geschaffen worden war.

Trotz ihrer mehr als ernüchternden Bilanz gegen amerikanische Truppen ist es deutschen Generalen nach dem Krieg noch lange gelungen, den Mythos ihrer überlegenen operativen Führungskunst und der überragenden kämpferischen Qualitäten des deutschen Soldaten aufrechtzuerhalten. Auch neuere Militärhistoriker wie etwa der Professor an der Hebräischen Universität in Jerusalem, Martin van Creveld, haben dazu beigetragen, dass das schmeichelhafte Selbstbild der Angehörigen der Deutschen Wehrmacht und der Waffen-SS trotz ihrer fortgesetzten Niederlagen bis 1945 noch lange im Kern kaum infrage gestellt worden war.[8] Nicht nur in Deutschland konnte sich bis in die jüngste Vergangenheit der Mythos einer Armee von Helden und Magiern der Kriegsführung halten, die erst vor dem immensen Materialaufgebot ihrer Gegner die Waffen strecken musste.

Lieutenant General Sir Harold Alexander, der britische Oberbefehlshaber in Nordafrika, sah sich in seinem alten Argwohn gegenüber den militärischen Qualitäten des Verbündeten glänzend bestätigt. Die Amerikaner seien zu weich, zu unerfahren und schlecht ausgebildet, klagte er am 3. April 1943 in einem Brief an den Chef des *Imperial War Staff*, Sir Alan Brooke. Es fehle ihnen nicht nur der Wille zum Kampf, sondern leider auch jeder Hass gegenüber Deutschen und Italienern.[3]

Tatsächlich hatten eine lange Reihe taktischer Fehler wie auch ein überforderter Korpsbefehlshaber das amerikanische Anfangsdesaster in der Wüste verursacht. Die Niederlage gab auch allen Kritikern aufseiten der Briten Auftrieb, die schon immer Zweifel an General Eisenhowers Führungsqualitäten geäußert hatten und sich kaum vorstellen konnten, dass amerikanische Truppen jemals erfolgreich in Frankreich landen würden. Dagegen zeigte sich der noch einmal siegreiche »Wüstenfuchs« in seinem Urteil über die Amerikaner durchaus nachdenklich. Wenn sie erst einmal genügend Kampferfahrung gesammelt hätten, würden sie bestimmt brauchbare Soldaten abgeben, schrieb Generalfeldmarschall Erwin Rommel am 18. Februar 1943 an seine Frau.[4]

Dass allerdings die beiden Eröffnungsschlachten im westlichen Tunesien nicht nur die letzten Siege seines alten Afrikakorps sein würden, sondern zugleich auch die einzigen Erfolge der Deutschen Wehrmacht über diesen neuen Gegner überhaupt, ahnte der gefeierte Held der Goebbels'schen Propaganda zu diesem Zeitpunkt wohl nicht. Mehr als 100 Schlachten oder größere Gefechte zwischen Deutschen und Amerikanern zählte der britische Historiker Geoffrey Perret nach Sidi Bouzid und Kasserine bis zum Ende des Krieges in Europa auf, die ausnahmslos mit einer Niederlage der Wehrmacht oder allenfalls mit einem temporären Patt geendet hatten. Dabei konnten sich die Deutschen bei vielen ihrer Misserfolge nicht einmal auf eine personelle oder materielle Unterlegenheit berufen.[5] Oft waren die deutschen Waffensysteme wie etwa das MG42, die Panzer vom Typ »Panther« oder »Tiger« sowie die legendäre 8,8-Flakkanone der alliierten Bewaffnung qualitativ derart überlegen, dass auf der Gegenseite gelegentlich sogar Panik ausbrach.[6]

Einleitung

Vom Verlust der militärischen Führungskunst

»Von der Strategie bis hinab zur Taktik und auf sämtlichen Stufen dazwischen war Frankreich der Kriegsschauplatz, wo der ›*Genius of War*‹ der Wehrmacht wie Asche zerfiel, wo ›Hitlers Legionen‹ zerbröselten und wo die ›Magier des Teufels‹ wie Amateure agierten. An Frankreichs Küsten erlitt die militärische Tradition, die Friedrich den Großen, Carl von Clausewitz und Helmuth von Moltke hervorgebracht hatte, die wohl schmerzlichste und demütigendste Niederlage in ihrer langen Geschichte.«

Robert Michael Citino, The Wehrmacht's Last Stand, S. 110.

Es war gewiss eine der schlimmsten Niederlagen unserer Geschichte, notierte am 23. Februar 1943 *Commander* Harry Butcher, der Verbindungsoffizier der *US-Navy* zum Stab von General Dwight David Eisenhower, ratlos und erschüttert in sein Tagebuch. Zwei Panzerdivisionen aus Rommels Afrikakorps hatten erst wenige Tage zuvor das »stolze und angeberische Amerika«, wie Butcher es sarkastisch ausdrückte, im algerisch-tunesischen Grenzgebiet militärisch gedemütigt.[1] Nicht allein waren mehr als 6000 Mann und fast 300 Panzer des amerikanischen II. *Corps* bei Sidi Bouzid und am Kasserine-Pass verloren gegangen, teilweise hatten die Männer sogar in Panik ihre Stellungen verlassen und waren kilometerweit ins Hinterland geflohen.[2]

Teil III
Der Ausbruch

Inhalt

Die Deutsche Nationalbibliothek verzeichnet diese Publikation
in der Deutschen Nationalbibliografie;
detaillierte bibliografische Daten sind im Internet über
www.dnb.de abrufbar.

wbg Theiss ist ein Imprint der wbg.

Die Herausgabe des Werkes wurde durch die Vereinsmitglieder der wbg ermöglicht.
Lektorat: Christina Kruschwitz, Berlin
Satz: Arnold & Domnick, Leipzig

Gedruckt auf säurefreiem und alterungsbeständigem Papier
Printed in Europe

Besuchen Sie uns im Internet: **www.wbg-wissenverbindet.de**

ISBN 978-3-8062-4488-5

Elektronisch sind folgende Ausgaben erhältlich:
eBook (PDF): ISBN 978-3-8062-4518-9
eBook (epub): ISBN 978-3-8062-4519-6

Klaus-Jürgen Bremm

Normandie 1944

Die Entscheidungsschlacht um Europa

wbg Theiss

Kampfgeist der amerikanischen Infanterie sogar als äußerst gering. Sie habe es praktisch nie gewagt, sich auf ein unmittelbares Gefecht mit Wehrmachtsverbänden einzulassen.[11]

In das gängige Bild des angeblich kampfscheuen US-Soldaten schien sich auch das erstaunliche Fazit einzufügen, das *Lieutenant Colonel* Samuel Lymann Marshall nach einer Auswertung von rund 400 Interviews mit amerikanischen Soldaten des Zweiten Weltkrieges zog. Nicht einmal jeder Vierte aus der befragten Gruppe habe im Kampf seine Waffe überhaupt eingesetzt, so resümierte Marshall. Die Herstellung einer infanteristischen Feuerüberlegenheit auf dem Gefechtsfeld sei unter diesen Umständen kaum möglich gewesen.[12] Amerikanische Generale hätten es gewöhnlich ganz ihrer Artillerie überlassen müssen, den Gegner zu zerschlagen. Insgesamt seien, so Weigley, die Amerikaner allein dank ihrer materiellen Überlegenheit zum Sieg über die Deutschen »gestolpert«.[13] Ähnlich abwertend lautete das Urteil des amerikanischen *Colonels* und unverbrüchlichen Bewunderers des preußisch-deutschen Generalstabs, Trevor Nevitt Dupuy. Der Veteran des Burmakrieges (1942 – 45) glaubte sogar mittels eines numerischen Modells eine konstante militärische Überlegenheit der Wehrmachtsdivisionen über ihre anglo-amerikanischen Gegner nachweisen zu können. Nach der Analyse einer Reihe von Gefechten zwischen Deutschen und Amerikanern gelangte Dupuy, der selbst allerdings niemals gegen Truppen der Wehrmacht zum Einsatz gekommen war, schließlich zu dem Ergebnis, dass die Deutschen im Zweiten Weltkrieg um durchschnittlich 20 Prozent effektiver als ihre amerikanischen Widersacher agiert hätten.[14] Im Kampf Mann gegen Mann habe demnach der deutsche Infanterist seinem Gegner sogar um die Hälfte höhere Verluste zugefügt und dies, wie er betonte, unter allen Umständen und in allen Gefechtsarten.[15]

Doch weder van Creveld noch andere Kritiker der *US-Army* vermochten eine plausible Erklärung abzugeben, weshalb die in Disziplin und Einsatzwillen ihrem Gegner angeblich so überlegene deutsche Armee seit den Kämpfen in der tunesischen Wüste keinen einzigen militärischen Erfolg mehr gegen die so sehr gescholtenen amerikanischen

Truppen erringen konnte. Fast schon ratlos verwies der israelische Historiker wie vor ihm schon die Generale der Wehrmacht auf die strukturelle Unterlegenheit des politischen und industriellen Systems des Dritten Reiches, die letztlich den Krieg entschieden hätten.

Hätte jedoch nicht die »furchteinflößende Kampfkraft« des deutschen Heeres, seine überlegene Bewaffnung und die überragende Qualität seiner Offiziere wenigstens einige örtliche Siege über seine amerikanischen Widersacher ermöglichen müssen? Noch Anfang 1944 hatte sich Hitler davon überzeugt gezeigt, dass es im Falle einer alliierten Landung in Frankreich gerade der Führungskunst deutscher Offiziere und dem unerschütterten Kampfwillen ihrer Soldaten gelingen würde, besonders die unerfahrenen Amerikaner rasch wieder ins Meer zu werfen. »Es mag die plutokratische Welt im Westen ihren Landungsversuch unternehmen, wo sie will, er wird scheitern.« Der Diktator sehnte sogar diesen Tag herbei, da durch das in seinen Augen unvermeidliche Desaster der Anglo-Amerikaner an den Stränden Frankreichs zugleich auch die erhoffte Kriegswende eintreten musste. Noch am Morgen der Invasion zeigte er sich völlig zuversichtlich. »Jetzt haben wir sie endlich dort, wo wir sie schlagen können.«[16]

Tatsächlich aber sollten sich am 6. Juni vor allem die geschmähten Amerikaner als überraschend zähe Gegner erweisen. Während sie noch am Strand von *UTAH* einen unerwartet leichten Erfolg erzielen konnten, der sie sogar weniger Opfer kostete, als im November 1942 ihre erste Landung in Nordafrika (*Operation TORCH*) gegen den Widerstand der Vichy-Franzosen, glückte ihnen am benachbarten Strand von *OMAHA* das beinahe Unmögliche. Innerhalb von nur zehn Stunden machten Soldaten aus New York, Virginia und Texas aus einer Anfangskatastrophe einen nicht mehr für möglich gehaltenen Sieg, wobei sich vor allem die größtenteils im Kampf unerfahrenen amerikanischen Offiziere ihren deutschen Antipoden als mindestens ebenbürtig erwiesen.

Zwar konnten die Angreifer auf das wirksame Feuer der alliierten Schiffsartillerie und nach Aufklaren des Himmels gegen 11 Uhr auch auf die Unterstützung ihrer Luftwaffe zählen, doch numerisch waren sie den in günstigen Stellungen kämpfenden Deutschen in den ersten Stunden der Landung hoffnungslos unterlegen. Die erste Welle amerikanischer Truppen hätte eigentlich restlos am Strand vernichtet werden müssen. Doch im Abschnitt von Omaha wie auch bei zahllosen noch folgenden Duellen mit den Deutschen in Frankreich, Belgien oder dem Rheinland hatten die Amerikaner stets das längere Ende für sich, und nicht allein materielle Überlegenheit oder pures Glück können das erklären. Außer Frage steht, dass ein hoher Anteil der deutschen Soldaten in beinahe jeder Konfrontation zunächst mit Mut und Elan kämpfte. Beispiele dafür lassen sich nach Belieben aufzählen und selbst nach dem amerikanischen Durchbruch bei Avranches vermochten sie sich noch einmal zu sammeln. Doch im Verlauf der meisten Gefechte gaben sie schließlich auf, zogen sich zurück, wo das noch möglich war, oder ergaben sich einfach.

Mehrere Gründe scheinen sich zur Erklärung dieser ernüchternden Bilanz anzubieten. Das für die deutsche Führung schockierende Versagen der Infanterie auf dem italienischen Kriegsschauplatz erklärte etwa Dietrich von Choltitz, der Kommandierende General des XXV. Armee-Korps vor dem amerikanischen Brückenkopf bei Anzio-Nettuno, mit dem immer häufiger auftretenden Mangel an jenen erfahrenen und nervenstarken Mannschaftsdienstgraden, die auch einer Gruppe von Neulingen besonders in Krisenlagen Rückhalt geben konnten.[17] Für die in den letzten beiden Kriegsjahren vermehrt zu beobachtenden Defizite in der Organisation des Gefechts auf deutscher Seite macht der texanische Militärhistoriker Robert Citino vor allem das allmähliche Übergreifen des für die Hitlerdiktatur typischen polykratischen Chaos auch auf die bewährten Strukturen der Wehrmacht verantwortlich. Die deutsche Befehlskette im Westen sei so miserabel gewesen, dass nicht einmal böse Absicht sie noch hätte verschlimmern können.[18] Klar geordnete Befehlshierarchien, die hätten sicherstellen müssen, dass vorhandene Reserven rechtzeitig an den Feind gelangten, existierten gerade bei der Wehrmacht im Westen nicht. Der monatelange Disput unter deutschen Generalen, ob die Panzerreserven entgegen der vorherrschenden Doktrin unmittelbar am Strand eingesetzt oder besser aus der Hinterhand schlagen sollten, lieferte ein typisches Beispiel für die notorische deutsche Führungsschwäche. Doch selbst der Kompromiss, auf den sich Rommel und Rundstedt unter Hitlers Moderation schließlich einigten, sollte am Landungstag nicht konsequent umgesetzt werden. Hinzu kamen erstaunliche handwerkliche Mängel in der Stabsarbeit, die sich nach dem Urteil von Sönke Neitzel bereits im Kampf um den Brückenkopf von Anzio-Nettuno gezeigt hatten und sich wenige Monate später in der Normandie wiederholen sollten. Auf einer höheren Ebene habe sich die Wehrmacht, so der Potsdamer Historiker, in der letzten Kriegsphase nur noch als begrenzt lernfähig erwiesen.[19] Tatsächlich beruhte etwa der verzettelte Einsatz der zwei vom OKW freigegebenen Panzerdivisionen am 7. und 8. Juni auf einem ungewöhnlichen Mangel an Koordination und Führungskraft auf deutscher Seite. Verächtlich sprach der Befehlshaber der Panzergruppe »West«, General Leo Freiherr Geyr von Schweppenburg, nach dem Krieg von einem »Negerpalaver« sich widersprechender Befehle.[20]

Die Blaupause zu allem Führungsversagen hatte bereits der verunglückte Angriff der 21. Panzer-Division am Nachmittag des ersten Landungstages geliefert, in den gleich drei hohe deutsche Stäbe von der Heeresgruppe »B« abwärts involviert waren. Obwohl die angespannte Lage den rücksichtslosen Einsatz aller verfügbaren Kräfte für diesen fraglos kriegsentscheidenden Angriff gebot, zeigte sich keiner der beteiligten übergeordneten Stäbe imstande, den Divisionskommandeur, Generalmajor Edgar Feuchtinger, daran zu hindern, einen namhaften Teil seiner Division rechts der Orne gegen britische Fallschirmjäger einzusetzen. Das Nichtzustandekommen einer scharf zusammengefassten Gegenoffensive der drei am 8. Juni verfügbaren deutschen Panzerdivisionen dürfte wiederum die Schlacht um die kanadisch-britischen Landeköpfe endgültig entschieden haben. Befehle und Gegenbefehle von verschiedenen Stäben verunsicherten wiederum nur zwei Wochen später die ohnehin schon angeschlagenen deutschen Divisionen auf der Halbinsel Cotentin und erleichterten den Amerikanern die rasche Einnahme von Cherbourg. Gerade in der Schlacht um die

Normandie zeigte sich auf deutscher Seite in sämtlichen Phasen bereits eine erstaunliche Erosion an Führungskunst, Durchsetzungskraft und Organisationvermögen. Ausgerechnet jene geistigen und handwerklichen Kompetenzen, bei denen sich deutsche Generale und Stabsoffiziere trotz aller erdrückenden materiellen Ungleichgewichte immer noch ihren alliierten Gegner überlegen fühlten, waren bei der Wehrmacht im Westen kaum noch vorhanden. Die große Mehrheit der amerikanischen Divisionen, die seit dem 6. Juni 1944 in Frankreich gelandet waren, besaß keine Kampferfahrung, die meisten ihrer Kompaniechefs und Zugführer hatten bis dahin nie gelernt, eine kritische Lage unter mörderischem Beschuss zu meistern und doch zeigten sie sich den Offizieren auf der Gegenseite mindestens ebenbürtig, oft sogar überlegen, und wären mit ihren Männern sogar bis nach Berlin marschiert, wenn nicht politische Erwägungen dies verhindert hätten.

Normandie zeigte sich auf deutscher Seite in [illegible] Phasen [illegible] [illegible] Erosion, an [illegible] Durchsetzungs-kraft und Organisations[illegible] [illegible] [illegible] [illegible] Kampf[illegible] [illegible] [illegible] sich [illegible] [illegible] [illegible] immer noch ihren alliierten Gegnern [illegible] waren [illegible] [illegible] im Westen kaum noch vorhanden. Die große Mehrheit der angloamerikanischen Divisionen, die seit dem 6. Juni 1944 in Frankreich gelandet waren, besaß keine Kampferfahrung, den meisten ihrer Kommandeure [illegible] [illegible] [illegible] [illegible] [illegible] [illegible] Gegensatz [illegible] sogar [illegible] [illegible] bis nach Berlin [illegible], wenn nicht politische [illegible] [illegible] hätten.

Teil I
Die Gegner formieren sich

1 In der Hauptstadt der Besiegten – Die Deutschen in Paris

»War Paris nicht schön? Aber Berlin muss viel schöner werden! Ich habe mir früher oft überlegt, ob man Paris nicht zerstören müsse, aber wenn wir in Berlin fertig sind, wird Paris nur noch ein Schatten sein. Warum sollen wir es zerstören?«

Adolf Hitler am 28. Juni 1940 zu Albert Speer[1]

Am 14. Juni 1940 rückte die deutsche 87. Infanterie-Division unter Generalleutnant Bogislav von Studnitz kampflos in Paris ein. Nachdem sie der erste Schrecken zunächst in ihre Häuser getrieben hatte, betrachteten die Bewohner der östlichen Vorstädte von Noissy-le-Sec und Montreuil mit unverhohlener Neugier die in hohem Tempo vorbeirollende Panzerjägerabteilung der Division.[2] Eine endlose Prozession motorisierter Einheiten auf dem *Boulevard de Sébastopol* beobachtete am selben Mittag Sylvia Beach, die Inhaberin der bekannten Buchhandlung *Shakespeare and Company* und erste Verlegerin des *Ulysses* von James Joyce. Behelmte Männer saßen mit gekreuzten Armen auf den Fahrzeugbänken, gezeichnet von demselben kalten Grau wie ihre über das Pflaster dröhnenden Maschinen.[3] Viele in der Stadt gebliebene Pariser dürften sich an diesem sonnigen Freitag noch einmal an die große Parade des 14. Juli 1939 erinnert haben, als anlässlich des 150. Jahrestages des Sturmes auf die *Bastille* 30 000 französische Soldaten mit 600 Fahrzeugen aller Art über die *Champs Élysées* paradiert waren.[4] Genau auf den Tag elf Monate danach marschierten nun die Deutschen, noch selbst erstaunt über ihren beispiellosen Siegeszug zwischen Maas und Somme, kampflos in Frankreichs Kapitale ein. Im Krieg von 1870/71 hatten deutsche Truppen Paris monatelang belagern müssen, ehe sie wenigstens für zwei Tage in seine westlichen Arrondissements einrücken durften. Im September 1914 dagegen war Paris nur ein zum Greifen naher Traum geblieben. Mit besonderer Genugtuung sahen daher ältere Kriegsteilnehmer wie der aus

Strasbourg stammende Volksschullehrer Hermann P. die alte »Schmach von 1918« jetzt endlich getilgt.[5] Weniger als fünf Wochen hatten dem deutschen Heer gereicht, um Frankreichs stolze Militärmacht niederzuwerfen und die Briten vom Kontinent zu jagen.

Kein zweites Wunder an der Marne sollte dieses Mal Paris retten. Zwar hatte die französische Heeresleitung durchaus über eine Verteidigung der Hauptstadt nachgedacht und sogar mit etlichen Vorbereitungen begonnen. Doch angesichts der sich überstürzenden Ereignisse war alles nur Stückwerk geblieben. Der Durchbruch von General Hermann Hoths XV. Panzer-Korps am 7. Juni bei Forges-les-Eaux, das nur zwei Autostunden von der Hauptstadt entfernt lag, hatte bereits den Beginn der Auflösung des französischen Heeres markiert. Die meisten Diplomaten der mit Deutschland verfeindeten Mächte waren daraufhin aus Paris geflohen. Nur drei Tage später hatte auch das Kabinett von Premierminister Paul Reynauld die Hauptstadt verlassen. Wie schon ihre Vorgängerregierung ein Vierteljahrhundert zuvor, waren die Minister, unter ihnen auch der erst am 3. Juni von Reynauld zum Unterstaatssekretär für Verteidigung ernannte *Général de Brigade* Charles de Gaulle, am 10. Juni zunächst nach Tours aufgebrochen. In den dortigen Loireschlössern, später dann in Bordeaux, sollte die Regierung ihre letzten Tage, die zugleich auch nach 70 Jahren die letzten Tage der Dritten Republik waren, in wachsender Agonie fristen. Zusammen mit den Politikern war auch ein großer Teil der fast drei Millionen Pariser in Panik nach Süden aufgebrochen, wo sich ihre pittoresken Kolonnen aus hoffnungslos überladenen Autos, Fuhrwerken und Fahrrädern mit den endlos erscheinenden Flüchtlingszügen aus Nordfrankreich vermischten. Die Angst vor den »barbarischen« Deutschen saß tief und war durch die zwei Bombardements der Stadt, bei denen Görings Luftwaffe am 3. und 11. Juni die Citroënwerke und etliche Regierungsgebäude angegriffen hatte, noch verstärkt worden. Am 12. Juni 1940 hatten die örtlichen Behörden schließlich Paris zur offenen Stadt erklärt und widerstrebend Verhandlungen mit der deutschen 18. Armee des Generalobersten Georg von Küchler begonnen. Mehr Angst als die Franzosen mussten allerdings die deutschen und österreichischen Exilanten haben, von denen schätzungsweise 35500, meist Kommunisten, Freigeister oder Juden, seit 1933 in Paris eine prekäre Zuflucht vor der Nazidiktatur gefunden hatten. Im Rückblick schrieb Stefan Zweig, der noch Ende April 1940 im Pariser *Théâtre Marigny* einen Vortrag über »Das Wien von Gestern« gehalten hatte: »Kaum je ein eigenes Unglück hat mich so betroffen, so erschüttert, so verzweifelt gemacht wie die Erniedrigung dieser Stadt, die wie keine begnadet gewesen, jeden, der ihr nahte, glücklich zu machen.«[6] Auch der österreichische Exilant Ernst Weiß machte sich keine Illusionen, welche Konsequenzen der militärische Triumph Nazideutschlands für ihn wie für viele andere Schicksalsgenossen haben musste. Noch während die deutschen Kolonnen unter den Fenstern seines Hotels entlangdröhnten, schnitt sich der jüdische Schriftsteller und Arzt die Pulsadern auf.[7]

Von den Deutschen abgesehen herrschte in diesen ersten Tagen in ganz Paris eine merkwürdige Stille. Nur wenige Fußgänger verloren sich auf seinen riesigen Boulevards und der amerikanische Journalist William Lawrence Shirer will beim Anblick der ihm vertrauten Stadt sogar heftige Magenschmerzen bekommen haben. »Die Straßen sind total verwaist, die Geschäfte geschlossen und alle Jalousien heruntergelassen, notierte er drei Tage nach dem Einmarsch der Deutschen in sein Tagebuch.[8] Diese Leere gehe einem ans Herz.

Anscheinend seien nur die ärmeren Pariser in der Stadt geblieben, vermerkte Generaloberst Fedor von Bock, der Oberbefehlshaber der Heeresgruppe »B«, in seinem Tagebuch. Neugierig und keineswegs feindselig standen diese Leute an den Einmarschstraßen herum und weigerten sich auch nicht, auf die Fragen der Deutschen bereitwillig Antwort zu geben. Auch die Pariser Gendarmerie sei in der Stadt geblieben und zeige sich höflich in Gruß und Haltung, wunderte sich der hohe Wehrmachtsoffizier. Dass Pariser Polizisten sogar den Verkehr regelten, der wegen des Benzinmangels fast ausschließlich aus deutschen Militärfahrzeugen bestand, trug sogar bizarre Züge. Doch die stolzen Sieger hatten keine Probleme damit, den Besiegten zu gehorchen, wenn auch nur jeweils für wenige Momente. Schließlich waren die Deutschen in vielen Belangen auf die Mitarbeit der

Franzosen angewiesen und taten alles, um deren korrekt-indifferente Haltung gegenüber den Besatzern zu bestärken. Provokationen jeder Art hatten daher zu unterbleiben und eine sichtbare Distanz zwischen Deutschen und Parisern schien das Gebot der Stunde. Die strikte Pflicht zum Tragen der Uniform, die der im noblen *Hôtel Meurice* an der *Rue de Rivoli* einquartierte deutsche Stadtkommandant von Groß-Paris, Generalleutnant Ernst Schaumburg, erlassen hatte, galt selbst für die dienstfreie Zeit und sollte den Militärbehörden die Kontrolle erleichtern. Wer als Soldat auf der Straße ohne Papiere, betrunken oder in vorschriftswidriger Uniform angetroffen wurde, musste mit verschärften Arreststrafen rechnen.[9] Ohnehin war der Zugang zu den zentralen Arrondissements von Paris für die meisten Unteroffiziere und Mannschaften streng reglementiert und sämtliche Zufahrtstraßen waren sogar abgesperrt. Mit Ausnahme der hohen Stäbe war die Masse der Besatzungstruppe in den Randbezirken von Paris untergebracht und alle dienstlichen Aufträge, die einen ins Zentrum der Stadt führten, waren wegen der damit verbundenen Passierscheine heißbegehrt.[10] Militärische Stadtbesichtigungen in Gruppen boten dagegen nur einen begrenzten Ausgleich, zumal dabei den Teilnehmern das Aufsuchen von Lokalen oder Geschäften gewöhnlich untersagt war.[11]

Manche Ankömmlinge, die noch aus früheren Besuchen die Hauptstadt kannten und sie jetzt wiedersahen, zeigten sich von den neuen Verhältnissen enttäuscht. »Von dem fröhlichen und leichtfertigen Leben, das früher Paris kennzeichnete, sei nichts mehr zu bemerken«, schrieb bedauernd ein Artilleriesoldat Anfang Juli 1940 nach Hause. Die vor den Läden Schlange stehenden Leute weckten bei ihm sogar traurige Kindheitserinnerungen an die Weimarer Inflationszeit.[12] Die Seinemetropole, die immer mehr sein wollte als nur die Hauptstadt Frankreichs und es wohl auch war, erschien vielen Deutschen nur noch wie eine Kulisse. Zu einem Schatten seiner selbst sei das Paris dieser Junitage geworden, ohne jeden Charme und vollgestopft von grauen Flüchtlingsmassen, schrieb ein Soldat der 87. Infanterie-Division. Ein »Landserherz« könne sie nicht mehr erfreuen.[13] Grundsätzlich dominierte unter den Besatzungssoldaten aller Dienstgrade eine positive

Adolf Hitler besichtigt das besetzte Paris (28. Juni 1940), hier mit Albert Speer (li.) und dem Bildhauer Arno Breker am Trocadéro.

Sicht auf die Stadt. Paris müsse man einfach gesehen haben, lautete das überwiegende Stimmungsbild unter den Deutschen im Zeitalter des beginnenden Massentourismus. Es gab allerdings auch Ausnahmen wie den völkischen Schriftsteller Ernst von Salomon, der bekannte, dass er sich als »stolzer Boche« selbst da wehrte, wo ihm das »Französische« gefällig gegenübertrat.[14]

Einer der wenigen Besucher der Stadt in diesen Tagen, der an ihrer anfänglichen Verlassenheit keinen Anstoß nahm, war Adolf Hitler. Als der Diktator am 28. Juni 1940 frühmorgens mit seinem Flugzeug in Le Bourget bei Paris eintraf, gestand er seinen Begleitern, darunter Albert Speer sowie sein Lieblingsbildhauer Arno Breker, dass dieser Besuch seit Jahren sein leidenschaftlicher Wunsch gewesen sei. Die Bewohner der Stadt und das Leben auf den Straßen interessierten den »Führer« allerdings nicht. Er war nach Paris gekommen, um seine Bauwerke zu besichtigen und der auf drei Wagen verteilten Entourage seinen »Kunstverstand« zu demonstrieren. Besonders ergriffen verharrte Hitler vor dem Grabmal Napoleons im Invalidendom. Es sei der größte und schönste Augenblick seines Lebens gewesen, bekannte er kurz darauf seinen Begleitern.[15] Ausgerechnet jener Persönlichkeit galt seine ungespielte Verehrung, dessen Herrschaft die Pariser im April 1814 so überdrüssig gewesen waren, dass das feine hauptstädtische Publikum sogar den russischen Zaren Alexander I. und seine Kosaken als Befreier und neue Schutzherren begrüßt hatte. Fest entschlossen, Paris und seinen großen Präfekten, Baron Eugène Haussmann, zu übertrumpfen und Berlin mit noch prächtigeren Alleen auszustatten, kehrte der Diktator nach nur drei Stunden der französischen Hauptstadt für immer den Rücken. »Paris werde nur noch ein Schatten sein, wenn wir mit Berlin fertig sind«, bemerkte er damals zu Albert Speer. »Warum also sollen wir es zerstören?«[16]

Wenn auch Paris das grausame Schicksal erspart blieb, das der rachsüchtige Weltkriegsgefreite Adolf Hitler ihm ursprünglich zugedacht hatte, so scheuten sich die Besatzer doch nicht, das Straßenbild der besetzten Stadt mit einer »unzählbaren Menge« von »Totenpfählen« gründlich zu verschandeln. An jeder Ecke von Paris stießen Passanten jetzt auf schmucklose Holzpfähle, auf denen bis zu 30 sorgfältig beschriftete Brettchen dem Unkundigen Auskunft geben sollten, wie er diesen Truppenteil oder jene Dienststelle der Wehrmacht in Paris finden konnte. Offenbar waren sie selbst für Deutsche eher verwirrend als hilfreich.[17] Als schlimmer noch empfanden viele Pariser jedoch die Verunstaltung des Palais Bourbon, des vormaligen Sitzes der Nationalversammlung. Auf einem riesigen, über die gesamte von Säulen getragene Front des Gebäudes gespannten Transparent brüsteten sich die Deutschen, dass sie an allen Fronten siegten. Solange diese provozierende Aufschneiderei halbwegs den Tatsachen entsprach, schien die Mehrheit der Pariser bereit, ihren Frieden mit den Besatzern zu machen. Man suchte nach Normalität auch unter den neuen Bedingungen und zum Erstaunen des eidgenössischen Gesandten Walter Stucki bevölkerten nur wenige Wochen nach dem Einmarsch der Deutschen die Hauptstädter schon wieder die Cafés und öffentlichen Plätze.[18] Nicht vielen Franzosen sei es gegeben, die große Verzweiflung des Landes zu spüren, klagte der damals 71-jährige Dichter André Gide am 9. Juli 1940 in seinem Tagebuch. Würde die deutsche Herrschaft uns den Überfluss sichern, neun von zehn Franzosen ließen sie sich gefallen.[19]

Für Deutsche wie für Franzosen war die Stadt seit ihrer Besetzung zu einem besonderen Ort und zu einer Art neutralen Zone mutiert. Während die Franzosen dankbar dafür waren, dass ihre Stadt vor Krieg und Zerstörung verschont geblieben war, verbanden die deutschen Soldaten mit der Inbesitznahme von Paris die Hoffnung auf einen baldigen Frieden. Selbst nachdem Großbritannien wider Erwarten den Kampf fortsetzte und Hitler im Jahr darauf die Sowjetunion angriff, blieb die französische Hauptstadt für viele Deutsche eine kriegsfreie Zone, in der manche Hoffnung blühte, die Zeit bis zum Ende aller Kämpfe ebenso komfortabel wie unbeschadet zu überstehen. Jetzt im letzten Moment noch nach Russland wäre doch ein Blödsinn, erklärte ein im vornehmen *Palais Eiffel* einquartierter adliger Offizier dem im November 1942 von der Ostfront als Dolmetscher nach Paris kommandierten Fritz Molden, auch er wie der erstaunte Ankömmling und spätere namhafte Verleger ein Österreicher.[20]

Allerdings verschärfte sich auch in Paris die Sicherheitslage nach Beginn des Krieges gegen die Sowjetunion. Zwar hatte der Sicherheitsdienst im Zusammenwirken mit der Pariser Polizei schon kurz nach dem Überfall auf die Sowjetunion rund 600 französische Kommunisten verhaftet, doch die im Untergrund verteilte *L'Humanité* forderte jetzt zum bewaffneten Kampf gegen die Deutschen auf.[21] Tatsächlich nahm die Zahl ihrer Anschläge auf deutsche Soldaten spürbar zu, sollte aber bis zu den Tagen vor der »Befreiung« im August 1944 nie ein bedrohliches Ausmaß erreichen. Gleichwohl antworteten die Deutschen von Anfang an mit harten Repressalien bis hin zur Erschießung von Geiseln. Zu der sich jetzt verschärfenden Gewaltspirale gehörte auch die im Mai 1941 angeordnete Deportation von zunächst 4000 in Paris wohnenden Juden ohne französische Staatsbürgerschaft in besondere Internierungslager. Ein Jahr darauf mussten auch die Franzosen jüdischer Konfession, die bis dahin noch vergleichsweise unbehelligt in Paris hatten leben können, den sogenannten Judenstern tragen. Dies war jedoch nur ein Vorspiel zu der schließlich im August 1942 einsetzenden Verfolgung und Deportation der französischen Juden in die osteuropäischen Vernichtungslager. Zwar nahmen nur wenige Deutsche, wie etwa der Dichter und Archetyp des Weltkriegskämpfers, Ernst Jünger, wenigstens insgeheim daran Anstoß[22]. Doch die grausamen Szenen gewaltsam getrennter Familien verunsicherten viele Pariser. Immer weniger glaubten jetzt noch daran, dass es für die Dauer des Krieges mit den Besatzern ein halbwegs erträgliches Auskommen geben könnte.

Spätestens mit dem ersten großen Luftangriff der *Royal Air Force* auf die französische Hauptstadt in der Nacht zum 4. März 1942 endete die Illusion von Paris als einem kriegsfreien Idyll, das bisher Besatzer und Besetzte in einer ungeliebten Zweckallianz vereinigt hatte. Die Deutschen hatten nicht verhindern können, dass 222 britische Bomber rund 400 Tonnen Bomben auf die Pariser Renaultwerke und die angrenzenden Arbeiterviertel warfen. 500 Menschen füllten am Morgen die Opferlisten.[23] Ob Deutschland wirklich an allen Fronten siegte, war für die Pariser seit diesem schockierenden Angriff fraglicher denn je.

2 Der lange Weg zurück – Großbritanniens Kriegsstrategie nach der Evakuierung von Dünkirchen

»Der vollständige Hang zur Defensive, der den Franzosen so sehr zum Verhängnis geworden ist, darf uns nicht ebenso aller Initiative berauben. Es ist daher von allergrößter Wichtigkeit, eine möglichst große Zahl von Deutschen an den Küsten jener Länder, die sie erobert haben, zu binden. […] Wie wunderbar wäre es, wenn wir sie dazu bringen könnten, sich ständig zu fragen, wo sie als nächstes angegriffen werden könnten, anstatt sie uns zwingen lassen, uns auf unserer Insel einzugraben.«

Winston Spencer Churchill, Der Zweite Weltkrieg[1]

Am Morgen des 4. Juni 1940 verließ *Major General* Harold Alexander als Befehlshaber der Nachhut des britischen Expeditionskorps (*BEF*) auf der *HMS Venomous*, dem letzten ablegenden Zerstörer der *Royal Navy*, den mit unzähligen Fahrzeugtrümmern und Waffen übersäten Strand von Dünkirchen. Damit endete die erst acht Tage zuvor begonnene Operation *DYNAMO*, die insgesamt 338 826 britische und französische Soldaten vor der deutschen Gefangenschaft bewahrt hatte.

Die anfangs im britischen Marineministerium gehegte Hoffnung, wenigstens 45 000 Mann über See retten zu können, war damit zwar weit übertroffen worden. Doch von den ursprünglich in Frankreich gelandeten 260 000 Soldaten des britischen Expeditionskorps füllte nach Abschluss von *DYNAMO* ein Viertel die Verlustlisten des *War Office* im Londoner Whitehall.[2]

Mit Evakuierungen könne man keinen Krieg gewinnen, musste Premierminister Winston Spencer Churchill noch am selben Tag in seiner berühmten Rede vor dem Unterhaus des Parlaments einräumen.[3] Erst vier Wochen zuvor, am 10. Mai 1940, hatte der Nachfahre von John Churchill, dem siegreichen Feldherrn im Spanischen

Erbfolgekrieg (1700–1713), der auch der erste Herzog von Malborough gewesen war, das höchste britische Regierungsamt erlangt. In den 1930er-Jahren hatte die beachtliche politische Karriere des Amateurhistorikers und Erfolgsautoren bereits vor dem Ende gestanden. Konservative Parteigenossen wie etwa Sir Harry Goschen betrachteten Churchill mit seiner martialischen Kritik an der Appeasement-Politik der Regierung gegenüber Hitlerdeutschland längst als verpönten »Störer der Harmonie« im Parlament[4] und der *Daily Express* hatte im Oktober 1938 sogar von Panikmache gesprochen.[5] Der Veteran der Kriege gegen die sudanischen Mahdisten und die Buren in Südafrika schien längst aus der Zeit gefallen. Erst nach dem deutschen Überfall auf Polen durfte der inzwischen 64-Jährige wieder als Erster Seelord am Kabinettstisch der Regierung Ihrer Majestät Platz nehmen. Schon im Ersten Weltkrieg hatte er das prestigeträchtige Amt bekleidet und damals gehofft, Premierminister Herbert Asquith einmal beerben zu können. Das Dardenellendesaster von 1915 hatte seine Pläne jedoch durchkreuzt und ihn sogar zum Rücktritt gezwungen. Erst ein Vierteljahrhundert später sollte für Churchill die große Stunde schlagen. Genau an dem Tag, als deutsche Truppen auf breiter Front die Grenzen zu Belgien, Luxemburg und den Niederlanden überschritten hatten, war er von König Georg VI. mit der Bildung einer neuen Regierung beauftragt worden.

Dass die britischen Truppen ihr gesamtes Kriegsmaterial am Strand von Dünkirchen hatten zurücklassen müssen, machte die Aufgabe für den neuen Hausherrn in der *Downing Street* nicht einfacher. Fast 60 000 Fahrzeuge, darunter Hunderte von Panzern sowie 2 000 Geschütze waren unwiederbringlich verloren. Churchills nach dem Ende von *DYNAMO* im Parlament demonstrierte Entschlossenheit, den Krieg gegen Hitlerdeutschland gleichwohl unbeirrt fortzusetzen und selbst im Falle einer deutschen Landung an Englands Stränden, auf seinen Feldern und Hügeln, in seinen Straßen und notfalls sogar jenseits der Meere weiterzukämpfen, war eine rhetorische Meisterleistung und vermochte für den Augenblick die politischen Reihen zu schließen.[6]

Der Kriegspremier sah jedoch genau, dass Großbritannien den Kampf gegen die Deutschen nicht nur überleben, sondern auch gewinnen musste. Wie kein anderer britischer Politiker war Churchill überzeugt, dass Freiheit und Zivilisation erst dann wieder ihren Platz in Europa finden konnten, wenn das Naziimperium ausgelöscht sein würde. Das aber konnte nur gelingen, wenn britische Truppen in bedeutender Zahl möglichst bald auf den Kontinent zurückkehrten. In den Tagen und Wochen nach der Evakuierung von Dünkirchen wurde er daher nicht müde, sämtliche Optionen auszuloten, um die angeschlagenen Franzosen im Krieg zu halten. Schon unmittelbar nach dem Abschluss von *DYNAMO* überraschte Churchill seinen persönlichen Stabschef Lord Hastings (Pug) Ismay mit der kühnen Idee, so rasch wie möglich besondere Kommandos aus Spezialkräften aufstellen zu lassen. Diese Elitetruppen sollten an der französischen Küste landen und im überraschenden Zugriff Städte wie Calais oder Boulogne im Rücken der deutschen Front besetzen, die Besatzungen niedermachen und die eroberten Positionen halten, bis die Deutschen mit stärkeren Kräften einen Gegenangriff führten.[7]

Am 6. Juni 1940 und damit auf den Tag genau vier Jahre vor dem Beginn von *OVERLORD*, beauftragte der Premierminister die britischen *Chiefs of Staff* (*COS*), geeignete Transportschiffe zu entwickeln, um auch mit Panzern an günstigen Stellen der französischen Küste landen zu können.[8] Wegen seiner oft übersprudelnden militärischen Fantasien genoss Churchill schon seit dem Ersten Weltkrieg unter britischen Admiralen und Generalen einen fürchterlichen Ruf. Der Premierminister war sich dessen durchaus bewusst und scherzte gelegentlich, dass er wegen seiner zahlreichen spontanen Einfälle eigentlich zwei Generalstäbe bräuchte. Doch die aus seinen Überlegungen am 22. Juli 1940 hervorgegangene *SOE* (*Special Operations Executive*) sollte sich tatsächlich als beachtlicher Erfolg erweisen. Die neue Truppe setzte zwar nicht Europa in Flammen, wie es Churchill launig ihrem ersten Direktor Hugh Dalton auftrug, doch zahlreiche riskante Aktionen zwischen Norwegen und Jugoslawien sollten in den kommenden vier Jahren dazu beitragen, dass das vorerst zarte

Pflänzchen des antideutschen Widerstandes im besetzten Europa nicht zugrunde ging.[9]

Alle Überlegungen Churchills richteten sich jedoch in diesen dramatischen Junitagen, während deutsche Panzer beinahe nach Belieben durch Frankreich rollten, zunächst noch darauf, die schon kampfmüden Franzosen zu unterstützen. Noch befanden sich drei voll ausgerüstete britische Divisionen auf dem Kontinent und der Kriegspremier beauftragte am 12. Juni *Major General* Alan Brooke, den späteren Chef des *Imperial General Staff*, mit der Führung dieser Truppen. Seite an Seite mit der 10. Französischen Armee sollte der General einen Brückenkopf in der Bretagne so lange verteidigen, bis die Amerikaner in den Krieg eintraten, was, wie Churchill damals hoffte, nur eine Frage von Wochen sein würde. Amerikas Präsident Franklin Delano Roosevelt war allerdings, obwohl er wie der Brite Hitlerdeutschland zutiefst verabscheute, noch weit davon entfernt, sich militärisch in Europa engagieren zu können. Im bevorstehenden Herbst strebte er seine zweite Wiederwahl an und musste noch Rücksicht auf den ausgeprägten Isolationismus vieler Amerikaner nehmen. Nicht einmal zur Lieferung der dringend von London erbetenen 50 Jagdflugzeuge vom Typ *Curtiss* sah sich das Weiße Haus vorerst imstande.

Enttäuschender als Amerikas Zurückhaltung war jedoch für die Briten der rasch schwindende Widerstandswille der Dritten Republik. Anlässlich seiner letzten Unterredung mit Frankreichs Premierminister Paul Reynaud am 13. Juni 1940 in Tours zeigte sich Churchill vom demoralisierten Zustand seiner Gesprächspartner zutiefst erschüttert. Ernüchtert kehrte der britische Premier noch am selben Tag nach London zurück. Gefahrlos war sein vorerst letzter Besuch auf dem Kontinent nicht. Görings Jagdflieger dominierten bereits den Luftraum über dem Kanal, weswegen Churchills Maschine teilweise im Tiefflug die Heimatinsel ansteuern musste.[10]

Nur einen Tag später marschierten deutsche Truppen in das zur offenen Stadt erklärte Paris ein, während die neue französische Regierung unter dem greisen Helden des Ersten Weltkrieges, Marschall Philippe Pétain, bereits unverblümt von einem Waffenstillstand mit den Deutschen sprach. Churchill sah sich somit gezwungen, General Alan Brookes dringenden Rat endlich zu beherzigen und den letzten noch in der Bretagne stehenden britischen Divisionen den Evakuierungsbefehl zu erteilen. Der Abzug war ein zweites »Dünkirchen«, das allerdings schon bald in Vergessenheit geraten sollte. Zwar glückte es der britischen Flotte noch einmal, zwei Divisionen mit rund 60 000 Mann einschließlich des meisten Materials von der bretonischen Küste aufzunehmen. Allerdings wurde dabei am 17. Juni das Paketboot *Lancastria* der Cunard-Linie mit rund 6 000 Soldaten an Bord von deutschen Fliegern vor der Mündung der Loire versenkt. 900 Schiffbrüchige konnte der Trawler, auf dem General Alan Brooke mit seinem Stab nach England zurückkehrte, noch aus der See bergen.[11]

Die dritte noch in Frankreich verbliebene Division der Briten, die 51st *Highlander*, hatte bereits am 12. Juni mit 10 000 Mann im Hafen von St.-Valery-en-Caux vor den Deutschen kapitulieren müssen. Der Kommandeur der Panzerdivision, die den etwa zwei Dutzend Kilometer westlich von Dieppe gelegenen Ort nach rücksichtslosem Vormarsch umstellt hatte, hieß Erwin Rommel. Damit besaß Großbritannien nur noch eine einzige voll ausgerüstete Division zur Verteidigung des Mutterlandes.

Das einseitige und überstürzte Ausscheiden der Dritten Republik aus dem Krieg empfand Churchill seither als Verrat. Nach seiner riskanten Visite in Frankreich zeigte er sich trotz aller Abschiedstränen beim letzten Händeschütteln mit Reynaud entschlossen, den Krieg gegen Hitlerdeutschland nunmehr ohne Rücksicht auf den einstigen Verbündeten fortzusetzen. Wenn er sich am 20. Juni 1940, zwei Tage vor der französischen Kapitulation, mit dem Plan beschäftigte, ein Korps von wenigstens 5 000 Fallschirmjägern aufzustellen, war er zwar immer noch von der Notwendigkeit überzeugt, baldmöglichst auf den Kontinent zurückzukehren. Frankreich betrachtete er aber bereits als ein feindliches Land.

Wohl nichts verdeutlichte Churchills Sinneswandel mehr, als sein am 2. Juli 1940 an Admiral James Sommerville erteilter Befehl, die im Hafen von Mers el Kébir an der algerischen Küste versammelte französische Flotte zu versenken, nachdem deren Befehlshaber die Auslieferung seiner Schiffe an Großbritannien strikt abgelehnt hatte. Dass bei diesem Überfall fast 1300 französische Seeleute den Tod fanden, quittierte der Premierminister im kleinen Kreis mit der sarkastischen Bemerkung, dass die Franzosen jetzt zum ersten Mal seit Kriegsbeginn wirklich gekämpft hätten.[12]

Über die Kampfmoral der Briten musste sich Churchill dagegen weniger Sorgen machen. Die verbreitete Angst vor einer deutschen Invasion hatte die Bevölkerung des Königreiches wider Erwarten nicht gelähmt, sondern ihren Widerstandswillen sogar erkennbar gesteigert. Vorsichtshalber aber hielt Churchill die nützliche Bedrohungskulisse auch noch aufrecht, nachdem ihm im September 1940 die Bestätigung durch seine Funkaufklärung (ULTRA) vorlag, dass Hitler nach dem offensichtlichen Scheitern seiner Luftwaffe über England die befürchtete Invasion der Insel auf unbestimmte Zeit vertagt hatte.[13] Allein unter den Flammenzeichen einer vermeintlich existenziellen Bedrohung ließ sich das Land nach Churchills Überzeugung im Krieg halten. Hohe Zustimmungswerte von fast 90 Prozent, die das Gallup-Institut im Juli 1940 ermittelt hatte, schienen seinen Kurs zu bestätigen.[14]

Hitlerdeutschlands bevorstehender Angriff auf die Sowjetunion sollte dem Vereinigten Königreich zudem die notwendige Atempause verschaffen. Jetzt konnte es seine Kräfte sammeln und schließlich auch die Vereinigten Staaten in den Krieg hineinziehen. An einen britischen Sieg vor 1942 glaubte Churchill gleichwohl nicht. Auch wenn Großbritannien dann wieder, wie er den Generalen Bernard Paget und Claude Auchinleck anlässlich einer Besichtigung der Verteidigungsanlagen im Südwesten der Insel versprach, eine Armee von 55 Divisionen unter Waffen haben konnte, wäre die Rückkehr auf den Kontinent immer noch mit großen Risiken verbunden.[15] Mit einem militärischen Erfolg könne überhaupt nur dann gerechnet werden, wenn Nazideutschland – möglicherweise durch eine schwere Niederlage im Osten – bereits deutlich angeschlagen sei.

Zwar mochte es Churchill durchaus nicht, von der »Festung Europa« zu reden, die nach dem militärischen Zusammenbruch Frankreichs entstanden war und er konnte sogar in Rage geraten, wenn andere es taten. Freilich war er Realist genug, um zu wissen, dass dieser Begriff doch einen wahren Kern enthielt.[16] Das alte Trauma von »Gallipolli«, wo die Marine im Jahr 1915 die australischen und neuseeländischen Landungstruppen nach horrenden Verlusten wieder von den Küsten der Dardanellenhalbinsel hatte evakuieren müssen, steckte noch allen britischen Generalen in den Gliedern. Am meisten aber beschäftigten Churchill selbst seither die traurigen Bilder der an den mit Toten übersäten Stränden festsitzenden Soldaten.

In den folgenden zwei Jahren verlor der britische Kriegspremier die Perspektive einer Rückkehr auf den Kontinent nie aus den Augen, glaubte aber seit der Kapitulation Frankreichs immer weniger daran, dass eine direkte Überquerung des Kanals gegen den erwartbaren starken deutschen Widerstand Erfolg haben könnte. Schon im Ersten Weltkrieg war Churchill, von den vergeblichen Gemetzeln an der Westfront abgeschreckt, ein engagierter Befürworter von Schlägen gegen die vermeintlich schwachen Stellen des Gegners gewesen. Abseits des kontinentalen Hauptkriegsschauplatzes faszinierte ihn seither vor allem der Balkan. Doch das Engagement britischer Truppen in Griechenland endete schon im April 1941 mit einem erneuten Rückzug. Von den 58 000 Mann des Landungskorps ging ein Viertel verloren. Wieder mussten unter dem Druck der überlegenen deutschen Luftwaffe alle Fahrzeuge und Geschütze an den Stränden zurückgelassen werden.[17] Weitere 15 000 Soldaten des Vereinigten Königreiches gerieten in Gefangenschaft, als britische Schiffe nur einen Monat später auch das von deutschen Fallschirmjägern angegriffene Kreta evakuieren mussten.

Einzig die seit August 1940 vom *Bomber Command* der *Royal Air Force* unternommenen Einflüge auf Reichsgebiet halfen, Großbritanniens ernüchternde militärische Bilanz der ersten beiden Kriegsjahre aufzubessern. Luftangriffe gegen Deutschland wie jener in der Nacht zum 22. September 1940 mit 80 Wellington-Bombern unternommene Raid auf Berlin ließen sich zudem der britischen Bevölkerung, die schwer unter den fortgesetzten deutschen Bombenangriffen litt, als willkommene Revanche darstellen. Andere militärische Erfolgsmeldungen wie etwa die Versenkung der »Bismarck«, des größten deutschen Schlachtschiffes, am 27. Mai 1941 rund 400 Seemeilen westlich von Brest, blieben in den folgenden zwei Kriegsjahren die Ausnahme.

Als im Februar 1942 Singapur vor den Japanern und vier Monate später auch das libysche Tobruk vor Rommels Afrikakorps kapitulieren mussten, waren Großbritannien nicht nur zwei wichtige Festungen mit zusammen mehr als 100 000 Soldaten verloren gegangen. Besondere Schmerzen bereitete Churchill, der die Hiobsbotschaft aus der Wüste während eines Besuchs im Weißen Haus erhielt, der dabei erneut offenbar gewordene niedrige Kampfgeist der britischen Truppen und ihrer Kommandeure. Eine Niederlage sei das eine, die Schande das andere, bemerkte der britische Premier sichtlich erschüttert zu seinem Gastgeber Roosevelt.[18] Obwohl er noch im Besitz von Vorräten für mindestens vier Wochen gewesen war, hatte der aus Südafrika stammende General Hendrik Klopper die Festung Tobruk am 22. Juni 1942, nur zwei Tage nach Beginn des Angriffes, an die Deutschen übergeben.[19]

Politisch hingegen waren Großbritanniens fortgesetzte militärische Desaster durch den Kriegseintritt der Vereinigten Staaten im Dezember 1941 weit aufgewogen worden. Wie glücklich sich die Briten nach ihrem langen und einsam geführten Kampf schätzten, zeigte sich auch daran, dass sie die erste gemeinsame Konferenz in Washington im Januar 1942 nach der antiken Traumlandschaft *ARCARDIA* benannten.[20] Churchills Hoffnungen auf die Amerikaner sollten nicht enttäuscht werden. Trotz der das ganze Land schockierenden Demütigung von »Pearl Harbor« machte Präsident Roosevelt gegenüber seinen Gästen deutlich, dass er nicht die »heimtückischen Japaner«, sondern Hitlerdeutschland als Hauptgegner ansehen würde. Es störte den Kriegspremier auch nicht, dass hinter Amerikas Priorität für den Kampf gegen das Deutsche Reich natürlich auch das nüchterne strategische Kalkül steckte, diesen Gegner in einer Dreierkoalition mit Stalin und Großbritannien leichter niederwerfen zu können als den fernöstlichen Rivalen.[21]

Inzwischen war Hitlers Plan, mit einem weiteren Blitzkrieg Stalins Sowjetunion niederzuwerfen und damit endlich auch Großbritannien friedensbereit zu machen, im Dezember 1941 vor den Toren Moskaus gescheitert. Die beiden großen, im Spätsommer 1942 begonnenen deutschen Offensiven in den Kaukasus und nach Ägypten sollten nur allzu rasch die hoffnungslose Überbeanspruchung der Ressourcen des Dritten Reiches deutlich machen.

Da Premierminister Churchill wegen der vielen militärischen Rückschläge im eigenen Land unter Druck stand und seine Umfragewerte erstmals deutlich gesunken waren, war er anders als die Amerikaner zu großen Risiken vorerst nicht mehr bereit. Es kostete ihn und seinen Stabschef Alan Brooke jedoch erhebliche Mühe, die im Sommer 1942 unter Führung ihres höchsten Militärs, George Catlett Marshall, nach London gereisten Stabschefs der Vereinigten Staaten davon zu überzeugen, die große Invasion Frankreichs (Codename *ROUNDUP*) zunächst zurückzustellen.

Stattdessen sollte mit einer Landung in Marokko und Algerien (*Operation TORCH*) ein alliiertes Übergewicht im Mittelmeerraum geschaffen werden. Waren die Achsentruppen erst einmal aus Nordafrika vertrieben, so die Argumentation Churchills und seiner Generale, konnte man leicht in Italien Fuß fassen oder sogar nach Griechenland zurückkehren.

Anfangs hatte sich der Vorsitzende der *Joint Chiefs of Staff*, General George Cattlet Marshall, noch ausdrücklich für eine alliierte Landung zwischen Calais und Dünkirchen spätestens im Frühjahr 1943 ausgesprochen. Die Amerikaner waren sogar für die sofortige Bildung eines Brückenkopfes in der Bretagne oder auf Cotentin (*Operation SLEGDEHAMMER*) eingetreten, falls die damals über den Don zurückweichende Sowjetarmee schon in den nächsten Wochen zusammenbrechen würde. *SLEGDEHAMMER* könnte dann als erste Phase der größeren Hauptlandung im Folgejahr dienen.[22] Doch Washington besaß vorerst nicht einmal die dafür veranschlagten fünf Divisionen, geschweige denn die notwendige Zahl von Verbänden für die große Lösung. Gerade einmal zwei amerikanische Divisionen befanden sich zu diesem Zeitpunkt in Nordirland, während die deutschen U-Boote den Transport weiterer Divisionen über den Atlantik zu einem unkalkulierbaren Risiko machten. Es fehlten außerdem geeignete Landungsboote, vor allem Fahrzeuge, die Panzer und schweres Gerät bis nah an den Strand bringen konnten. Zudem war Görings Luftwaffe noch längst nicht marginalisiert und wäre für die Landungstruppen am deckungslosen Strand eine tödliche Gefahr.

Anders als die stets optimistischen Amerikaner sahen Churchill und Alan Brooke vor allem das politische Risiko eines Scheiterns der Landung. Ein Rückzug von den Stränden Frankreichs würde unweigerlich zu einer unbestimmbaren Verlängerung des Kriegs führen und allein der Sowjetunion nutzen. Dagegen ließen sich durch eine Offensive im Mittelmeer, mit der man in Italien und vielleicht sogar auf dem Balkan Fuß fassen konnte, noch am ehesten Stalins wachsende Ambitionen in Mitteleuropa eindämmen. Seinem Außenminister Anthony Eden vertraute der Kriegspremier damals an, dass es eine gewaltige Katastrophe sein würde, wenn es dem barbarischen sowjetischen System tatsächlich gelänge, die alten Staaten Europas mit ihrer Unabhängigkeit und Kultur unter seiner primitiven Tyrannei zu ersticken.[23]

Noch im August 1942 machte er sich über Gibraltar und Kairo auf den Weg nach Moskau, um dem misstrauischen roten Zaren, der sich mit seiner wiederholten Forderung nach einer zweiten Front in Europa wieder einmal hintergangen sah, die Vorteile der britischen Mittelmeerstrategie schmackhaft zu machen.

Churchills Flug über Gibraltar, Kairo und Teheran zählte wohl zu seinen schwierigsten und strapaziösesten politischen Missionen. Als er mit seiner Delegation am 12. August 1942 in Moskau eintraf, waren die deutschen Panzerspitzen nur noch wenige Dutzend Kilometer von der Wolga entfernt. Ein Zusammenbruch der sowjetischen Südfront war nicht mehr auszuschließen und der unter großer Anspannung stehende Kremlherr nahm die Erklärungen seines Gastes sehr übel auf. Unverblümt erwiderte er Churchill, dass er keineswegs von den Vorzügen der geplanten anglo-amerikanischen Landung in Nordafrika überzeugt sei. Vor allem aber brachten ihn der kürzlich eingetretene Verlust

Operation JUBILEE, 19. August 1942. Das Bild aus der nationalsozialistischen Propaganda zeigt gefallene alliierte Soldaten an einem zerstörten britischen Landungsboot im französischen Dieppe.

des britischen Nachschubkonvois *PQ17* im Nordmeer und mehr noch Churchills Ankündigung auf, dass es im August keinen weiteren Konvoi geben werde. Es sei wohl das erste Mal, dass die britische Flotte einem Kampf ausweichen würde, spottete Stalin voller Sarkasmus. Gleichwohl konnte Churchill, als er sich drei Tage später auf den Rückweg machte, sicher sein, dass es vorerst zu keiner Neuauflage des Hitler-Stalin-Paktes kommen würde. Der missgelaunte Kremlherr musste gegen die Deutschen weiterkämpfen und hatte dazu die Hilfe der Briten mehr denn je nötig. Das abschließende Bankett im Kreml mit zahllos ausgebrachten Toasts und die Unmengen von Wodka, die seinen Gästen am kommenden Morgen schwer zu schaffen machen würden, waren Stalins kleine Revanche für die ihm von Churchill aufgetischte Kröte namens *TORCH*.[24]

Als der Kriegspremier nach dreiwöchiger Abwesenheit am 25. August 1942 auf dem Flugfeld von Lyneham bei Schloss Blenheim landete, erwartete ihn bereits eine neuerliche Hiobsbotschaft. Ein Landungsversuch von sechs Bataillonen der kanadischen 2nd *Division* an der französischen Küste bei Dieppe (*Operation JUBILEE*) war nur sechs Tage vor Churchills Rückkehr vollkommen gescheitert. Taktische Fehler, ein zu geringer Kräfteansatz und mangelhafte Luftunterstützung hatten den schmerzvollen Fehlschlag nur zwei Jahre nach »Dünkirchen« verursacht. Die kanadische Infanterie war bereits beim Verlassen der Landungsboote zerschlagen worden. Außerdem hatten die Deutschen sämtliche 29 an Land gesetzten Panzer vom Typ »Churchill« bei ihrem ersten Kampfeinsatz außer Gefecht gesetzt.[25] Von den beteiligten 6 000 Soldaten konnte drei Stunden später nur noch ein Drittel wieder eingeschifft werden, der Rest war gefallen oder in deutsche Gefangenschaft geraten. Stolz ließ Generalfeldmarschall Gerd von Rundstedt, der verantwortliche O.B.West, nach Berlin melden, dass sich kein bewaffneter Engländer mehr an Land befinde. Sämtliche Zweifel, dass die Deutschen bei einer großen Landung hart und effektiv zurückschlagen würden, waren damit vom Tisch. Churchill und Alan Brooke konnten das Desaster immerhin als nachträglichen Beleg für ihre Bedenken gegenüber den allzu optimistischen amerikanischen Vorstellungen verbuchen.

Dagegen schien das Konzept der Briten, sich über das Mittelmeer Zutritt zu Europa zu verschaffen, im Spätherbst 1942 tatsächlich aufzugehen. Nach einer zwölftägigen Abnutzungsschlacht konnte die britische 8th *Army* unter ihrem neuen Oberbefehlshaber Bernard Montgomery am 3. November die deutsch-italienische Panzerarmee unter Generalfeldmarschall Erwin Rommel aus ihrer Stellung bei El-Alamein zurückwerfen und zum Rückzug nach Tunesien zwingen. Stolz meldete der Londoner *Daily Telegraph* die Gefangennahme von 9 000 Soldaten der »Achse« und 260 zerstörte Feindpanzer. Es war der einzige Erfolg im Zweiten Weltkrieg, den eine britische Armee allein gegen die Deutsche Wehrmacht erringen sollte. Der Mythos von der Unbesiegbarkeit des »Wüstenfuchses« war damit gebrochen. Nur fünf Tage später hatte auch die Landung alliierter Truppen in Marokko und Algerien den erhofften Erfolg, wenn auch der überraschend hartnäckige Widerstand der französischen Küstenverteidigung Briten und Amerikaner mehr als 2 000 Tote und Verwundete kostete.[26]

Aber die Tage der Achsenmächte in Nordafrika waren jetzt gezählt. Zwischen dem Rückzug vom Dünkirchener Strand und dem Sieg in der Wüste hatte für Großbritannien ein langer Weg voller Blut, Schweiß und Tränen gelegen. Im Rückblick waren für Churchill gerade die beiden letzten Monate vor der militärischen Wende, als Großbritannien der Niederlage sogar näher war als im Sommer 1940, die qualvollsten des gesamten Kriegs gewesen.[27] »Wir haben eine neue Erfahrung gemacht, auf die das Land so lange gewartet hat«, verkündete ein wohlgelaunter Kriegspremier am 10. November 1942 in seiner Rede im Londoner Mansion House. »Wir haben einen Sieg errungen.« Doch einschränkend fügte er hinzu. »Dies ist nicht das Ende. Es ist nicht einmal der Anfang vom Ende. Aber vielleicht das Ende des Anfangs.«[28]

3 Das Ende einer Weltmacht – Die vier Tage von Teheran 1943

»Es war das erste Mal im Krieg, dass Stalin, Roosevelt und Churchill an einem Tisch saßen, um Probleme der gemeinsamen Kriegführung zu diskutieren. Ich empfand es als außergewöhnlich fesselnd, ihre Gesichter zu beobachten und einzuschätzen, welche Gedanken sich dahinter verbargen. Churchill kannte ich ja bereits recht gut und nach etlichen Zusammenkünften begann ich auch zu verstehen, wie Roosevelts Verstand arbeitete, doch Stalin war für mich immer noch ein großes Geheimnis.«

Field Marshal Sir Alan Brooke über den Auftakt der Konferenz von Teheran am 28.11.1943[1]

Am 13. Mai 1943 kapitulierten bei Kap *Le Bon* nahe Tunis die letzten Truppen der deutsch-italienischen Panzerarmee. Der Krieg in Afrika war beendet. 170 000 Soldaten der »Achse« mussten den Weg in alliierte Gefangenschaft antreten. »Tunis« war nach den empfindlichen Rückschlägen bei Sidi Bouzid und am Kasserine-Pass im vorangegangenen Februar der erste gemeinsame Sieg der Anglo-Amerikaner über die Deutsche Wehrmacht und schien zunächst Churchills Mittelmeer-Strategie glänzend bestätigt zu haben. Dass sich der nächste militärische Schlag der Verbündeten gegen das schon schwankende faschistische Italien richten würde, hatten Amerikaner und Briten bereits auf der Konferenz von Casablanca im Januar 1943 beschlossen.[2]

Nur zwei Monate nach der Kapitulation der Achsenmächte in Nordafrika landeten am 10. Juli 1943 die ersten Truppen einer anglo-amerikanischen Heeresgruppe von 200 000 Mann an der sizilianischen Südküste zwischen Gela und Syrakus (*Operation HUSKY*). Innerhalb von nur fünf Wochen befand sich die gesamte Insel in der Hand der Alliierten. Obwohl es Deutschen und Italienern noch glückte, die Masse ihrer Truppen einschließlich des schweren Geräts über die Straße von Messina auf das italienische Festland zu retten, waren die Tage des italienischen Diktators Benito Mussolini damit gezählt. Schon am 25. Juli

1943 wurde das einst von Hitler bewunderte Idol nach einer Sitzung des »Faschistischen Großrats« von König Viktor Emanuel III. entlassen und kurz darauf von der neuen Regierung interniert.[3] Kaum sechs Wochen später schloss Mussolinis Nachfolger Marschall Pietro Badoglio trotz aller gegenteiligen Beteuerungen einen Waffenstillstand mit den Anglo-Amerikanern. Italien war aus dem Krieg und der Weg zum Brenner schien für Briten und Amerikaner frei. Doch die düpierten Deutschen reagierten rasch und mit aller Härte. Hitler schickte Verstärkungen über die Alpen und ließ in kürzester Frist sämtliche Verbände der italienischen Armee entwaffnen. Nördlich von Neapel entstand in den Abruzzen entlang des Rapido eine neue deutsche Front, die vorerst nicht durchbrochen werden konnte.

Noch während sich die anglo-amerikanischen Truppen zum Sprung auf das italienische Festland vorbereitet hatten, waren die Briten auf der Konferenz von Québec (*QUADRANT*) im August 1943 endlich dem amerikanischen Wunsch nach einer großen Landung in Frankreich gefolgt. Sogar auf den 1. Mai 1944 als Termin für die Operation, die den Codenamen *OVERLORD* erhielt, hatten sich der britische Premierminister und US-Präsident Roosevelt geeinigt. Insgeheim aber hegten Churchill und seine Generale weiterhin starke Vorbehalte, die Wehrmacht in Frankreich direkt anzugreifen. Noch erschienen die Deutschen zu stark und vor allem Görings Luftwaffe hatte kaum von ihrer Schlagkraft eingebüßt.

Das ständige Drängen der Amerikaner auf einen möglichst frühen Beginn von *OVERLORD* verursachte dem britischen Stabschef Sir Alan Brooke, wie er damals in seinem Tagebuch klagte, häufige Depressionen und angeblich sogar Verzweiflungsausbrüche.[4] Der 60-jährige *Field Marshal*, ein in Frankreich aufgewachsener Ulster-Ire, war durchaus kein Freund seines Premierministers, aber in dieser Frage vollkommen mit ihm einig. Beide fürchteten die ungeheuren Verluste einer großen Landeoperation im Kanal, die Großbritannien nach vier harten Kriegsjahren kaum mehr würde tragen können. Vor allem die angeschlagene Moral der britischen Divisionen, die zuvor schon jahrelang in der Wüste gekämpft hatten, drohte bei einem zweiten »Gallipolli« an den Küsten Frankreichs vollends zusammenzubrechen.

Seit Beginn der anglo-amerikanischen Konsultationen hatten die Briten immer wieder betont, dass ihnen *OVERLORD* nur als *Mopping Up* nach einer militärischen Vorentscheidung möglich erschien.[5] In Québec hatten sie daher noch einmal ausdrücklich zur Bedingung gemacht, dass vor dem Beginn der Landung in Frankreich Görings Luftwaffe wie auch die deutsche Panzerwaffe schon nachhaltig geschwächt sein müssten.[6]

Hartnäckig klammerten sich Churchill und Brooke weiterhin an ihr altes Konzept vom »weichen Unterleib Europas« und vergaßen gern, dass es sich schon im Ersten Weltkrieg als Illusion erwiesen hatte. Selbst nachdem im Spätherbst 1943 der Vormarsch der Anglo-Amerikaner bei Monte Cassino von den Deutschen wider Erwarten zum Stehen gebracht worden war, berauschte sich der britische Premier unverdrossen an den strategischen Möglichkeiten, die das Mittelmeer den Alliierten zu bieten schien. Ein rascher Vormarsch in die Poebene oder über Jugoslawien nach Österreich würde in jedem Fall starke deutsche Kräfte binden und vielleicht sogar *OVERLORD* überflüssig machen. Die Amerikaner waren entsetzt. General Eisenhower, der spätere Oberbefehlshaber aller anglo-amerikanischen Streitkräfte in Europa, sah in Churchills Hartnäckigkeit sogar eine besondere Methode. In seinen Memoiren kommentierte er sie mit widerwilligem Respekt: Wenn der Kriegspremier einen gemeinsamen Beschluss endlich akzeptiert zu haben schien, dann ging er in dem Bemühen, seinen eigenen Willen durchzusetzen, bis zu dem Moment, wo sich der beschlossene Gedanke schon der Ausführung näherte, immer und immer wieder zum Angriff über, um seinen eigenen Willen doch noch durchzusetzen. Generalstabschef Marshall wiederum drohte den vom Mittelmeer träumenden Briten sogar offen, den Schwerpunkt der amerikanischen Kriegsführung in den Pazifik zu verlegen.

In ihrer erlahmenden Geduld mit ihrem Alliierten übersahen die Amerikaner jedoch, dass Churchill in Wahrheit bereits um den Weltmachtstatus seines Landes fürchtete. Die große Landung in Frankreich würde Großbritannien unweigerlich auf die Rolle eines Juniorpartners der Vereinigten Staaten reduzieren. Während deren militärisches Potenzial mit jedem Monat wuchs, fehlte es inzwischen dem Inselkönigreich an allem. Allein die energische Fortsetzung des Krieges im Mittelmeerraum versprach noch Londons politisches Gewicht innerhalb der Allianz zu stabilisieren.

Allzu gerne hörte der britische Premier daher auch auf die Beteuerungen seines Befehlshabers des *Bomber Command*, Arthur Harris, der ihm wiederholt versichert hatte, allein durch seine im März 1943 eingeleitete Bomberoffensive auf Berlin das Deutsche Reich militärisch in die Knie zwingen zu können. *OVERLORD* betrachtete der selbstbewusste Luftmarschall dagegen als großen strategischen Irrweg und fand darin – keineswegs überraschend – auch die Unterstützung des amerikanischen Bomberchefs, General Carl Spaatz.[7] Beide Befehlshaber favorisierten ein »Rund um die Uhr«-Bombardement deutscher Städte, eine Kombination aus britischen Nacht- und amerikanischen Tagangriffen. Spaatz glaubte sogar, dass Nazideutschland innerhalb von nur drei Monaten zusammenbrechen würde, wenn es ab dem Frühjahr 1944 von England und Italien aus gleichzeitig angegriffen werde.[8]

Das so ungeliebte *Cross-Channel Project* sollte jedoch unwiderruflich auf die politische Tagesordnung gelangen, als sich Churchill und Roosevelt Ende November 1943 gemeinsam auf den Weg nach Teheran machten. Erstmals wollten die beiden Führer des demokratischen Westens in der Hauptstadt des damals besetzten Iran mit dem sowjetischen Diktator Stalin eine gemeinsame Strategie zur Niederwerfung Hitlerdeutschlands festlegen. Stalins militärische Erfolge und Amerikas neuer Drang nach politischer Eigenständigkeit sorgten allerdings dafür, dass der viertägige Teheraner Gipfel *(HEUREKA)* für die Briten zu einem *Waterloo* wurde.

Der Kremlherr strotzte gegenüber Briten und Amerikanern vor Selbstbewusstsein. Zur ersten Besprechung am 28. November in den Räumen der sowjetischen Botschaft erschien Stalin sogar in der Uniform eines Marschalls der Roten Armee. Schließlich hatten seine

Jossif W. Stalin, Franklin D. Roosevelt und Winston Churchill während der Konferenz von Teheran, 28. November bis 1. Dezember 1943.

Truppen nicht nur bei Stalingrad und Kursk gesiegt, sondern mit der Rückeroberung von Kiew am 6. November 1943 auch bereits die wichtige Djneprlinie durchbrochen. Gegenüber den Anglo-Amerikanern musste der sowjetische Diktator jetzt nicht mehr als Bittsteller auftreten. Inzwischen banden seine Armeen dauerhaft rund 180 deutsche Divisionen und hatten im dritten Jahr von »Barbarossa« 90 Prozent aller deutschen Verluste verursacht. Die Sowjets selbst hatten allein in der fünfmonatigen Schlacht um Stalingrad ein Mehrfaches aller bisherigen Kriegsopfer der Anglo-Amerikaner zu verzeichnen gehabt und fühlten sich in Teheran vollkommen berechtigt, rasche und stärkere Anstrengungen der beiden verbündeten Demokratien einzufordern.

Wenn Stalin sich gleich in der ersten Besprechung gegenüber Amerikanern und Briten nochmals mit Nachdruck für die baldige Eröffnung einer zweiten alliierten Front in Frankreich einsetzte, geschah dies allerdings auch mit einem für Churchill nur allzu durchsichtigen Kalkül. Die anglo-amerikanische Landung in Frankreich würde die Deutschen zwingen, starke Kräfte von der Ostfront abzuziehen. Der Wettlauf der alliierten Armeen nach Berlin hatte längst begonnen.

Das zweite Problem der Briten in Teheran lag darin, dass die Amerikaner inzwischen durch ihre geglückten Landungsoperationen in Sizilien und Süditalien (Salerno) militärisch sehr an Selbstbewusstsein gewonnen hatten. Die noch im Verlauf von *TORCH* aufgetretenen Mängel im Zusammenwirken aller Teilstreitkräfte waren weitgehend ausgemerzt. Auch in politischer Hinsicht fühlte sich Washington inzwischen sicher genug, außerhalb des von London diktierten Kurses eigene Wege zu gehen. Schon auf der Vorkonferenz in Kairo hatte es Roosevelt abgelehnt, sich von Churchill auf eine gemeinsame Strategie im Umgang mit Stalin festlegen zu lassen.[9] Der selbstverliebte Amerikaner wollte sich ganz auf seinen Charme stützen und war sogar überzeugt, dass der Kremlherr die steifen britischen Politiker insgeheim zutiefst hasste.[10] Vor allem aber widerstrebte es dem Präsidenten, sich in die Rolle eines Erfüllungsgehilfen britischer Kolonialinteressen im Mittelmeer zu fügen.[11] Den auftrumpfenden Kremlherrn wiederum betrachtete die US-Administration keineswegs als potenziellen Rivalen.

Der amerikanische Präsident hätte die Sowjetunion gern als Alliierten für den Krieg gegen Japan gewonnen und hatte sogar im Frühjahr 1943 versucht, ein privates Treffen mit Stalin zu vereinbaren, was er allerdings gegenüber Churchill energisch bestritt.[12]

Anders als die argwöhnischen Briten sahen die Amerikaner in Moskau inzwischen sogar einen wichtigen Partner für eine globale Friedensordnung nach dem gemeinsamen Sieg über Deutschland und Japan. Dass die Sowjetunion erst vier Jahre zuvor aus dem Völkerbund ausgeschlossen worden war, nachdem sie unprovoziert das neutrale Finnland überfallen hatte, zählte jetzt nicht mehr.

Angeblich aus Sicherheitsgründen nahm Roosevelt sogar das Angebot des sowjetischen Diktators an, während der Teheraner Konferenz mit seiner Delegation in der sowjetischen Botschaft Quartier zu nehmen. Die Briten waren entsetzt. Dass Stalins Geheimdienst (NKWD) dort jedes ihrer Worte abhören konnte, störte Roosevelt offenbar nicht. Man habe vor den Russen nichts zu verbergen, versicherte er seinen darüber besorgten Begleitern. Im Gegensatz zu den nachrichtendienstlich professionell agierenden Briten verzichteten die Amerikaner sogar darauf, die amerikanischen *Lend-Lease*-Lieferungen in die Sowjetunion zu Spionagezwecken zu nutzen. Der amerikanischen Militärmission in Moskau hatte Generalstabschef Marshall entsprechende Weisungen erteilt.[13]

Stalin nutzte konsequent die sich ihm in Teheran bietende Chance, einen Keil zwischen die beiden Westmächte zu treiben. Wohl unterrichtet über die anhaltenden britischen Bedenken gegen *OVERLORD* bezeichnete er gleich in der ersten Sitzung am 28. November die geplante Landung in Frankreich als die wichtigste militärische Operation des kommenden Kriegsjahres. In beinahe ultimativem Ton forderte er sogar die verbindliche Ernennung eines Oberbefehlshabers für *OVERLORD*, dessen Name ihm baldmöglichst mitgeteilt werden sollte. Nur so könne das Projekt, das bisher in der Hand eines Planungsstabes ohne Befehlsbefugnis lag, endlich konkrete Gestalt annehmen, erläuterte er seine erstaunliche Anmaßung, ergänzte aber abmildernd, dass ihn der Auswahlprozess selbst natürlich nichts anginge.[14]

Auch in der zwischen Briten und Amerikanern noch strittigen Frage, ob die geplante zweite Landungsoperation in Südfrankreich (*ANVIL*) zugunsten des italienischen Kriegsschauplatzes vertagt werden sollte, schlug sich der Kremlherr entschieden auf Roosevelts Seite. Die Einnahme von Rom sei verzichtbar, erklärte er, wenn dafür zehn Divisionen für eine Landung in Südfrankreich gewonnen werden könnten. Selbst *Field Marshal* Sir Alan Brookes Argument, dass jede britische oder amerikanische Division, die von der italienischen Front nach England abgezogen würde, für mehrere Monate keine deutschen Truppen binden könne, ließen die Sowjets nicht gelten.[15]

Die Briten sahen sich am Ende der denkwürdigen Sitzung isoliert und Stalin verstand seinen Vorteil zu nutzen. Noch ehe sich alle Teilnehmer von ihren Plätzen erheben konnten, hatte er Churchill beinahe wie in einem Verhör direkt über den Tisch fixiert, um ihn unverblümt zu fragen, ob denn der »Premierminister« und der britische Generalstab von *OVERLORD* vorbehaltlos überzeugt seien. So unvermittelt unter Druck gesetzt, bemühte sich Churchill, der schon kränkelnd und mit belegter Stimme in die Sitzung gegangen war, dem roten Diktator zu versichern, dass Großbritannien bis zur letzten Unze seine Kraft gegen die Deutschen jenseits des Kanals einsetzen werde.[16] Vom Balkan und der Ägäis war nun keine Rede mehr und ein höchst zufriedener Stalin versprach sogar eine große Sommeroffensive an der Ostfront im zeitlichen Zusammenhang mit der Landung in Frankreich.[17]

Im Rückblick bewertete der britische Premier die Teheraner Konferenz als klaren Rückschlag und sein mitgereister Leibarzt Charles Wilson Moran bestätigte in seinen Memoiren, wie geschockt Churchill in diesen Tagen von seiner eigenen Machtlosigkeit gewesen sei. Wie der arme kleine Esel, der allein den richtigen Weg wusste, habe er sich zwischen russischem Bären und amerikanischem Büffel gefühlt.[18] Monate später bekannte der Premier seiner langjährigen Freundin Violett Bonham-Carter, der Tochter des vormaligen britischen Premiers Herbert Asquith, in Teheran sei ihm zum ersten Mal bewusst geworden, dass Großbritannien nur noch eine kleine Nation ist.[19] Die Vereinigten Staaten hatten sich direkt mit den Sowjets ins Einvernehmen gesetzt und waren auf die britischen Vermittlerdienste nicht länger angewiesen, resümierte im Rückblick Elliott Roosevelt, der älteste Sohn des Präsidenten das entscheidende Resultat der Konferenz.[20] Bei der Gestaltung der globalen Nachkriegsordnung würden die beiden neuen Supermächte ab jetzt das entscheidende Wort sprechen.

Gegen den amerikanischen Präsidenten wurde schon nach dem Ende der Konferenz von Zeitgenossen und später auch von Historikern immer wieder der Vorwurf erhoben, gegenüber Stalin in Teheran zu nachgiebig gewesen zu sein. Doch Roosevelt war sich kaum weniger als Churchill der Gefahr bewusst, dass die sowjetischen Armeen, die sich schon den polnischen Vorkriegsgrenzen genähert hatten, einen großen Teil Mitteleuropas besetzen könnten. Gerade deshalb aber lehnte der Präsident die fortgesetzten britischen Verzögerungen ab und trat zusammen mit General Marshall entschieden für eine Konzentration aller verfügbaren Kräfte auf die Landung in Frankreich ein. Nur wenn *OVERLORD* bald begonnen würde, ließe sich wenigstens der industrielle Nordwesten Europas für die Demokratie retten. Schließlich sei es leichter, über Seine und Rhein ins Reich vorzustoßen, als den zeitraubenden Weg über das unwegsame Italien und die Alpen zu nehmen.

Churchills fixe Idee vom Angriff auf den weichen Unterleib Europas war in den Augen der Amerikaner längst diskreditiert. Angesichts der ernüchternden Tatsache, dass im Herbst 1943 den 30 anglo-amerikanischen Divisionen in Italien nur 22 vergleichbare Großverbände der Wehrmacht gegenüberstanden, fand General Albert C. Wedemeyer aus der *Operation Planing Division* (*OPD*) des amerikanischen Generalstabs klare Worte. »Wenn wir nur endlich unsere Vettern überzeugen könnten, dass der Krieg in Europa nicht dadurch gewonnen werden kann, dass wir unsere Kräfte wahllos um die Zitadelle der Achse aufreihen«.[21]

Für das Kriegsjahr 1943 war der britische Ansatz fraglos die angemessene Strategie gewesen, da tatsächlich die elementaren Voraussetzungen für *OVERLORD* noch längst nicht erfüllt waren. Inzwischen aber drohte Churchills Mittelmeerstrategie zu einem Bündel luftiger

Fantasien zu mutieren. Seinen Vorstellungen von der Besetzung von Rhodos und anderer Ägäisinseln bei einem gleichzeitigen Kriegseintritt der Türkei mochte sogar der britische Generalstabschef Sir Alan Brooke nicht mehr zu folgen. In seinem Tagebuch sprach der *Field Marshal* sogar von den »erratischen Ideen« seines Premiers, die zwar manchmal brillant, aber oft auch ungeeignet und wenig durchdacht seien.[22]

Churchill selbst hatte kurz nach seinem noch in Teheran begangenen 69. Geburtstag mit einer schweren Grippe zu kämpfen. Auf dem Rückflug von Ägypten nach Gibraltar verschlechterte sich sein Zustand massiv. Sechs Ärzte mussten zu Churchills Betreuung aus Kairo anreisen. Sogar seine besorgte Ehefrau bestieg in London ein Flugzeug, um ihrem Gatten beizustehen, der schon in melancholischer Stimmung darüber sinnierte, wie passend es doch sein würde, mitten in den Ruinen des antiken Karthago zu sterben.[23] Lag denn nicht inzwischen auch das britische Weltreich in Trümmern?

Churchill blieb freilich vom Schlimmsten verschont, beerdigen aber musste er seine geliebte Mittelmeerstrategie. Immerhin verstanden es die Briten durchzusetzen, dass genügend Kräfte in Süditalien verblieben, um mit einem neuerlichen Landungsunternehmen südlich von Rom die festgefahrene Front bei Monte Casino endlich zum Einsturz zu bringen. Als sich jedoch im Januar 1944 das mit großen Erwartungen gestartete Unternehmen bei Anzio festlief (*Operation SHINGLE*), sah sich Churchill einmal mehr in seinen Ambitionen auf einen schnellen Sieg in Italien getäuscht. Im Rückblick sprach er zwar selbstkritisch von dem gestrandeten Wal, der anstelle einer Wildkatze an Land geraten sei.[24] Doch der Kriegspremier konnte nicht völlig ignorieren, dass selbst ein sorgfältig geplanter Gegenangriff der Deutschen mit starken Kräften (Operation Fischfang) den alliierten Brückenkopf nicht mehr hatte beseitigen können. Für *OVERLORD* musste das optimistisch stimmen.

4 Der erhoffte Sieg an den Stränden – Die Abwehr der anglo-amerikanischen Invasion

»Ich sehe dem Kampf mit vollem Vertrauen entgegen. Ein Abwehrsieg wird die militärische und politische Lage von Grund auf ändern, denn eine solche Landung, die man jahrelang in allen Einzelheiten vorbereitet hat, kann man nicht einfach wiederholen, von den innenpolitischen Auswirkungen in England und Amerika ganz zu schweigen.«

Rede Generaloberst Alfred Jodls am 5. Mai 1944 vor den Reichsministern

Wie die »Großen Drei« der Konferenz von Teheran betrachtete auch die Führung des Dritten Reiches spätestens seit dem Herbst 1943 die Landung der Alliierten in Frankreich als das entscheidende Ereignis nicht nur des kommenden Kriegsjahres, sondern sogar des gesamten Krieges. Gelänge es tatsächlich, die anglo-amerikanische Invasion abzuschlagen, könne das unter Umständen eine kriegsentscheidende Wende bedeuten, notierte der Reichsminister für Volksaufklärung und Propaganda, Joseph Goebbels, am 27. Oktober 1943 in seinem Tagebuch. Einschränkend fügte er jedoch hinzu, dass diese Möglichkeit im Augenblick nicht abzusehen sei.[1]

Eine in diesen Tagen in Berlin eingegangene Denkschrift des Oberbefehlshabers im Westen (O.B.West), Generalfeldmarschall Gerd von Rundstedt, schien Goebbels' Skepsis zu bestätigen. Das umfängliche Dokument enthielt eine alarmierende Beurteilung der Lage an den französischen, belgischen und niederländischen Küsten.[2] Nach von Rundstedts Urteil war die Mehrzahl seiner 26 Infanteriedivisionen inzwischen nicht mehr angriffsfähig, ein Teil sogar nur noch bedingt zur Verteidigung geeignet. Es fehle überall an Transportmitteln, beweglicher Panzerabwehr und Artillerie. Die Verteidigungsabschnitte sämtlicher Verbände waren weit überdehnt. Einige Divisionen der

7. Armee, welche die normannische Küste westlich der Orne einschließlich der Bretagne deckte, mussten sogar eine Front von mehr als 200 Kilometern halten. Gepanzerte Reserven waren knapp. So meldete der O.B.West, dass er außer Beutefahrzeugen französischer Herkunft nur über 256 Kampfpanzer aus deutscher Produktion verfüge, die den neueren britischen und amerikanischen Modellen an Feuerkraft und Panzerung noch gewachsen waren.[3]

Von Rundstedt beabsichtigte zwar immer noch, im Falle einer alliierten Hauptlandung an der französischen Küste den Gegner schon auf See oder spätestens am Strand zu schlagen, so wie es noch im August 1942 in Dieppe gelungen war. Aufgrund der inzwischen eingetretenen Überlegenheit der Anglo-Amerikaner an Luftstreitkräften und Schiffsartillerie rechnete er jedoch damit, dass dem Gegner an vielen Stellen die Bildung von Brückenköpfen gelingen werde. Diese könnten, so der Feldmarschall, nur mit rasch verfügbaren gepanzerten Reserven beseitigt werden. Der bisherige personelle Aderlass zugunsten anderer Kriegsschauplätze müsse daher endlich beendet werden, resümierte von Rundstedt in seiner Denkschrift. Allein im laufenden Jahr habe sein Befehlsbereich fast 40 Großverbände, darunter sechs Panzergrenadierdivisionen mit insgesamt 450 000 Mann, an die Fronten in Russland und Italien abgeben müssen.[4]

Hitler schien die Warnungen seines ältesten Feldmarschalls durchaus nicht auf die leichte Schulter genommen zu haben, war er doch bereits zu ähnlichen Schlüssen gelangt. Jedenfalls erließ der Diktator nur wenige Tage später seine Weisung Nr. 51, in der er die Verlagerung des militärischen Schwerpunktes in den Westen ankündigte und zugleich das Dilemma der deutschen Kriegführung auf den Punkt brachte: Die Bedrohung im Osten sei geblieben, aber nun zeichne sich im Westen eine noch viel größere Gefahr ab. Mit einer Invasion rechnete er bereits im kommenden Frühjahr, möglicherweise auch schon eher.[5]

Im Gegensatz zu seinem Propagandachef sah Hitler in einem Großangriff der Alliierten auf die Westfront Europas vor allem eine ungeheure Chance.[6] Glückte es tatsächlich, die Anglo-Amerikaner ins Meer zurückzutreiben, wären sie vorerst nicht mehr zu einem weiteren

Landungsversuch in der Lage und die Moral in den als wankelmütig verachteten Demokratien des Westens vielleicht sogar entscheidend geschwächt.[7] Bis zu 35 Divisionen wollte der Diktator nach dem erhofften schnellen Sieg an Frankreichs Stränden der gefährlich ausgedünnten Ostfront zuführen. Noch immer glaubte er, nicht nur die wichtigen Kohlegebiete der Ukraine zurückerobern zu können. Selbst ein Gegenschlag auf ganzer Linie schien dann möglich. Mithilfe sogenannter Fester Plätze sollten bis dahin wichtige Frontabschnitte gehalten werden und stark bedrohte Frontvorsprünge wie etwa der von Witebsk im Bereich der Heeresgruppe »Mitte« waren in Hitlers Augen wertvolle Ausgangspunkte für spätere deutsche Offensiven.[8]

Noch einmal setzte der Diktator seine Hoffnungen auf Erwin Rommel, seinen jüngsten und immer noch populärsten Feldmarschall, der zudem die größten Erfahrungen im Kampf gegen die Anglo-Amerikaner besaß. Anfang November 1943 beorderte Hitler den Schwaben von Italien nach Rastenburg und übertrug ihm und seinem augenblicklich ungebundenen Heeresgruppenstab die Aufgabe, den Küstenschutz am Atlantik zu inspizieren und Vorschläge zur Verbesserung auszuarbeiten.[9] Mit seiner gewohnten Tatkraft und sprichwörtlichen Findigkeit sollte der einstige »Wüstenfuchs«, der in Führungsstil und Persönlichkeit fast das Gegenbild zum deutlich älteren und stets distanzierten von Rundstedt abgab, den bisher mit wenig Energie betriebenen Vorbereitungen zur Abwehr der Invasion neuen Schwung verleihen.

Zwar hatte schon nach Hitlers Kriegserklärung an die Vereinigten Staaten am 11. Dezember 1941 die »Organisation Todt« mit dem Bau eines sogenannten Atlantikwalls zwischen Pyrenäen und Nordkap begonnen. Doch war das ambitionierte Projekt auch nach zwei Jahren kaum mehr als ein Propagandagebilde. Daran hatte auch Hitlers Weisung Nr. 40 vom 23. März 1942, die den Bau von insgesamt 15 000 Bunkeranlagen gefordert hatte, nur wenig ändern können.[10] Die Wochenschauaufnahmen von den wenigen mit großkalibrigen Geschützen ausgestatteten Bunkern stammten sämtlich aus dem als *Pas de Calais* bezeichneten Küstenabschnitt zwischen Dünkirchen und der Mündung der Seine. Sie sollten der deutschen Bevölkerung, mehr noch aber dem Gegner eine Stärke vortäuschen, die insgesamt nicht vorhanden war.

Das vollständige Scheitern der englisch-kanadischen Landung bei Dieppe am 19. August 1942 schien auf deutscher Seite die fatale Neigung, sich die Lage schönzureden, noch verstärkt zu haben.

Selbst an dieser engsten Stelle des Kanals, wo die Wehrmacht inzwischen den Hauptstoß des Gegners erwartete, glich die oft beschworene Verteidigungslinie nach den Worten von Generaloberst Hans von Salmuth, dem Oberbefehlshaber der am *Pas de Calais* eingesetzten 15. Armee, eher einer Perlenkette mit einigen wenigen befestigten Anlagen.

Im Verantwortungsbereich der benachbarten 7. Armee zwischen Vire und Orne standen die Dinge sogar noch schlechter. Die wenigen fertiggestellten Befestigungen entlang der Küste des Calvados wiesen günstigstenfalls einen Abstand von 1200 Metern auf,[11] im Raum Bayonne waren sie praktisch gar nicht vorhanden.[12]

Vor Rommel türmte sich ein Berg von Aufgaben. In gewohnter Manier kämpfte der Feldmarschall, nachdem er im Dezember 1943 seine Inspektionstour an der dänischen Westküste begonnen hatte, um jede Verbesserung, forderte Baumaterial und Arbeitskräfte und machte zahllose Vorschläge zur Erhöhung der Verteidigungsfähigkeit. Rasch zeigte sich jedoch, dass er in der ihm zugedachten Beraterrolle nur wenig bewirken konnte. Nicht einmal ein einheitlicher Grundgedanke der Verteidigung war bis dahin vorhanden, konstatierte Friedrich Ruge, der Verbindungsoffizier der Marine zur Heeresgruppe »B«. Zwar hatten einzelne Divisionen bereits angefangen, feldmäßige Befestigungen anzulegen, doch gerade so, wie es sich der verantwortliche Kommandeur vorstellte, mal dicht an der Küste, mal weiter entfernt.[13]

Ratschläge allein konnten hier nicht helfen, zumal Rommel in seiner direkten Art auch darauf bestand, dass die Arbeiten an den Befestigungsanlagen unbedingt Vorrang vor der militärischen Ausbildung haben sollten. Reibungen mit den örtlichen Befehlshabern konnten deshalb nicht ausbleiben. Hitler übertrug schließlich auf von Rundstedts Empfehlung dem Feldmarschall im Januar 1944 den taktischen Befehl über die am Kanal stehenden Truppen. Die 7. und 15. Armee sowie das LVIII. Armee-Korps (Wehrmachtsbefehlsbereich der Niederlande) wurden in einer neuen Heeresgruppe »B« zusammengefasst und Rommels Stab unterstellt.

Wie die unvollendeten Küstenbefestigungen boten auch der Ausbildungsstand und die Ausrüstung der Truppe in von Rundstedts Befehlsbereich kaum Anlass zu Optimismus. Panzerabwehr und Artillerie stammten vielfach aus tschechischem oder französischem Beutematerial, die entsprechenden Munitionsvorräte waren beschränkt. Qualität und Führungsverhalten vieler Kommandeure mussten als unterdurchschnittlich eingestuft werden. Frontfähige Truppen waren bis dahin nach Abschluss ihrer »Auffrischung« so rasch wie möglich wieder zur Ostfront verlegt worden. Viele im Westen verbliebene Soldaten waren wegen ihres Alters oder ihrer angeschlagenen Gesundheit dem harten Ausbildungsdienst längst entwöhnt. Generalmajor Max Pemsel, der Chef des Stabes der 7. Armee, beklagte ein Durchschnittsalter von 35 Jahren für die Angehörigen seiner Divisionen.[14] Über die Zuverlässigkeit der aus nichtrussischen Ethnien der Sowjetunion gebildeten 25 Ostbataillone konnte man nur spekulieren. Auch hatten sich viele der Generale im Westen in den Augen Hitlers militärisch nicht bewährt oder waren, wie etwa Generaloberst Johannes Blaskowitz, der spätere Oberbefehlshaber der südlich der Loire gebildeten Heeresgruppe »G«, durch kritische Äußerungen über die völkerrechtswidrige deutsche Besatzungspolitik in Polen beim »Führer« in Ungnade gefallen. Selbst von Rundstedt hatte bereits den Zorn des Diktators zu spüren bekommen. Nach dem Rückzug von Rostow im November 1941 war er von Hitler in beleidigend schroffer Form als Oberbefehlshaber der Heeresgruppe »Süd« abgelöst und zunächst kaltgestellt worden.

Auch der militärische Ruf der im Westen stehenden deutschen Divisionen war alles andere als gut. Die Fronttruppen, die in der Sowjetunion oder seit 1943 in Italien kämpften, betrachteten mit einer Mischung aus Geringschätzung und Neid Frankreich als ein

Generalfeldmarschall Erwin Rommel (r.) bei der Besichtigung
des Atlantikwalls im März 1944.

fernes Idyll, wo je nach Jahreszeit »Badebetrieb« oder »Winterschlaf« vorherrschten.[15] Paris galt gar als das Mekka der Wehrmacht. Hier bekomme man einfach alles, schrieb ein junger Pionieroffizier begeistert nach Hause.[16] Viele der entlang der Kanalküste eingesetzten Soldaten konnten sich wiederum kaum vorstellen, dass ihre Stellungen, in Friedenszeiten oft beschauliche Badeorte, einmal Schauplätze einer der härtesten Schlachten des Krieges werden sollten.[17]

Auch wenn Hitler von seinem strikten Abstellungsverbot gelegentlich selbst abwich und sogar die 21. Panzer-Division noch im April 1944 nach Ungarn verlegen wollte, gelang es Rommel in den letzten Wochen vor der Landung tatsächlich, eine spürbare Verbesserung der Verteidigungsbereitschaft im Westen zu bewirken. Die Truppenstärke der Verbände des Heeres und der Waffen-SS konnte bis Mai auf fast eine Million Mann erhöht werden, die Zahl der einsatzbereiten Kampfpanzer aus deutscher Produktion stieg auf 1170 Fahrzeuge und innerhalb von fünf Monaten waren seit Jahresbeginn noch einmal 2,5 Millionen Minen entlang der Strände verlegt worden. Tausende von Pfahlhindernissen im Hinterland der Küste, sogenannte Rommelspargel, sollten Luftlandungen behindern und die Sperrholzverkleidungen der anglo-amerikanischen Lastensegler aufreißen, während mit Sprengladungen versehene Strandhindernisse (Holzhäcker) oder sogenannte Tschechenigel die alliierten Landungsboote beschädigen sollten. Rommels Annahme, dass der Gegner bei Flut angreifen würde, um den Weg über den deckungslosen Strand abzukürzen, erwies sich später jedoch als falsch. Tatsächlich sollten viele seiner Seehindernisse den alliierten Truppen am Landungstag die einzige Deckung bieten.

Die in nur wenigen Monaten erzielten Fortschritte verursachten auf deutscher Seite eine übertriebene Zuversicht. Er sähe dem Kampf jetzt voller Optimismus entgegen, erklärte etwa Generaloberst Alfred Jodl nach einer Besichtigungstour im Westen in einer Rede am 5. Mai 1944 vor Angehörigen des Reichskabinetts.[18] Gern übersah man, dass eine analoge Verbesserung der Schlagkraft von Luftwaffe und Marine nicht eingetreten war.

Rommel freute sich zwar über Hitlers Lob, gab sich selbst aber kritischer und hoffte insgeheim, dass die Landung der Anglo-Amerikaner möglichst spät erfolgen würde.[19] Weiterhin sah er, vor allem im Bereich der 7. Armee, erhebliche Lücken in der Verteidigung. Auch verhinderte wieder einmal das alte Grundübel der deutschen Kriegführung ein vollständiges Ausschöpfen der ohnehin beschränkten Mittel. Auch jetzt hatte sich Hitler nicht dazu entschließen können, den im Westen herrschenden Befehlswirrwarr aufzuheben. Aus Sicht des Diktators konnten die militärischen Vorteile einer reibungsarmen Kommandostruktur bei Weitem nicht den damit bewirkten politischen Kontrollverlust aufwiegen. Es entbehrte daher gewiss nicht der Ironie, wenn Hitler sogar am Ende seiner Weisung vom November 1943 alle Befehlshaber im Westen treuherzig aufforderte, nicht nutzlos Zeit und Arbeitskraft in Zuständigkeitsfragen zu vergeuden.[20]

Dass Rommel in seiner Funktion als Inspekteur der Küstenverteidigung weiterhin direkt dem Oberkommando der Wehrmacht berichtete und als Oberbefehlshaber der Heeresgruppe »B« die ihm unterstellten Truppen nur taktisch führen sollte, während für alle anderen Fragen der Truppenführung weiterhin der O.B.West zuständig blieb, war dabei noch ein geringfügiges Problem.

Weitaus nachteiliger für die deutsche Verteidigungsbereitschaft im Westen war allerdings die Sonderrolle, die Luftwaffe und Marine weiterhin in von Rundstedts Befehlsbereich einnehmen durften. Das Gewinnen von Aufklärungsergebnissen über die Ansammlung von Truppen oder Flottenverbänden des Gegners in Südengland blieb allein der Initiative von Admiral Theodor Krancke, dem Marinegruppenbefehlshaber »West« oder dem Kommandeur der Luftflotte 3, Feldmarschall Hugo Sperrle, überlassen und wurde aufgrund der hoffnungslosen Unterlegenheit der verfügbaren Kräfte ohne Nachdruck betrieben. Selbst auf taktischer Ebene beharrten beide Befehlshaber gegenüber den Heereskommandeuren mit Erfolg auf der Eigenständigkeit ihrer Teilstreitkräfte und sahen sich nur gegenüber Göring oder Dönitz verantwortlich. Nach den Vorstellungen der Marine sollte etwa das Feuer ihrer großkalibrigen Geschütze, die entlang der Küste in Bunkern in Stellung gebracht worden waren, auf Seeziele beschränkt bleiben. Ob auch Landungsboote und feindliche Truppen am Strand beschossen werden sollten, war ebenso wenig geregelt wie die von Rommel geforderte Verminung der Seinemündung. Reichsmarschall Hermann Göring wiederum weigerte sich, abkömmliches Bodenpersonal, wie etwa das Pionierbataillon seines IX. Flieger-Korps für den Bau von Bunkeranlagen an das Heer abzustellen.[21] Auf Betreiben seines gewichtigen Paladins hatte Hitler auch Rommels wiederholte Anträge auf Unterstellung des III. Flak-Korps entschieden abgelehnt. So standen schließlich die Batterien dieses feuerstarken Verbandes am Tag der alliierten Landung zumeist an ungeeigneten Plätzen.[22]

Einer der Hauptstreitpunkte im Westen blieb die Frage des Panzereinsatzes. Nur mühsam bildete sich ein Kompromiss zwischen den Vertretern einer geschlossen vorgetragenen Gegenoffensive und den Befürwortern einer küstennahen, aber zersplitterten Aufstellung der Panzerverbände. Obwohl Rommel selbst seine großen Erfolge in Frankreich und Nordafrika durch den rücksichtslosen Einsatz geballter gepanzerter Kräfte erzielt hatte, war er inzwischen überzeugt, dass die gewaltige alliierte Luftüberlegenheit und die Feuerkraft der Schiffsgeschütze eigene Truppenbewegungen in großem Umfang allenfalls noch bei Nacht zuließen. Dem Gegner müsse aber, so der ehemalige »Wüstenfuchs«, unbedingt bereits während der Landung, in der er sich in einer Phase größter Schwäche befand, möglichst mit schweren Waffen entgegengewirkt werden.[23] Spätestens drei Stunden nach Beginn der Landung sollten daher auch die Panzer ins Gefecht eingreifen, wozu er sie unbedingt küstennah bereithalten wollte.[24]

Rommels radikales und der bisherigen deutschen Einsatzdoktrin widersprechendes Konzept stieß erwartungsgemäß auf den Widerstand seines Vorgesetzten. Von Rundstedt weigerte sich kategorisch, eine entsprechende Zersplitterung der wenigen verfügbaren Panzerkräfte zu genehmigen. Ebenso wie sein oberster Panzerführer, General Leo Freiherr Geyr von Schweppenburg, beharrte der O.B.West auf der Bildung einer möglichst starken gepanzerten Reserve. Diese Masse sollte überhaupt erst dann zum Einsatz kommen, wenn der feindliche

Schwerpunkt klar erkannt war. Gerade in der Kunst der beweglichen Operationsführung fühlte man sich auf deutscher Seite den Alliierten noch immer überlegen und mochte schon allein deshalb nicht auf diesen letzten verbliebenen Vorteil verzichten. Je schwächer die eigenen Kräfte seien, umso beweglicher müsse geführt werden, betonte etwa der Chef des Stabes der Panzergruppe West, Generalmajor Sigismund Ritter und Edler von Dawans.[25]

Hitler schien anfangs der Auffassung von Rundstedts zuzuneigen, mochte aber Rommel nicht brüskieren und schickte daher im April 1944 den Inspekteur der Panzertruppen, Generaloberst Heinz Guderian, nach Frankreich in das exquisite Hauptquartier der Heeresgruppe »B« im Schloss *La Roche Guyon* an der Seine. Der renommierte Panzerführer war wie Rundstedt ein überzeugter Vertreter der beweglichen Gefechtsführung mit starken gepanzerten Reserven und hätte vielleicht den »Wüstenfuchs« umstimmen können. Doch die erhoffte Einigung mit Rommel kam nicht zustande, obwohl das Gespräch der beiden Panzerlegenden ansonsten in guter Atmosphäre verlief.[26]

Dass ein geschlossener Einsatz der gepanzerten Reserven in jedem Fall nicht rechtzeitig zustande kommen würde, befürchteten wiederum die Stabschefs der beiden an der Kanalküste stehenden Armeen. Bestenfalls werde man dann noch den gelandeten Feind in seine Brückenköpfe zurückdrängen können. Das Beispiel des verspätet zustande gekommenen Angriffes auf den alliierten Brückenkopf von Anzio (Operation »Fischfang«) im Rücken der Gustavlinie stand allen warnend vor Augen. Trotz sorgfältiger Vorbereitungen und eines starken Kräfteansatzes waren die deutschen Angriffsverbände von der überraschend effektiven Artillerie des Gegners bereits im Ansatz zerschlagen worden.[27]

Generalleutnant Rudolf Hofmann, der Chef des Stabes der nördlich der Seine eingesetzten 15. Armee sah überhaupt nur eine Chance, den Feind wieder ins Meer zu treiben, wenn wenigstens die Spitzen der Panzerdivisionen noch am ersten Landungstag in die Kämpfe eingreifen würden.[28] Ebenso wie Generalmajor Pemsel, der Chef des Stabes der 7. Armee, forderte er daher die direkte Unterstellung von starken Panzerkräften, selbst wenn dies eine Schwächung der Zentralreserve bedeuten würde.[29] Der O.B.West, vertreten durch seinen Chef des Stabes, Generalleutnant Günther Blumentritt, trat diesen Teilungswünschen jedoch entschieden entgegen, zumal von den von Rundstedt geforderten neun Panzerdivisionen überhaupt erst sechs Großverbände im Westen verfügbar waren.

Einen überraschenden Verbündeten fand Rommel immerhin in Generaloberst Alfred Jodl. Nach einer Besichtigungsreise im Januar 1944 plädierte der Chef des Wehrmachtsführungsstabes gegenüber Hitler ebenfalls dafür, die gepanzerten Reserven so nahe hinter der Küstenlinie zu platzieren, dass sie den Feind bekämpfen konnten, solange dessen Landungskräfte noch schutzlos und ungeordnet am Strand standen.

Die Lösung der Kontroverse brachte schließlich Ende April 1944 eine weitgehende Neuordnung der Befehlsverhältnisse im Westen.[30] Von Rundstedt erhielt zunächst ein zweites Heeresgruppenkommando unterstellt, in dem unter dem Befehl von Generaloberst Blaskowitz die beiden an der Biskaya und an der Mittelmeerküste stationierten deutschen Armeen zusammengefasst wurden. Inzwischen waren auch drei neue Panzerdivisionen in Aufstellung begriffen, sodass die Teilungswünsche der Armeen doch noch umgesetzt werden konnten. Rommel und seine Armeebefehlshaber durften es immerhin als halben Erfolg betrachten, dass der Heeresgruppe »B« jetzt drei vollwertige Panzerdivisionen (2., 21. und 116.) direkt unterstellt worden waren.[31] Weitere drei Panzerdivisionen erhielt Generaloberst Blaskowitz' in Westfrankreich und an der Mittelmeerküste stehende Heeresgruppe »G« zugeteilt, wodurch sich die von Rundstedt angestrebte starke Panzerreserve allerdings auf drei Panzerdivisionen und eine schwache Panzergrenadierdivision reduzierte. Als Panzergruppe »West« sollten sie von Geyr von Schweppenburg geführt werden. Dass von den ihm verbliebenen Verbänden die 17. SS-Panzergrenadier-Division mit ihren 42 Sturmgeschützen weit abseits an der Loire belassen wurde, dürfte die Schlagkraft dieser Reserve zusätzlich geschwächt haben. Als

OKW-Reserve waren diese vier gepanzerten Divisionen zudem noch unter Hitlers Vorbehalt gestellt.

Dass Rommel wiederum zwei seiner drei Panzerdivisionen bei der 15. Armee nördlich der Seine beließ, schien nur auf den ersten Blick konsequent. Gerade am *Pas de Calais* konnte Rommel darauf bauen, dass der vergleichsweise gut ausgebaute Zustand der dortigen Befestigungen der Stellungstruppe im Falle einer alliierten Großlandung ein Halten der Küstenlinie bis zum Eintreffen der gepanzerten OKW-Reserve ermöglichen würde. Anders sah es jedoch bei der 7. Armee in der Normandie aus, deren erheblich schwächere Verteidigungsanlagen dringend auf einen sofort wirksamen gepanzerten Rückhalt angewiesen waren.

Doch Rommel betrachtete in trauter Allianz mit dem O.B.West den *Pas de Calais* als die wahrscheinlichste Landezone der Alliierten und hatte von Anfang an alles unternommen, diesen Bereich besonders zu verstärken.[32] Aus der Schwerpunktfront Kanalküste könnten keine Kräfte an die Normandie abgegeben werden, beschied er noch Anfang Mai entsprechende Forderungen der 7. Armee.[33] Selbst eine Woche nach der alliierten Landung in der Normandie sollte der einstige »Wüstenfuchs« seiner nördlich der Seine platzierten 116. Panzer-Division den Auftrag erteilen, aus ihrem Verfügungsraum bei Gisor an die Mündung der Somme vorzurücken. Dort hatte sie mit ihren 220 Kampfpanzern noch einen ganzen Monat lang untätig die vermutete anglo-amerikanische Hauptlandung am *Pas de Calais* zu erwarten.[34]

In Ermangelung konkreter Luftaufklärung über die gewaltige Zusammenballung alliierter Truppen an der englischen Südküste stützte sich das unbeirrte Festhalten beider Feldmarschälle am *Pas de Calais* als vermuteter zukünftiger Landungsraum fast ausschließlich auf heuristische Annahmen. Sie schienen aus deutscher Sicht auch keineswegs abwegig. So befanden sich nördlich der Seine nicht nur die Abschussrampen der sogenannten V-Waffen, an deren rascher Ausschaltung vor allem die Briten ein Interesse haben mussten. Vom *Pas de Calais* führte überdies für eine erfolgreiche alliierte Landungsarmee auch der kürzeste Weg in das industrielle Herz des Reiches an Rhein und Ruhr. Die Kühnheit zu einer operativen Überraschung, wie sie die Entscheidung der Anglo-Amerikaner für die Normandie zweifellos voraussetzte, trauten dagegen beide Feldmarschälle den britischen und amerikanischen Planern nicht zu. Dabei übersahen sie jedoch, dass auch die Strände des Calvados eine Seelandung auf breiter Front ermöglichten, während der längere Anmarschweg für die Alliierten aufgrund ihrer drückenden Überlegenheit zur See und in der Luft kein entscheidender Nachteil mehr war. Typisch für das operative Denken auf deutscher Seite war vor allem die mangelnde Berücksichtigung logistischer Gesichtspunkte. Rundstedt und Rommel wollten nicht sehen, dass die Normandie mit Le Havre und Cherbourg bessere Häfen aufwies, was für *Lieutenant General* Frederick Morgan, den mit *OVERLORD* beauftragten alliierten Chefplaner, sogar das entscheidende Argument für eine Landung zwischen Orne und Vire gewesen war.[35]

Der deutschen Führung im Westen war offenbar auch nicht bekannt, dass an der von William Tecumseh Sherman 1881 gegründeten Kaderschmiede für Stabsoffiziere des amerikanischen Heeres in Fort Leavenworth eine Landung in der Normandie schon seit »Pearl Harbor« zu den operativen Standardaufgaben für die Lehrgangsteilnehmer gehörte. Fünf alliierte Division sollten demnach zwischen Vire und Orne an Land gehen, während zwei Luftlandedivisionen den Schutz ihrer Flanken sicherstellten.[36]

Wenigstens Rommels Gewissheit bekam jedoch gelegentlich Risse. Die sich zuletzt häufenden Hinweise auf eine mögliche Landung in der Normandie beschäftigten inzwischen auch Hitler.[37] Offenbar bereiteten dem Feldmarschall in den letzten Wochen vor der Landung die Zustände in der Normandie und besonders auf der Halbinsel Cotentin zunehmend Sorge. Zweimal reiste Rommel noch im Mai 1944 zum Stab der 7. Armee in Rennes und ließ nach einer Besichtigung des Küstenabschnitts im Verantwortungsbereich des LXXXIV. Armee-Korps sogar ermitteln, in welcher Frist seine zwischen Caen und Falaise stehende 21. Panzer-Division nach Carentan verlegt werden könnte.[38] Anstatt jedoch seine beiden der 15. Armee zugeteilten Panzerdivisionen frühzeitig über die Seine nach Westen zu ziehen, bemühte sich der Feldmarschall jetzt wiederholt um eine Freigabe der 12. SS-Panzer-Division »Hitlerjugend« aus von Rundstedts Reserve. Obwohl Rommel wusste, dass weder der O.B.West noch sein alter Widersacher Gyr von Schweppenburg einer Zersplitterung ihrer operativen Panzerkräfte jemals zustimmen würden,[39] wollte er deswegen sogar noch am 10. Juni beim »Führer« auf dem Berghof vorstellig werden.

Die anglo-amerikanische Landung am 6. Juni setzte jedoch einen abrupten Schlussstrich unter das bizarre Kompetenzgerangel auf deutscher Seite. Von den drei gepanzerten Divisionen, die Rommel direkt unterstellt waren, sollte am ersten Landungstag allein die 21. Panzer-Division auf Befehl der 7. Armee in die Lücke zwischen den britischen Landungszonen nördlich von Caen vorstoßen. Vor den 100 Panzerwagen IV des bei Falaise stehenden Panzer-Regiments 22 lag an diesem Morgen allerdings noch ein Weg von 60 Kilometern bis zur Küste.[40]

5 Von der »Minimalarmee« zum mechanisierten Millionenheer – Amerikas Armee bis zur Landung in Nordafrika

»Wir müssen den Kampf um jeden Preis anstreben. Töten muss unser Motto werden. Tag und Nacht müssen wir planen und trachten, zu töten. Unsere Feinde haben uns den Weg zu einem schnelleren, perfekteren und grausameren Töten gewiesen. Doch jetzt sind sie nur noch Ex-Champions. Wir werden zu ihnen aufschließen. Es ist das erklärte Ziel der Armee, aus jedem von Ihnen einen Killer zu machen.«

Radioansprache von General Lesley James McNair im Frühjahr 1942[1]

Auf »Mamie« (Douds) Eisenhowers besorgte Frage, was er denn in London zu tun habe, erhielt sie von ihrem Ehemann am Abendtisch die launige Antwort: Er werde dort den ganzen Haufen (*Shebang*) anführen. Dass der aus Abilene in Kansas stammende Dwight David Eisenhower mit dem seltsamen Vornamen und Vorfahren aus dem Rheinland von Präsident Franklin Delano Roosevelt im Juni 1942 zum Oberbefehlshaber aller anglo-amerikanischen Streitkräfte in Europa ernannt worden war, dürfte ihn selbst nicht weniger überrascht haben als seine Ehefrau.[2] Seine Beförderung hatte der damals 52 Jahre alte Offizier, der bis dahin nie einen größeren Verband als ein Bataillon geführt hatte, dem einflussreichen George Catlett Marshall zu verdanken.

Der Vorsitzende der *Joint Chiefs of Staff*, der später als US-Außenminister Namensgeber des *European-Recovery-Program* und sogar Friedensnobelpreisträger werden sollte, schätzte Eisenhower als effektiven und loyalen Offizier. Wie Marshall war Eisenhower ein glühender Befürworter einer frühzeitigen, großen alliierten Landung in Frankreich (*ROUNDUP*). Im Auftrag des Generalstabschefs war er im April 1942 nach Europa gereist, um herauszufinden, weshalb die in London unter dem Luftwaffengeneral James Chaney installierte amerikanische Beobachtergruppe bisher noch keinerlei Fortschritte im Hinblick auf eine gemeinsame alliierte Strategie gegen Hitlerdeutschland erzielen konnte. Dass die erste Mission des damals kaum bekannten US-Generals nach Großbritannien bei hohen britischen Offizieren wie etwa Alan Brooke, dem Chef des *Imperial War Staff*, einen wenig günstigen Eindruck hinterlassen hatte,[3] spielte für Marschall keine Rolle. Nach Eisenhowers Rückkehr gab er ihm nicht nur Chaneys Job, sondern stimmte auch dem Vorschlag seines Protegés zu, die Londoner Beobachtergruppe zu einem militärischen Führungsstab (*European Theatre Operation United States Army/ETOUSA*) zu erweitern. Sämtliche nach Großbritannien verlegten amerikanischen Truppen sollten diesem Stab zukünftig unterstehen.[4]

Mit seinem delikaten Auftrag, den Planungen für *ROUNDUP* endlich einen entscheidenden Schub zu geben und die amerikanischen Vorstellungen mit den notorisch skeptischen Briten abzustimmen, gehörten die für Eisenhower zermürbenden Zwischenkriegsjahre mit dienstlicher Routine, herabgesetztem Sold und seltenen Beförderungen endgültig der Vergangenheit an. Der General, dessen größte Sorge es bis dahin gewesen war, wie schon im Ersten Weltkrieg auch diesen Krieg hinter einem Schreibtisch verbringen zu müssen, sah sich plötzlich ins Zentrum des Geschehens gerückt.[5]

Eisenhowers atemberaubender militärischer Aufstieg vom Oberstleutnant zum Drei-Sterne General in kaum mehr als einem Jahr fand seine Parallele in dem spektakulären Aufwuchs des bescheidenen amerikanischen Heeres zu einer Streitmacht von beinahe acht Millionen Mann am Ende des Krieges. Als Hitlers Wehrmacht am 1. September 1939 Polen überfiel, hatten die Vereinigten Staaten kaum 190 000 aktive Soldaten unter Waffen gehabt. Allein der anhaltenden ökonomischen Depression verdankte es die Armee, dass wenigstens knapp 20 000 Offiziere im Dienst verblieben waren. Deren Ansehen in der Öffentlichkeit war allerdings so gering, dass die in der Hauptstadt stationierten Offiziere selbst während ihrer Dienststunden einen zivilen Anzug bevorzugten. Noch in den 1930er-Jahren galt im Kriegsministerium die zynische Devise: Wer die Armee verlassen wolle, werde nicht aufgehalten. Jede Demission sparte Kosten und verbesserte die bescheidenen Aufstiegschancen der übrigen Offiziere.[6]

Bei Ausbruch des Krieges in Europa konnte die Weltmacht Amerika nicht mehr als acht Infanteriedivisionen aufbieten, von denen je eine auf Hawaii und den Philippinen stationiert war. Keine dieser Divisionen erreichte auch nur die Hälfte ihrer Sollstärke von 28 000 Mann. Manche Kompanien bestanden nur aus Kaderpersonal, andere existierten lediglich auf dem Papier. Die auf den Philippinen stationierte Division verfügte nur über ein einziges Infanterieregiment aus Amerikanern, in allen übrigen Einheiten dienten mit Ausnahme der Offiziere mehrheitlich Einheimische.[7] Allein die Kavalleriedivision im texanischen Fort Bliss verfügte mit 12 000 Mann und 6 000 Pferden über ihre vorgesehene Stärke.[8] Obwohl die Nationalgarde mit rund 200 000 Mann nominal stärker als das aktive Heer war, konnte sie kaum Abhilfe bieten. Viele ihrer Angehörigen waren überaltert und die Offiziere noch durch ihre Schützengrabenerfahrungen des Ersten Weltkrieges geprägt. Die jüngeren Männer wiederum betrachteten die regelmäßigen Wochenendübungen mit leichten Märschen und kameradschaftlichen Biwaks bei gutem Sold als willkommene Ablenkung von ihrem immer noch durch die große Depression geprägten Alltag.[9] Einen echten Kampfeinsatz in Übersee konnten sich die wenigsten unter ihnen vorstellen.

Frankreichs überraschender Zusammenbruch im Juni 1940 verursachte jedoch ein Umdenken in den Vereinigten Staaten. Einen erneuten Krieg an der Seite der Europäer zu führen, war nicht wenigen Amerikanern bisher als abwegiger Gedanke erschienen. Noch 1935 hatte eine der ersten großen Umfragen des neu gegründeten Gallup-Institutes ermittelt, dass zwei Drittel der Amerikaner die Teilnahme ihres Landes am Ersten Weltkrieg immer noch als großen Fehler betrachteten.[10] Viele Politiker sahen jedoch inzwischen den vorherrschenden Isolationismus kritisch. Der Siegeszug der deutschen Wehrmacht in Westeuropa hatte eine Mehrheit der Abgeordneten überzeugt, dass die Vereinigten Staaten über kurz oder lang in den Kampf gegen die Achsenmächte eintreten würden. Im Spätsommer 1940 entschloss sich der Kongress ohne Rücksicht auf die schon im November anstehenden Wahlen zu einem außergewöhnlichen Schritt. Zum dritten Mal in der Geschichte des Landes verabschiedete er ein Gesetz zur Einführung der allgemeinen Wehrpflicht.[11]

Der *Selective Training and Service Act* vom 16. September 1940 strebte eine Vergrößerung der Armee auf zunächst eine halbe Million Mann an. Zugleich sollten die 18 Divisionen der Nationalgarde in das aktive Heer überführt werden. Die neue einjährige Dienstpflicht betraf anfangs nur Männer ab dem 20. Lebensjahr, die mittels eines Losverfahrens bestimmt werden sollten. Im Verlauf des Krieges zwang jedoch der akute Personalmangel das *War Department*, auch jüngere Kandidaten einzuziehen.

Disziplin und Motivation der Wehrpflichtigen blieben allerdings noch lange hinter den Erwartungen der Politiker zurück. Häufig fehlten der rasch expandierenden Truppe geeignete Vorgesetzte und manche Härten des Soldatenlebens empfanden selbst die dienstwilligsten Männer als unnötig. Der Kongress hatte zwar zugleich mit dem Wehrpflichtgesetz auch neun Milliarden US-Dollar für Bewaffnung, Ausrüstung sowie den Bau der erforderlichen Unterkünfte bewilligt und damit sogar auf einen Schlag die Gesamtsumme aller militärischen Ausgaben seit dem Ende des Ersten Weltkrieges überboten. Gleichwohl mussten die meisten neuen Verbände vorerst noch selbst im Winter mit unzureichender Ausrüstung in Zelten hausen. Viele ehemalige Nationalgardisten, die ihren sporadischen Dienst bisher heimatnah hatten verrichten dürfen, wurden wie etwa die Angehörigen der 29th *Division*, die den Beinamen *The Blue and the Grey* führte, in großen Lagern zusammengezogen, wo sie unter der oft monatelangen Trennung von ihren Angehörigen litten.[12]

Für besonderen Unmut in der Truppe sorgte die schon im Juli 1941 getroffene Entscheidung, die Wehrpflicht nicht nur auf 18 Monate zu verlängern, sondern jetzt auch die ursprünglich eingezogenen Männer noch sechs Monate länger unter den Fahnen zu halten.[13]

Erst der Überfall der Japaner auf Pearl Harbor, der von Präsident Roosevelt in einer landesweiten Radioansprache als ein Akt besonderer Infamie gebrandmarkt wurde, sorgte für einen vollkommenen Stimmungswandel. In der Truppe machte sich eine grimmige Entschlossenheit anstelle der bis dahin unter den Soldaten vorherrschenden Indifferenz breit und die Militärbehörden konnten sich plötzlich vor Freiwilligen kaum noch retten. Schon Ende 1940 hatte die Armee mit 620 000 Mann ihren Vorkriegsstand fast vervierfacht. Doch dies war nicht mehr als eine Etappe auf dem Weg zu dem angestrebten Millionenheer. Wie schon bei der Sezession der Südstaaten 80 Jahre zuvor und dann wieder nach der Kriegserklärung an das Deutsche Reich im April 1917 vollzogen die Vereinigten Staaten jetzt zum dritten Mal in ihrer Geschichte die große Transformation zur Militärmacht. Nur wenige Politiker und Militärs ahnten damals allerdings, dass anders als nach dem Bürgerkrieg und dem Sieg über den »tyrannischen Kaiser« die Armee dieses Mal nie wieder zu ihrem bescheidenen Vorkriegsniveau zurückkehren würde.

Als maßgeblicher Architekt des militärischen Aufwuchses erwies sich der ebenso effektive wie unnahbar wirkende George Marshall. Nicht einmal Präsident Roosevelt wagte den Generalstabschef mit Vornamen anzureden. Marshall war in seiner Behörde nicht nur wegen seiner kontrollierten Wutausbrüche gefürchtet. In der Armee galt er als unbestechlicher Personalentscheider, dessen Empfehlungen auch im Weißen Haus größtes Gewicht hatten. Im Ersten Weltkrieg hatte Marschall als Adjutant von Oberbefehlshaber John Pershing in Frankreich gedient. Sechs Jahre nach dem Waffenstillstand war er nach China gegangen, um das Kommando über die seit dem Boxeraufstand von 1900 im chinesischen Tientsin stationierte 15th *Infantry* zu übernehmen. Aus seiner Zeit als stellvertretender Kommandeur der Infanterieschule in Fort Benning besaß Marshall eine Liste der vielversprechendsten Majore und Oberstleutnante, denen er nach seiner am 1. September 1939 erfolgten Ernennung zum Chef des Generalstabes den Weg zu hohen und höchsten Positionen ebnete. Darauf befanden sich Namen wie Omar Bradley, Walter Bedell-Smith, Joseph Stilwell, Leonard T. Gerow und Dwight D. Eisenhower, den Marshall im Dezember 1941 zum Chef seiner *Operation Planning Division* ernennen sollte.

Schon im Juli 1940 hatte das *War Department* ein besonderes Oberkommando (*General Headquarter*) für das amerikanische Heer mit seinen drei Bestandteilen (*Ground Forces, Army Airforce und Armored Corps)* geschaffen und es dem Generalstabschef direkt unterstellt. Zum Befehlshaber des neuen *GHQ* ernannte Marshall den bisherigen Leiter der Generalstabsschule in Leavenworth, Brigadegeneral Lesley James McNair. Obwohl ein Artillerist sollte der damals 57-jährige McNair wie kein anderer Offizier den Aufwuchs und die Entwicklung der neuen amerikanischen Infanteriedivisionen prägen. Mit einem Stab aus nur 23 Offizieren schaffte es der mit der *Distinguished Service Medall* ausgezeichnete Veteran des Ersten Weltkrieges, das Heer der Vereinigten Staaten bis zum August 1943 auf eine Stärke von 91 Divisionen mit insgesamt 5 Millionen Mann zu bringen.[14]

Die Formierung der neuen Verbände erfolgte nach einem standardisierten Schema, das McNair zusammen mit seinem G-3 Offizier, General Mark Clark, der ebenfalls zu Marshalls militärischen Schützlingen gehörte, festgelegt hatte.

Vor Aufstellung einer neuen Division ernannte der Generalstabschef einvernehmlich mit *Secretary of War* Henry Lewis Stimson einen neuen Divisionskommandeur, außerdem dessen Stellvertreter sowie einen zukünftigen Artillerieführer der Division. Während die beiden ersten Offiziere zunächst einen 30-tägigen Führungsgrundlehrgang auf der Generalstabsschule in Leavenworth durchliefen, wurde der Artillerieführer für dieselbe Frist zu der in Fort Sill in Oklahoma eingerichteten Artillerieschule kommandiert. Nach Abschluss der Lehrgänge erhielt die dreiköpfige Führungsspitze der zukünftigen Division einen Kader von 200 Offizieren und 1 200 Mann aus einem bereits existierenden Patenverband zugewiesen. Mit dieser Basis musste die neue Division innerhalb eines Jahres nicht nur ihre vorgesehene Sollstärke von 14 400 Mann erreichen, sondern auch in einer Reihe von großen Manövern ihre volle Gefechtsbereitschaft unter Beweis stellen. Sofern das Ergebnis zufriedenstellend ausfiel, konnte die Division dann sogar selbst als Patenverband für eine Neuaufstellung herangezogen werden. Nach McNairs ambitioniertem Plan sollte das amerikanische Heer auf diese Weise jeden Monat um drei neue Infanteriedivisionen wachsen.

Die stürmische Expansion endete allerdings schon ein halbes Jahr vor dem Beginn von *OVERLORD* im August 1943. Mit der Aufstellung von insgesamt 91 Divisionen war McNair fast genau den Empfehlungen eines Memorandums gefolgt, das *Lieutenant Colonel* Albert Wedemeyer im Juli 1941 in Marshalls Auftrag erstellt hatte. Darin hatte Wedemeyer, der in den 1930er-Jahren an einem Lehrgang der Berliner Kriegsschule teilgenommen hatte, zwei elementare Forderungen formuliert. Zum einen musste insgesamt die numerische Überlegenheit gegenüber der deutschen Wehrmacht und der japanischen Armee sichergestellt sein, zugleich durfte aber auch der Personalbedarf einer jetzt ebenfalls massiv expandierenden amerikanischen Kriegswirtschaft nicht ignoriert werden.[15]

Marshalls Wunsch nach einer beschränkten Zahl von Divisionen wurzelte freilich auch in seinen Erfahrungen aus dem Ersten Weltkrieg. Damals hatten vollständige Stäbe Divisionen geführt, die nach intensiver Kampftätigkeit oft nur noch die Grabenstärke eines Regimentes aufwiesen. Mit dem verfügbaren knappen Personalersatz wollte er, anders als der 73-jährige Kriegsminister Stimson, ein Veteran des 1898 geführten *splendid little war* gegen Spanien und Verfechter einer möglichst hohen Zahl von Verbänden, lieber die volle Gefechtsstärke der bestehenden Verbände sichern.

Hatten Marshalls und McNairs Vorgänger zur Zeit des Bürgerkriegs und später auch im Ersten Weltkrieg sich noch darauf konzentrieren können, die ursprüngliche Truppenzahl zu vervielfachen und jedem Soldaten nach einer vereinheitlichten Standardausbildung einfach ein Gewehr in die Hand zu drücken, so musste jetzt aus der riesigen Zahl neuer Offiziere und Soldaten eine moderne mechanisierte Streitmacht entstehen. Sie sollte nicht nur den Deutschen, die bis dahin als die unbestrittenen Meister der beweglichen Operationsführung mit gepanzerten Kräften galten, auf den späteren Gefechtsfeldern in Afrika und Europa gewachsen sein. Amerikas neue Streitmacht musste sich überdies ihren zukünftigen Kampfplatz durch eine erfolgreiche Landung auf dem Kontinent überhaupt erst erobern. Es war wohl die größte Herausforderung, die jemals einer Armee gestellt worden war.

Neben der Aufholung des gewaltigen konzeptionellen Rückstands gegenüber der Deutschen Wehrmacht mussten in kaum mehr als einem Jahr auch bei der Entwicklung von Waffen und Gerät völlig neue Wege beschritten werden.

Es war fraglos ein ebenso evolutionärer wie unvermeidbarer Schritt, dass Marshall und McNair den Geist der alten Armee möglichst weit zurückdrängen wollten. Beide Offiziere strebten den Sieg über Hitlerdeutschland mit einem völlig neuen Soldatentypus an. Das erforderte auch ein anderes Offizierkorps, dessen Angehörige mental den rasch wechselnden Lagen einer hoch beweglichen Operationsführung gewachsen sein sollten. Marschalls drängendstes Problem war daher die Auswahl und Ausbildung des Führernachwuchses in den Kompanien.

Der Generalstabschef fand die Lösung, indem er im Juli 1941 an seiner alten Wirkungsstätte in Fort Benning die erste einer rasch folgenden Reihe von Schulen für Offizieranwärter (*Officer Candidate Schools/ OCS*) einrichtete. Dort sollten Wehrpflichtige, die sich während ihrer dreimonatigen Grundausbildung als besonders geeignet erwiesen hatten, zum Zugführer ausgebildet werden. Marshall schwärmte geradezu von den jungen Männern, die oft sogar einen Highschool-Abschluss in die Kasernen mitbrachten, und nannte sie pures Gold, das nur geborgen zu werden brauche. Die Kurse der *OCS* waren zunächst auf eine Dauer von drei Monaten beschränkt, wurden jedoch um fünf Wochen verlängert, als seit Herbst 1942 immer weitere Kenntnisse über den Einsatz gepanzerter Truppen vorlagen.[16] Bis zum japanischen Überfall auf Pearl Harbor hatten zwar erst 1500 Kandidaten Marshalls neue Lehrgänge absolviert, doch im Jahr darauf waren es bereits 54400 und bei Kriegsende stammten schließlich drei Viertel aller Offiziere bis zur Kompanieebene aus Marshalls *OCS*.

Als Herkulesaufgabe erwies sich für Marshall und McNair der Aufbau und die Schulung einer Panzerwaffe. Wenige Wochen nach dem Triumph der deutschen Panzerdivisionen über Frankreich hatte

McNair im Juli 1940 den ehemaligen Kavallerieoffizier Adna Romanza Chaffee (Jr.) zum Befehlshaber eines neuen *Armoured Corps* in Fort Knox gemacht, das ein unabhängiger Arm des Heeres sein sollte. Als Keimzelle der neuen Panzerwaffe diente die bis dahin einzige motorisierte Kavalleriebrigade der amerikanischen Armee. Chaffee hatte sich schon in den 1930er-Jahren als Befürworter einer neuen mechanisierten Operationsführung einen Namen gemacht und nach dem deutschen Vorbild die Autonomie seiner gepanzerten Truppen von den taktischen Zwängen der Infanterie gefordert. Dank einer ersten großen und erfolgreichen Gefechtsübung gelang es ihm, seiner Idee vom autonomem Einsatz gepanzerter Kräfte zum Durchbruch zu verhelfen. Als Chaffee schon im August 1941 im Alter von nur 57 Jahren verstarb, hinterließ er ein mechanisiertes Korps mit vier Brigaden und insgesamt 1200 Panzern, das auch die Stammformation der später aufgestellten 16 gepanzerten Divisionen des amerikanischen Heeres werden sollte.[17]

Zu Chaffees Nachfolger bestimmte McNair General Jacob L. Devers, einen Artilleristen, der den größten Teil der von seinem Vorgänger bevorzugten leichten Panzer durch Kampfwagen mit höherer Feuerkraft ersetzen ließ. Zugleich befahl er, die Zahl der Panzer in einer Division um ein Drittel auf 260 Fahrzeuge zu reduzieren. Eine amerikanische *Armoured Division* sollte zukünftig über drei *Combat-Commands* mit den Bezeichnungen »A«, »B« und »R« (Reserve) verfügen. Jedes dieser Brigadekommandos setzte sich gewöhnlich aus je einem Panzerbataillon mit 80 Kampfpanzern, einem Bataillon mechanisierter Infanterie mit Halbkettenfahrzeugen sowie zwölf Panzerhaubitzen zusammen. Das neue Baukastensystem erlaubte es der Divisionsführung, ihre Kampfgruppen flexibel nach Lage und Auftrag zusammenzustellen. Insgesamt 3000 geländetaugliche Fahrzeuge, darunter der legendäre 2,5 Tonner von Ford mit Vierradantrieb, ursprünglich eine Entwicklung für die belgische Armee, machten jeden Soldaten einer mechanisierten Division auch außerhalb des Straßennetzes voll beweglich.

Anfangs waren die neuen Panzerdivisionen noch mit den 1941 entwickelten Panzertypen *Grant* und *Lee* ausgestattet, die sich allerdings wegen ihrer in einer Kasematte untergebrachten Hauptwaffe nicht bewährten. Seit Februar 1942 ersetzte sie daher der bei Chrysler in Detroit produzierte Kampfpanzer *Mark IV (Sherman)*, der nach dem Unionsgeneral William Tecumseh Sherman benannt war und bis Kriegsende in einer Stückzahl von 88000 Exemplaren hergestellt wurde.[18]. Gegenüber den beiden älteren Modellen mit ihrem verschraubten Aufbau besaß der *Sherman* bereits eine geschweißte Panzerwanne. Zudem war seine Hauptwaffe, eine 75 mm Kanone, jetzt in einen voll schwenkbaren Turm untergebracht. Ursprünglich war das 30 Tonnen schwere Fahrzeug konzipiert worden, um die Infanterie zu unterstützen. In seiner Beweglichkeit besaß der *Sherman* gegenüber den deutschen Modellen zwar Vorteile, die allerdings mit einer schwächeren Panzerung erkauft worden waren. Zudem erwies sich seine Bordkanone im direkten Duell mit dem 75-mm-Langrohrgeschütz des deutschen Panzerkampfwagens V (Panther) wegen ihrer geringeren Mündungsgeschwindigkeit von knapp 700 Metern/Sek. an Reichweite und Durchschlagskraft als deutlich unterlegen. Auch wenn der *Sherman* dank der leichteren Schwenkbarkeit seines Turms schneller feuern konnte, besaß er selbst gegenüber dem Panzer IV, dem älteren deutschen Standardmodell, auf eine Kampfentfernung von über 1000 Metern nur wenig Chancen. Böse Zungen nannten den leicht entflammbaren Kampfwagen aus der Detroiter Panzerschmiede auch gerne *Ronsom*, was der Name eines gängigen Feuerzeuges war. Noch ungünstiger sollte die Bilanz des *Shermans* gegenüber dem deutschen Panzer VI (Tiger I) ausfallen, mit dem es amerikanische Truppen erstmals in Nordafrika zu tun bekamen. Das Auftreten dieses Gegners löste unter amerikanischen Besatzungen wiederholt Panik aus und schon der Glaube, es mit einem Tiger zu tun zu haben, war oft genug Veranlassung, den Rückzug anzutreten.

Zur Erhöhung der eigenen Kampfkraft ließ das Kriegsministerium in aller Eile den schweren Panzerjäger M10 (*Wolverine*) konstruieren. Auf das bewährte Fahrwerk des *Shermans* hatte man einfach einen größeren, aber oben offenen Turm mit einer leistungsstarken 76,2-mm-Kanone gesetzt, die auf 1000 Meter fast alle deutschen

Modelle durchschlagen konnte. 36 dieser Kampffahrzeuge wurden in besonderen Panzerjägerbataillonen zusammengefasst und den Infanteriedivisionen direkt unterstellt.

Zur selben Zeit als Hitlers Armeen mit drei Millionen Mann und 3300 Panzern die Sowjetunion überfielen und Kesselschlachten schlugen, die alle bisherigen Operationen der Kriegsgeschichte weit in den Schatten stellten, schickten die Amerikaner insgesamt 27 ihrer neuen Divisionen in ein großes Manöver im Südwesten des Landes. Gewaltige Panzerkolonnen durchkreuzten im September 1941 unter den Augen einer erstaunten Bevölkerung weite Teile von Louisiana und Texas und das spektakuläre Unternehmen fand in der amerikanischen Öffentlichkeit großen Widerhall. Dass trotz der beindruckenden Bilder der neuen amerikanischen Wehrmacht im Verlauf der Übung noch gravierende Mängel in Disziplin, Taktik und Logistik aufgetreten waren, erfuhr die Presse allerdings nicht. Am Ende musste General Marshall sogar drei Viertel aller Brigade-, Divisions- und Korpsbefehlshaber ablösen lassen.[19]

Ein Sonderfall unter den amerikanischen Befehlshabern war der 56-jährige George Smith Patton. Der Olympiafünfte von 1912 im militärischen Fünfkampf und Teilnehmer an General John Pershings legendärer Strafexpedition gegen den mexikanischen Rebellenführer Pancho Villa hatte schon im Ersten Weltkrieg in Frankreich ein Panzerausbildungszentrum geleitet. Beim erfolgreichen Angriff der Amerikaner auf den deutschen Frontbogen bei St.-Mihiel im September 1918 hatte Patton sogar eine Panzerbrigade kommandiert. Wegen seines Alters war der General bei Amerikas Kriegseintritt bereits auf Marshalls Entlassungsliste gelandet. Der Generalstabschef hatte sich dann jedoch anders entschieden. Zwar galt Patton, der wie Marshall ein Absolvent des renommierten *Virginia Military Institutes* war, als Exzentriker, der kein Blatt vor den Mund nahm und es liebte, die Truppe mit markigen Sprüchen zu unterhalten. Auch pflegte der General seine Umgebung mit schockierenden Bemerkungen herauszufordern. Einmal musste sogar Marshalls zweite Gattin den notorischen Verächter der politischen Korrektheit bei Tisch maßregeln.

Ein hoher Offizier dürfe keine unüberlegten Reden wie ein junger Leutnant führen.[20]

Engen Vertrauten offenbarte Patton gelegentlich seine bizarre Überzeugung, die Reinkarnation eines römischen oder konföderierten Generals zu sein. Dabei konnte er sie mit detaillierten Kenntnissen von Örtlichkeiten in Erstaunen versetzen, die er angeblich nie gesehen hatte.[21] Patton galt als Außenseiter, aber wegen seiner beispiellosen Tatkraft mochte die Armee nicht auf ihn verzichten und Marshall glaubte, den ehrgeizigen General, der davon träumte, sich einmal mit dem legendären »Wüstenfuchs« in einem Panzer zu duellieren, trotz seiner allürenhaften Neigungen unter Kontrolle halten zu können.

Anfang 1942 erhielt Patton vom Kriegsministerium sogar den Auftrag, in der kalifornischen Wüste ein riesiges Ausbildungsareal einzurichten. Im unwirtlichen Süden des *sunshine state* sollten Panzerverbände auch im scharfen Schuss üben können. Die Bedingungen waren in fast jeder Beziehung kriegsmäßig. Dazu gehörte gewiss auch, dass die Truppe ohne Elektrizität und warmes Wasser in Zelten hausen musste. Nur für Pattons kleinen Stab gab es ein paar primitive Baracken. Gleichwohl fühlte sich der General, der aufgrund einer reichen Heirat anders als die meisten seiner Soldaten die langen Jahre der Depression in Wohlstand und Komfort hatte verbringen können, in seinem Element. Mit einem leichten Panzer vom Typ *Stuart* eilte er von Einheit zu Einheit und liebte es, seine Ankunft der Truppe mit einem lauten Schiffshorn anzukündigen. Wie McNair bevorzugte Patton eine martialische Rhetorik. Damit glaubte er, seine ahnungslosen Soldaten auf die brutale Kriegsrealität einstimmen zu können. Als er einmal auf einer Gewehrschießbahn von einem Soldaten auf seine Frage, was er hier tue, die lakonische Antwort erhielt, er versuche das Ziel zu treffen, fuhr ihn Patton sogleich an. »Zur Hölle mit Dir. Du versuchst einen deutschen Hurensohn zu töten, bevor er Dich tötet.« Gelegentlich schoss er jedoch mit seinen Aktionen über das Ziel hinaus. Nach der Eroberung von Sizilien sollte den erfolgreichen General das Ohrfeigen zweier wegen Granatschocks ins Lazarett verlegten Soldaten fast seine militärische Karriere kosten.

Marshall und Eisenhower mussten Patton aus der Schusslinie der empörten Presse nehmen und ihn vorerst in Großbritannien kaltstellen. Völlig auf ihn verzichten wollten sie jedoch nicht. Patton war um jeden Preis erfolgsorientiert und verabscheute Militärbürokraten. Einmal hatte der General während der großen Louisiana-Manöver 1941 sogar seine Panzer an einer öffentlichen Tankstelle aus eigener Tasche befüllen lassen.[22] Dass der Panzergeneral hinter seiner gerne gepflegten Attitüde des rüpelhaften und kompromisslosen Kriegers auch in der Lage war, über den militärischen Tellerrand zu schauen und Lösungen zu finden, die außerhalb der Vorstellungen der Heeresbürokratie lagen, zeigte sich etwa bei der Anschaffung geeigneter Funkgeräte für seine Panzer. Gegen den Widerstand der Nachrichtentruppe setzte er es durch, dass die Gefechtsfahrzeuge seines Korps mit einem neuartigen frequenzmodulierenden Funkgerät ausgestattet wurden, das bis dahin nur bei der Polizei von Connecticut zum Einsatz gekommen war und sinnvollerweise auch tagsüber funktionierte.[23]

Anfang 1942 hatte die Entwicklung der amerikanischen Armee nach Marshalls Überzeugung einen Punkt erreicht, an dem allein noch ein Kriegseinsatz die Kampfkraft ihrer Verbände zu verbessern versprach. Bereits in seinem 1934 erschienenen Buch *Infantry in Battle* hatte der zukünftige Generalstabschef darauf hingewiesen, dass sämtliche im Frieden noch so mühsam erlernten Verfahren und Grundsätze schon beim ersten Kriegseinsatz wertlos sein konnten. Krieg sei das völlige Chaos, liebte Marshall gegenüber seinen Schülern zu betonen, in dem nichts so funktioniere, wie es zuvor in Hörsälen unterrichtet worden sei.[24]

Die im April 1942 von den Japanern erzwungene Kapitulation von 14 000 Soldaten auf den Philippinen erhöhte noch den Handlungsdruck auf Amerikas militärische Führung. Auch Präsident Roosevelt drängte jetzt auf einen Kriegseinsatz der Armee, nachdem er im Mai den sowjetischen Außenminister Molotow im Weißen Haus empfangen hatte. Niemand konnte sagen, ob die Rote Armee die Sommeroffensive der Wehrmacht überstehen würde. Eine sofortige alliierte Landung in Frankreich (*SLEGDEHAMMER*) hätte nach Marshalls

General Eisenhower (li.) wird von General George C. Marshall am 18. Juni 1945 am Flughafen von Washington D. C. abgeholt.

Überzeugung den Sowjets unmittelbare Entlastung bringen können. Doch die Briten fürchteten wieder einmal einen Fehlschlag und der amerikanische Generalstabschef musste bei einem Besuch in London eingestehen, dass die Voraussetzungen selbst für die kleine Lösung bei Weitem noch nicht erfüllt waren.

Umso entschiedener trat er Plänen zur Eröffnung von Nebenkriegsschauplätzen entgegen, die aus seiner Sicht nur die entscheidende große Landung in Frankreich auf unbestimmte Zeit verzögern würden. Zu Marshalls besonderem Verdruss erwog Roosevelt im Juni 1942, als während eines Besuchs Churchills im Weißen Haus die Nachricht vom Fall der libyschen Festung Tobruk in Washington wie eine Bombe einschlug, zur Unterstützung des demoralisierten britischen Verbündeten eine komplette amerikanische Panzerdivision mit 300 der neuen *Shermans* nach Ägypten zu senden. Für die Führung des Verbandes hatte Marshall auf Empfehlung Eisenhowers Patton vorgesehen und den General bereits aus Kalifornien nach Washington kommen lassen. Doch bald stellte sich heraus, dass der durch die deutschen U-Boote verursachte Mangel an alliiertem Schiffsraum nicht einmal den Transport einer einzigen amerikanischen Division nach Nordafrika erlaubte. Am Ende gelangten zwar 300 amerikanische Panzerfahrzeuge und 100 Panzerhaubitzen in die ägyptische Wüste, doch ohne ihre Besatzungen. Marschall war darüber keineswegs unglücklich. Er benötigte jede seiner Divisionen für die Invasion Frankreichs (*ROUNDUP*) und sah in militärischen Nebenaktionen, wie das von Churchill und Alan Brooke ins Spiel gebrachte Projekt einer Landung in Marokko und Algerien (*GYMNAST*), nur eine Gefährdung seiner Pläne. Nach einem zusammen mit Präsidentenberater Harry Hopkins im Juli 1942 unternommenen Besuch in London musste Marschall jedoch einsehen, dass seine Opposition gegen die britischen Wünsche keinen Erfolg haben konnte.[25] Schließlich würden die Briten bei einer schon für das Frühjahr 1943 terminierten Landung in Frankreich immer noch die Mehrzahl der alliierten Divisionen stellen. Als »Mann mit leeren Taschen« gab der Generalstabschef schweren Herzens Churchills Wünschen nach und empfahl seinem Präsidenten im September 1942 die Durchführung einer Landung an den nordafrikanischen Küsten. Das Unternehmen erhielt den neuen Codenamen *TORCH*. Ein zutiefst frustrierter Eisenhower bezeichnete den Tag, an dem sämtliche amerikanischen Hoffnungen vorerst begraben werden mussten, als möglicherweise schwärzeste Stunde der Geschichte.[26] Dass ausgerechnet er jetzt dazu bestimmt wurde, das ungeliebte Unternehmen zu kommandieren, entbehrte gewiss nicht der Ironie.

6 Das kühnste Unternehmen aller Zeiten – Von *COSSAC* bis *SHAEF*

»Sie werden auf dem europäischen Kontinent landen, um im Zusammenwirken mit den verbündeten Nationen Operationen durchzuführen, die auf das Herz Deutschlands und die Zerschlagung seiner Wehrmacht gerichtet sind.«

Direktive der Combined Chiefs of Staff an General Dwight David Eisenhower vom 12. Februar 1944[1]

Sechs Wochen nach dem Abschluss der Konferenz von Casablanca erhielt Anfang März 1943 *Lieutenant General* Frederick Morgan, der Kommandeur des in Schottland stehenden britischen I^st^ *Corps*, die Aufforderung, sich in London beim Vertreter des Kriegskabinetts, seinem alten Freund Lord Hastings (*Pug*) Ismay, zu melden. Winston Churchills oberster militärischer Sekretär überreichte dem verdutzten General in seinem Büro etliche Kisten mit Unterlagen, die sämtliche bisher zusammengetragenen Informationen über eine große Landung in Frankreich enthielten. Morgans neuer Auftrag bestand in nichts Geringerem als auf der Grundlage der ihm ausgehändigten Dokumente einen vollständigen Plan für eine große Landung in Frankreich und die Zerschlagung der Deutschen Wehrmacht in Nordwesteuropa zu entwerfen. Beruhigend gab Ismay seinem Kameraden zu verstehen, dass es damit durchaus keine besondere Eile habe (*tomorow will do*).[2]

Noch war der Kampf gegen die deutsche U-Boot-Waffe im Atlantik nicht entschieden und die Zahl der in das Vereinigte Königreich verlegten amerikanischen Soldaten überstieg nach dem Abzug zweier Divisionen für *TORCH* kaum die Marke von 100 000 Mann. Zudem hatten sich Churchill und Brooke soeben erst in Casablanca mit ihrem Mittelmeerplan gegen Marshall und Eisenhower durchgesetzt. Die nächste große Landungsoperation der Anglo-Amerikaner sollte demnach nicht an den Küsten Frankreichs, sondern auf Sizilien stattfinden. Danach würde sich zeigen, ob und wie schnell Italien militärisch zusammenbrach und damit den Weg über die Alpen nach Süddeutschland freimachte.

Auf Anregung Churchills hatte das *Cross-Channel Project* (*ROUNDUP*) inzwischen einen neuen und endgültigen Codenamen (*OVERLORD*) erhalten. Morgans Beauftragung bezweckte vorerst aber nur, die von »Casablanca« enttäuschten Amerikaner zu beschwichtigen. Unbeirrt machte sich Morgan mit Elan an seine Aufgabe und baute sich zunächst einen aus Amerikanern und Briten gemischten Stab zusammen, der nach seinen Vorstellungen auch die Keimzelle für den zukünftigen Führungsstab von *OVERLORD* sein sollte. Vier seiner fünf Ressorts (*Army, Air Force, Navy* sowie *Organisation* und *Administration*) wurden von je einem britischen und amerikanischen Offizier gemeinsam geführt. Die bereits operativ aktive Aufklärungszelle leitete ein Brite allein.[3]

Besondere Wertschätzung brachten die britischen *Chiefs of Staff* der Arbeit von COSSAC zunächst nicht entgegen. In einem kurz nach dem Krieg geführten Interview mit dem renommierten Militärhistoriker Basil Liddell Hart beklagte sich Morgan, dass er niemals sicher gewesen sei, seine Auftraggeber hinter sich gehabt zu haben. Ihm und seinen Leuten hätten die Generale sogar gelegentlich unverhohlen zu verstehen gegeben, dass man sie für Anfänger von der anderen Seite der Straße hielt.[4] Zwar hatte Morgan schon im April offiziell seine Ernennung zum *Chief of Staff* des *Supreme Allied Commander* (COSSAC) erhalten. Aber immer noch war kein verantwortlicher Oberbefehlshaber für das auf den 1. Mai 1944 terminierte Unternehmen ernannt, weshalb sämtlichen Planungen von COSSAC bisher nur eine theoretische Bedeutung zukommen konnte.

Gleichwohl zeigten sich die britisch-amerikanischen *Combined Chiefs of Staff* (*CCOS*) beeindruckt, als ihnen *COSSAC* nach dreimonatiger intensiver Arbeit am 27. Juli 1943 seinen Plan für eine große Landung in Frankreich präsentierte. Zum ersten Mal hatte damit das so lange unter den Verbündeten strittige *Cross-Channel Project* konkrete Gestalt angenommen. Aus einem Bündel politischer Absichtserklärungen, skizzenhafter Landungskonzepte und noch lückenhafter

Aufklärungsergebnisse war tatsächlich ein konkreter Plan entstanden, der zwar noch Mängel im Einzelnen aufwies, aber bereits die für die spätere Landung wesentlichen operativen Entscheidungen enthielt.

Morgan und seine Mitarbeiter hatten sich bei ihren Planungen hauptsächlich von dem Gedanken leiten lassen, dass eine Seelandung gegen einen voraussichtlich ungeschwächten Feind allein durch Überraschung hinsichtlich Zeit und Ort gelingen konnte. Nur kurz hatte er einen Teil seines Stabes auch die Möglichkeit eines Angriffes am *Pas de Calais* prüfen lassen. Man fand allerdings bald heraus, dass in diesem Sektor überhaupt nur vier Strände zur Landung geeignet waren, was einen raschen Truppenaufbau ausschloss.[5] Abgesehen davon, dass die Deutschen eine Landung am ehesten zwischen Boulogne und Dünkirchen erwarteten und daher ihre Küstenbefestigungen dort am stärksten ausgebaut hatten und noch weiter ausbauten, verfügte Görings Luftwaffe gerade in Nordfrankreich über zahlreiche Feldflughäfen und hätte leicht in die Kämpfe an den Stränden eingreifen können.

Der angestrebte Brückenkopf musste immerhin groß genug sein, um in weniger als vier Wochen 26 bis 30 Divisionen für einen Ausbruch zu massieren. Zur Versorgung dieser Truppenmasse war allerdings aus Sicht von *COSSAC* ein Hafen mit entsprechender Kapazität erforderlich.[6] Der Fehlschlag von Dieppe hatte im Vorjahr gezeigt, dass ein direkter Angriff auf einen größeren und gut verteidigten Hafen nur geringe Erfolgsaussichten besaß.[7] Morgan war daher bestrebt, zunächst sichere Landungsköpfe an einem von den Deutschen eher schwach besetzten Abschnitt der französischen Kanalküste zu bilden. Erst danach sollte in einer Anschlussoperation der benötigte große Hafen eingenommen werden. Nach Auffassung der Planer von *COSSAC* bot allein die Küste der Normandie diese drei wesentlichen Voraussetzungen eines Erfolges. Eine Landung zwischen Orne und Vire würde den Gegner überraschen, träfe auf eine schwächere Verteidigung ohne nennenswerte Panzerkräfte und hätte mit Cherbourg einen bedeutenden Hafen in Reichweite.

Allerdings zwang die verfügbare Zahl von zunächst nur 4000 Landungsbooten, die erste Welle der Seelandung auf drei Divisionen mit je einer Panzerbrigade zu beschränken. *COSSAC* war sich der Gefahren durchaus bewusst, die Ostküste der Halbinsel Cotentin mangels Kräften nicht in den Landekopf einbeziehen zu können. Immerhin vergrößerte sich dadurch die Angriffsdistanz nach Cherbourg auf fast 100 Kilometer und die Deutschen im Vorfeld der Stadt würden, da nicht unmittelbar angegriffen, genügend Zeit finden, sich auf einen derartigen alliierten Vorstoß einzustellen. Unter diesen Bedingungen aber erschien es zweifelhaft, ob die von *COSSAC* geforderte Einnahme des Hafens von Cherbourg innerhalb von nur zwei Wochen überhaupt zu erfüllen war.[8]

Als ambitioniert galt auch das Ziel, die vor dem östlichen Flügel des Landekopfes liegende Stadt Caen schon am ersten Landungstag einzunehmen. Die Hauptstadt des Calvados war aber ein Angelpunkt der gesamten Operation, da mit ihrem Besitz das für Panzer günstige Gelände zwischen Falaise und Argentan zum Vorstoß auf die Seine offen stand. Luftlandungen starker Fallschirmjägerverbände sollten daher entlang der Orne und dem parallel zu ihr verlaufenden Ornekanal die linke Flanke des Landungskopfes gegen deutsche Verstärkungen vom *Pas de Calais* schützen.

Morgan und seine Planer leugneten nicht, dass die erste alliierte Welle zu schwach sein könnte und der angestrebte Landungskopf von 50 Kilometern Ausdehnung zunächst anfällig für deutsche Gegenangriffe sein würde. Um den Gegner zu veranlassen, seine gepanzerten Reserven möglichst lange am *Pas de Calais* zu belassen, hatte *COSSAC* bereits in Grundzügen ein ungewöhnliches Täuschungsmanöver entworfen. Mit künstlichem Funkverkehr, aufblasbaren Fahrzeugattrappen und gezielten Falschmeldungen von Agenten, die vom britischen Geheimdienst enttarnt und umgedreht worden waren, sollte der deutschen Führung eine bedeutende Truppenansammlung in Ostengland vorgetäuscht werden. Die Deutschen mussten glauben, dass diese »Geisterarmee« für die etwa zwei Wochen später folgende Hauptlandung zwischen Boulogne und Dünkirchen vorgesehen sei. Bis zum Landungstag entwickelte sich aus diesen ersten Ansätzen unter dem Codenamen *FORTITUDE* nach den Worten des britischen

Historikers Michael Howard die größte und vielleicht sogar erfolgreichste Täuschungsoperation der Kriegsgeschichte.[9]

Zur Ablenkung der Deutschen hatte *COSSAC* außerdem vorgeschlagen, ein Szenario für eine zweite Landung in Südfrankreich aufzubauen, aus dem sich sogar eine reale Operation entwickeln könnte, falls der Gegner zur Abwehr von *OVERLORD* tatsächlich Kräfte von der Mittelmeerküste abziehen würde.[10] Ohne es zu ahnen, hatte Morgan mit seiner Idee einen empfindlichen Streitpunkt geschaffen, der Amerikaner und Briten noch bis zum Beginn der Landung beschäftigen sollte. Während Eisenhower und Marschall das neue Projekt, das später den Codenamen *ANVIL* erhielt, begeistert aufgriffen, sahen Churchill und Alan Brooke darin nur eine neuerliche Bedrohung ihrer Mittelmeerstrategie.[11] Ihre grundsätzliche Zustimmung zu *OVERLORD* hatte ja keineswegs eine Sistierung ihrer Ziele in Italien und auf dem Balkan zur Folge gehabt.

Trotz seiner Schwächen im Detail billigten Churchill und Roosevelt Morgans Plan und machten ihn zur Grundlage ihrer im August 1943 in Québec vorgesehenen Gespräche.

Die Klärung der noch bestehenden Probleme und besonders die Frage der Verfügbarkeit zusätzlicher Landungsboote sollte dem noch zu bestimmenden Oberbefehlshaber von *OVERLORD* überlassen bleiben. Die Überlegungen der beiden Verbündeten drehten sich somit zunächst um die Klärung dieser entscheidenden Personalie. Die Briten zeigten dabei wieder einmal keine Eile und auch die Konferenz von Québec endete am 24. August noch ohne eine Ernennung. Erst drei Monate später zwang der massive Druck Stalins während der Konferenz von Teheran die beiden Führer des Westens zu einer raschen Lösung.

Grundsätzlich hatte im *CCOS* Einigkeit bestanden, dass ein Amerikaner den Oberbefehl über das gesamte Unternehmen erhalten sollte, während ein britischer General sämtliche Landstreitkräfte befehligte. Da Präsident Roosevelt den ursprünglich favorisierten George C. Marshall für unverzichtbar in Washington hielt, kam als alliierter Oberbefehlshaber nur noch Dwight David Eisenhower infrage. Bei der

Winston Churchill und General Bernard Law Montgomery am 21. Juli 1944
im britischen Hauptquartier in Blay.

Leitung der Operationen im Mittelmeer hatte er sich den Respekt aller Verbündeten erworben und niemand bestritt sein außergewöhnliches Talent, zwei so heterogene militärische Führungskulturen immer wieder auf eine gemeinsame Lösung zu fokussieren. Selbst der anfangs so kritische Alan Brooke fand jetzt lobende Worte für den amerikanischen General.[12]

General Bernard Montgomery wiederum sollte die in der neuen 21th *Army-Group* zusammen gefassten anglo-amerikanischen Landungstruppen führen. Für den Sieger von El-Alamein hatte sich vor allem Alan Brooke stark gemacht, während Churchill lieber den von ihm auch persönlich geschätzten *Field Marshal* Sir Harold Alexander den Vorzug gegeben hätte. Britische Befehlshaber standen auch an der Spitze von Luftwaffe und Marine. *Air Chief Marshal* Sir Trafford Leigh-Mallory, der Held der »Luftschlacht um England«, sollte die für *OVERLORD* bestimmten taktischen Luftstreitkräfte (*Allied Expeditionary Air Force/ AEAF*) kommandieren. Die anglo-amerikanischen Marineverbände wiederum wurden dem Befehl von Admiral Sir Bertram Ramsay unterstellt. Der 61-jährige Seeoffizier war bei Kriegsbeginn von Churchill aus dem Ruhestand gerufen und 1940 mit der Evakuierung von Dünkirchen beauftragt worden. Für seine Führung der bei *TORCH* und *HUSKY* eingesetzten Schiffsverbände hatte er sich allgemeine Anerkennung erworben, so dass seine Ernennung unter den Verbündeten unstrittig war.[13]

Die neu ernannten Oberbefehlshaber besetzten sofort ihre Stäbe mit eigenen Leuten und das *COSSAC*-Team verschwand rasch von der Bühne. An General Morgans Stelle ernannte Eisenhower den bewährten Walter Bedell-Smith zum Chef eines neuen *Supreme Headquarter Allied Expeditionary Forces* (*SHAEF*), das bald auf eine Größe von 5 000 Personen anwachsen sollte. Der damals 50-jährige General gehörte zu Marshalls besonderen Protegés und hatte Eisenhower schon in Tunesien als Stabschef gedient. Jetzt sollte ihm der »alte Hurensohn« erneut den Rücken freihalten. Smith galt als hart, fordernd und außergewöhnlich effizient, besaß aber auch diplomatisches Geschick, das er bei den Verhandlungen mit den Italienern über einen Waffenstillstand schon unter Beweis gestellt hatte. Montgomery wiederum hatte seine bewährten Leute (*proper chaps*) aus der Wüste mit nach England gebracht, darunter an erster Stelle seinen alten Chef des Stabes, Francis Wilfred (Freddie) de Guingand. In Montgomerys neuem Hauptquartier, das er in seiner alten Schule *St. Paul* im Ostlondoner Stadtteil Hammersmith eingerichtet hatte, machten sich beide sogleich an die Revision des *COSSAC*-Plans.[14]

Die undankbare Position eines stellvertretenden Oberbefehlshabers fiel *Air Chief Marschal* Arthur Tedder zu, der zuvor die britischen Luftstreitkräfte im Mittelmeer geführt hatte. Niemand hätte allerdings sagen können, welche konkrete Aufgabe innerhalb des Projekts der Brite übernehmen sollte. In dem bald aufziehenden Streit mit Churchill und den Protagonisten des strategischen Bombenkrieges um Arthur Harris und Carl Spaatz sollte der Brite Tedder jedoch rasch zu Eisenhowers wichtigstem und wertvollstem Verbündeten werden.

Außer der unzulänglichen Truppenstärke der ersten Landungswelle verursachte inzwischen auch der von *COSSAC* vorgesehene Luftwaffeneinsatz starke Bedenken. Demnach sollte der Invasion ein nur zwei bis drei Wochen langes Bombardement vornehmlich der Küstenverteidigung in der Normandie vorangehen. Nach der Einschätzung Leigh-Mallorys schien es aber nicht einmal gesichert, dass die Alliierten am Tag der Landung überhaupt die Lufthoheit über der Kanalzone besitzen würden.[15] Für Kritik sorgte nicht nur, dass der bescheidene Kräfteansatz von *COSSAC* den Deutschen deutliche Hinweise auf die zukünftige Landezone liefern könnte. Eisenhower und Tedder befürchteten zudem, dass ein auf die Küstenverteidigung beschränktes Bombardement dem Gegner alle Möglichkeiten zu massiven Gegenstößen mit dessen gepanzerten Kräften belassen würde. Es musste daher nicht nur ein Konzept für ein intensiviertes Bombardement entwickelt werden, das auch den *Pas de Calais* einbezog. In einer breiten Zone bis zur Seine mussten überdies sämtliche wichtigen Brücken, Straßen- und Eisenbahnknoten systematisch zerstört oder beschädigt werden.

Als das erheblich erweiterte Konzept im Februar 1944 vom Bomber-Komitee unter Leitung Leigh-Mallorys vorgestellt wurde, war dies nicht nur die Geburtsstunde des *Transportationplans.* Es lieferte zugleich auch neuen Zündstoff im Konflikt mit Churchill und vor allem mit Harris und Spaatz, die *OVERLORD* nach wie vor als fatalen Irrweg betrachteten. Allerdings argumentierten die beiden Protagonisten des strategischen Bombenkrieges nicht ungeschickt, wenn sie gegenüber Eisenhower und Leigh-Mallory betonten, dass die Luftverteidigung über dem Reich bereits erheblich angeschlagen sei und der absehbare Zusammenbruch der deutschen Produktionsanlagen für künstlichen Treibstoff weitaus mehr zum Erfolg der alliierten Seelandung beitragen würde als die Zerstörung französischer Bahnen. Gleisanlagen, Bahnhöfe und selbst zerbombte Brücken könnten die Deutschen leichter instand setzen als ihre zerstörten Hydrieranlagen.

Der britische Premier wiederum bestritt durchaus nicht, dass ein erweitertes Bombardement der Landungszone und ihres Hinterlandes militärisch sinnvoll war, fürchtete aber wie fast alle Mitglieder seines Kriegskabinetts die voraussichtlich hohe Zahl von Opfern unter der französischen Zivilbevölkerung. Der politische Schaden könne den militärischen Nutzen weit übersteigen, mahnte Churchill und sprach gelegentlich sogar von einem »kaltblütigen Abschlachten« französischer Zivilisten. Der inneralliierte Streit eskalierte rasch über die Sachebene hinaus. Eisenhower sah sich schließlich sogar genötigt, mit seinem Rücktritt zu drohen. Er habe immer an das Versprechen des Premierministers geglaubt, dass Großbritannien alle seine Kräfte rückhaltlos für das gemeinsame Projekt einbringen würde, beklagte sich der General am 3. März 1944 gegenüber Churchill. Wenn er nun feststellen müsse, dass die strategische Bomberflotte seinem Befehl entzogen bliebe, wäre für ihn wohl der Zeitpunkt gekommen, nach Hause zurückzukehren.[16] Churchill blieb keine Wahl, als einzulenken, forderte aber, dass zusätzlich Maßnahmen ergriffen werden müssten, die von Leigh-Mallory prognostizierten Verluste unter den Bewohnern der betroffenen Regionen von bis zu 160 000 Menschen deutlich zu reduzieren. Der anhaltenden Debatte im britischen Kriegskabinett über diese Frage setzte schließlich die eindeutige Stellungnahme der britischen *Chiefs of Staff* ein Ende. Der *Transportationplan* sei absolut unverzichtbar für den Erfolg der Landung und die Verluste unter den Franzosen müssten daher hingenommen werden. Eisenhower und *SHAEF* hatten einen wichtigen Sieg errungen, der allerdings etwa 70 000 Franzosen das Leben kosten sollte. Durch die alliierte Bomberoffensive verlor Frankreich schließlich mehr Menschen als Großbritannien während des gesamten Krieges durch die deutsche Luftwaffe.[17] Am 14. April 1944 erhielt der General schließlich auch das Kommando über die anglo-amerikanischen Bomberkräfte. Drei Tage später unterzeichnete Eisenhower die Direktive für den Beginn des Bombardements. Die Vorbereitungen für *OVERLORD* traten in ihre finale Phase.

An einem ungewöhnlich kühlen Frühlingstag versammelte sich im Beisein von König Georg VI. und Premierminister Churchill am 15. Mai 1944 die gesamte militärische Führungsspitze von *OVERLORD* in dem unansehnlichen Gebäude der *St. Paul's School*. Nach einer kurzen Einleitung von Eisenhower unterrichtete General Montgomery das mit Ausnahme des Königs und Churchills auf hartem Schulmobiliar platzierte Auditorium über die nunmehr endgültig festgelegten Grundzüge der Operationen am ersten Landungstag, denen man jetzt den Codenamen *NEPTUNE* gegeben hatte.[18] Fünf alliierte Divisionen in erster Welle sollten Anfang Juni an fünf verschiedenen Landeköpfen zwischen Ornemündung und der Halbinsel Cotentin vor der einsetzenden Flut an Land gehen. Die Amerikaner bildeten den rechten Flügel, Briten und Kanadier den linken. Zwei zusätzliche amerikanische Fallschirmjägerdivisionen sollten in der Nacht zuvor im Ostteil von Cotentin landen, Schlüsselpositionen besetzen, um deutsche Reserven zu binden und daran zu hindern, zum Strand vorzustoßen.

Besonders ambitioniert war die Forderung, dass Briten und Kanadier bereits bis zum Abend die Großstadt Caen eingenommen haben sollten und dass außerdem alle fünf Landezonen zu einem großen Brückenkopf vereinigt sein müssten. Cherbourg mit der gesamten Halbinsel Cotentin sollten spätestens am 17. Landungstag von den Amerikanern erobert werden. Im Anschluss hatten sie unter Nachführung einer zusätzlichen Armee die Bretagne mit ihren wichtigen Häfen zu erobern und Westfrankreich bis zur Mündung der Loire zu besetzen. Gleichzeitig sollten Briten und Kanadier in einem massiven Stoß nach Süden bis zum 35. Landungstag die Linie Caen, Falaise, Argentan und Le Mans erreichen. Sodann würde die gesamte alliierte Streitmacht nach Osten einschwenken, um über Orleans und Chartres bis zum 90. Tag nach der Landung auf breiter Front die Seine zu erreichen. Der Plan wurde von allen Beteiligten mit Zustimmung aufgenommen. Mit Befriedigung notierte *Field Marshal* Sir Alan Brooke in seinem Tagebuch, dass Montgomery an diesem Tag in hervorragender Verfassung gewesen sei. Eisenhower habe sich dagegen einmal mehr als der große Koordinator präsentiert, nicht aber als ein Oberbefehlshaber.[19] Aufseiten der Amerikaner hatte Churchill mit seinem abschließenden Kommentar für eine gewisse Irritation gesorgt, als er, wohl eher als Ausdruck seiner vollen Zustimmung gedacht, davon sprach, dass sich seine Unterstützung für das Projekt an diesem Tag gefestigt habe. Für die Verbündeten aber hatte es so geklungen, als ob der britische Premier bisher nicht von *OVERLORD* überzeugt gewesen sei. Eisenhower aber verstand es wieder einmal, die angespannte Situation mit einem Scherz zu überspielen. In einer halben Stunde, so schloss er die Versammlung, werde Hitler wohl seine größte Chance verpasst haben, mit einer einzigen, wohl gezielten Bombe das gesamte alliierte Oberkommando auszuschalten.[20]

Teil II
Kampf um die Strände

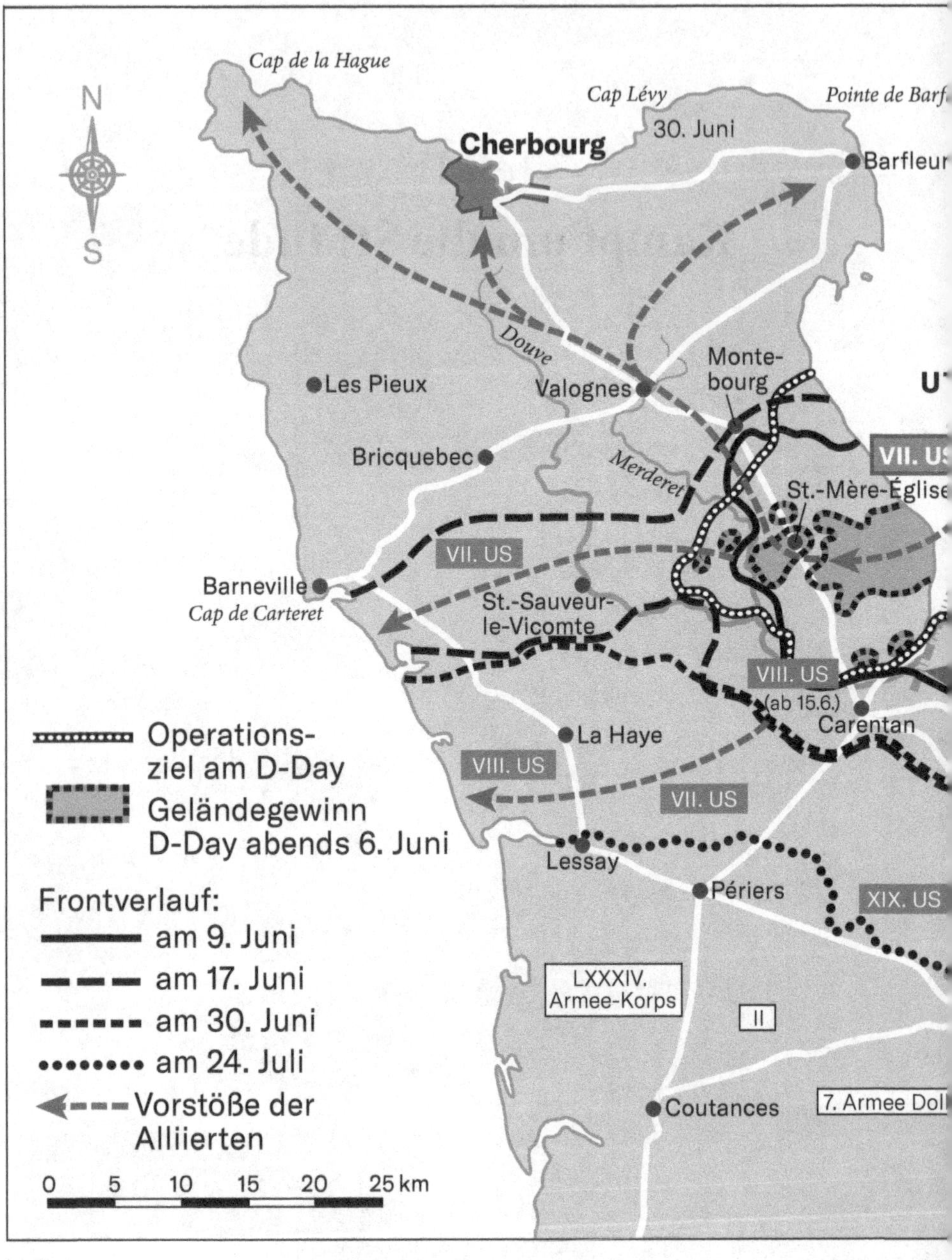
Cap de la Hague
N
S
Cap Lévy
Pointe de Barf
30. Juni
Cherbourg
Barfleur
Douve
Les Pieux
Valognes
Monte-
bourg
Bricquebec
Merderet
VII. US
St.-Mère-Église
VII. US
Barneville
Cap de Carteret
St.-Sauveur-
le-Vicomte
VIII. US
(ab 15.6.)
Carentan
La Haye
VIII. US
VII. US
Lessay
Périers
XIX. US
LXXXIV.
Armee-Korps
II
Coutances
7. Armee Dol
Operations-
ziel am D-Day
Geländegewinn
D-Day abends 6. Juni
Frontverlauf:
am 9. Juni
am 17. Juni
am 30. Juni
am 24. Juli
Vorstöße der
Alliierten
0 5 10 15 20 25 km

Entwicklung der Lage in der Normandie (6. Juni bis 24. Juli 1944)

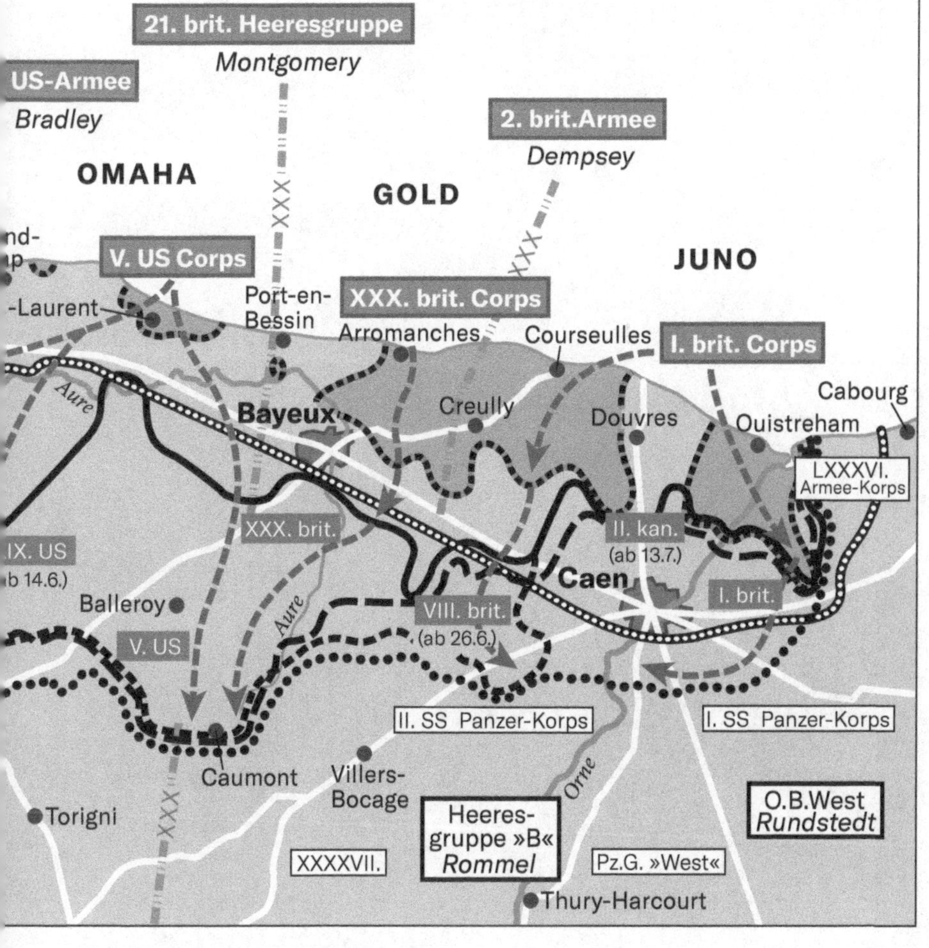

7 Die Nacht vor der Invasion – Die Alliierten verspielen den Überraschungseffekt

»Unsere Landungen im Bereich von Cherbourg und Le Havre haben nicht zur Bildung eines ausreichend großen Brückenkopfes geführt. Ich habe daher die Truppen wieder zurückgezogen. Meine Entscheidung jetzt und an dieser Stelle anzugreifen basierte auf den besten verfügbaren Nachrichten. Unsere Truppen, Luftwaffe und Marine haben mit aller erdenklichen Tapferkeit und Pflichterfüllung gekämpft. Die Verantwortung für das Scheitern des Versuchs liegt allein bei mir.«

Vorbereitete Erklärung General Dwight David Eisenhowers am Vorabend der Invasion[1]

Unter den Generalen der Deutschen Wehrmacht war Erich Marcks eine ungewöhnliche Erscheinung. Der zweitälteste Sohn des gleichnamigen Universitätsprofessors und renommierten Bismarckbiografen war bedürfnislos bis zur Askese, hochgewachsen und außerordentlich gebildet. Sein Philosophiestudium in Freiburg hatte er als junger Mann trotz der günstig lautenden Prognosen seiner akademischen Lehrer aufgegeben, um in der Preußischen Armee, wie er damals gegenüber Freunden betonte, einer praktischen Tätigkeit nachzugehen.[2]

Als Leutnant und Abteilungsadjutant im Reserve-Feldartillerie-Regiment 17 war Marcks 1914 in den Ersten Weltkrieg gezogen. Bereits in den ersten Kriegswochen hatte ein Infanteriegeschoss sein Nasenbein zertrümmert. Eine tiefe Narbe über Nasenrücken und Wange entstellte seither sein Gesicht. Nach dem Krieg war Marcks von der Reichswehr als Hauptmann übernommen worden und gegen Ende der ersten deutschen Republik hatte er die Presseabteilung im Reichswehrministerium geleitet. Seine Nähe zu General und Reichskanzler Kurt Schleicher schien ihm nach dessen Ermordung während des sogenannten Röhmputsches von 1934 nicht geschadet zu haben. Im

Frühjahr 1939 zum Generalmajor befördert, wurde Marcks bei Kriegsausbruch zum Chef des Stabes beim VIII. Armee-Korps ernannt. Beim Angriff auf die Sowjetunion führte er die 101. Leichte Division, doch schon am fünften Tag von »Barbarossa« zerschmetterte ihm bei Kämpfen an der San ein Granatsplitter sein linkes Knie. Das Bein musste ihm amputiert werden.[3] Trotz seiner schweren Behinderung war Marcks im Frontdienst verblieben und im Juli 1943 sogar zum Kommandierenden General des LXXXIV. Armee-Korps in der Normandie ernannt worden.

Mit zunächst fünf Divisionen, darunter die 91. Luftlande-Division als Reserve, erreichte sein Korps am Vorabend der Invasion beinahe die Stärke einer Armee. Tatsächlich aber standen Marcks für den riesigen Verteidigungsabschnitt, der sich über 400 Kilometer von der Mündung der Orne im Osten entlang der Küste des Calvados bis nach Cherbourg erstreckte, nur drei wegen ihrer geringen Ausstattung mit Fahrzeugen als »bodenständig« eingestufte Divisionen zur Verfügung.

Abhilfe hätte die 319. Infanterie-Division schaffen können, die einschließlich eines Panzerregimentes die Kanalinseln Alderney, Guernsey, Sark und Jersey behaupten sollte. Jeder wusste, dass diese gern als »Kanadadivision« bezeichneten Truppen im Falle einer alliierten Landung ebenso wie die dort stationierten elf Batterien schwerer Geschütze verloren sein würden. Hitler hatte jedoch zu Marcks' Verdruss aus politischen Erwägungen sämtliche Anträge zur Räumung dieser vier westlich von Cherbourg liegenden Britischen Inseln wiederholt und entschieden abgelehnt. Einen Ersatz bot immerhin die neu formierte 352. Infanterie-Division, die im April 1944 bei Arromanches zwischen 711. und 716. Division eingeschoben worden war.

General Marcks, der sich über den Tod zweier Söhne an der Ostfront mit Versen aus Hölderlins Empedokles zu trösten versuchte, betrachtete sein hohes Kommando keineswegs als Ruheposten. Wie Rommel war er im Verlauf des Frühjahrs rastlos von Abschnitt zu Abschnitt seiner langen Küstenfront gereist, um mit allen verfügbaren Mitteln die überall noch lückenhafte Linie von Befestigungen zu verbessern. Obwohl Marcks mit dem ehemaligen »Wüstenfuchs« gut auszukommen schien und in seinen Briefen nach Hause stolz dessen wiederholtes Lob erwähnte, teilte er keineswegs die wie in Stein gemeißelte Überzeugung seines prominenten Vorgesetzten, dass die anglo-amerikanische Hauptlandung am *Pas de Calais* stattfinden würde. Die günstige Beschaffenheit der normannischen Küste mit ihren ausgedehnten Buchten, die Nähe der bedeutenden Hafenstadt Cherbourg und die relative Schwäche der Verteidigungsanlagen machten aus Marcks' Sicht eine Landung der Anglo-Amerikaner im Bereich seines LXXXIV. Armee-Korps sogar sehr wahrscheinlich.[4] Noch im Februar 1944 hatte der General einem von seinem Stab durchgeführten Kriegsspiel im Beisein Rommels genau diesen Fall als Ausgangslage zugrunde gelegt: Eine Invasion der alliierten Partei zwischen Vire und Orne.[5]

Als einer der wenigen Kommandeure im Bereich der 7. Armee war der General in der Nacht zum 6. Juni 1944 im Gefechtsbunker seines Stabes in St.-Lô geblieben. Anlässlich seines bevorstehenden 53. Geburtstages hatten seine Offiziere eine bescheidene Feier vorbereitet. Erst am nächsten Morgen wollte Marcks nach Rennes aufbrechen, wo sich inzwischen die anderen Befehlshaber zu einem großen Planspiel der Armee eingefunden hatten.[6]

Mit einer echten Landung der Alliierten in den kommenden Tagen rechnete auf deutscher Seite niemand mehr, nachdem sich im Verlauf des 4. Juni 1944 das bisher freundliche Wetter im Kanal überraschend verschlechtert hatte. Böige Winde und meterhohe Wellen schienen jede größere Landungsoperation vorerst auszuschließen. Frühestens in zwei Wochen würden Gezeiten und Mondlicht eine Invasion wieder ermöglichen. Dass sich schon seit Tagen in den Häfen Südwestenglands mit knapp 7000 Schiffen die bis dahin gewaltigste Invasionsflotte der Kriegsgeschichte versammelt hatte, war den in ihren Basen verbliebenen Einheiten des Marinegruppenkommandos »West« zunächst vollkommen entgangen. Auch Görings Flieger waren nicht in der Lage, das schwache Bild der deutschen Fernaufklärung zu revidieren. Nicht allein die drückende alliierte

Überlegenheit zur See und in der Luft erschwerte den Deutschen das Gewinnen von Fernaufklärungsergebnissen. Selbst die 92 küstennahen deutschen Radarstationen, die für eine gewisse Abhilfe hätten sorgen können, waren von den Anglo-Amerikanern seit dem 11. Mai systematisch bombardiert worden. Nach mehr als 1600 Einsätzen der alliierten Luftstreitkräfte waren in der Nacht zum 6. Juni nur noch 18 Stationen funktionsfähig.[7] Die Deutschen am Kanal waren praktisch blind.

Weder Ort noch Zeitpunkt der Landung ließen sich im Augenblick absehen, hatte auch Generalfeldmarschall von Rundstedt am 5. Juni an das OKW gemeldet und nicht einmal Einwände erhoben, als der Wehrmachtsführungsstab tags zuvor die Verlegung einer ganzen Pantherabteilung aus seiner operativen Panzerreserve an die Ostfront anordnete.[8] In Schloss *La Roche Guyon* hatte sich schon am 4. Juni Erwin Rommel nach der Durchsicht des meteorologischen Berichtes der Heeresgruppe von seinem Stab verabschiedet, um mit einem Paar in Paris besorgter Schuhe zum 50. Geburtstag seiner Frau ins heimatliche Herrlingen aufzubrechen. Selbst ein in der Nacht zum 6. Juni von der 15. Armee aufgefangener Funkspruch mit der dritten und vierten Zeile des Gedichtes *Chanson d'Automne* von Paul Verlaine hatte keine alarmierende Wirkung, obwohl die Deutschen inzwischen wussten, dass der Text dem französischen Widerstand den Beginn der Invasion innerhalb von 48 Stunden signalisieren sollte. Rommels Chef des Stabes, Generalleutnant Hans Speidel, hatte am Vorabend der Invasion sogar eine illustre Herrenrunde, darunter der Dichter und wohl prominenteste Frontkämpfer des Ersten Weltkrieges, Ernst Jünger, ins Schloss Guyon eingeladen. Zu oft war man in den zurückliegenden Wochen Fehlalarmen aufgesessen, um jetzt darüber beunruhigt zu sein.[9] Auch der Oberbefehlshaber der 7. Armee, der 62-jährige Generaloberst Friedrich Dollmann, sah in der aufgefangenen Botschaft keinen Grund, das für den nächsten Tag befohlene Planspiel abzublasen. Die Aufgabe, die er seinen Kommandeuren am nächsten Morgen in seinem Hauptquartier in Rennes stellen wollte, lautete: Abwehr einer feindlichen Luftlandung in der Normandie.

Während bei der 7. Armee noch die Karten mit den Übungsanleitungen an die eintreffenden Divisions- und Regimentskommandeure ausgehändigt wurden, beging der Stab des LXXXIV. Armee-Korps in St.-Lô bei einem Glas Chabli den Geburtstag von General Marcks. Soeben hatten die Glocken der 700 Jahre alten Kathedrale *Notre Dame de St.-Lô* zur Mitternacht geläutet, als sich das stetige Pfeifen des böigen Windes mit dem unheilverheißenden Brummen tieffliegender alliierter Bomber vermischte. Bald waren auch die ersten Abschüsse der deutschen Flak zu hören, deren Feuer rasch heftiger wurde. Etwa eine halbe Stunde später ging über den Feldfernsprecher eine alarmierende Meldung der 716. Infanterie-Division ein. Britische Fallschirmjäger seien ostwärts der Orne im Raum Breville – Ramville abgesprungen. Keine 15 Minuten danach meldete auch die 709. Infanterie-Division aus Valoges feindliche Luftlandungen auf Cotentin. Mindestens zwei Gruppen seien identifiziert.[10] Als darauf die Alarmmeldungen kein Ende mehr nehmen wollten, wurde den um ihren Kommandeur versammelten Stabsoffizieren klar, dass die für den nächsten Morgen geplante Fahrt nach Rennes ausfallen würde. Alle Anrufer berichteten übereinstimmend, dass amerikanische Fallschirmjäger in größerer Zahl auf der Halbinsel Cotentin zwischen Douve, Merderet und der Kanalküste abgesprungen seien.

Um 1.15 Uhr ließ Marcks für sein gesamtes Armeekorps zunächst Alarmbereitschaft auslösen.[11] Was immer auch die Alliierten bewogen haben mochte, ausgerechnet in dieser stürmischen Nacht anzugreifen, für den General war klar, dass die ihm gemeldeten Luftlandungen der Auftakt zu der lange erwarteten Invasion sein mussten. Obwohl Marcks wie sein gesamter Stab vom Zeitpunkt des Angriffes überrascht war, sah er dem neuen Tag und den kommenden Kämpfen mit Zuversicht entgegen. Seiner Frau hatte der General erst wenige Tage zuvor geschrieben, dass er sich vor späteren Vorwürfen nicht fürchte. Alles Menschenmögliche sei getan worden.[12] In Rennes weckte Generalmajor Max Pemsell, Chef des Stabes der 7. Armee, seinen Oberbefehlshaber, Generaloberst Dollmann, mit den Worten: »Ich denke, es ist die Invasion. Noch vor Tagesanbruch werden wir in vollem Kampf stehen«,

Operation NEPTUNE. Landung alliierter Truppen am D-Day, 6. Juni 1944.

US-Truppen beim Verlassen eines Truppentransporters vor der Küste der Normandie.

erklärte er den Angehörigen seines Stabes und fügte hinzu: »Unsere Zukunft wird davon abhängen, wie wir heute kämpfen.«

Mit seiner mutigen Entscheidung, die Landung tatsächlich am 6. Juni beginnen zu lassen, hätte General Eisenhower die Deutschen in der Normandie vollkommen überraschen können. Nachdem der Oberbefehlshaber über eine Million Soldaten, 11 000 Bomber und Jagdflugzeuge sowie 6 639 Schiffen noch tags zuvor den ursprünglichen Landungstermin wegen des Sturms um 24 Stunden verschoben hatte, waren die höchsten alliierten Kommandeure am 4. Juni am späten Abend in dem repräsentativen Hauptquartier der Admiralität in *Southwick House* einige Kilometer nördlich von Portsmouth zusammengekommen. *Group Captain* James Martin Stagg, der oberste Meteorologe der Armee, hatte überraschende Daten von seinen Wetterstationen im Atlantik, die auf eine temporäre Wetterberuhigung im Kanal deuteten. Seine Nachricht hatte allerdings eher Zweifel als Erleichterung unter den in der Bibliothek versammelten Admiralen und Generalen ausgelöst. Fraglich war vor allem, ob die von Stagg prognostizierte Dauer von 36 Stunden genügen würde, um das ungeheure Wagnis der Landung einzugehen. Zur zweiten Zusammenkunft um 4.15 Uhr am nächsten Morgen war der Schotte ohne die erhofften neuen Befunde erschienen, die seine erste Prognose hätten stützen können. Ein von Schlaflosigkeit sowie Unmengen von Kaffee und Zigaretten sichtlich gezeichneter Eisenhower war zunächst langsam in der Bibliothek auf und ab gelaufen. Zuletzt hatte er sich in minutenlangem Schweigen auf einem Sofa niedergelassen, ehe er endlich das für alle befreiende *O.K., we'll go* aussprach.[13] Der General durfte immerhin darauf zählen, dass den Wetterdiensten auf der Gegenseite das atlantische Zwischenhoch mangels Luftaufklärungskapazität verborgen geblieben war. Tatsächlich wäre kein Deutscher entlang der Küsten des Calvados, der in der Nacht zum 6. Juni aus seinem Gefechtsstand oder Quartier einen Blick zum Himmel auf die vom Sturm getriebenen Wolken warf, auf die Idee gekommen, dass sich in nur sechs Stunden eine gewaltige Zahl anglo-amerikanischer Truppen in Hunderten von Sturmbooten den normannischen Stränden nähern würden.

Doch in den ersten Stunden nach Mitternacht rissen die in immer kürzerer Folge eingehenden Meldungen über die großräumigen Luftlandungen die deutschen Stäbe überall entlang der Kanalküste aus ihrer Ruhe. Ohne die Luftlandungen hätte vermutlich auch eine durch Admiral Theodor Krancke kurz nach 3 Uhr morgens an den O. B. West abgesetzte Nachricht, dass seine Patrouillenboote starke alliierte Flottenverbände mit zahllosen Landungsbooten westlich von Le Havre gesichtet hatten, die deutsche Verteidigung kaum in Alarm versetzt. Beide Informationen zusammen ergaben jetzt jedoch für die Deutschen die Gewissheit, dass ein größerer Angriff der Anglo-Amerikaner über See unmittelbar bevorstehen musste. Selbst wenn es sich dabei noch nicht um die alliierte Hauptlandung handeln sollte, galt jetzt für die betroffene Heeresgruppe »B« der klare Auftrag, diesen Feind sofort mit aller Macht zu bekämpfen. Um 4.10 Uhr ließ Generalfeldmarschall von Rundstedt die allgemeine Alarmstufe II auslösen. Alle Verbände der 7. und 15. Armee hatten sofort ihre Stellungen und Unterstände zu beziehen und sämtliche Geschütze fertig zu laden. Bewegliche Truppenteile im Hinterland wie die zwischen Caen und Falaise versammelte 21. Panzer-Division mussten sofort ihre Marschbereitschaft herstellen.[14] Die 12. SS-Panzer-Division hatte zugleich kampfkräftige Gefechtsaufklärung im Bereich der 711. Division bei Villers-sur-Mer zu betreiben.[15]

Zu dieser Zeit stand der linke Flügel des LXXXIV. Armee-Korps auf der Cotentin-Halbinsel an zahllosen Plätzen bereits im Kampf gegen die erste Welle der beiden westlich von Carentan gelandeten amerikanischen Luftlandedivisionen. Trotz noch ungeklärter Lage entschloss sich General Marcks bereits gegen 4 Uhr, seine Hauptreserve, ein mit französischen LKW beweglich gemachtes Infanterieregiment, in den Raum von Isigny in Marsch zu setzen, nachdem auch dort starke feindliche Luftlandungen gemeldet worden waren. Besonders kritisch hatte sich die Lage jedoch auf seinem rechten Flügel nördlich von Caen entwickelt. Dort war es mit Gleitern abgesetzten Fallschirmjägern der 6th *Airborn Division* gelungen, die wichtige Doppelbrücke über die Orne und den Ornekanal bei Bénouville nach nur kurzem Kampf zu nehmen. Eine weitere Gruppe der luftgelandeten Briten bereitete sich inzwischen darauf vor, die schwere deutsche Batterie bei Merville zu stürmen, deren Geschütze nach Erkenntnissen der britischen Aufklärung die Mündung der Orne beherrschten.

Der Flankenschutz der Landungszonen durch zuvor abgesetzte Fallschirmjäger war von Anfang an ein wesentlicher Teil des Konzepts von *NEPTUNE* gewesen. General George Marshall selbst galt als einer der wärmsten Befürworter einer amerikanischen Luftlandetruppe und die spektakulären Erfolge der deutschen Fallschirmjäger in Holland und Belgien hatten ihn in seiner Auffassung bestärkt. Auf sein Betreiben waren daher im Sommer 1940 unter der Führung des legendären William (Billy) Lee in Fort Benning in Georgia erste Fallschirmjägerkompanien aufgestellt worden. Zwei Jahre später genehmigte Marshall sogar die Umbildung der gesamten 82nd *Infantry Division* zu einer vollständigen Luftlandedivision. Zu ihrem ersten Kommandeur hatte er Matthew Bunker Ridgway ernannt, der schon als Kompaniechef unter ihm in China diente. Der 49-jährige General sollte auch mit seiner Division in der Normandie abspringen. Mit Personalabstellungen der 82. war noch im Herbst 1942 der Kern der zweiten amerikanischen Luftlandedivision (101st *Airborn*) mit drei Regimentern entstanden, die nur ein Jahr später ebenfalls ihre volle Einsatzbereitschaft erreichte.[16]

Selbst das Desaster des 504th *Parachute-Infantry-Regiment* am Tag der Landung auf Sizilien, als am 10. Juli 1943 durch eigenen Beschuss in Panik geratener Schiffsbesatzungen 60 amerikanische Flugzeugbesatzungen und 81 Fallschirmjäger der 82nd *Airborne* getötet worden waren, hatte zu keiner Revision der Planungen geführt.[17] Immerhin waren die 822 dreimotorigen Maschinen der Amerikaner vom Typ C-47, die am Abend des 5. Juni 1944 gegen 22 Uhr mit jeweils 18 schwer bepackten Fallschirmjägern von ihren englischen Basen in Richtung Normandie starteten, alle mit drei großen weißen Streifen auf Tragfläche und Rumpf als besonderem Erkennungszeichen versehen worden.[18] In Greenham Common hatte Oberbefehlshaber Eisenhower die Männer der 101st *Airborn-Division* mit ihren geschwärzten Gesichtern und

Irokesenhaarschnitten am Abend persönlich verabschiedet. Salutierend war er auf dem Flugfeld geblieben, bis die letzte Maschine in den Nachthimmel aufgestiegen war.[19]

Britische Patrouillenboote hatten der amerikanischen Luftarmada mit Leuchtzeichen den Weg über den Kanal markiert. Um der deutschen Flugabwehr und dem Radar auszuweichen, waren die Maschinen zunächst in einem weiten Bogen nach Westen geflogen, um sich dann in 500 Meter Höhe der Rückseite der Halbinsel über die britischen Kanalinseln anzunähern. Genau eine halbe Stunde nach Mitternacht hatte planmäßig bei heftigem deutschen Flakfeuer die Absetzung begonnen.

Die insgesamt 9 000 Mann der aus neun Bataillonen beider Divisionen bestehenden ersten Welle sollten in einem halbkreisförmigen Areal von etwa 40 Kilometern Ausdehnung landen, das von der Vire im Süden und der Douve im Osten begrenzt wurde. Die Ziele dieser ersten nächtlichen Luftlandeoperation waren ambitioniert gesteckt. So hatte General Ridgways Division die Übergänge über den Merderet zu besetzten und sollte durch die Einnahme des Städtchens Ste.-Mére-Église die wichtige Nationalstraße 13 von Caen nach Cherbourg unterbrechen. Außerdem hatte sie von den vier Ausgängen des *UTAH*-Landekopfes bei Pouppeville, Pont-Hébert, Audouville-la-Hubert und St.-Marin-de-Varreville die beiden nördlichen für die erste Welle der amerikanischen 4th *Division* offen zu halten.[20]

Die beiden südlichen Ausgänge bildeten zusammen mit den Brücken über die Douve die Angriffsziele der Schwesterdivision. Eine zweite, hauptsächlich aus Lastenseglern bestehende Welle sollte erst bei Tagesanbruch eintreffen, um in den – wie man hoffte – inzwischen freigekämpften Landezonen Fahrzeuge und schwere Waffen nachzuführen. Dies war der Plan, doch schnell zeigten sich die alten Probleme, die durch die nächtlichen Verhältnisse noch erheblich verschärft wurden. So glückte es von den vorausfliegenden 18 Pfadfindertrupps nur einem einzigen Team, genau an der befohlenen Stelle herunterzukommen und die Landezone mit Leuchtmitteln zu markieren. Einer der Trupps landete sogar weitab im Kanal.[21]

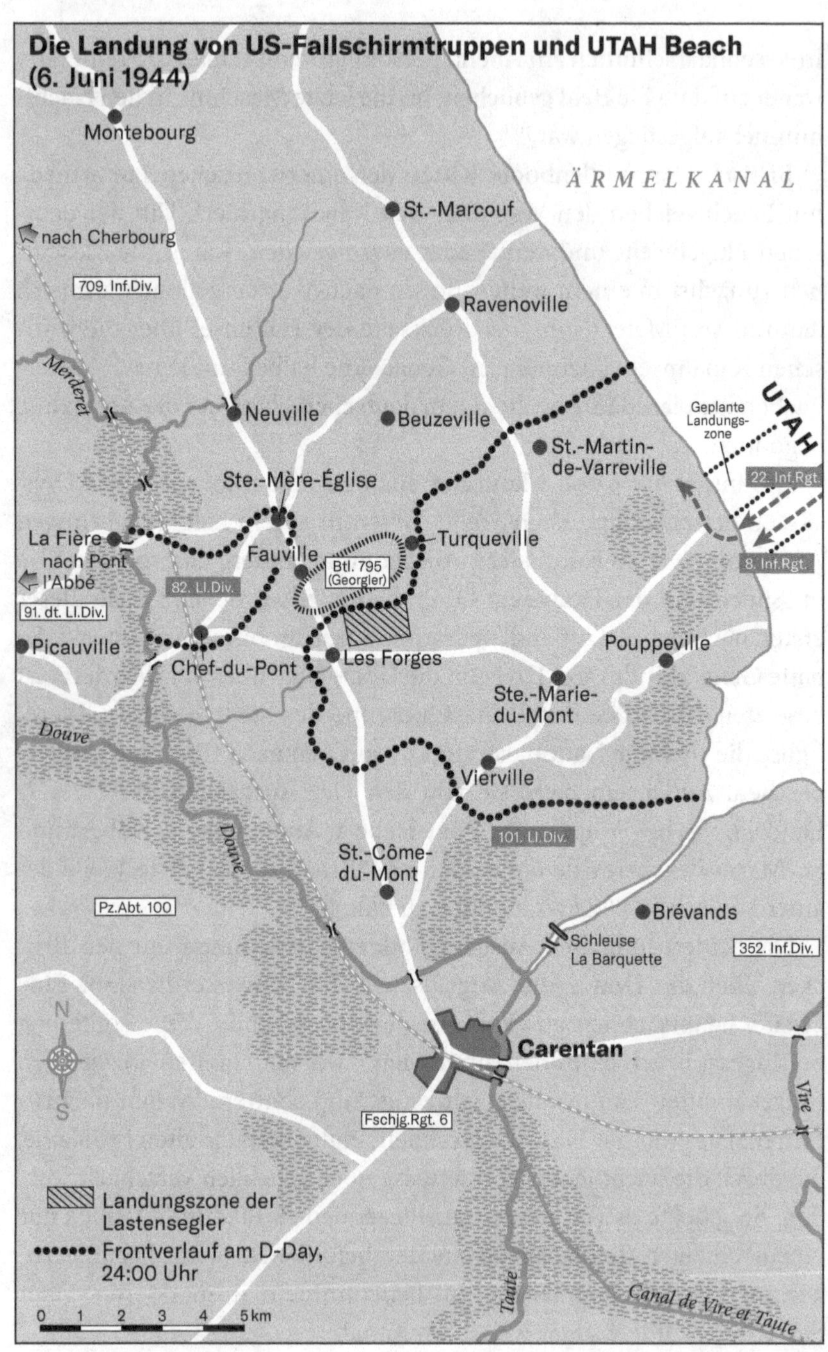

Die Landung von US-Fallschirmtruppen und UTAH Beach
(6. Juni 1944)
Montebourg
ÄRMELKANAL
St.-Marcouf
nach Cherbourg
709. Inf.Div.
Ravenoville
Merderet
UTAH
Geplante
Landungs-
zone
Neuville
Beuzeville
St.-Martin-
de-Varreville
22. Inf.Rgt.
Ste.-Mère-Église
La Fière
nach Pont
l'Abbé
Fauville
Turqueville
Btl. 795
(Georgler)
8. Inf.Rgt.
82. Ll.Div.
91. dt. Ll.Div.
Picauville
Chef-du-Pont
Les Forges
Pouppeville
Ste.-Marie-
du-Mont
Douve
Vierville
101. Ll.Div.
St.-Côme-
du-Mont
Pz.Abt. 100
Brévands
Schleuse
La Barquette
352. Inf.Div.
N
S
Carentan
Vire
Fschjg.Rgt. 6
Landungszone der
Lastensegler
Frontverlauf am D-Day,
24:00 Uhr
Taute
Canal de Vire et Taute
0 1 2 3 4 5 km

Die Absetzgeschwindigkeit der Dakotas durfte nur 150 Stundenkilometer betragen, doch viele der unerfahrenen Besatzungen zeigten bei ihrem ersten Einsatz Nervenschwäche. Sie flogen wegen des deutschen Abwehrfeuers schneller oder machten panische Ausweichmanöver. Mitunter sahen sich erboste Fallschirmjägeroffiziere sogar gezwungen, die Flugzeugführer mit gezogener Waffe an ihre Pflicht zu erinnern. Insgesamt sollten in dieser Nacht nicht mehr als 20 Transportmaschinen der gegnerischen Luftabwehr zum Opfer fallen, aber das befehlswidrige Verhalten vieler Besatzungen hatte dafür gesorgt, dass fast alle Einheiten zu weit auseinandergerissen worden waren und in einem erheblich vergrößerten Areal landen mussten.[22]

Von den 6 000 Soldaten der 101th *Airborne-Division*, die während der Nacht abgesetzt worden waren, hatte sich bis zum Ende des Tages nicht einmal die Hälfte zu kampffähigen Einheiten von unterschiedlicher Größe zusammengefunden. Fast 4 000 Mann der Division galten noch tagelang als verschollen. Viele von ihnen irrten allein oder in kleinen Gruppen durch die teilweise geflutete normannische Landschaft. Andere Fallschirmjäger legten sich bis zum Tagesanbruch einfach an Ort und Stelle zum Schlafen nieder oder ließen sich widerstandslos von den Deutschen gefangen nehmen. So sammelten Stoßtrupps des Stützpunktes 13 bei St.-Germain-de-Varreville im Laufe der Nacht etwa 50 Amerikaner ein, die sich, da Fahrzeuge zum Abtransport fehlten, den folgenden Tag im bunten Verein mit den Deutschen im Stützpunkt aufhielten.[23] 36 Fallschirmjäger der 82nd *Airborn-Division* ertranken sogar mit ihrem schweren Gepäck in den von den Deutschen unter Wasser gesetzten Uferwiesen des Merderet. Der Kommandeur des 3. Bataillons des 508th Regiments, *Lieutenant-Colonel* Louis Mendez, bekam sogar fast fünf Tage lang keinen seiner Männer zu sehen. Einige Deutsche, auf die der Offizier während seiner 90 Meilen langen Odyssee über die Halbinsel stieß, will er mit seiner Pistole oder dem Karabiner erschossen haben.[24]

Einem anderen Bataillonskommandeur, *Lieutenant-Colonel* Ed Krause, der das 3rd Battalion des 505th *Parachute-Infantry-Regiments* führte, glückte es immerhin, knapp ein Drittel seiner ursprünglich

600 Männer zu sammeln. Als er mit dieser Schar auf Ste.-Mère-Église vorstieß, stellte sich heraus, dass die dortige Besatzung nach der Abwehr der ersten Welle von Fallschirmjägern wieder in ihre Quartiere zurückgekehrt war. Krauses Männer überraschten die meisten Deutschen im Schlaf. Zehn Verteidiger fielen nach kurzem Kampf, die übrigen 30 ergaben sich den Angreifern. Ste.-Mère-Église wurde somit zur ersten »befreiten Stadt« in Frankreich. Nicht weit von dem Städtchen geriet etwa zur selben Zeit bei *Château de Bernaville* ein Stabswagen mit drei deutschen Offizieren in einen Hinterhalt, den eine der zahllosen versprengten Gruppen der 82nd *Airborne-Division* in dem ausgedehnten Heckengelände des *Bocage* gelegt hatte. Unter den Getöteten befand sich auch Generalleutnant Wilhelm Falley. Der Kommandeur der 91. Luftlande-Division hatte sich bereits auf dem Weg nach Rennes befunden, als ihn der Anblick der zahllosen alliierten Transporter am Himmel zur sofortigen Umkehr veranlasste.[25]

Insgesamt fiel die militärische Bilanz der nächtlichen Luftlandungen ernüchternd aus. Weder war es den Amerikanern geglückt, die Brücken über Douve und Merderet zu besetzen, noch hatten sie alle Strandzugänge von *UTAH* öffnen können. Hoffnungslos über das gesamte Einsatzgebiet zerstreut hatten die zahllosen Gruppen und Grüppchen immerhin für erhebliche Verwirrung unter den Deutschen gesorgt und damit rasche und gezielte Gegenmaßnahmen erschwert. Für diesen bescheidenen Effekt mussten die Amerikaner allerdings einen hohen Preis entrichten. Nach einer im August 1944 vorgenommenen Verlustschätzung hatten ihre beiden Luftlandedivisionen zusammen allein am 6. Juni 2500 Tote zu verzeichnen, was einem Fünftel der abgesetzten Truppen entsprach.[26] Selbst Stephen Ambrose, wohl der bedeutendste Chronist der amerikanischen Fallschirmjäger im Zweiten Weltkrieg, musste einräumen, dass die Luftlandungen auf Cotentin mit Ausnahme der Besetzung von Ste.-Mère-Église sämtliche ihrer bis zum Tagesanbruch gesetzten Ziele verfehlt hatten.[27]

Auf der östlichen Flanke des zukünftigen Landungskopfes an der Mündung der Orne war es Fallschirmjägern der britischen 6th *Airborne-Division* am Ende doch noch gelungen, um den Preis von

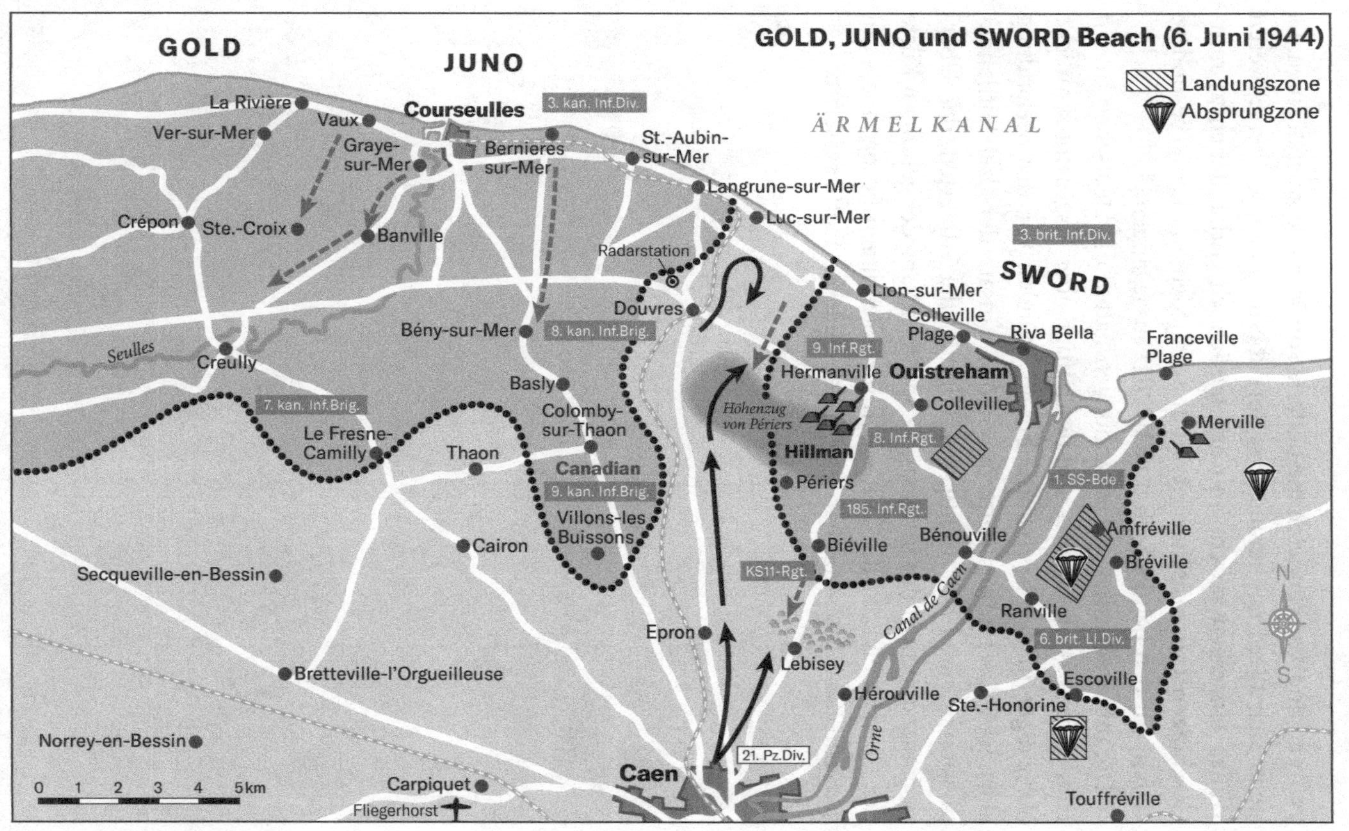
GOLD, JUNO und SWORD Beach (6. Juni 1944)
Landungszone
Absprungzone
GOLD
JUNO
SWORD
ÄRMELKANAL
La Rivière
Ver-sur-Mer
Vaux
Graye-sur-Mer
Courseulles
Bernieres-sur-Mer
St.-Aubin-sur-Mer
Langrune-sur-Mer
Luc-sur-Mer
Lion-sur-Mer
Colleville Plage
Riva Bella
Ouistreham
Colleville
Franceville Plage
Merville
Amfréville
Bréville
Ranville
Escoville
Touffréville
Ste.-Honorine
Hérouville
Bénouville
Biéville
Périers
Hermanville
Hillman
Höhenzug von Périers
Lebisey
Epron
Caen
Radarstation
Douvres
Basly
Colomby-sur-Thaon
Villons-les-Buissons
Canadian
Bény-sur-Mer
Thaon
Cairon
Le Fresne-Camilly
Banville
Ste.-Croix
Crépon
Creully
Seulles
Secqueville-en-Bessin
Bretteville-l'Orgueilleuse
Norrey-en-Bessin
Carpiquet
Fliegerhorst
Canal de Caen
Orne
3. kan. Inf.Div.
3. brit. Inf.Div.
1. SS-Bde
6. brit. Ll.Div.
9. Inf.Rgt.
8. Inf.Rgt.
185. Inf.Rgt.
KS11-Rgt.
21. Pz.Div.
8. kan. Inf.Brig.
9. kan. Inf.Brig.
7. kan. Inf.Brig.
N
S
0 1 2 3 4 5km

75 Toten und Verwundeten die Batterie von Merville zu erstürmen. Es stellte sich allerdings heraus, dass dort überhaupt keine überschweren Waffen eingesetzt waren. Von den tatsächlich vorhandenen 75-mm-Geschützen französischer Herkunft war jedenfalls keine besondere Gefahr für den Landeabschnitt *SWORD* ausgegangen.[28]

Die mitternächtlichen Luftlandungen hatten die Deutschen in den Landezonen zwar verwirrt und beschäftigt, aber insgesamt sämtliche Verteidiger in der Normandie bereits Stunden vor der Seelandung alarmiert. Eisenhower hatte durch den Einsatz der drei Luftlandedivisionen einen der wichtigsten Trümpfe der Alliierten, das Überraschungsmoment der Invasion, verspielt. Entlang der gesamten Küste des Calvados hatten die Deutschen ihre Stellungen bezogen, als um 5.30 Uhr das Küstenbombardement der alliierten Flotte einsetzte.

8 »Bringen Sie die Männer von diesem verdammten Strand herunter.« – Das Beinahe-Debakel der Amerikaner auf *OMAHA*

»Wir näherten uns der Küste im Morgengrauen. Das Landungsboot war 36 Fuß lang und sah aus wie ein Sarg. Es nahm viel Wasser über, das in grünen Schauern auf die Stahlhelme der Soldaten prasselte, die Schulter an Schulter hockten, in der steifen, ungeschickten, ungemütlich einsamen Genossenschaft von Männern, die in die Schlacht gehen.«

Ernest Hemingway, Voyage to Victory (1944)[1]

»Am Strand herrschte ein unglaubliches Gewimmel herumkriechender Körper – dort führte der Rest unserer 100 Mann ein grimmiges Rennen gegen den Tod. Gelegentlich erhob sich einer von ihnen und begann zu laufen, bis eine in der Nähe explodierende Granate ihn wieder zu Boden zwang. Manchmal stand er dann nicht wieder auf. Der Strand war übersät mit herrenloser Ausrüstung. Beinahe sofort hatten die meisten ihr Gepäck, das bis zu 100 Pfund wog, weggeworfen. Welch eine verrückte Vorstellung, man könne mit einer solchen Last einen Strand stürmen. Der Kieselstreifen [am Ende des Strandes] schien Meilen entfernt, ein wundervolles Paradies, das ich aber vielleicht niemals erreichen würde.«

Kriegskorrespondent Gordon Gaskill in den ersten Stunden der Landung am Strand von OMAHA[2]

Kurz vor Tagesanbruch bestiegen um 4.30 Uhr etwa 200 Soldaten der *Company A* von *Captain* Taylor Feller, die zum 1. Bataillon der 116th *Infantry* gehörte, die sechs entlang der Reling der *SS Empire Javelin* befestigten Landungsboote.[3] Mit ihrem fast 40 Kilogramm schweren Gepäck mussten sie über die schmalen Planken zu den über der rauen See des Ärmelkanals baumelnden *Landing Craft Assaults* (*LCA*) balancieren. Fellers Männer gehörten zu den 1460 Amerikanern, die als erste Welle des 5th *US-Corps* den französischen Strand betreten sollten. Vor ihnen lag noch eine strapaziöse Fahrt von wenigstens zwei Stunden zu einem etwa zwölf Kilometer entfernt liegenden Abschnitt der normannischen Küste, der bis zu diesem Morgen des 6. Juni 1944 den Namen Goldstrand (*Plage d'Or*) trug. In den Planungen der Alliierten hatte er jedoch schon lange den Decknamen *OMAHA*.Keine 24 Stunden später sollte man den sechs Kilometer langen Streifen unterhalb der Ortschaften Colleville-sur-Mer, St.-Laurent-sur-Mer und Vierville-sur-Mer nur noch *Bloody Omaha* nennen.

An keinem anderen der insgesamt fünf alliierten Landeabschnitte zwischen der Halbinsel Cotentin im Westen und der Mündung der Orne nördlich von Caen blickten die Anglo-Amerikaner so tief in jenen düsteren Abgrund, den besonders britische Generale immer wieder in den zurückliegenden Monaten heraufbeschworen hatten. Es könnte das hässlichste Desaster des gesamten Krieges werden, hatte noch am Vorabend der Landung *Field Marshal* Sir Alan Brooke sorgenvoll seinem Tagebuch anvertraut[4] und selbst Dwight David Eisenhower trug einen Zettel in der Tasche seiner Uniform, auf dem der Oberbefehlshaber aller an der Landung beteiligten anglo-amerikanischen See-, Luft- und Heeresverbände vorsorglich eine Erklärung für den Fall des Scheiterns der großen Landung formuliert hatte.

Gleich ein Bündel von Gründen sollte am Strand von *OMAHA* an diesem Morgen dafür sorgen, dass Eisenhower seine Botschaft vorerst noch für sich behalten musste. Gerade der Küstenabschnitt zwischen Colleville und Vierville wies mit insgesamt 15 befestigten Widerstandsnestern eine für die deutsche Verteidigung an den Küsten des *Calvados* ungewöhnliche Dichte an Bunkersystemen auf.[5] Hinzu kam, dass anstelle der bisher aufgeklärten vier Bataillone der 716. Infanterie-Division tatsächlich noch zwei deutsche Infanterieregimenter in diesem Abschnitt verfügbar waren.

Sie gehörten zu der von Generalleutnant Dietrich Kraiß geführten 352. Infanterie-Division, eine Neuaufstellung der im Herbst 1943 an

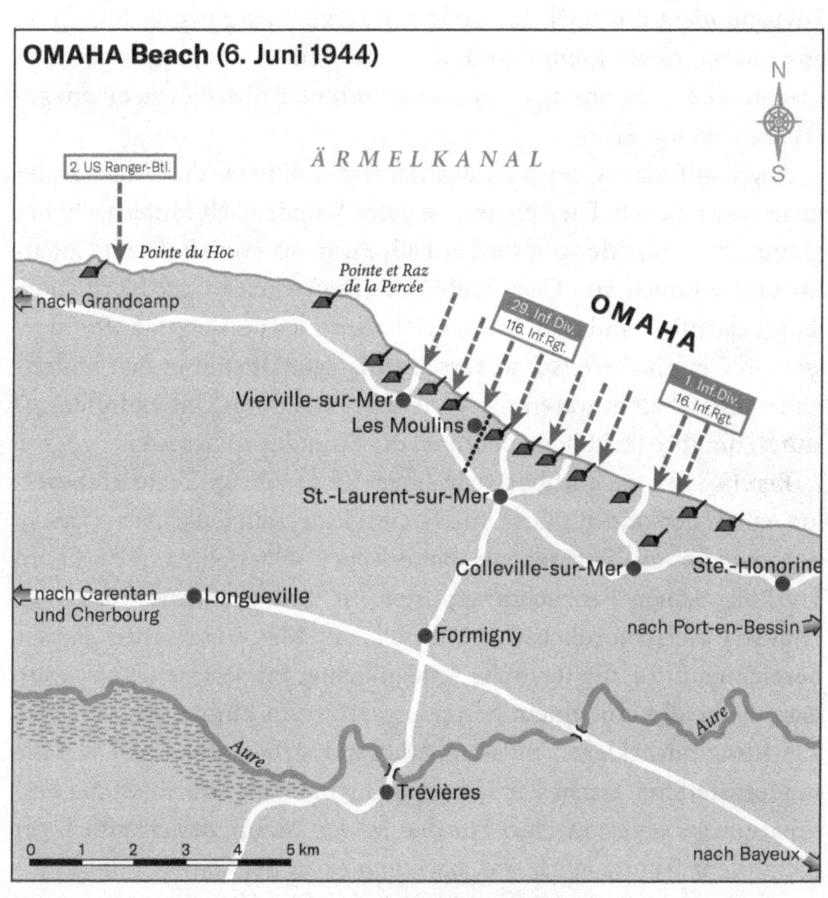
OMAHA Beach (6. Juni 1944)
N
S
ÄRMELKANAL
2. US Ranger-Btl.
Pointe du Hoc
Pointe et Raz de la Percée
nach Grandcamp
29. Inf.Div.
116. Inf.Rgt.
OMAHA
1. Inf.Div.
16. Inf.Rgt.
Vierville-sur-Mer
Les Moulins
St.-Laurent-sur-Mer
Colleville-sur-Mer
Ste.-Honorine
nach Carentan und Cherbourg
Longueville
Formigny
nach Port-en-Bessin
Aure
Aure
Trévières
0 1 2 3 4 5 km
nach Bayeux

der Ostfront zerschlagenen 321. Infanterie-Division. Obwohl sie sich schon seit drei Monaten in der Normandie befand, hatte die alliierte Aufklärung bis zum Morgen des Landungstages keinerlei Hinweise über diese entscheidende Verstärkung der deutschen Abwehrfront sammeln können.[6] Mit 12 000 Mann verfügte die 352. Infanterie-Division nicht nur über ihre volle Sollstärke. Ihre günstige Mischung aus osterfahrenen Kämpfern und jungen Leuten des Jahrganges 1926 machte sie für die ahnungslosen Ankömmlinge überdies zu einem gefährlichen Gegner.

Auch auf das Überraschungselement konnten die Amerikaner nicht mehr zählen. Die bereits eine halbe Stunde nach Mitternacht begonnenen Luftlandungen starker Fallschirmjägerverbände auf Cotentin und nördlich von Caen hatten die Deutschen in der Normandie längst alarmiert und auch Kraiß hatte seine Division gegen 2 Uhr morgens in Gefechtsbereitschaft versetzen lassen. Überall in den küstennahen Ortschaften waren die Verteidiger aus ihren Unterkünften gestürzt, um ihre Stellungen oberhalb des Strandes zu besetzen.

Bereits kurz nach Mitternacht hatte der 21-jährige Heinrich Severloh, ein Bauersohn aus der Lüneburger Heide, sein Quartier verlassen, um gemeinsam mit seinem Batteriechef, Oberleutnant Bernhard Frerking, seinen Beobachtungsposten im Widerstandsnest 62 einige Hundert Meter nördlich von Colleville-sur-Mer zu beziehen. Es war bezeichnend für die deutsche Kriegführung im sechsten Kriegsjahr, dass die beiden mit einem hastig angeschirrten Einspänner den Weg zur Küste zurücklegen mussten, während sich draußen auf See die modernste Streitmacht der Kriegsgeschichte zum Sturm auf die Festung Europa bereit machte. Für den jungen Mann, der eigentlich gar nicht mehr fronttauglich war, nachdem er an der Ostfront durch Erfrierungen sämtliche Zehen verloren hatte, kam die alliierte Landung nicht überraschend. »Wir hatten nun schon so lange darauf gewartet und zuletzt hatten sich die Hinweise darauf gehäuft.«[7]

Während die Blicke der alarmierten Deutschen angespannt durch die Nacht auf den wolkenverhangenen Horizont gerichtet waren, begab sich auf dem fernen Berghof bei Berchtesgaden Adolf Hitler nach einer wieder einmal mit seinen Paladinen verschwatzten Nacht gegen 3 Uhr ins Bett. Als Joseph Goebbels nach dem, wie er betonte, sehr angenehmen Abend beim »Führer« auf dem Rückweg in sein Nachtquartier die ersten Meldungen aus der Normandie erhielt, notierte er nicht ohne Sorge in sein Tagebuch: »Damit wäre dann also der entscheidende Tag dieses Krieges angebrochen.«[8]

Keine zwei Stunden später näherten sich die *LCAs* mit den Soldaten der 116th *Infantry* ihrem Angriffsziel, das jetzt mit jeder durchstoßenen Welle immer deutlicher vor ihnen auftauchte. Die Männer aus Virginia, Maryland und Pennsylvania gehörten zur 29th *Division*, die wegen ihrer Mischung aus Süd- und Nordstaatlern auch den Beinamen *The Blue and the Grey* trug. Die Nachfahren von General Thomas Jacksons berühmter *Stonewall-Brigade* aus dem Bürgerkrieg waren zwar schon vor zwei Jahren nach Ivybrigde in Südwestengland gekommen und dort in zahllosen Übungen gründlich auf ihre schwierige Aufgabe vorbereitet worden. Anders als die Soldaten der im Nachbarabschnitt landenden 16th *Infantry* besaßen sie jedoch noch keinerlei Kampferfahrung.

In jedem der sechs Boote der *Company A* saßen zwei Offiziere und 28 Mann, darunter je ein vierköpfiges Mörser- und Maschinengewehrteam. Weitere vier Mann waren mit Bangalore-Sprengsätzen ausgerüstet, um Lücken in den Stacheldraht zu reißen, während fünf Soldaten den Auftrag hatten, mit ihren Sprengmitteln die anderen Strandhindernisse zu beseitigen. Monatelang hatten Fellers Männer zusammen trainiert, gegessen und geschlafen.[9]

Je näher sie jetzt aber der normannischen Küste kamen, desto mehr wurde vielen bewusst, dass unterhalb der sich drohend über den Strand erhebenden Höhen zum ersten Mal der wirkliche Krieg auf sie wartete. Einen Weg zurück gab es nicht.

Wer nicht in Gedanken bei seinen Angehörigen zu Hause oder den Kameraden auf den anderen Booten war, die man am Abend wiederzusehen hoffte, bemerkte vielleicht noch, wie das mit Radar ausgestattete Lotsenboot bereits auf halber Strecke ausscherte, um die sechs *LCA* der *Company A* den Rest ihrer stürmischen Fahrt allein zurücklegen zu lassen. Auch wenn das Abdrehen planmäßig erfolgte, stimmte es die Soldaten nicht gerade zuversichtlich.

Dass die eigenen Boote schon vor einer Weile die jeweils mit drei Panzern beladenen *LCTs* (*Landing Craft Tanks*), überholt hatten, war jedoch durchaus nicht in den Planungen vorgesehen. Eigentlich hätten die Mark IV *Shermans* vom Typ *Douplex Drive* (*DD*), die mit zwei Schiffsschrauben und ihren an den Wannen angebrachten aufblasbaren Schläuchen schwimmfähig gemacht worden waren, bereits fünf Minuten vor der Infanterie landen sollen. Der Auftrag der stählernen Ungetüme bestand darin, der Infanterie Feuerschutz zu bieten und ihr den Weg durch die deutschen Hindernisse und Sperren frei zu schießen.[10] Umso mehr musste jetzt der deckungslose weite Strand den Ankömmlingen wie eine Todeszone erscheinen.

Nur ein Teil der 32 *DD-Shermans* des Panzer-Bataillons 741, das der 16th *Infantry* zugeteilt war, sollte jedoch ihr Ziel erreichen. Die Besatzungen ihrer Transporter zeigten besondere Courage und wagten sich mit ihrer wertvollen Last bis auf 250 Meter an den Strand heran. Den Rest der Strecke mussten die Panzer mit ihrer Zusatzausstattung aus eigener Kraft bewältigen.

Katastrophal verlief dagegen der Einsatz des für den Abschnitt der 16th *Infantry* vorgesehenen Schwesterbataillons. Obwohl ebenfalls mit *Douplex-Drive*-Panzern ausgestattet, verlor das 741. Panzer-Bataillon 27 seiner Fahrzeuge bereits auf See. Die meisten *Shermans* versanken wie ein Stein in den rauen Fluten, als die Marinesoldaten sie schon mehr als 5 000 Meter vor der Küste über die Rampen zu Wasser ließen. 33 Besatzungsmitglieder ertranken. Nur fünf der Panzer entgingen dem gleichen Schicksal, da die Besatzungen zweier *LCT*s Zeugen der Katastrophe geworden waren und daraufhin beschlossen hatten, ihre Ladung nun doch bis zum Strand zu bringen. Ihr Mut war allerdings vergeblich. Die Panzer fuhren sich entweder im Kies fest oder wurden nach kurzer Zeit von der deutschen Panzerabwehr ausgeschaltet.

Von all dem ahnten die Männer in den Infanteriebooten nichts, die jetzt ihre Hoffnungen ganz auf die dichten Pulks der 329 Bomber vom Typ B-24 *Liberator* gerichtet hatten. Mit deutlich vernehmbarem

Brummen, als ob die Maschinen beinahe über ihre Köpfe hinwegflogen, strebten sie der Küste zu, um mit ihrer tödlichen Bombenlast die deutschen Stellungen zu pulverisieren. Doch die aufkeimende Zuversicht verwandelte sich in blankes Entsetzen und schließlich in Wut, als die Soldaten hilflos mit ansehen mussten, wie die meisten Bomben zu weit hinter dem Höhenkamm niedergingen. Ein Teil der tödlichen Ladung schlug allerdings nur 50 Meter hinter dem Widerstandsnest 62 ein, wo Heinrich Severloh eilig in seinem MG-Loch Deckung suchte, während um ihn Erde und Kalksteinbrocken niederregneten.[11]

Wenigstens seien nun die Deutschen wach, spotteten manche der Ankömmlinge mit Galgenhumor. Die Bomberbesatzungen hätten bei der schlechten Sicht nicht die anlandenden Boote treffen wollen, lautete später die Begründung, welche die meisten Soldaten von *Captain* Fellers Kompanie allerdings nie mehr erfahren würden.

Unerbittlich näherten sich die Uhrzeiger der H-Hour. Um 6.30 Uhr, 40 Minuten nach Sonnenaufgang, sollte die Landung auf *OMAHA* beginnen. Auf dem äußersten rechten Flügel der kleinen Armada steuerte die *Company A* mit sechs Booten in Doppelkolonne den Abschnitt *Dog Green* unterhalb von Vierville an.[12] *Dog White* und *Dog Red* hatten die Planer die beiden benachbarten Abschnitte getauft, auf denen zwei andere Kompanien ihres Regiments landen sollten. Noch weiter östlich befand sich die Landezone der 16th *Infantry*, die ebenfalls in drei Abschnitte geteilt war. (*Fox Green, Fox White* und *Fox Red*). Sie sollten direkt vor den deutschen Widerstandsnestern 62–64 landen.

Mit gemischten Gefühlen sahen die Männer das Ufer näherkommen. Zwar hatten alle genug von der schrecklichen Sturmfahrt, doch niemand wusste, welche bösen Überraschungen die jetzt vor ihnen liegenden Anhöhen verbargen. Noch herrschte gespenstische Ruhe. Kein Schuss fiel, keine Granate explodierte. Allein die Kommandos der Offiziere waren zu hören. Doch als das erste der sechs *LCAs* mit Kompaniechef Feller und 29 seiner Soldaten den Strand erreichte, wurden alle ihre Vorstellungen von ihrer Ankunft in Frankreich abrupt über den Haufen geworfen. Kaum hatte sich die Bugklappe ganz gesenkt, schien sich die Anhöhe vor ihnen in einen feuerspeienden

Vulkan zu verwandeln. MG-Salven erfassten sie von vorne und von der Seite. Der Mörserbeschuss der Deutschen lag tödlich genau und aus vorgeschobenen Stellungen entlang des Hanges blitzte das Mündungsfeuer zahlreicher Scharfschützen. Innerhalb von nur einer Minute trieben sämtliche Männer aus Fellers *LCA* tot oder verwundet im Wasser.[13]

Dem zweiten Boot der *Company A*, das in etwa 50 Meter Abstand auf den Strand stieß, erging es kaum besser. Ein kleiner Teil der Besatzung erreichte wie durch ein Wunder im rasenden Abwehrfeuer der Deutschen den Strand, wo ihnen allein Rommels stählerne »Tschechenigel« eine erste willkommene Deckung boten. An eine organisierte Gegenwehr war unter diesen Umständen gar nicht zu denken, zumal sich den Angreifern zunächst kaum Ziele boten. Die wenigen überlebenden Offiziere waren ohne Führungsmittel, da drei Viertel aller Funkgeräte durch das Seewasser unbrauchbar geworden waren.

Auch die zwei Dutzend *Shermans* des 743. Panzer-Bataillons, die es inzwischen an Land geschafft hatten, brachten den Überlebenden der 116th *Infantry* nicht die erhoffte Entlastung. Keine der Besatzungen unternahm den Versuch, mit ihrem Panzer die Strandaufgänge zu stürmen, wozu sie ursprünglich bestimmt waren. Im Laufe des Vormittags gingen etliche Fahrzeuge durch deutschen Beschuss verloren und der Rest stand am Abend immer noch verloren auf dem Strand. Mangels erkennbarer Ziele hatten die meisten Besatzungen nicht einmal ein Drittel ihrer Munition verschossen.[14]

Die alliierten Planer waren davon ausgegangen, dass auf allen Landeabschnitten die erste Welle mithilfe der Panzer möglichst schnell vom Strand ins Hinterland vorstoßen konnte, um Platz für die folgenden Anlandungen zu machen. Nach dem engen Zeitplan sollten wenige den Raum für die vielen frei kämpfen. Der gesamte Erfolg von *NEPTUNE* beruhte auf der Überwindung dieses Paradoxes. Auf *OMAHA* gelang dies zunächst nicht. Für zwei Stunden hingen die sechs Kompanien der ersten Welle auf beiden Flügeln der Landezone am oberen Ende des Strandes fest. Ein niedriger Wall aus Kieselsteinen, die mit jeder Flut allmählich landeinwärts geschoben und knapp vor den Hängen aufgetürmt worden waren, bot den Überlebenden eine bescheidene Deckung. Dorthin versuchten die Sanitäter, die 20 Minuten später mit der zweiten Welle eingetroffen waren, die zahllosen Verwundeten vor der inzwischen eingesetzten Flut zu retten. Die meisten Männer, die sich an diese knappe Brüstung klammerten, standen unter Schock. Bewegungslos lagen sie in ihrer Deckung und starrten in die Ferne. Ihre Gewehre hatten sie irgendwo verloren, aber niemandem kam die Idee, sich aus der gewaltigen Menge überall herumliegender Waffen ein neues zu greifen.[15] Das spätere Diktum ihres Oberbefehlshabers, General Omar Bradley, dass sie alle Helden seien, hätte sie wohl in maßloses Erstaunen versetzt. Kaum ein Soldat hörte noch auf die Befehle der Offiziere, die sich verzweifelt bemühten, den Rest ihrer Leute über das schützende Hindernis hinaus durch die verminten Hohlwege auf das Plateau zu führen. Jeder Mann, der den Versuch wagte, war wenige Sekunden später bereits tot oder verwundet.

Während die erste Welle der Amerikaner in wenigen Minuten praktisch vernichtet worden war, versuchten nach dem strikten Zeitplan von *NEPTUNE* die folgenden Wellen auf dem inzwischen mit Toten und Verwundeten übersäten Strand Fuß zu fassen. Mit jeder Viertelstunde verengte die Flut die Landezone um 20 Meter und schränkte die Bewegungsmöglichkeiten der Angreifer weiter ein. Allein die *Company C* der 116th *Infantry*, die etwa einen Kilometer östlich von *Dog Red* an Land gelangt war, wo das Abwehrfeuer der Deutschen deutlich geringer ausfiel, überstand den Tag als organisierte Einheit.[16] Von Fellers *Company A* meldeten sich dagegen am nächsten Tag nur noch acht Mann zur Verpflegungsausgabe. 19 Soldaten, die wie ihr Kompaniechef aus Bedford in Virginia stammten, waren am Strand oder noch auf See umgekommen. Unter den Toten befand sich auch *Sergeant* Ray Stevens, den sein Zwillingsbruder Roy zwei Tage später in einem Leichensack am Strand entdeckte.[17]

Auf beiden Flügeln von *OMAHA* bot der Strand an diesem Morgen genau jenes schauerliche Bild, das sich Hitler und seine Generale so oft vorgestellt hatten, wenn sie von der alliierten Invasion sprachen. In ein stetig dichter werdendes Chaos aus führungslosen Truppen,

Überlebende eines gesunkenen Landungsbootes
werden aus einem Rettungsboot getragen.

brennenden Fahrzeugen und wild vorm Strand hin- und herkreuzenden Landungsbooten oder Amphibienfahrzeugen (*DUKW*)[18] schossen die zwölf 10,5-cm-Feldhaubitzen (L18) der I. Abteilung des 352. Artillerie-Regiments mit unverminderter Heftigkeit und Präzision. Verzweifelt bemühte sich Omar Bradley, der Oberbefehlshaber der 1st *US-Army*, in seiner Befehlsstelle auf dem schweren Kreuzer *USS-Augusta*, verlässliche Informationen über die Lage an Land zu erhalten. Die wenigen Meldungen, die ihm General Leonard T. Gerow, der Befehlshaber des Vth *US-Corps*, aus seinem vor der Küste kreuzenden *DUKW* übermittelte, erfüllten ihn mit wachsender Sorge. Eine Weile fürchtete der aus Missouri stammende Offizier, der seit 1941 auf einen fast ebenso rasanten militärischen Aufstieg wie sein Jahrgangskamerad in Westpoint, Dwight D. Eisenhower, zurückblicken konnte, dass seine Truppen am Strand ein vollkommenes Desaster erlebten.[19] Als Befehlshaber des IInd *US-Corps* hatte er im Vorjahr an der Landung auf Sizilien teilgenommen, wo seine Truppen während der Nacht ohne Verluste an den Strand gelangt waren.

Das Massaker auf *OMAHA* schien dagegen die schlimmsten alliierten Albträume zu überbieten. Eine Zeit lang erwog Bradley sogar den Abbruch der Operation, um die nächsten Wellen auf die zweite amerikanische Landezone auf Cotentin umzuleiten.[20] Es wäre ein folgenschwerer Entschluss für die gesamte Invasion gewesen, da mit der Aufgabe von *OMAHA* die Lücke zwischen *UTAH* und *GOLD* kaum noch hätte geschlossen werden können.

Überraschend begann sich jedoch noch am Vormittag die Lage um Colleville-sur-Mer und Vierville-sur-Mer zu bessern. Erheblich zum Umschwung beigetragen hatte der Entschluss einiger Kapitäne, trotz des Auflaufrisikos mit ihren Kreuzern bis auf 750 Meter an den Strand heranzufahren, um die erkannten deutschen Widerstandsnester im direkten Richten niederzukämpfen.[21]

Etwa eine Stunde nach Ankunft der ersten Welle war Norman (*Dutch*) Cota, der stellvertretende Kommandeur der 29th *Division*, mit seinem Stab im Abschnitt *Dog Green* an Land gegangen. Für einen Kommandeur gab es am Strand noch wenig zu tun, wohl aber für einen entschlossenen Gruppenführer und General Cota zögerte nicht, diese ungewohnte Rolle zu übernehmen. Die immer noch hilflos in ihrer spärlichen Deckung am Ende des Strandes in kleinen Gruppen ausharrenden Überlebenden mussten wieder zum Kämpfen gebracht werden.

Noch am Vortag der Invasion hatte Cota seine Offiziere genau vor dieser kritischen Lage gewarnt. Die Landung werde gewiss nicht nach Plan verlaufen. Boote werden verspätet eintreffen, an der falschen Stelle oder gar nicht. Sie werden am Strand ein Chaos vorfinden und improvisieren müssen.[22]

Als ob ihm die feindlichen Kugeln nichts anhaben könnten, eilte Cota von Gruppe zu Gruppe, scheuchte die verängstigten Männer aus ihren Deckungen auf und sorgte dafür, dass Sprengmittel und Munition herangebracht wurden.

Seit Amerikas Kriegseintritt hatte der 51-jährige General ausschließlich in Stabsverwendungen gedient und mit nur einem Stern war seine soldatische Laufbahn bisher nicht gerade glänzend verlaufen. Doch am Strand von *OMAHA* war Cota der richtige Mann am rechten Ort. Sein Beispiel wirkte überall belebend. Wer am Strand bleibt, wird sterben, lautete die jetzt von den Offizieren ausgegebene Parole. Wo ein Zurück zum Wasser für niemanden eine Option war, konnte nur der Ausbruch nach vorne die Rettung bringen. Plötzlich besetzten Freiwillige die Räumfahrzeuge, die bisher aufgegeben und verlassen auf dem Strand gestanden hatten und es fand sich sogar ein beherzter Fahrer, der mit einem Lastwagen voller TNT eine deutsche Bunkerbesatzung ausschaltete. Immer mehr Soldaten wagten jetzt, sich in kleineren Gruppen durch die Hohlwege die mit Buschwerk bewachsenen Hänge hinauf nach Vierville-sur-Mer zu arbeiten. Pioniere begannen, Stacheldrähte und Minen zu beseitigen und der Infanterie den Weg auf das rettende Plateau zu ebnen. 23 Überlebende der *Company E* der 16th *Infantry*, die auf *Easy Green* etwa in der Mitte von Omaha gelandet waren, umzingelten auf der Westflanke von St.-Laurent eine deutsche Bunkerstellung und zwangen die Besatzung zur Übergabe. Den Deutschen war nach zweistündigem Kampf die Munition ausgegangen.[23]

Aufseiten der Verteidiger begannen überall die Kräfte und auch die Moral zu erlahmen, Widerstandsnester gingen verloren und dringend benötigte Munitionstransporter fielen der alliierten Schiffsartillerie zum Opfer. Als sich im heimatlichen Herrlingen Rommel nach fast dreistündigem Zögern gegen 11 Uhr endlich auf den Rückweg in die Normandie machte, hatte General Cota bereits mit einer Handvoll GIs die Ortschaft Vierville-sur-Mer genommen. Die dünne Besetzung der vordersten Linie begann sich jetzt aufseiten der Deutschen zu rächen. Rommels oft wiederholte Mahnung, dass am Landungstag jedes Gewehr und jede Waffe der Division auf den Strand gerichtet sein müsse, war nirgendwo umgesetzt worden. Tatsächlich wurde die Abwehrstellung der Division oberhalb des Strandes nur von einem verstärkten Bataillon des 914. Infanterie-Regiments sowie Teilen des benachbarten Grenadier-Regimentes 726 verteidigt. Davon hatten kaum 30 Mann das Widerstandsnest 62 nördlich von Coleville-sur Mer besetzt.[24]

Vergeblich warteten die wenigen überlebenden Deutschen in ihren zerschossenen Stellungen am Strand auf die eigene Luftwaffe. Als der Himmel gegen 11 Uhr aufklarte, waren zum Entsetzen der Verteidiger nur alliierte Flieger in der Luft zu sehen. Als ebenso vergeblich erwies sich ihre Hoffnung auf Verstärkung. Deutsche Gegenstöße erfolgten zu spät oder wurden vom Feuer der Schiffsgeschütze bereits im Ansatz zerschlagen. Gepanzerte Reserven, wie sie die deutsche Führung und besonders Rommel immer gefordert hatte, hätten auch jetzt noch die wenigen Dutzend Amerikaner wieder vom Plateau vertreiben können. Doch es gab sie nicht oder sie waren zu weit entfernt. Ihre zehn Sturmgeschütze hatte die 352. Infanterie-Division zuvor an die Korpsreserve abgeben müssen, während die zwölf »Marder« ihrer Panzerjägerabteilung noch südlich der Nationalstraße standen und erst am Abend auf Formigny vorgezogen wurden.[25]

Noch um 13 Uhr, als schon heftig um Coleville und Vierville gekämpft wurde und sich bereits 18 800 Amerikaner des Vth *US-Corps* am Strand drängten, zeigte sich der Stab des LXXXIV. Armee-Korps im fernen St.-Lô weiterhin optimistisch. Die Seelandungen der Amerikaner im Raum Vierville-sur-Mer seien so gut wie abgeschlagen, meldete man der 7. Armee. Über die kritische Lage auf seinem rechten Flügel, wo sich die Briten inzwischen beiderseits Villers-le-Sec hatten festsetzen können und bereits landeinwärts vorstießen, war General Marcks deutlich besorgter und hatte inzwischen seine Reserve unter Oberstleutnant Ernst Meyer nach ihrem verfrühten und nutzlosen Einsatz bei Isigny nach Osten umdirigiert. Ob das Regiment die kippende Lage auf *OMAHA* noch hätte bereinigen können, ist unklar. Um die Briten auf *GOLD* zu stoppen, kam es jedenfalls zu spät. Noch ehe sich Meyers Truppe endlich am Nachmittag bei Crepin zum Angriff versammeln konnte, waren Teile des britischen XXXth *Corps* mit starker Panzerunterstützung zum Stoß auf Bayeux angetreten. Die Reserve wurde einfach überrannt, ihre Reste nach Westen abgedrängt. Meyer und auch der Kommandeur des 352. Füsilier-Bataillons waren tot, die Hälfte der Sturmgeschütze verloren.

Auch auf *OMAHA* hatte sich damit das Zeitfenster zugunsten der Amerikaner geschlossen. Nur noch wenige Deutsche leisteten am Strand Widerstand. Manche Stellungen hielten sich sogar noch am folgenden Tag. Am frühen Nachmittag räumten die letzten noch lebenden Deutschen das Widerstandsnest 62 oberhalb von Colleville-sur-Mer. Nur zwei Mann der ursprünglich 30-köpfigen Besatzung schafften es jedoch noch zu den in der Ortschaft ausharrenden deutschen Posten. Einer von ihnen war Heinrich Severloh, der an diesem Tag nach eigenem Bekunden mit seinem MG 42 in neun Stunden fast 12 000 Patronen verschossen haben will. Damit war der Bursche seines Batteriechefs wohl für den Tod von einigen Hundert Angreifern verantwortlich.[26] Als seine schauerliche Bilanz fast zwei Jahrzehnte nach der Landung bekannt wurde, gaben ihm britische und amerikanische Zeitungen den reißerischen Namen *The Beast of Omaha Beach*. Severloh wehrte sich in seinen noch im hohen Alter verfassten Erinnerungen gegen die Anwürfe. Er habe am 6. Juni wie alle anderen Deutschen nur instinktiv und mit aller Kraft um sein Leben gekämpft, als er angegriffen wurde. Ein persönliches Feindbild habe er nicht gekannt.[27]

Mehr als 1200 Mann hatte die 352. Infanterie-Division bis zum Abend des Landungstages verloren, immerhin ein Fünftel ihrer kämpfenden Truppe. Die Verlustbilanz der Amerikaner fiel weit bitterer aus. Allein am Strand von *OMAHA* hatte sie der erste Tag in Frankreich das Vierfache an Verlusten gekostet.[28] Da sie vor allem die beiden zuerst an Land gekommenen Regimenter betrafen, dürfte deren Verlustquote noch deutlich höher ausgefallen sein, als die von den alliierten Planern für die ersten Landungswellen prognostizierten 25 Prozent.

Bis zum Abend des 6. Juni hatte es General Gerows Vth *Corps* geschafft, die Masse seiner Truppen an Land zu bringen. Mehr als 30 000 Mann und 3 000 Fahrzeuge drängten sich inzwischen in einem Brückenkopf von kaum zwei Kilometern Tiefe. Nur wenig war jedoch organisiert. Von der Artillerie, die mit der ersten Welle an Land gehen sollte, waren die meisten auf *DUKW* verladenen Geschütze schon während der ersten Stunde in der unruhigen See verloren gegangen.[29]

Die Amerikaner hatten ihr Minimalziel erreicht, der Schulterschluss mit den benachbarten Landezonen stand jedoch noch aus. Es gelang bis zum Abend auch nicht mehr, die verfügbare Masse an Truppen zu einem größeren Stoß über die von den Ortschaften Colleville, St.-Laurent und Vierville gebildete Linie hinaus anzusetzen. Die beherzten Aktionen kleiner und kleinster Gruppen, die bisher so sehr zum Erfolg des Tages beigetragen hatten, setzten sich landeinwärts noch bis in die Nacht fort.[30] Überall gruben sich die Soldaten mit Einbruch der Dunkelheit ein oder warfen sich erschöpft hinter die willkommenen Deckungen der zahllosen mannshohen Hecken zum Schlafen nieder. Kaum ein Amerikaner wusste, dass der vor ihnen liegende Teil der Normandie diesen jahrhundertealten Feldgrenzen aus dicht miteinander verwachsenen Büschen seinen Namen *Bocage* verdankte. Er sollte ihnen in den folgenden Wochen weitaus mehr Probleme bereiten und noch weit mehr Blut kosten als der hinter ihnen liegende *Bloody Omaha*.

9 Zu wenig, zu spät, zu unentschlossen – Das Scheitern der 21. Panzer-Division am 6. Juni

»Rauchs Panzergrenadiere hatten tatsächlich den Strand erreicht, nach militärischer Tradition musste das den Sieg bedeuten. Doch zu welchem Zweck? Nun hatten es die Deutschen mit dem Problem des Kampfes entlang einer Küste zu tun. Anders als nach ihrer Weltkriegsdoktrin, die einen Durchbruch an schmaler Stelle anstrebte, um mit nachfolgenden gepanzerten Kräften den Gegner in Flanke und Rücken anzugreifen, war ihr Durchbruch zur Küste nur eine Fahrt ins Nirgendwo.«

Robert Michael Citino, The Wehrmacht's Last Stand, S. 152.

Edgar Feuchtinger, der Kommandeur der 21. Panzer-Division, zählte gewiss nicht zur ersten Riege deutscher Generale. Auch wenn man seine späteren Verfehlungen und das Anfang 1945 gegen ihn vom Reichskriegsgericht verhängte Todesurteil wegen Desertion und Wehrkraftzersetzung ausblendet, konnte der 50-jährige Artillerieoffizier am Vorabend der Invasion nur auf eine mittelmäßige militärische Karriere zurückblicken. Dass mit Feuchtinger ausgerechnet ein Offizier an der Spitze eines der wichtigsten Truppenteile der Westfront stand, der kaum Erfahrung in der Führung einer Division im Gefecht besaß und noch weniger mit dem Einsatz gepanzerter Verbände vertraut war, gehörte zu den zahllosen Ungereimtheiten und Inkonsequenzen auf deutscher Seite im Vorfeld der alliierten Invasion.

An der Ostfront hatte Feuchtinger ein Artillerieregiment geführt, ehe er im August 1942 in die Führerreserve versetzt worden war, um wenige Monate später im Westen eine neue Verwendung zu finden. Sein erster Auftrag als Kommandeur der Kampfgruppe »A« im Rahmen der Operation »Lila« sollte allerdings im November 1942 mit einem folgenschweren Fehlschlag enden. Feuchtinger war mit seinen

Truppen um Stunden zu spät in Toulon eingetroffen, um die Selbstversenkung der französischen Flotte noch verhindern zu können.

Doch nachdem er im April 1943 den Auftrag erhalten hatte, die »Schnelle Brigade West« in eine Panzerdivision umzuformen, bewies das ehemalige Mitglied des olympischen Organisationskomitees von 1936 ungewöhnlichen Einfallsreichtum und Geschick. Die neue Division erbte den stolzen Namen der erst kurz zuvor im Kessel von Tunis untergegangenen 21. Panzer-Division. Rund 2000 Ehemalige und Genesene aus der alten Afrikanerdivision bildeten den Stamm des Nachfolgerverbandes. Mithilfe französischer Industriearbeiter gelang es Generalmajor Feuchtinger, den gesamten Fuhrpark der Division einschließlich der beweglichen Artillerie aus den Teilen französischer Beutefahrzeuge in Pariser Werkstätten herstellen zu lassen. Einzig die Geschütze stammten aus deutscher Produktion. Das Panzer-Regiment Nr. 22 der Division unter Oberst Hermann von Oppeln-Bronikowski war sogar mit insgesamt 104 Panzerwagen IV ausgestattet worden, davon wiesen allerdings sechs Führungsfahrzeuge noch die veraltete kurze 7,5-cm-Panzerkanone auf. Nur unter Einbeziehung der 35 veralteten Somua-Panzern erreichte die Division jedoch ihr Soll von 139 Kampffahrzeugen.[1]

Als sich in den ersten Morgenstunden des 6. Juni 1944 der Beginn der Invasion abzeichnete, war Feuchtingers Division der einzige gepanzerte Großverband, der ganz nach den Forderungen Rommels innerhalb von Stunden gegen den gelandeten Feind hätte zum Einsatz gelangen können. Dass es anders kam, lag wohl weniger daran, dass sich der Divisionskommandeur in dieser Nacht, wie es immer noch gern behauptet wird, wieder einmal nach Paris zu seiner Geliebten verabschiedet hatte.[2] Falls diese nach dem Krieg vor allem von Generalleutnant Hans Speidel verbreitete Version zutraf,[3] muss Feuchtinger allerdings schon bald nach Mitternacht wieder in seinen Gefechtsstand in St.-Pierre-sur-Dives zurückgekehrt sein, denn dort erreichte ihn bereits gegen 1.20 Uhr morgens ein Anruf von Generalleutnant Wilhelm Richter, dem Kommandeur der an der Küste eingesetzten 716. Infanterie-Division.[4] Dieser Hinweis würde auch Feuchtingers Darstellung der

Ereignisse stützen, die er später im Auftrag der Alliierten verfasste. Demnach seien seine um Falaise positionierten Verbände, darunter auch das Panzer-Regiment 22, bereits in der Nacht alarmiert worden. Doch der Marschbefehl der Heeresgruppe »B« ließ auf sich warten. General Speidel in *La Roche Guyon* bestand weiterhin auf einem klaren Lagebild. Zu Generalmajor Pemsel, dem Chef des Stabes der 7. Armee meinte der Schwabe bei dessen zweitem Anruf um 4.20 Uhr, dass man jetzt die Nerven zum Warten haben müsse.[5] Dies dürfte dem promovierten Historiker leichter gefallen sein als Oberst von Oppelns Panzersoldaten, die nach ihrer frühen Alarmierung jetzt Stunde um Stunde auf ihren Fahrzeugen eine quälende Hängepartie durchlebten.[6]

Zur selben Zeit stand eines der beiden Panzergrenadierregimenter der Division unter Oberst Hans von Luck bereits nordöstlich von Caen an mehreren Punkten im Kampf gegen den luftgelandeten Feind im Bereich der Orne. Dass Teile der Heeresgruppenreserve jetzt schon ohne konkreten Befehl in den Kampf gerieten, ist ein weiterer Beweis für das auf deutscher Seite vorherrschende Führungschaos. Erst kurz nach 6 Uhr gab die Heeresgruppe »B« ihre nunmehr vollständige Panzerreserve für die 7. Armee frei, die sie wiederum der 716. Infanterie-Division unterstellte.[7] Deren Stellungen waren jedoch bereits auf breiter Front durchbrochen, als Feuchtinger gegen 7.30 Uhr seine Panzer zur Orne in Marsch setzte. Allerdings mussten sie jetzt bei Tageslicht das offene und leicht gewellte Gelände zwischen Falaise und Caen passieren, wo sie seit etwa 11 Uhr bei jetzt aufklarendem Wetter verstärkt von britischen Jagdbombern angegriffen wurden. Kurz vor Mittag erhielt von Oppeln-Bronikowski den neuen Befehl, entgegen der ursprünglichen Absicht der Division nicht zu dem bereits östlich der Orne bei Ranville und Herouville kämpfenden Panzergrenadier-Regiment Nr. 125 von Oberst Luck zu stoßen, sondern seine Panzer jetzt im Norden von Caen zu versammeln.

Inzwischen hatte die 7. Armee Feuchtingers Division dem LXXXIV. Armee-Korps von General Erich Marcks unterstellt, der entschlossen war, mit allen gepanzerten Kräften in die Lücke zwischen dem kanadischen und britischen Brückenkopf zu stoßen. Ablauflinie des Angriffs waren die Höhen von Lebisey etwa drei Kilometer nördlich von Caen. Von Oppeln-Bronikowski, der bis zu seiner Verwundung im Vorjahr als Panzerkommandeur an der Ostfront gekämpft hatte, war alles andere als begeistert über den geänderten Auftrag. Er sah sich dadurch gezwungen, seine bereits östlich an Caen vorbeigerückte I. Abteilung wieder umkehren zu lassen. Nur die 17 Kampfpanzer der 4. Kompanie sollten zur Unterstützung von Lucks Panzergrenadieren auf dem rechten Ufer der Orne verbleiben. Die schwächere II. Abteilung seines Regiments übernahm jetzt die Spitze und rollte durch den Vorort von Vaucelles zur Orne, wo es in der Nähe des Bahnhofes eine letzte intakte Brücke gab. Noch waren die Straßen von Caen problemlos passierbar, doch der gegen 13.45 Uhr erfolgende Großangriff britischer Bomber auf die Stadt sollte schwere Schäden anrichten und mehr als 800 ihrer Bewohner töten. Als Hauptmann Anton Herr mit seiner 5. Panzerkompanie die Orne-Brücke überqueren wollte, lag sie bereits unter dem Beschuss alliierter Jagdbomber. Herr musste jedes Mal einen günstigen Moment abpassen, in dem die Angreifer gerade abgedreht waren und brachte auf diese Weise alle seine Panzer glücklich auf das andere Ufer.[8]

Der I. Abteilung seines Regiments befahl von Oppeln jedoch, die gesamte Stadt im weiten Bogen südlich zu umgehen. So dauerte es noch einmal zwei Stunden, ehe gegen 16 Uhr wenigstens der Großteil der Division beiderseits des Waldes von Lebisey zum Angriff bereitstand. Die britische 185th *Brigade* hatte im Laufe des Nachmittages mit ihren drei Infanteriebataillonen Stellungen auf den Höhen zwischen Biéville und Périers bezogen und erwartete in dieser flankierenden Position den Angriff der Deutschen. Auch etwa 30 *Shermans* der 27th *Armoured-Brigade* waren inzwischen vom Strand nach vorne gerollt. Hinter den Briten klaffte jedoch noch immer eine Lücke von zehn Kilometern zwischen dem kanadischen Brückenkopf bei St.-Aubin-sur-Mer und dem der britischen 3rd *Division* bei Ouistreham. In den beiden Küstenorten Luc-sur-Mer und Lion-sur-Mer hielten sich weiterhin deutsche Besatzungen. Doch mit jeder verstreichenden Stunde verstärkte sich der Gegner. Inzwischen hatten die Briten auch ihre 9th *Brigade* an Land gesetzt.

Obwohl seit dem Beginn der Seelandung bereits zehn Stunden verstrichen waren, hatte die 21. Panzer-Division nur zwei ihrer Regimenter zu ihrem alles entscheidenden Angriff zusammenbringen können. Außer von Oppelns Regiment, dem allerdings die 4. Kompanie mit 17 Kampfpanzern fehlte, hatte sich nur das Panzergrenadier-Regiment Nr. 192 mit seinen sechs Schützenpanzerkompanien und zwei schweren Kompanien zum Angriff versammelt. Hinzu kamen noch drei Kompanien des Schwesterregiments Nr. 125. Feuerunterstützung sollte die III. Abteilung des Panzerartillerie-Regiments 155 mit ihren 18 leichten Feldhaubitzen (10,5 cm) auf Selbstfahrlafetten leisten.[9]

Der Rest der Division war auf Feuchtingers Befehl auf dem Ostufer der Orne verblieben und sollte mit Unterstützung der Panzerkompanie sowie der Panzeraufklärungs-Abteilung 21 die Doppelbrücke bei Bénouville zurückerobern und anschließend deutsche Widerstandsnester an der Küste entsetzen.[10] Die diesen Kräften ebenfalls unterstellte Sturmgeschütz-Abteilung 200 mit ihren fünf Batterien traf jedoch erst in der Nacht ein. Feuchtingers offensiver Auftrag an seine östlich der Orne verbliebenen Verbände führte zu einer gegen sämtliche operativen Grundsätze verstoßende Verzettelung der Kräfte seiner Division. Inzwischen hatte sich General Marcks persönlich auf der Höhe von Lebisey eingefunden. Er hätte Feuchtingers Extratour unterbinden können, beließ es aber bei einem Riesendonnerwetter. Der Gegner wurde mit jeder Stunde stärker. Marx konnte nicht mehr länger mit dem Angriff warten.

Die Entfernung der Division zur Küste betrug immerhin zwölf Kilometer. Den ebenfalls anwesenden Oppeln-Bronikowski, dem er wohl mehr vertraute, beschwor er, dass der Krieg verloren sei, wenn er die Briten heute nicht ins Meer zurückwerfe.[11] Über die Stärke des gelandeten Feindes und die gewaltige Feuerkraft der alliierten Schiffsartillerie und Luftwaffe hatte Marcks jedoch noch immer kein zutreffendes Bild, als er persönlich in seinem Befehlswagen das Panzergrenadier-Regiment Nr. 192 aus seinem Aufstellungsraum nach vorne führte.[12]

Die Briten hatten längst mit einem deutschen Gegenstoß gerechnet. Sobald Panzer und Panzergrenadiere von Feuchtingers Division gegen 16.30 Uhr zum Angriff antraten, brach eine nie erlebte Feuerhölle los. Ohne Pause schossen schwere Schiffsgeschütze im Konzert mit der gegnerischen Artillerie, während alliierte Jagdbomber einzelne deutsche Fahrzeuge ins Visier nahmen. Die Funkverbindungen zu den Angriffsspitzen gingen verloren, nachdem etliche Befehlsfahrzeuge schon bei Angriffsbeginn ausgefallen waren. Vor Biéville geriet die von Hauptmann Herr geführte II. Abteilung des Panzerregiments in das Feuer einer rasch herangeführten Kompanie britischer *Shermans* vom Regiment *Staffordshire Yeomanry*. Einige 7,62-cm-PaK-Geschütze auf Selbstfahrlafette vom 20th *Shropshire-Antitank-Regiment* unterstützten die Panzer. Innerhalb weniger Minuten brannten vier der 26 deutschen Panzerfahrzeuge.[13] Das eigene Überwachungsfeuer blieb auf eine Distanz von 2000 Metern ohne erkennbare Wirkung. Statt jedoch seine verbliebenen Panzer näher an den Feind heranzubringen, ließ Herr abdrehen, um seine Abteilung in einem nahen Waldstück zu sammeln. Unklar bleibt der Einsatz der Divisionsartillerie in dieser kritischen Phase des Angriffs. Als Oberst von Oppeln nach dem Fehlschlag von Herrs II. Abteilung versuchte, mit seiner inzwischen eingetroffenen I. Abteilung die britische Stellung links zu umgehen, geriet er einige Kilometer weiter nördlich vor dem Höhengelände von Périers ebenfalls in einen Hinterhalt. Die von Hauptmann Wilhelm von Gottberg geführte Abteilung verlor durch die gefährliche 17 Pfünder-Panzerabwehrkanone der Briten in kurzer Zeit neun ihrer 55 Fahrzeuge. Immerhin war sie so nah an den Feind herangekommen, dass seinen Besatzungen der Abschuss von wenigstens einer Selbstfahrlafette und zwei *Shermans* glückte.[14] Gleichwohl drehte der Rest seiner Panzer ab und suchte Deckung im Wald von Lebisey.[15] Die Deutschen hatten zwar 13 von etwa 80 Panzern verloren, waren aber immer noch in der Überzahl. Weshalb von Oppeln trotz der kriegsentscheidenden Wichtigkeit des Angriffs auf ein erneutes Antreten seiner beiden Abteilungen verzichtete, bleibt unklar. Dass Feuchtinger später die Verluste des Regiments an diesem Nachmittag mit über 30 Kampfpanzern angab, kann bei Betrachtung der bekannten Fakten nur als Schutzbehauptung gewertet werden[16]

Allein das über Cambes vorgehende II. Bataillon des Panzergrenadier-Regiments 192 unter Oberst Josef Rauch schaffte es, unterstützt von Teilen des Infanterie-Regimentes 736, durch die Lücke zwischen Briten und Kanadiern zur Küste durchzubrechen. Mit seinen Spitzen gelangte es gegen 19 Uhr tatsächlich zum Strand von Luc-sur-Mer, wo die Angreifer von den dort noch in ihren Stellungen ausharrenden Resten der 716. Infanterie-Division freudig begrüßt wurden. Erreicht war damit jedoch nur wenig. Von Oppelns Panzern waren wohl nur einige Fahrzeuge Rauchs Bataillon gefolgt und auf sich gestellt waren dessen Panzergrenadiere zu schwach, um den kanadischen Landekopf von seiner Flanke her aufzurollen.[17] Wie sich zeigte, war der schmale deutsche Durchbruchssektor seinerseits von beiden Seiten stark bedroht. Dass kurz nach Erreichen der Küste plötzlich mehr als 200 britische Lastensegler im Rücken der Kampfgruppe landeten, war für die erstaunten Deutschen gewiss ein unglücklicher Zufall. Es handelte sich zwar nur um eine Verstärkung für die in der Nacht gelandeten Fallschirmjäger, doch Rauch fürchtete jetzt, mit seinen Männern eingeschlossen zu werden, und gab sofort den Befehl zum Rückzug auf Cambes. Bei Einbruch der Dunkelheit hatte die Masse seines Regiments ihre Ausgangsstellungen wieder erreicht. Nur eine Kompanie war im Angriffsraum zurückgeblieben und hatte schließlich mit Versprengten der Luftwaffe eine Bunkeranlage bei Douvre-la-Délivrande bezogen, wo sie den Widerstand noch eine Woche fortsetzte.[18]

Die Truppe war mit Elan und voller Optimismus in den Kampf gegangen, doch nachdem die Division bereits am ersten Tag ein Viertel ihrer Panzer verloren hatte, sah Oberleutnant Helmut Liebeskind, Adjutant im Panzergrenadier-Regiment Nr. 125, bei vielen schon den Glauben schwinden, dass dieser Gegner noch einmal ins Meer zurückgeworfen werden könne. Über allem stand jedoch die Enttäuschung, dass die eigene Luftwaffe an diesem Tag nicht eingegriffen hatte.[19] Oberst Rauchs Vorstoß nach Luc-sur-Mer war der einzige deutsche Gegenangriff, der am Landungstag den Strand der Normandie erreicht hatte. Im Kampf gegen einen Feind, der sich bis zum Abend endgültig an der Küste Frankreichs festgesetzt hatte, sollte Rauchs fraglos beherzte Attacke jedoch nur eine bedeutungslose Episode bleiben.

10 Das Phantom der gepanzerten Gegenoffensive – Die deutsche Führung scheitert an sich selbst

»Über allem aber steht die Erkenntnis, die Gemeingut aller höheren Führer sein muss. Eine gelungene feindliche Landung in Dänemark, in Holland, Belgien oder Frankreich, die nicht abgewehrt, oder sofort aufgefangen wird, führt in Anbetracht der wenigen beweglichen Reserven in kurzer Zeit zum Verlust des Krieges.«

Allgemeine Lagebeurteilung des Wehrmachtsführungsstabes vom 13. April 1944[1]

Die Ausgabe des »Völkischen Beobachters« vom 7. Juni 1944 titelte mit großem Getöse: »Moskaus Vasallen mussten die Invasion beginnen. Unsere Truppen haben die Schlacht in der Normandie mit allen Mitteln sofort aufgenommen. Die Kämpfe dauern noch an.« Mit routiniertem Geschick verstanden es Goebbels' Schreibknechte, der Reichsbevölkerung den Ausgang des für die deutsche Seite katastrophal verlaufenden ersten Landungstages zu verschleiern. Nur die wenigsten Leser dürften aus dem Gespinst von Propagandaphrasen und Halbwahrheiten herausgelesen haben, dass die so tief verachteten Westmächte den viel beschworenen Atlantikwall schon am Vortag nach nur wenigen Stunden gleich an mehreren Stellen durchbrochen hatten.

Zwar war es den Anglo-Amerikanern entgegen ihren Planungen nicht geglückt, im ersten Anlauf Carentan und Caen zu erobern. Auch hatten sie bis zum Einbruch der Nacht nur zwei ihrer Brückenköpfe (*GOLD* und *JUNO*) vereinigen können. Doch in sämtlichen Landezonen waren sie am Ende des ersten Tages sicher etabliert. Nur zwölf Stunden nach dem Beginn der Seelandungen standen bereits rund 155 000 Amerikaner, Briten und Kanadier mit mehr als 16 000 Fahrzeugen aller Art an den Küsten des Calvados.[2] Die Deutschen hatten dagegen ihre ohnehin nur geringe Chance auf einen Abwehrerfolg bereits in den ersten 24 Stunden vertan.

Weder war es ihnen am 6. Juni gelungen, die Amerikaner zur Räumung von *OMAHA* zu zwingen, noch hatte der Einsatz der 21. Panzer-Division, des einzigen am Tag der Invasion auf deutscher Seite verfügbaren gepanzerten Großverbandes, die nördlich von Caen gelandeten Briten und Kanadier in Gefahr bringen können. Immerhin dürfte das frühe Eingreifen ihrer Panzergrenadiere östlich der Orne die rasche Wegnahme von Caen vereitelt haben. Rommels wiederholtes Diktum, dass am Landungstag jede verfügbare Waffe auf den Strand gerichtet sein müsse, hatte der Feldmarschall selbst nicht mit letzter Konsequenz beherzigt.

Bei der Anlandung der ersten alliierten Welle am 6. Juni waren die rund 200 Panzer und Sturmgeschütze, die das Herzstück von Generalmajor Feuchtingers 21. Panzer-Division bildeten, noch 60 Kilometer von der Küste entfernt gewesen. Am Strand von *OMAHA,* wo lange um die Entscheidung gerungen worden war, hatte sogar nur ein einziges verstärktes Bataillon der 352. Infanterie-Division die gesamte Last der Verteidigung tragen müssen.[3] Die zwölf Selbstfahrlafetten vom Typ »Marder«, die zur Panzerjägerabteilung der Division gehörten, hatten mit ihren 7,5-cm-Kanonen am ersten Landungstag nicht einen einzigen Schuss auf die Amerikaner abgegeben. Bis zum Abend waren sie nur bis Formigny an der Straße von Bayeux nach Caen vorgezogen worden.[4]

Noch aber war die von den Deutschen befürchtete zweite Front im Westen, die nach Hitlers im April geäußerter Überzeugung den Krieg sofort beenden würde, keine Realität. Umso mehr klammerten sich der Diktator und seine Befehlshaber im Westen in den ersten Tagen nach der Landung an die Hoffnung, dass jetzt ein geschlossener Gegenangriff starker beweglicher Reserven die Lage noch bereinigen konnte. Die im Hinterland versammelten Panzerdivisionen sollten die immer noch vereinzelten Brückenköpfe der Alliierten sukzessive zerschlagen. In seiner am 7. Juni herausgegebenen Weisung an die Heeresgruppe »B« fand Generalfeldmarschall von Rundstedt ungewöhnlich drastische Wendungen, die kaum noch an einen preußischen Aristokraten erinnerten, wohl aber an Hitlers längst abgenutzte Durchhalteparolen: Unter »Einsatz des letzten Mannes und des letzten Rohres« habe die Heeresgruppe, so der O.B.West, in Verbindung mit den Jagd-, Kampf- und Schlachtfliegerkräften der Luftflotte 3 »einen Angriffs- und Vernichtungskampf gegen den gelandeten Feind« zu führen. Im Schwerpunkt sei derartig zu klotzen, dass der Erfolg mit Sicherheit erreicht wird.[5]

Offenbar glaubte von Rundstedt wirklich, dass schon am 8. Juni mit »erheblicher Unterstützung durch die Luftflotte 3« gerechnet werden könne.[6] Auch dann würden die vorhandenen Panzerreserven im günstigsten Fall nur dazu reichen, vielleicht noch einen der alliierten Landeköpfe in ernsthafte Gefahr zu bringen. Drei Gründe waren maßgebend, dass sich der erste deutsche Stoß gegen den bereits vereinigten britisch-kanadischen Brückenkopf nordwestlich von Caen richtete. Von allen alliierten Landezonen hatte er die weiteste Ausdehnung, stellte somit die größte Bedrohung dar und konnte überdies von den jetzt heranrollenden Panzerreserven am schnellsten erreicht werden. Zudem bot das weite und leicht wellige Gelände nordwestlich von Caen erheblich bessere Einsatzmöglichkeiten für gepanzerte Kräfte als das unübersichtliche *Bocage* im Westteil der Normandie. Die beiden entfernteren Brückenköpfe der Amerikaner sollten daher von den deutschen Stellungstruppen mithilfe örtlicher Reserven vorerst nur blockiert, wo aber möglich auch zurückgedrängt werden.

Die lieb gewordene Illusion einer gepanzerten Gegenoffensive unter einheitlicher und straffer Führung, dank der endlich wieder einmal die eigenen operativen Stärken in die Waagschale geworfen werden konnten, sollte die deutsche Führung und vor allem Hitler während der gesamten Schlacht in der Normandie und sogar noch danach immer wieder aufrichten. Der enttäuschend verlaufende Einsatz der 21. Panzer-Division am Nachmittag der Invasion erwies sich jedoch keineswegs als nur einmaliger und noch zu korrigierender Fehlschlag. Tatsächlich hatte Feuchtingers misslungener Angriff nur die Blaupause für sämtliche noch folgenden deutschen Offensivbemühungen bis zur gescheiterten Gegenoffensive auf Avranches (Unternehmen *LÜTTICH*) geliefert. Zu schwach, zu spät und am Ende noch verzettelt.

Nicht allein der Gegner mit seiner den gesamten Küstenraum beherrschenden Schiffsartillerie und seinen weit überlegenen Luftstreitkräften erschwerte aufseiten der Verteidiger eine zeitige Versammlung der vorhandenen Panzerkräfte. Von Rundstedt und Rommel hatten selbst mit einer Reihe unglückseliger Entscheidungen schon vor der Landung eine rasche Konzentration der eigenen Reserven fast unmöglich gemacht. Alle vier Divisionen der ohnehin nur schwachen Panzergruppe »West« waren bei Landungsbeginn selbst im günstigsten Fall noch 150 Kilometer von der normannischen Küste entfernt gewesen.

So stand etwa die 12. SS-Panzer-Division »Hitlerjugend« am Morgen des 6. Juni im Raum von Acon, auf halbem Weg zwischen Évreux und Chartres, die Panzerlehr-Division befand sich etwas weiter entfernt bei Nogent-le-Rotrou, rund 60 Kilometer nördlich von Le Mans, während die 17. SS-Panzergrenadier-Division »Götz von Berlichingen« von ihrem Versammlungsraum südlich der Loire sogar eine Entfernung von mehr als 250 Kilometer zu bewältigen hatte. Sie sollte tatsächlich erst am 10. Juni mit ihren Spitzen im Landungsraum vor Carentan eintreffen. Den weitesten Anmarschweg hatte jedoch mit rund 400 Kilometern die 1. SS-Panzer-Division »Leibstandarte Adolf Hitler«. Am Landungstag befand sich dieser älteste und wohl prominenteste Verband der Waffen-SS noch nördlich von Antwerpen bei Zwanstrand.[7]

Dass die kampfstarke 12. SS-Panzer-Division mit ihren 120 Panzern nicht schon am Abend des Landungstages in das Geschehen eingreifen konnte, lag freilich weniger an Hitlers angeblicher Verschlafenheit oder den Bedenken des OKW. Verantwortlich dafür waren allein von Rundstedts unsichere und widersprüchliche Meldungen, die er seit dem Morgen nach Berchtesgaden geschickt hatte. Tatsächlich war das OKW am 6. Juni allen Lageeinschätzungen des O.B.West gefolgt und hatte auch die SS-Division sofort freigegeben, als dies um 14.15 Uhr endlich klar gefordert wurde.[8]. Wo allerdings noch am Vormittag ein reibungsloser Marsch auf Caen möglich gewesen wäre, sorgten jetzt alliierte Jagdbomber für erhebliche Verzögerungen und erste Verluste. Statt der geplanten vier Stunden kostete der rund 150 Kilometer lange

Anmarsch die SS-Division mehr als die doppelte Zeit. Er habe wohl die Hälfte des Nachmittags in Straßengräben verbringen müssen, beklagte sich SS-Brigadeführer und Generalmajor der Waffen-SS Fritz Witt, als er sich endlich nach Einbruch der Dunkelheit auf dem Gefechtsstand von General Richters 716. Infanterie-Division am Nordrand von Caen melden konnte.[9] Die erdrückende Präsenz der gegnerischen Kampfflugzeuge über der Normandie war am Tag der Invasion für Offiziere und Soldaten auf deutscher Seite eine ebenso böse Überraschung wie die für sie unerklärliche Abwesenheit der eigenen Luftwaffe.

Auch nach dem Eintreffen von Witts Division sollte noch beinahe der gesamte Vormittag des 7. Juni verstreichen, ehe ihre ersten Teile an den Feind kamen. SS-Standartenführer Kurt Meyer, ein SS-Mann der ersten Stunde und mit nur 34 Jahren bereits Kommandeur eines der beiden Panzergrenadierregimenter der Division hatte mit Sorge den Vormarsch des Gegners vom Turm der nördlich von Caen gelegenen *Abbaye d'Ardenne* beobachtet. In der Ferne konnte er das ameisenhafte Gewimmel am Strand der Kanadier gut erkennen, während hinter ihm Caen in Trümmern lag und die Straße nach Falaise mit Ausnahme einiger rauchender Fahrzeugwracks einsam und verlassen wirkte.[10] Es musste etwas geschehen. Obwohl die benachbarte 21. Panzer-Division ihre Bereitstellung immer noch nicht abgeschlossen hatte, fasste Meyer den Entschluss, den Feind sofort anzugreifen, solange er sich noch in der Bewegung befand.

Die ebenfalls schon am Vortag vom OKW freigegebene Panzerlehr-Division des bewährten Generalleutnants und alten »Afrikaners« Fritz Bayerlein konnte Meyers Kampfgruppe an diesem Vormittag noch nicht unterstützen. Obwohl ihre drei Kolonnen kaum später als die »Hitlerjugend« aus ihren Versammlungsräumen bei Vibraye, Nogent-le-Rotrou und Illiers nach Caen aufgebrochen waren und dabei eine im Mittel nur um 20 Kilometer größere Distanz als die SS-Division zu bewältigen hatten, befanden sie sich am Mittag des 7. Juni immer noch auf halber Strecke.[11] Sämtliche auf meist deckungslosen Straßen rollende Marschkolonnen litten wie zuvor auch Witts Division unter massiven Angriffen alliierter Jagdbomber. Gleichwohl bleibt die Frage, weshalb Bayerleins Division nicht schaffte, was der Waffen-SS unter annähernd gleichen Bedingungen gelungen war. Auch die ausführlichen Beschreibungen des Leidensweges der Panzerlehr-Division durch den damaligen Kommandeur ihrer II. Panzerabteilung, Major Helmut Ritgen, bieten keine plausible Antwort für ihren um einen ganzen Tag verzögerten Anmarsch.[12] Tatsächlich aber hätte allein das rechtzeitige Eintreffen von Bayerleins Division mit ihren 3000 Fahrzeugen am zweiten Landungstag den britisch-kanadischen Brückenkopf noch in ernsthafte Gefahr bringen können.

Ebenso musste Meyer auf die Unterstützung durch von Oppeln-Bronikowskis Panzer verzichten, die angeblich durch einen britischen Angriff nördlich von Caen gebunden waren. Immerhin traf sein isolierter Angriff die kanadische 9th *Brigade* und Teile eines gegnerischen Panzerregiments in einem für den Gegner sehr ungünstigen Moment. Soeben waren die Kanadier nördlich der Nationalstraße von Caen nach Bayeux bis in die Ortschaften Authie und Buron vorgestoßen, während ihre Artillerie noch mit einem Stellungswechsel beschäftigt war. Auch war aufgrund von Funkausfällen in dieser Phase die Verbindung zur Schiffsartillerie zunächst verloren gegangen. Zwar ahnten die jungen SS-Männer nichts von den Problemen aufseiten des Gegners, aber ihre guten Stellungen in der Flanke der Kanadier und das Überraschungsmoment hatten sie ohnehin überzeugt, jetzt leichtes Spiel zu haben. Nach einem äußerst wirksamen Feuerschlag auf die Spitze der kanadischen Brigade griffen Meyers Panzergrenadiere den Gegner in seiner offenen Flanke an. Unterstützt von drei Kompanien des SS-Panzerregiments drängte die Kampfgruppe die überraschten Kanadier nach heftigem Kampf wieder aus beiden Ortschaften heraus. Mit einem Verlust von 300 Mann und unter Zurücklassung eines Dutzend zerstörter Panzer musste sich der Gegner etwa einen Kilometer auf Les Buissons zurückziehen. Allerdings hatten auch die Angreifer herbe Verluste einzustecken, als sie ihren Vorstoß fortsetzen wollten. Wohl in ihrer Wut, dass die Kanadier sich durchaus nicht als die »kleinen Fische« erwiesen hatten, die man laut Meyer leicht wieder ins Meer jagen konnte, töteten SS-Soldaten an diesem Nachmittag mindestens drei Dutzend Gefangene. Es sollte bei der SS-Division kein Einzelfall bleiben. Schon einen Tag später wurden im Hof der *Abbaye d'Ardenne* mindestens 26 weitere gefangene Kanadier Opfer von Erschießungen.[13] Insgesamt sollen es fast 200 Mann gewesen sein. Die Kanadier warfen Meyer nach dem Krieg vor, die Gräueltaten gebilligt zu haben und machten ihm im Dezember 1945 in Aurich den Prozess. Das gegen ihn verhängte Todesurteil wurde allerdings nie vollstreckt. Dass auch die Kanadier Gefangene erschossen haben, wie die Deutschen behaupteten, ist nicht auszuschließen. Eine völkerrechtswidrige Aktion der kanadischen *Inns-of-Courts* soll sogar der Auslöser der Gewaltspirale gewesen sein. Demnach hätten Soldaten einer kanadischen Aufklärungseinheit unterwegs gemachte deutsche Kriegsgefangene gezwungen, den Einsatz außen aufgesessen mitzufahren, und jeden, der sich weigerte, sofort erschossen. Allerdings soll sich dieser Vorfall erst am 8. Juni zugetragen haben.[14]

Die Waffen-SS musste jedenfalls erkennen, dass sie mit den an diesem Nachmittag verfügbaren Kräften nichts mehr bewirken konnte, und brach ihren Angriff ab. Für den unerwarteten Fehlschlag, der ihn 15 Panzer und 300 Mann gekostet hatte, machte Meyer später das Ausbleiben der 21. Panzer-Division verantwortlich.[15] Nicht zu Unrecht. Tatsächlich hatte Feuchtinger an diesem Tag immer noch bedeutende Teile seiner Division, darunter ein ganzes Panzergrenadierregiment, auf dem rechten Ufer der Orne belassen und ihnen sogar weit reichende Angriffsaufträge erteilt, während nordwestlich von Caen der zweite Landungstag für die deutsche Seite ohne den erhofften Durchbruch zu Ende gegangen war.[16] Anstelle der wuchtigen gepanzerten Gegenoffensive hatte die deutsche Führung in der Normandie auch 30 Stunden nach Beginn der Invasion nicht mehr als einen lokalen Gegenschlag zustande gebracht.

Sämtliche Hoffnungen von Rundstedts und Rommels richteten sich jetzt auf den kommenden Tag. Überraschenderweise fiel die Aufgabe, den britisch-kanadischen Brückenkopf mit den inzwischen verfügbaren drei Panzerdivisionen zu zerschlagen, nicht der Panzergruppe »West« zu, sondern dem Stab des I. SS-Panzer-Korps. Befehlshaber dieses Generalkommandos war SS-Oberstgruppenführer und Generaloberst der Waffen-SS Sepp Dietrich, ein Panzersoldat des Ersten Weltkrieges und SS-Mann der allerersten Stunde. Hitlers ehemaliger Leibwächter galt zwar als Landknechtstyp, der nie eine fundierte Ausbildung in der operativen Führung von Verbänden erworben hatte, war aber stets klug genug gewesen, auf den Rat seiner Stäbe zu hören. Außer den rund 500 Panzern und Sturmgeschützen waren Dietrichs Generalkommando jetzt noch die Werferbrigaden 7 und 8 zur Unterstützung unterstellt worden.

Wie sich jedoch bald herausstellte, war die günstige Gelegenheit des Vortages unwiderruflich verstrichen. Die kanadische 3rd *Division* hatte das anfängliche Chaos in ihrer Landezone inzwischen überwunden und sich mit ihren drei Brigaden im Laufe der Nacht zum 8. Juni in günstigen Stellungen entlang der von Caen nach Bayeux verlaufenden Bahnlinie auf den erwarteten großen Gegenschlag der Deutschen vorbereitet. Zugleich waren Teile der britischen 50th *Division* aus ihrem Landekopf bei Arromanches auf Broney und Ducy-St.-Margarite vorgestoßen und hatten damit zum rechten Flügel der Kanadier an der Bahnlinie aufgeschlossen.[17] Dagegen herrschte auf deutscher Seite am Morgen noch beträchtliche Konfusion. Zwar war endlich die Panzerlehr-Division nach ihrem zweiten Nachtmarsch auf drei parallelen Routen im Raum zwischen Tilly-sur-Seilles und Caen eingetroffen, doch die unterwegs durch Jagdbomberangriffe erlittenen Ausfälle schienen beträchtlich. Allein die beiden Panzergrenadierregimenter der Division hatten angeblich über 80 Schützenpanzer und Selbstfahrlafetten verloren.[18] Nun fanden Bayerleins Grenadiere auch noch die ihnen zugewiesene Ablauflinie zwischen Christot und Norreyen-Bessin, die etwa anderthalb Kilometer südlich der von den Kanadiern gehaltenen Bahnlinie verlief, durch das 26. SS-Panzergrenadier-Regiment besetzt. Eine Koordination der beiden Panzerdivisionen war wegen der größtenteils gestörten Funkverbindungen nicht zustande gekommen und auch der Einsatz von Meldern konnte das Problem offenbar nicht lösen. So wartete die vorerst einzige verfügbare Panzerabteilung der Panzerlehr-Division in ihrem Bereitstellungsraum bei

Chateau Monts den gesamten Tag auf Befehle des I. SS-Panzer-Korps.[19] Witts »Hitlerjugend« musste somit auch am dritten Landungstag den großen deutschen Gegenangriff allein führen.

Die nördlich der Bahnlinie gelegene Ortschaft Putot wechselte dabei mehrmals den Besitzer, konnte aber am Abend von den Kanadiern behauptet werden. Auch ein von den Deutschen in der Nacht zum 9. Juni auf das benachbarte Bretteville angesetzter Angriff, an dem zwei Panzerkompanien der »Hitlerjugend« sowie zwei Batterien Selbstfahrgeschütze beteiligt waren, vermochte nichts mehr an der ernüchternden Tagesbilanz ändern. Den von Meyer geführten Panthern der »Hitlerjugend« gelang zwar ein Einbruch in die Ortschaft, wo sie einen Bataillonsgefechtsstand der *Regina-Rifles* umstellten. Nachdem aber etliche ihrer Fahrzeuge in den engen Straßen durch kanadische Panzerjäger ausgeschaltet werden konnten, musste sich der Rest von Meyers Kampfgruppe überstürzt aus der Ortschaft zurückziehen.[20]

Die Waffen-SS hatte an diesem Tag 93 Mann verloren, die beiden kanadischen Bataillone, die *Royal-Winnepeg-Rifles* und das *Canadian-Scottish-Regiment* zusammen fast 400 Tote, Verwundete und Vermisste. Darunter fielen auch die 26 Kanadier, die später im Hof der *Abbaye d'Ardenne*, nachdem sie zuvor verhört worden waren, von Soldaten des 3. Bataillons des 26. SS-Panzergrenadier-Regimentes erschossen wurden. Der Kommandeur des Regiments war Wilhelm Mohnke, der schon im Mai 1940 als Kompaniechef in das Massaker an britischen Soldaten in der Nähe von Wormhoudt verwickelt gewesen war.

Noch in der Nacht zum 9. Juni hatte sich die Panzerlehr-Division auf Befehl der Heeresgruppe »B« nach Westen verschoben, um am nächsten Morgen entlang der Straße von Tilly-sur-Seuilles auf Bayeux vorzustoßen. Die Briten hatten die alte Normannenstadt bereits tags zuvor erobert und damit auch den Anschluss an die Amerikaner auf *OMAHA* erreicht. Der Kommandeur der Panzergruppe »West«, General der Panzertruppe Leo Geyr von Schweppenburg, sah jedoch in Rommels Sonderauftrag an Bayerleins Truppen eine fatale Aufsplitterung der eigenen Kräfte. Die gepanzerte Faust war damit in zwei Finger gespreizt.[21]

Unter dem Schutz der Artillerie gewann der isolierte Vorstoß der Panzerlehr-Division nach Norden Schwung. Die Ortschaft Ellon auf halbem Weg nach Bayeux konnte besetzt werden, doch kaum hatte die aus Teilen des Panzerregiments und einem Bataillon Panzergrenadiere bestehende Kampfgruppe »von Schönburg« die Ortschaft durchstoßen, ließ Generalleutnant Bayerlein den Angriff abbrechen. Verbände der britischen 50th *Division* in seiner rechten Flanke hatten inzwischen die Bahnlinie von Caen nach Bayeux überschritten und waren über die Ortschaft Audrieu auf Tilly-sur-Seilles vorgestoßen.[22]

Am Abend sahen sich die drei deutschen Panzerdivisionen bereits auf ganzer Front von einem sich ständig verstärkenden Gegner in die Verteidigung gedrängt. Gleichwohl mochte die deutsche Führung auch jetzt nicht von ihrem Glauben lassen, dass der nordwestlich von Caen stehende Gegner noch durch einen massiven Gegenschlag aller verfügbaren Panzerkräfte zerschlagen werden könne. Als neuen Angriffstermin legte der O.B.West den 12. Juni fest. Dazu wurde nun auch die »Leibstandarte Adolf Hitler« als letzte Panzerdivision der OKW-Reserve in die Normandie herangezogen, während Rommel die seiner Heeresgruppe direkt unterstellte 2. Panzer-Division in Marsch setzte. Allerdings war der unter dem Befehl von Generalleutnant Heinrich Freiherr von Lüttwitz stehende Verband noch im Raum Amiens versammelt und würde, wie sich bald herausstellte, kaum rechtzeitig im Kampfraum eintreffen. Zwar erfolgten ihre Alarmierung und der Abmarsch noch in der Nacht zum 9. Juni, doch wegen etlicher zerstörter Brücken über die Seine mussten ihre Kolonnen mit großem Zeitverlust durch das nächtliche Paris geleitet werden. Erst im Verlauf des 12. Juni gelangte sie in den Raum von Caumont. Dort drohte inzwischen ein Durchbruch der Amerikaner und von Lüttwitz' Division musste wie alle anderen gepanzerten Verbände in der Normandie die Erfahrung machen, dass nicht der große deutsche Gegenschlag auf sie wartete, sondern ein aufreibender Kampf um das Schließen immer neuer Frontlücken.

Inzwischen hatte jedoch die deutsche Führung im Westen ihren ambitionierten Plan einer großen Gegenoffensive vorerst aufgeben müssen, nachdem der mit der Führung der Operation beauftragte General Leo Geyr von Schweppenburg am 10. Juni durch Verwundung ausgefallen war. Ein alliierter Luftschlag hatte den gesamten Stab seiner Panzergruppe »West« am Nachmittag in ihrem nicht getarnten Gefechtsstand im *Château de La Caine* bei Thury-Harcourt weitgehend ausgeschaltet. 29 Opfer, die meisten davon Offiziere, waren entweder tot oder verwundet.[23] Auch die ungünstige Entwicklung vor den beiden amerikanischen Landeköpfen machte eine deutsche Gegenoffensive immer unwahrscheinlicher.

Bereits am 11. Juni war den Amerikanern im Westen die Einnahme der Stadt Carentan geglückt. Damit hatten die Alliierten fünf Tage nach Beginn der Landung sämtliche ihrer Landezonen zu einem großen Brückenkopf vereinigen können, der sich von der Mündung der Orne über mehr als 100 Kilometer nach Westen bis ins Vorfeld von Cherbourg erstreckte. Bernard Montgomerys 21th *Army-Group* hatte inzwischen über 20 Divisionen mit rund 320 000 Briten, Kanadiern und Amerikanern an Land bringen können, denen die deutsche Führung bisher nur noch 200 000 Mann entgegensetzen konnte. Der Vergleich mit den gegnerischen Luftstreitkräften fiel noch verheerender aus. Den täglich über 10 000 Einsätzen auf alliierter Seite standen bisher kaum 500 deutsche Flugzeugstarts gegenüber.

Von Rundstedts noch am 7. Juni nach der Landung demonstrativ geäußerter Zuversicht folgte nach nur vier Tagen die Ernüchterung. In seiner Lagebeurteilung vom 11. Juni beklagte der Feldmarschall, dass alle bisherigen Angriffsversuche nur unersetzbares Personal und Material verschlungen hätten. Es müsse daher jetzt darauf ankommen, zunächst eine geschlossene Front zu bilden und vor allem den Alliierten den Zugriff auf Cherbourg zu verwehren. Zwar mochte er die Perspektive für eine durchschlagende Gegenoffensive immer noch nicht aufgeben, doch die beiden von der Heeresgruppe »B« erarbeiteten Angriffskonzepte schienen inzwischen kaum mehr als einen theoretischen Wert zu haben. Wegen der angespannten Munitions- und Betriebsstofflage war als Angriffsbeginn frühestens der 1. Juli vorgesehen.[24] Daher nahm es der O.B.West sogar hin, dass die inzwischen ebenfalls in Marsch gesetzte 2. SS-Panzer-Division »Das Reich« mit ihren 200 Panzern und Sturmgeschützen auf ihrem langen Weg von Montaubin (nördlich von Toulouse) zur Front auf Befehl von General Walter Krüger, dem Befehlshaber des LVIII. Reserve-Korps, zur Bandenbekämpfung im Limousin eingesetzt wurde. Selbst Divisionskommandeur Heinz Lammerding, der vormalige Chef des Stabes des Höheren SS-Polizeiführers (HSSPF) Erich von dem Bach-Zelewski in Weißrussland, wunderte sich zunächst über diesen Auftrag, ging dann aber mit der gewohnten Härte und Brutalität vor. So ließ er am 8. Juni 1944 99 wahllos aufgegriffene Bewohner der Stadt Tulle an Laternenpfählen hängen, nachdem Mitglieder des *Maquis* in der Nähe der Stadt die gleiche Anzahl von SS-Soldaten getötet und verstümmelt hatten. Ob Lammerding auch von dem zwei Tage später verübten Massaker von Oradour-sur-Glane mit über 600 Opfern frühzeitig Kenntnis besaß, ist allerdings ungewiss, doch für das Klima der Gewaltbereitschaft gegen Zivilisten trug er fraglos eine Verantwortung. Soldaten des I. Bataillons des SS-Panzergrenadier-Regimentes »Der Führer« unter dem Befehl von SS-Sturmbannführer Adolf Diekmann hatten am 10. Juni als Repressalie für etliche vom *Maquis* getötete Kameraden in dem etwa 20 Kilometer nördlich von Limoges gelegenen Ort fast alle Bewohner erschossen oder in der Kirche verbrannt.[25] Ob General Krüger von der beispiellosen Untat wusste, ist unklar. Jedenfalls verabschiedete er die SS-Division am 11. Juni mit wärmstem Dank und der Hoffnung auf eine baldige neuerliche Zusammenarbeit.[26]

Auf dem fernen Obersalzberg hatte inzwischen Hitlers anfänglicher Optimismus über die Lage im Westen etliche Dämpfer erfahren. Gleichwohl zeigte er sich noch lange nicht mit der pessimistischen Lagebeurteilung seines Oberbefehlshabers im Westen einverstanden und befahl jetzt, auch das II. SS-Panzer-Korps von der Ostfront nach Frankreich zu transportieren. Am 16. Juni beorderte er zudem von Rundstedt und Rommel einschließlich ihrer Stabschefs für den kommenden Tag zum Rapport nach Margival bei Soissons, wo sich sein ehemaliger, inzwischen aber erneuerter Befehlsstand aus dem Jahre 1940 befand. Wegen der angespannten Luftlage flog der Diktator in

Begleitung von Keitel und Jodl nur bis Metz, wo die Gruppe für den Rest der Strecke in Autos umstieg. Es war bezeichnend für die Situation im Westen, dass die Besprechung in einem bombensicheren Eisenbahntunnel stattfinden musste. Die Stimmung war frostig. Während der Diktator am Tisch mit den Lagekarten Platz genommen hatte und nervös mit seiner Brille fingerte, mussten die beiden Feldmarschälle mit ihren Stabschefs während des Lagevortrages vor Hitler stehen.[27]

Auf Dauer ließen sich die Alliierten nicht mehr in ihrem Brückenkopf isolieren, lautete ihre übereinstimmende Einschätzung. Der sinnlose Verzehr deutscher Kräfte in einem von den Alliierten vollkommen beherrschten Raum müsse ein rasches Ende finden. Von Rundstedt empfahl sogar einen Rückzug hinter die Orne, um die angeschlagenen Versorgungswege zu verkürzen und Reserven zu gewinnen. Auch Südfrankreich müsse jetzt geräumt werden. Allein auf diese Weise ließe sich wieder die nötige Bewegungsfreiheit gewinnen, um mit einem massiven Gegenschlag doch noch möglichst große Teile des nachstoßenden Feindes zu vernichten. Es überraschte niemanden, dass der Diktator an dem radikalen Vorschlag seines O.B.West keinen Gefallen fand und ihn mit Schweigen überging. Stattdessen begann er wieder einmal von neuen Wunderwaffen und Düsenjägern zu schwärmen, die schon in Kürze der Front in der Normandie zur Verfügung stehen würden.[28] Auf von Rundstedts begreifliche Forderung, das neue Raketengeschoss, dessen erste Exemplare bereits am 13. Juni auf London abgeschossen worden waren, zunächst gegen die alliierten Landeköpfe einzusetzen, reagierte Hitler jedoch ausweichend. Falls Großbritannien damit nicht in sechs Wochen friedensbereit geschossen sei, könne das Raketengeschoss auch gegen die gelandeten Truppen zum Einsatz kommen. Bis dahin müsse die Front unbedingt gehalten werden. Dass ausgerechnet ein in der Nähe niedergegangener Irrläufer der neuen Wunderwaffe den Diktator dazu bewog, das noch für den Folgetag in *La Roche Guyon* geplante Zusammentreffen mit Frontkommandeuren abzusagen und überhastet abzureisen, setzte fraglos den ironischen Schlusspunkt unter die irreale Bunkerbegegnung.[29]

11 Auf dem Schleichweg nach Caen – Die »Wüstenratten« in der Schlacht um Villers-Bocage

»Sobald wir die Hauptstraße von Villers-Bocage durchquerten, überraschte uns der begeisterte Empfang, den uns eine in Festtagskleidung auf den Gehwegen versammelte Menge bereitete. Alles schien normal und selbst die Gendarmerie war in ihren khakifarbenen und blauen Uniformen erschienen, um uns das Geleit durch die Stadt zu geben.«

Lieutenant Bruce Campbell von der Rifle Brigade der 7th Armoured-Division[1]

Mit ihren beiden Panzerbrigaden und verschiedenen Sonderformationen galt die britische 7th *Armoured-Division* als eine der schlagkräftigsten Verbände in der gesamten Armee ihrer königlichen Majestät. Einer roten Wüstenspringmaus auf weißem Grund, die als Divisionszeichen auf allen Fahrzeugen zu sehen war, verdankten die Soldaten der Division ihren inzwischen auch von den Deutschen respektierten Spitznamen *Desert Rats.* Seit Beginn des Wüstenkrieges im Herbst 1940 hatte die damals noch von General Sir Percy Hobart geführte Division im Rahmen der britischen *Western Desert Force* zunächst gegen italienische und später auch gegen deutsche Truppen gekämpft. Am 3. November 1942 war den »Wüstenratten« schließlich bei El-Alamein ein Durchbruch gegen Rommels deutsch-italienische Panzerarmee geglückt. Wenige Wochen später hatte der 44-jährige *Major General* George Erskine die Division übernommen und mit ihr an den auf den britischen Sieg folgenden Kämpfen in Tunis, Sizilien und Süditalien teilgenommen. Doch bereits im November 1943 war die 7th *Armoured-Division* nach Großbritannien verlegt worden, wo sie auf die Invasion Frankreichs vorbereitet werden sollte.

Trotz ihrer langjährigen Kampferfahrung und ihrer im Vergleich zu deutschen Panzerdivisionen hohen Zahl an Panzern hatte *Lieutenant General* Bernard Montgomery darauf verzichtet, Erskines Division schon mit der ersten Welle am 6. Juni an Land gehen zu lassen. Auch die 51st *Highland-Division*, wie die »Wüstenratten« ein in Afrika und Italien bewährter Verband, hatte nicht zur Speerspitze der Briten am Invasionstag gehört. Es war der britischen Führung im Vorfeld der Landung nicht verborgen geblieben, dass unter den Veteranen des Wüstenkrieges seit ihrer Einplanung für *OVERLORD* beträchtliche Unruhe herrschte. Nach drei Jahren Kampf gegen Deutsche und Italiener betrachteten viele Angehörige beider Divisionen ihre soldatische Pflicht längst als erfüllt und glaubten sogar, Anspruch auf eine Phase der Ruhe zu haben. Montgomery musste sogar befürchten, dass die für den Landungstag kalkulierten hohen Verluste zu einem Zusammenbruch der Moral gerade in seinen beiden alten Divisionen hätten führen können und war das Risiko eingegangen, am 6. Juni unerfahrene Verbände an den Strand gehen zu lassen.[2] Die »Wüstenratten« und die »Highlander« wollte er dagegen erst dann einsetzen, wenn das offene und panzergünstige Gelände südlich von Caen erreicht worden war und es nur noch darum ging, die geschlagenen Deutschen zu verfolgen.

Doch als die Veteranen der 7th *Armoured-Division* am 7. Juni erstmals mit ihren rund 300 Panzern auf französischen Boden rollten, waren die Deutschen noch weit von einer Niederlage entfernt. Zudem stellte das typische *Bocage* zwischen Aure und Seulles die »Wüstenratten« vor vollkommen ungewohnte Kampfbedingungen. In dem von undurchdringlichen Hecken zerschnittenen Gelände, wo Panzer auf die wenigen Hohlwege beschränkt blieben, verteidigten sich die Deutschen hartnäckig und mit Geschick. In zahllosen kleinteiligen Operationen drohte die Kampfkraft der *Desert Rats* rasch abgenutzt zu werden. Nach wie vor behauptete Generalleutnant Bayerleins Panzerlehr-Division den hart umkämpften Raum von Tilly-sur-Seuilles, wobei sie inzwischen durch die 3. Fallschirmjäger-Division unterstützt wurde. Laut einer Meldung des I. SS-Panzer-Korps vom 12. Juni 1944 sollen die »Wüstenratten« sowie die britische 50th *Division* bei diesen Kämpfen bereits 175 ihrer Kampfpanzer und 200 Gefangene verloren haben.[3] Caen blieb vorerst für die Briten unerreichbar, obwohl es Montgomery schon am ersten Landungstag hatte einnehmen wollen.

Zu den britischen Kommandeuren, die schon vor der Landung nicht an eine rasche Einnahme der Stadt geglaubt hatten, gehörte der 48-jährige Oberbefehlshaber der britischen 2nd *Army*, Miles Dempsey. Im Brückenkopf von Dünkirchen hatte der General mit dem unglücklichen Spitznamen »Bimbo«[4] eine Brigade kommandiert und später im Wüstenkrieg das britische XIIIth *Corps* geführt. Bereits im Vorfeld von *NEPTUNE* hatte sich Dempsey Gedanken gemacht, wie der zu befürchtende mehrtägige Stillstand nach der Bildung der ersten Brückenköpfe überwunden werden könnte und seinen Stab mit der Planung einer weiteren Luftlandung im Rücken der deutschen Front (Codename *WAKE*) beauftragt.[5] Noch befand sich die britische 1st *Airborne-Division* unter *Major General* Robert »Roy« Urquhart als Reserve in England und hätte nach Dempseys Vorstellungen im Tal der Odon südlich von Caen abgesetzt werden sollen. Im Zusammenwirken mit zwei britischen Divisionen, die jeweils von Osten und Westen auf das Höhengelände zwischen Noyers und Evrecy vorstießen, wäre so der Ring um die Hauptstadt des Calvados geschlossen und die nordwestlich der Stadt stehenden deutschen Panzerkräfte zerschlagen worden.

Rascher als von Dempsey erhofft, geriet sein verwegener Plan auf Montgomerys Agenda. Der Oberbefehlshaber aller anglo-amerikanischen Heeresteile hatte schon am 8. Juni um 6.30 Uhr die französische Küste bei St.-Croix-sur-Mer betreten, vier Jahre und vier Tage nach der Evakuierung seiner Brigade aus Dünkirchen, und sein vorgeschobenes Hauptquartier drei Kilometer landeinwärts in einem kleinen Chateau bei Creully aufgeschlagen. Der Sieger von El Alamein erkannte sofort die ausgezeichnete Chance, Rommels immer noch nordwestlich von Caen drohende große Panzeroffensive bereits im Ansatz zu unterbinden.[6] Am 10. Juni erörterte er Dempseys Plan bei Port-en-Bessin mit General Bradley. Erst zwei Tage zuvor hatten sich hier Teile der *1st US-Division* von *OMAHA* kommend mit Einheiten der britischen

50st *Division* vereinigt. Auf der über die Motorhaube seines *Humber* Stabswagens ausgebreiteten Karte erschien die Operation einfach und logisch. Während im Westen Erskines »Wüstenratten« die Stellungen der Panzerlehr-Division bei Tilly-sur-Seulles am 10. Juni durchbrechen sollten, um entlang der Aure nach Süden auf den Straßenknotenpunkt Villers-Bocage vorzugehen, hatte die 51th *Highland-Division* von *Major General* David Charles Bullen-Smith im Zusammenwirken mit der britischen 4th *Armoured-Brigade* über die Orne nach Süden anzugreifen und südostwärts von Caen die Ortschaft Cagny mit ihrer wichtigen Wegekreuzung zu nehmen. Erst nach Erreichen dieser beiden Abschnitte würden die Luftlandungen einsetzen und die Deutschen im Raum Caen vollends ins Chaos stürzen. Allerdings gelangte das ambitionierte Projekt, das in ähnlich überstürzter Form erst im September als Operation *MARKET und GARDEN* wiederauflebte, in seiner vollständigen Form nie zur Ausführung. General Urquharts Männern blieb somit noch eine Galgenfrist von drei Monaten.

Zu Montgomerys großem Verdruss opponierte vor allem *Air Chief Marshal* Leigh-Mallory gegen eine weitere Luftlandeoperation, bei der seine unbewaffneten Transportmaschinen erneut hohe Verluste erleiden würden. Keineswegs abwegig wandte er ein, dass bei Nacht die Flugabwehr der eigenen Flotte im Kanal die überfliegenden Verbände massiv gefährden würde, während bei Tageslicht wiederum mit starken Ausfällen durch den deutschen Flakriegel im Raum Caen gerechnet werden müsse. Der Luftmarschall hatte sich allerdings schon mit seinen Bedenken gegen die alliierten Luftlandungen in der Nacht zum 6. Juni den zweifelhaften Ruf eines notorischen Pessimisten erworben. Ungewöhnlich harsch fiel Montgomerys Reaktion aus. In einem Brief an Stabschef »Freddie« de Guingand betitelte er seinen Mitbefehlshaber und Helden der Luftschlacht um England sogar als »ehrlosen Feigling« (*gutless bugger*), der sich nicht von seinem Schreibtisch wegtraute. Er jedenfalls hätte für ihn keinerlei Verwendung mehr.[7]

An Dempseys Plan hielt er gleichwohl unbeirrt fest und befahl Urquhart, alle Vorbereitungen für das Unternehmen fortzusetzen. Doch dieses Mal lag Leigh-Mallory mit seiner Skepsis vollkommen richtig. Weder die Highlander ostwärts der Orne noch Erskines »Wüstenratten« sollten die vorgesehene Absprungzone jemals erreichen. Der Angriff von Bullen-Smiths 51st *Division* ostwärts von Caen lief sich schon am 11. Juni gegen unerwartet starken deutschen Widerstand fest.[8] Einige Verbände der Highlander wie etwa ein Bataillon der *Black Watch* brachen unter deutschem Feuer sogar völlig zusammen und mussten von den Stellungstruppe herausgehauen werden.[9] Montgomerys schlimmste Befürchtungen über die angeschlagene Moral seiner Veteranen hatten sich bestätigt.

Immerhin schien Erskines Division zunächst mehr Glück zu haben. Auf der linken Flanke der im Raum Tilly-sur-Seulles verteidigenden Panzerlehr-Division war schon im Laufe des 10. Juni überraschend eine Lücke von der nach Westen ausgewichenen 352. Infanterie-Division hinterlassen worden. Die Amerikaner nutzten die unerwartete Chance am nächsten Tag zu einem etwa 30 Kilometer weiten Vorstoß entlang der Aure auf Caumont und Montgomery zeigte sich jetzt zuversichtlich, dass wenigstens sein zweiter Zangenarm den Deutschen die Flanke abgewinnen konnte. Doch erst am 12. Juni erhielt Erskine vom Befehlshaber des britischen XXXth *Corps*, *Lieutenant General* Gerard Bucknall die Genehmigung, seine Division aus der Front bei Tilly-sur-Seulles herauszuziehen und sich dem Vormarsch der Amerikaner anzuschließen. Am selben Tag hatte Montgomery unliebsamen hohen Besuch aus London erhalten. Churchill war persönlich in seinem Hauptquartier in Creuilly erschienen und plagte den gesamten Stab mit seinen Fragen. Gleichwohl war der Oberbefehlshaber bei Tisch in allerbester Stimmung und als der britische Premier sich erkundigte, ob nicht bei der noch ungefestigten Frontlinie vielleicht deutsche Panzer ihre Mittagstafel stören könnten, entgegnete Montgomery forsch: Er glaube nicht, dass sie kommen.[10] Dass *ULTRA* schon am Vormittag die Ankunft der deutschen 2. Panzer-Division im Raum Tilly-sur-Seulles gemeldet hatte, schien ihn nicht zu irritieren.[11]

Als Erskines Division am 12. Juni abends, mit ihrer 22nd *Armoured-Brigade* rechts von den Amerikanern vorstoßend, die Straße von Villers-Bocage nach Caumont erreichte, schien den »Wüstenratten«

nach den bedrückenden Tagen des Stillstands endlich ein bedeutender Erfolg zu winken. Am nächsten Morgen rollte die Spitze der Brigade, die von den Panzern der 4th *County of London Yeomanry* (*CLY*) gestellt wurde, kampflos und unter dem Jubel der Einwohner in Villers-Bocage ein. Für die englischen »Befreier« gab es Blumen und Cidre, während die lokale Polizei ihre Paradeuniform angelegt hatte.[12] Die wenigen Deutschen in der Ortschaft hatten sich zuvor in Sicherheit gebracht. Damit befanden sich die Briten tatsächlich in der tiefen Flanke von Bayerleins Panzerlehr-Division. Unter entschlossener Führung könnte die Division schon am Abend die Höhen von Evrecy erreichen und damit die Deutschen in eine Katastrophe stürzen. Die Masse von Rommels Panzerkräften war entweder im Kampf nordwestlich von Caen gebunden oder befand sich noch im Zulauf, wie etwa die 2. Panzer-Division oder die SS-Leibstandarte.

Der deutschen Führung war die drohende Gefahr westlich von Tilly allerdings nicht entgangen, aber mehr als ein halbes Dutzend Tiger I-Panzer der 2. Kompanie der schweren 101. SS-Panzerabteilung ließen sich vorerst nicht gegen Erskines »Wüstenratten« mobilisieren. Die schweren Panzer hatten bereits einen fünftägigen Anmarsch aus dem Raum Beauvais bei Paris hinter sich, wobei gut die Hälfte der Fahrzeuge unterwegs mit technischen Defekten ausgefallen war. Der Rest der »Tiger« hatte sich in der Nacht zum 13. Juni unbemerkt in einem Wäldchen am östlichen Ortsausgang von Villers-Bocage versammeln können. Ihre Chancen gegen eine ganze britische Brigade standen nicht besonders gut. Für die Deutschen konnte es vorerst nur darauf ankommen, Zeit zu gewinnen, um weitere Panzerkräfte heranzuziehen. Die kleine Panzergruppe stand allerdings unter der Führung eines Ausnahmeoffiziers. Mit 117 bestätigten Panzerabschüssen zählte der 30-jährige SS-Hauptsturmführer Michael Wittmann bereits vor diesem Tag zu den erfolgreichsten Panzerkommandanten des Krieges. Die Schlacht von Villers-Bocage sollte ihn endgültig zu Goebbels' Propagandahelden machen, dessen unglaubliche Einzelleistung gegen eine scheinbar überwältigende Übermacht ihn zugleich zum großen Hoffnungsträger der Deutschen aufsteigen ließ.

Transportfahrzeug in den Ruinen von Villers-Bocage im Oktober 1944.

Die in Villers-Bocage eingedrungene Brigade stand unter dem Befehl von *Major General* Robert »Looney« Hinde, einem für britische Verhältnisse unorthodox agierenden Offizier. Der Brigadekommandeur war für seinen starken Drang bekannt, von vorne zu führen, jedoch sagte man ihm nach, nur eine geringe Neigung zur Stabsarbeit zu haben.[13] Nach der kampflosen Besetzung der Ortschaft ließ Hinde sogleich einen Zug seiner Panzer auf die etwa einen Kilometer vom östlichen Ortsausgang entfernt liegende Höhe 213 vorrücken und schickte die *Company* A des 1st *Rifle-Battalion* hinterher. Gegen 9 Uhr hatten diese Kräfte die wichtige Anhöhe erreicht und richteten sich dort zunächst zur Verteidigung ein. Von hier aus reichte der Blick weit über das Tal der Odon fast bis nach Caen.

Die Briten konnten ihren erst zwei Tage zuvor für unmöglich angesehenen Erfolg immer noch nicht fassen, zeigten sich jetzt aber vorsichtig und wollten zunächst nur auf der Straße nach Caen aufklären. Hinde wusste, dass seine Brigade nach dem raschen Scheitern der 51st *Highland-Division* ostwärts der Orne der einzige britische Verband im Rücken der Deutschen war und jetzt sämtliche Reserven des Gegners auf sich ziehen musste. Während der General in seinem Spähpanzer vom Typ *Stuart* selbst zur Höhe 213 vorrollte, stauten sich hinter ihm auf der Straße zwischen Ortsausgang und Höhe etwa zwei Dutzend seiner Panzer und Schützenpanzer, deren arglose Besatzungen zum Teil bereits ihre Fahrzeuge verlassen hatten. Genau in dieser Phase näherte sich Michael Wittmanns »Tiger« im Schutz einer Hecke der Straße von Süden her. Auf einen Blick erfasste der SS-Offizier die für ihn einmalig günstige Situation und beschloss, die allzu siegessicheren Briten im Alleingang anzugreifen. Nachdem er den ersten britischen Panzer mit seiner 8,8-cm-Bordkanone ausgeschaltet hatte, setzte er sich mit einem Linksschwenk frontal vor die feindliche Kolonne. Langsam in Richtung Ortschaft vorrollend, begann er, ein Fahrzeug nach dem anderen in Brand zu schießen. In rascher Folge stiegen aus den getroffenen Panzern und Schützenwagen dichte schwarze Brandwolken in den Himmel. Die Briten saßen in der Falle und gerieten in Panik. Wegen der Hecken konnten sie mit ihren Fahrzeugen nicht die

Straße verlassen. Ein Teil der Besatzungen versuchte, sich durch Ausbooten in Sicherheit zu bringen. Andere leisteten noch Widerstand, nur um bald festzustellen, dass die 7,5-cm-Kanonen ihrer Panzer vom Typ *Cromwell Mark IV* keinerlei Wirkung auf diesen furchtbaren Feind hatten. In weniger als zwei Minuten hatte Wittmann die vordere Hälfte der britischen Kolonne zerstört und er zögerte keinen Augenblick, unter Ausnutzung der vorherrschenden Verwirrung ihrem hinteren Teil dasselbe Los zukommen zu lassen. Weitere britische Gefechtsfahrzeuge, darunter drei Panzer des Regimentsstabes der *CLY*, fielen der verwegenen Sturmfahrt des 55 Tonnen Ungetüms innerhalb der Ortschaft zum Opfer und Wittmann schaffte es tatsächlich, unangefochten den *Place Jeanne d'Arc* am westlichen Ortsausgang zu erreichen. Erst dort geriet er unter gezieltes Feuer mehrerer *Cromwells* und nach kurzem Schusswechsel entschloss sich Wittmann, der fast keine Munition mehr besaß, zum Ausweichen. Auf dem Rückweg gelang es ihm noch einen weiteren Cromwell-Panzer des Regimentsstabes abzuschießen, der ihm aufgelauert hatte. Schließlich zerschoss ein in einer Seitenstraße postiertes Pak-Geschütz seine Panzerkette. Bewegungsunfähig bekämpfte Wittmanns Panzer noch sämtliche im Umfeld erkennbaren Ziele, ehe er sich unter Mitnahme der Handwaffen mit seiner Besatzung zu Fuß zurückschlug. Inzwischen hatten die übrigen vier »Tiger« seiner Gruppe die Briten auf der Höhe 213 zerschlagen. Trotz des Verlustes seines Kampfwagens sah Wittmann jetzt die Chance, den durcheinandergeratenen Gegner in Villers-Bocage völlig zu vernichten und forderte Unterstützung von der Panzerlehr-Division an. Als deren Panzer schließlich am frühen Nachmittag vor Villers-Bocage eintrafen, hatten sich die Briten jedoch wieder geordnet und konnten einen erneuten Einbruch in den Ort verhindern. Die Deutschen verloren mindestens acht Panzer, davon vier »Tiger«, die sämtlich in Brand gesetzt wurden. Bis zum Abend blieb Villers-Bocage in britischer Hand. Als jedoch auch im Rücken seiner Brigade deutsche Panzer auftauchten, die offenbar zur deutschen 2. Panzer-Division gehörten, entschloss sich Hinde in Absprache mit Erskine zum Rückzug auf seine Position vom Vorabend einige Kilometer westlich von Villers-Bocage. Nun erst war das Desaster vollständig. Die Briten ließen den Ort, wo die Menschen sie noch am Morgen begeistert empfangen hatten, als ein Trümmerfeld zurück. Obwohl ihre Verluste von fast 200 Mann, 25 Kampfpanzern sowie 30 sonstigen gepanzerten Fahrzeugen die Kampfkraft der 22nd *Armoured-Brigade* kaum beeinträchtigt hatten und ihr zweites Panzerregiment noch gar nicht an den Feind gekommen war,[14] nahm Erskine am 14. Juni seine gesamte Division sogar noch weiter zurück. Für seine Entscheidung, die das Ansehen der »Wüstenratten« in der britischen Armee ernstlich ramponierte,[15] machte der unglückselige General die mangelnde Infanterieunterstützung seitens des XXXth *Corps* verantwortlich. Sein verfrühter Rückzug gab vielen Kritikern des Generals nachträglich Recht, die ihn als zu weich und zu sehr vom Urteil seiner Untergebenen abhängig eingeschätzt hatten.[16] Bei all dem erstaunt, dass der ansonsten um enge Kontrolle seiner Befehlshaber bemühte Montgomery dem für die Armee ehrenrührigen Treiben seiner Befehlshaber dieses Mal tatenlos zusah. Sein Bekenntnis gegenüber *Field Marshal* Sir Alan Brooke, dass die Lage in der Region um Villers-Bocage etwas konfus sei[17], kam beinahe einem militärischen Offenbarungseid gleich. Weder Erskine noch Bucknall, den er selbst entgegen dem Rat von Alan Brooke zum Befehlshaber des XXXth *Corps* gemacht hatte, verloren vorerst ihre Kommandos. Immerhin hatte der britische Vorstoß auf Villers-Bocage die Deutschen dazu gezwungen, die soeben in der Normandie eingetroffene 2. Panzer-Division als »Feuerwehr« einzusetzen, anstatt sie, wie Rommel es ursprünglich beabsichtigt hatte, für den großen gepanzerten Gegenschlag aufzusparen.

Angesichts der mutlos vertanen Chance war das wenig und Montgomery durfte sich über den Spott der Amerikaner nicht wundern. Als er kurz darauf bei General Bradley anmahnte, die Amerikaner sollten schneller gegen Cherbourg vorgehen, da doch bisher die Briten sämtliche deutschen Panzerdivisionen banden und Caen der Schlüssel zu Cherbourg sei, bekam General Joe Collins, der Befehlshaber des VIIth *US-Corps* einen Lachanfall. Dann soll »Monty« uns doch endlich diesen Schlüssel schicken, höhnte er gegenüber Bradley.[18]

12 Angriffsziel Cherbourg – General Joe Collins' Blitzkrieg auf Cotentin

»In allen Planungen, die sich mit unserer Rückkehr auf den Kontinent befassten, gelangten wir schließlich an einen Punkt, an dem alles davon abzuhängen schien, wie schnell wir einen Hafen in die Hand bekommen würden. Es wurde uns bald klar, dass dieser große Hafen nur Cherbourg sein konnte.«

Sir Frederick Morgan, Overture to OVERLORD, S. 141.

Seinen Spitznamen »Lightnin' Joe« hatte sich *Major General* Joseph Lawtoin Collins bereits im Pazifikkrieg gegen die Japaner erworben. Während der Kämpfe um die Salomoneninsel Guadalcanal war der aus Louisiana stammende Sohn eines irischen Einwanderers und Veteranen des Amerikanischen Bürgerkrieges zunächst mit der Führung einer Division betraut gewesen. Seine spektakulären Erfolge hatten Eisenhower und Marshall schließlich dazu bewogen, den erst 48-jährigen General im Herbst 1943 nach Großbritannien zu beordern, um ihn zum jüngsten Korpsbefehlshaber der gesamten Armee zu machen. Mit seinem aggressiven Vorwärtsdrang und seiner Impulsivität, die ihn immer wieder dazu brachte, in seinem Jeep von Einheit zu Einheit zu eilen, um zögernde Offiziere nach vorne zu reißen oder Probleme vor Ort zu klären, war Collins ähnlich wie George Smith Patton eine Ausnahmeerscheinung unter amerikanischen Generalen, zugleich aber weniger skandalträchtig als der alte Panzerhaudegen. In den Augen Eisenhowers und Marshalls jedenfalls war Collins für den Erfolg von *OVERLORD* unverzichtbar. Der amerikanische Historiker Russel Weigley verglich ihn sogar mit dem erfolgreichen Bürgerkriegsgeneral Philip Sheridan.[1]

Die Planer von *SHAEF* hatten Collins' VIIth *Corps* den Küstenabschnitt beiderseits von La Grande Dune auf der Halbinsel Cotentin zugewiesen, den westlichsten aller fünf alliierten Sektoren mit dem Codenamen *UTAH*. Dort ging am 6. Juni um 6.30 Uhr die erste Welle der 4th *Division* mit vier Bataillonen der 8th und 22nd *Infantry* an Land. Der Ausfall zweier Kontrollboote sollte sich an diesem Morgen als glücklicher Zufall für die Amerikaner erweisen, denn die plötzlich führungslosen Transporter mit den Landungstruppen hatte es mit der Strömung etwa zwei Kilometer weiter südlich zur Mündung der Vire verschlagen, wo der Widerstand der Deutschen nur gering war.[2] Mit den Männern der ersten Welle war auch der stellvertretende Divisionskommandeur Theodor Roosevelt (Jr.), der Sohn des gleichnamigen früheren US-Präsidenten, an Land gegangen. Gemeinsam hatten der General und *Colonel* James Van Fleet, der Kommandeur der 8th *Infantry*, entschieden, dass der Krieg dann eben von dieser Stelle aus beginnen müsse, und seine Truppen sofort landeinwärts vorrücken lassen.[3] Bereits zwei Stunden nach Beginn der Landung stießen Soldaten des 2nd *Battalion* der 8th *Infantry* in der drei Kilometer landeinwärts gelegenen Ortschaft Pouppeville auf die ersten amerikanischen Fallschirmjäger. Etwa 40 Mann unter dem Befehl von Oberstleutnant Julian Ewell, dem Kommandeur des 3rd *Battalion* (501st *Parachute*) hatten noch vor Tagesanbruch die wenigen Deutschen in der Ortschaft überwältigt oder vertrieben und sich dort festgesetzt.[4]

Bis zum Abend des 6. Juni waren die Amerikaner, unterstützt von den *Shermans* des 70th *Tank Battalions*, etwa zehn Kilometer landeinwärts vorgedrungen und hatten mit ihren Voraustruppen Stellungen bei Les Forges und Audouville-la-Hubert bezogen. Die Verbindungsaufnahme mit den bei Ste.-Mère-Église verschanzten Fallschirmjägern glückte allerdings erst in der folgenden Nacht, als eine Patrouille der 82nd *Airborne* auf General Raymond Barton stieß, den Kommandeur der 4th *Division*. Er veranlasste, dass sich noch vor Tagesanbruch zwei Bataillone der 8th *Infantry* auf den Weg in die Stadt machten, wo sie gerade rechtzeitig eintrafen, um *General Brigade* James Gavins Fallschirmjäger gegen einen aus Norden geführten Angriff der Deutschen zu unterstützen. Collins, der soeben auf Bartons Gefechtsstand bei Audouville eingetroffen war, schickte außerdem Teile des 746th *Tank Battalions* hinterher. Obwohl die 91. Luftlande-Division durch eine Batterie Selbstfahrlafetten mit 75 mm Geschützen verstärkt worden war, drangen ihre Angriffe nicht durch. Teile des 1058. Fallschirmjäger-Regiments konnten die Amerikaner sogar nördlich von Ste.-Mére- Église einschließen und bis zum Abend rund 300 Gefangene machen.[5] Schon am Vormittag hatte das im Süden der Stadt bei Turqueville eingeschlossene 795. Ostbataillon, das aus Georgiern bestand, kapituliert.[6]

Der zweite Landungstag hatte damit für die Amerikaner die Verbindung zu den organisiert kämpfenden Teilen der 82nd *Airborne-Division* gebracht. Dagegen war ein erster Vorstoß der 12th *Infantry* der 4th Division entlang der Küste nach Norden in Richtung Montebourg an der starken deutschen Abwehr gescheitert. Vor allem misslang der Angriff auf eine deutsche Küstenbatterie bei St.-Marcouf, deren schwere Geschütze flankierend auf den Landungsstrand wirken konnten. Die amerikanischen Sturmtruppen hatten die Artilleriebunker schon erreicht, als die Deutschen einen Feuerschlag der Nachbarbatterie auf die eigenen Stellungen anforderten. Die Einschläge konnten der Besatzung nichts anhaben, töteten aber etliche der Angreifer und trieben den Rest in die Ausgangsstellungen zurück. Die Deutschen ergaben sich erst acht Tage später, nachdem ihnen die Munition für ihre Geschütze ausgegangen war.[7]

Widerwillig musste General Collins seine ursprüngliche Absicht aufgeben, noch vor der Konsolidierung seines Brückenkopfes zwischen Merderet und Douve so rasch wie möglich Cherbourg anzugreifen. Nur Schnelligkeit konnte nach seiner Überzeugung die Deutschen daran hindern, die Verteidigung der Stadt zu organisieren und die Zerstörung ihrer Hafenanlagen vorzubereiten. Seinem bedächtigeren Vorgesetzten Omar Bradley erschien jedoch die Einnahme von Carentan und der Schulterschluss mit den auf *OMAHA* gelandeten Kräften eine unverzichtbare Vorrausetzung für jede weitere Operation auf Cotentin. Eisenhower gelangte zu demselben Schluss und Collins musste sich am Ende den beiden beugen.[8]

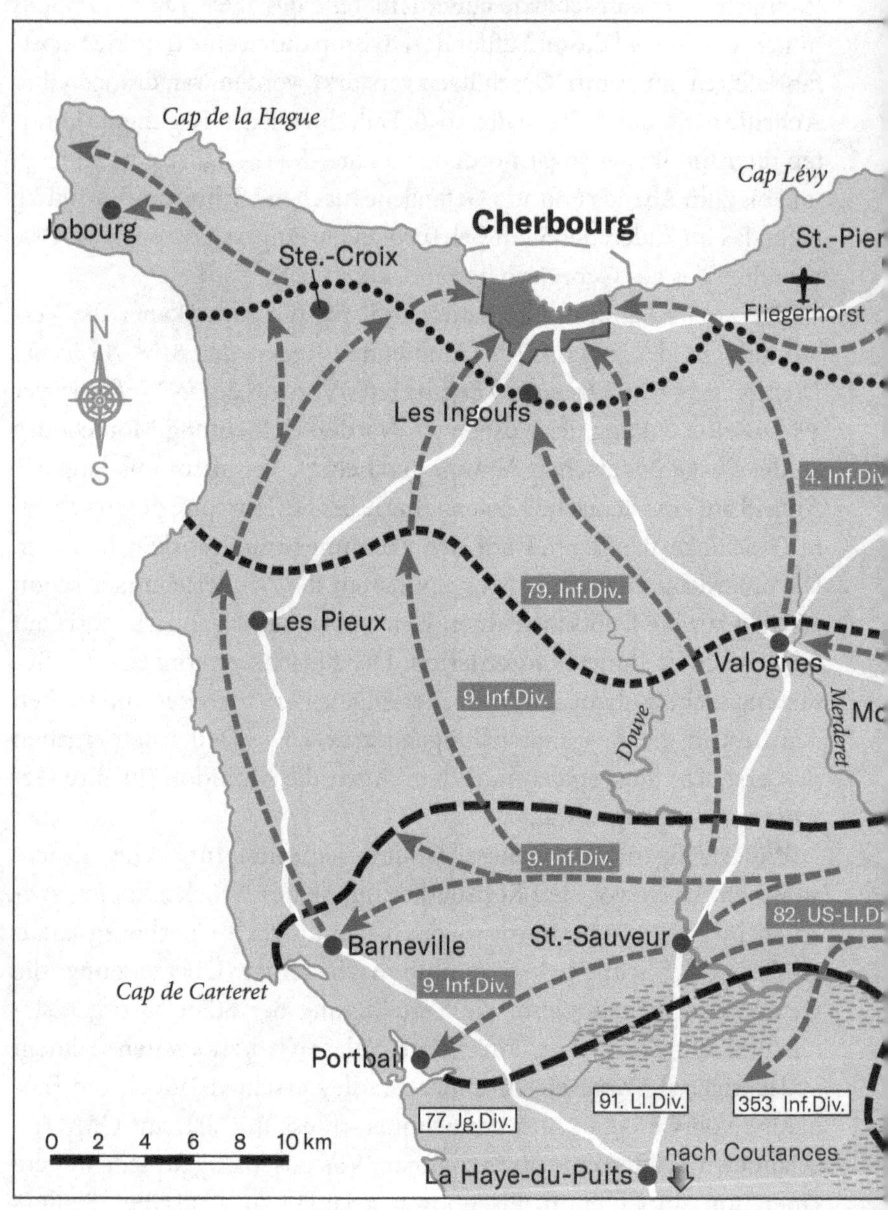
Cap de la Hague
Cap Lévy
Jobourg
Cherbourg
St.-Pier
Ste.-Croix
Fliegerhorst
N
S
Les Ingoufs
4. Inf.Div
79. Inf.Div.
Les Pieux
Valognes
9. Inf.Div.
Douve
Merderet
Mo
9. Inf.Div.
82. US-Ll.Di
Barneville
St.-Sauveur
Cap de Carteret
9. Inf.Div.
Portbail
91. Ll.Div.
353. Inf.Div.
77. Jg.Div.
0 2 4 6 8 10 km
nach Coutances
La Haye-du-Puits

Die Halbinsel Cotentin und die Einnahme von Cherbourg (10. bis 28. Juni 1944)
Pointe de Barfleur
Frontverlauf:
am 10. Juni
am 18. Juni
am 19. Juni
am 21. Juni
Vorstöße der Alliierten
Barfleur
St.-Vaast
ÄRMELKANAL
Quinéville
Ozeville
Azeville
UTAH
Seinebucht
82. US-Ll.Div.
Ste.-Mère-Eglise
VII. US-Korps
101. US-Ll.Div.
OMAHA
Pointe du Hoc
Grandcamp
29. Inf.Div.
Vierville
Port-en Bessin
V. US-Korps
1. Inf.Div.
2. Inf.Div.
Aure
Isigny
8. Juni
arentan
11. Juni
nach Bayeux und Caen

Für die Deutschen lag die Absicht der Amerikaner klar auf der Hand und Generaloberst Dollmann war entschlossen, sämtliche greifbaren Verstärkungen auf die Halbinsel zu bringen. Der feindliche Brückenkopf musste unbedingt eingeengt werden, was vor allem die rasche Ausschaltung der noch isolierten amerikanischen Fallschirmjägernester erforderte. So ließ Dollmann die an der Westküste von Cotentin stehende 243. Infanterie-Division an die Nordflanke des amerikanischen Brückenkopfes heranführen, während Verbände der deutschen 91. Fallschirmjäger-Division die Stellungen der 82nd *Airborne-Division* entlang der Merderet angreifen sollten. Die 7. Armee gab dazu jetzt auch ihre bescheidenen gepanzerten Verbände frei, darunter die 206. Panzer-Abteilung mit 36 französischen Beutefahrzeugen vom Typ Renault sowie die 709. Panzerjäger-Abteilung mit einem Dutzend 75-mm-Selbstfahrlafetten. Doch sämtliche am 8. Juni unternommenen Angriffe der Deutschen scheiterten wie schon am Vortag. Die undurchdringlichen Hecken des *Bocage*, die seit Jahrhunderten als Gemarken und Windschutz fast die gesamte Halbinsel in eine Unzahl von separaten Gefechtszonen aufteilten, begünstigten für diese anfängliche Phase deutscher Gegenangriffe die in die Abwehr gedrängten Amerikaner. Mit ihren wenigen Panzerabwehrgeschützen glückte Gavins Fallschirmjägern an diesem Tag sogar der Abschuss etlicher Renault-Panzer.

Allein die von der Loire kommende 17. SS-Panzergrenadier-Division »Götz von Berlichingen« hätte die Lage für die Deutschen auf Cotentin vielleicht noch wenden können. Ihre Spitzen trafen allerdings erst drei Tage später vor Carentan ein. Zu spät, um noch einen der verhängnisvollsten Rückschläge für die deutsche Seite zu verhindern. Bereits am Nachmittag des 11. Juni hatte Oberst Friedrich von der Heydte, ein bis dahin bewährter Offizier, Ritterkreuzträger und Veteran der Kämpfe auf Kreta, den Resten seines 6. Fallschirmjäger-Regiments den Rückzug aus der Stadt befohlen. Nach starken Verlusten und einem gegnerischen Einbruch in seine Stellungen hätte dem Regiment die Vernichtung gedroht, so versuchte sich von der Heydte später zu rechtfertigen. Von der baldigen Ankunft der SS-Division will der Fallschirmjägeroberst nichts gewusst haben, wie er nach dem Krieg in einem für die Amerikaner verfassten Gefechtsbericht behauptete. Andernfalls hätte er den Rückzugsbefehl nie erteilt. Dabei hatte sich Oberstleutnant Friedrich von Criegern, der Chef des Stabes des LXXXIV. Armee-Korps noch am 11. Juni persönlich auf von der Heydtes Gefechtsstand ein Bild von der fraglos kritischen Lage um Carentan gemacht und dabei gewiss auch das baldige Eintreffen der Waffen-SS in Aussicht gestellt. Offenbar war bei diesem Besuch noch gar nicht von einem Rückzug die Rede gewesen, denn als am nächsten Tag die Nachricht vom Verlust Carentans im Korpsstab eintraf, war man in St.-Lô tief schockiert. Offenbar war der Druck der Amerikaner jedoch nicht so stark, wie es der wohl nervlich angeschlagene von der Heydte befürchtet hatte, denn Teile der 101st *Airborne* gingen erst am 12. Juni beiderseits von Carentan in einem Zangenangriff vor und besetzten schließlich eine Höhe südlich der Stadt. Als der Kommandeur der 17. SS-Panzergrenadier-Division, SS-Brigadeführer und Generalmajor der Waffen-SS Werner Ostendorf, ein Urgestein der Himmlertruppe, von dem unglaublichen Vorgang erfuhr, bekam er einen Wutanfall und bedrohte dem Fallschirmjägeroberst sogar mit einem Kriegsgerichtsverfahren.

Der 12. Juni hatte sich überhaupt als ein ausgesprochener Unglückstag für das LXXXIV. Armee-Korps erwiesen. An diesem Tag verlor es auch seinen Kommandierenden General. Besorgt hatte sich Erich Marcks am Vormittag auf den Weg nach Carentan gemacht, wo er den deutschen Gegenangriff auf die Stadt persönlich überwachen wollte. Nur drei Kilometer westlich von St.-Lô war sein Wagen jedoch in einen Fliegerangriff geraten, wobei ein Geschoss den Oberschenkel des Generals, der wegen seiner Behinderung nicht schnell genug aus dem Fahrzeug kam, getroffen hatte. Marcks verblutete neben seinem Wagen. Sein Tod war ein harter Schlag für die gesamte deutsche Kriegführung in der Normandie, schlimmer noch war freilich der Fall von Carentan. Im Besitz der Stadt konnten die Amerikaner ihre beiden Landeköpfe *UTAH* und *OMAHA* endlich vereinigen. Damit waren unweigerlich auch Cotentin und Cherbourg für die Deutschen verloren.

Der erst am nächsten Tag (13. Juni) anlaufende deutsche Gegenangriff mit der 17. SS-Panzergrenadier-Division erreichte zwar noch einmal den Südrand von Carentan. Das überraschende Eingreifen einer Kampfgruppe (*Combat Command*) der 2nd *Armoured-Division* aus dem *OMAHA*-Brückenkopf löste jedoch bei den Deutschen Panik aus. Eines der offenbar schlecht ausgebildeten SS-Regimenter ergriff sogar die Flucht und nur durch Androhung von Waffengewalt konnten SS-Offiziere einen Teil ihrer Leute wieder zum Stehen bringen.

Aufseiten der Amerikaner hatte Collins inzwischen seine zweite Division, die 9th *Division* von *Major General* Manton Eddy an Land gebracht, um mit ihr sofort nach Norden auf Cherbourg vorzustoßen. Eddys Division galt als beste in der gesamten Armee. Seit ihrer Landung in Marokko war sie stets im Einsatz gewesen, hatte an den Kämpfen um den Brückenkopf von Tunis teilgenommen und war im Juli 1943 auf Sizilien gelandet, ehe sie nach der Einnahme von Palermo und Messina nach Großbritannien verlegt wurde. Die leichter erscheinende Aufgabe, über den Merderet zur Westküste von Cotentin vorzustoßen und damit die Deutschen auf der Halbinsel aufzuspalten, hatte Collins zunächst der noch unerfahrenen 90th *Division* zugewiesen. Als auch dieser Plan nicht aufging, da es dem neuen Verband entschieden an Angriffsgeist fehlte, wie selbst die Deutschen verwundert feststellten, löste Collins kurzerhand den Führer der Division ab. Mit ihm mussten auch zwei Regiments- und ein halbes Dutzend Bataillonskommandeure ihre Kommandos aufgeben. Trotz seiner drastischen Maßnahme rechnete Collins vorläufig nicht mit einer Verbesserung ihrer kämpferischen Qualitäten und befahl daher Eddys bewährter 9th *Division,* die Spitze des Angriffs nach Westen zu bilden. Den Schutz ihrer Südflanke übernahm die 82nd *Airborne-Division*, die inzwischen ihre anfangs Versprengten wieder eingegliedert hatte.

Generaloberst Dollmanns 7. Armee traf die am 14. Juni begonnene Offensive der Amerikaner zur Westküste in einer denkbar ungünstigen Phase. Sämtliche Reserven waren inzwischen eingesetzt, während die Stellungstruppe nach einer Woche Kampf erschöpft und ausgeblutet war. Der Nachrichtenoffizier der amerikanischen 1st *Army* glaubte sogar, eine zunehmende Demoralisierung aufseiten der Deutschen feststellen zu können, die er auf schlechte Ausbildung, aber auch auf einen Mangel an Artillerie, Munition und sonstigem Nachschub zurückführte. Die wenigen noch einsatzfähigen Panzer aus französischer oder tschechischer Produktion hätten zudem gegen die modernen eigenen Modelle keine Chance.[9] Bald empfanden die Amerikaner ihren Vorstoß zur Westküste als eine Spazierfahrt. In bester Stimmung rollten Infanterie und Fallschirmjäger, die wie Trauben auf den *Shermans* und *Wolverine*-Panzerjägern klebten, durch das normannische *Bocage*. Bereits am 16. Juni konnten sie einen Brückenkopf über die Douve bei St.-Sauveur-le-Vicomte bilden. Vereinzelt noch Widerstand leistende deutsche Gruppen wurden rasch ausgeschaltet.[10]

Von Rundstedt und Rommel machten sich inzwischen über die Lage auf der Halbinsel keine Illusionen mehr. Der Durchstoß der Amerikaner zur Westküste von Cotentin war nicht mehr zu verhindern. Bereits am 16. hatte von Rundstedt daher befohlen, die noch entlang der Douve haltende deutsche Verteidigungslinie aufzuspalten. Ein Teil der Kräfte sollte als neue Kampfgruppe unter dem Befehl von Generalleutnant Karl Wilhelm von Schlieben, der bisher die 709. Infanterie-Division geführt hatte, geordnet nach Norden auf Cherbourg ausweichen. Der O.B.West hoffte, damit möglichst starke Kräfte für die Besatzung der Hafenstadt zu retten, die um jeden Preis gehalten werden musste. Wenn die für Anfang Juli geplante große deutsche Gegenoffensive zwischen Vire und Orne noch Aussicht auf Erfolg haben sollte, durften die Alliierten keinen großen Nachschubhafen in ihre Hand bekommen.

Der südliche Teil der deutschen Front hatte als neue Kampfgruppe »Hellmich« einen Abwehrriegel zwischen Marécageuses und Portbail zu beziehen. Zu Rundstedts Verdruss hob das OKW seinen Befehl jedoch umgehend wieder auf, weil es sich von einem hinhaltenden Widerstand einen besseren Erfolg versprach. Der überraschende Gegenbefehl steigerte jedoch nur die Verwirrung auf deutscher Seite.

Als Hitler keine 24 Stunden später in Soissons nach erneuter Darlegung der Verhältnisse doch endlich seine Zustimmung zur Teilung der Kräfte gab, war es wieder einmal zu spät.[11] Schon am Nachmittag des nächsten Tages erreichten die Amerikaner das Meer unterhalb des Kaps von Carteret in der Nähe des Badeortes Barneville und hatten damit die Deutschen auf der Halbinsel endgültig gespalten. Etwa 1500 Mann der 77. Infanterie-Division glückte noch der Durchbruch nach Süden, wobei sie eine Stellung der Amerikaner überrannten und dabei mehr als 100 Gefangene machten.[12] Hitler war über die Eigenmächtigkeit der Division so aufgebracht, dass er eine Untersuchung des Vorfalls anordnete, davon aber Abstand nahm, als Rommel am 29. Juni dem OKW meldete, dass die beschuldigten Regimentskommandeure inzwischen gefallen seien.[13] Im Norden verblieben General von Schlieben jetzt nur die Trümmer von vier Divisionen, die wie die überalterte Festungsbesatzung kaum Kampfwert aufwiesen. Hitlers Auftrag an ihn war gleichwohl unmissverständlich. Cherbourg müsse unter allen Umständen gehalten, der Feind durch ein geordnetes Zurückweichen abgenutzt werden. Jeder Tag sei ein Gewinn für die Gesamtkriegführung hieß es in dem Befehl, den Rommel noch mit einem eindringlichen Appell versah. Es sei Ehrensache jedes Soldaten vom General bis zum einfachen Mann, die Festung zu behaupten.[14] Generalmajor Robert Sattler, der bisherige Befehlshaber in Cherbourg quittierte den Führerbefehl mit Sarkasmus: So wenig einem Dreijährigen ein Bart wachse, wenn man ihn zum Mann erklärt, so wenig könne man aus einer Stadt durch Erklärung eine Festung machen.[15]

Die Hoffnung der deutschen Führung, durch einen geordneten Rückzug Zeit für die Verteidigung von Cherbourg gewinnen zu können, zerschlug sich in kürzester Frist. Collins erkannte die Absicht des Gegners genau und versuchte, sie zu durchkreuzen. Die Deutschen sollten nicht zur Ruhe kommen. Kaum hatte General Eddys 9th *Division* am 18. Juni die Westküste von Cotentin erreicht, ließ er sie in weniger als 24 Stunden eine Schwenkung von 90 Grad nach Norden machen. Am folgenden Tag hatte Collins bereits seine beiden anderen Divisionen rechts anschließend in Linie gebracht, während in seinem Rücken General Troy Middletons soeben auf *UTAH* gelandetes VIIIth *Corps* die Südflanke der Operation decken sollte.[16]

Gegen die insgesamt 60 000 Soldaten des VIIth *Corps* hatte von Schliebens auf wenige Tausend demoralisierte Männer geschrumpfte Kampfgruppe kaum eine Chance. Weder waren die Deutschen aufgrund ihrer eingeschränkten Beweglichkeit in der Lage, gemäß Hitlers Befehl schrittweise unter Abnutzung des Gegners auf Cherbourg auszuweichen, noch besaß von Schlieben genügend Kräfte für die etwa 55 Kilometer lange, landeinwärts gerichtete äußere Verteidigungslinie der Stadt. Dafür fehlte es auf deutscher Seite nicht an großen Worten. In einem Fernschreiben vom 21. Juni übertrug Hitler dem 50-jährigen General, der an der Ostfront eine Panzerdivision geführt hatte, jede Vollmacht. Der Diktator verband damit die Erwartung, dass von Schlieben im Kampf um Cherbourg dieselbe Entschlossenheit zeigte wie 140 Jahre zuvor August Neidhardt von Gneisenau bei der Verteidigung der Festung Kolberg gegen die Franzosen.[17] Die von der Heeresgruppe »B« einmal mehr beantragte Verlegung wenigstens von Teilen der noch auf den Kanalinseln stehenden 319. Infanterie-Division in die bedrohte Stadt lehnte Hitler allerdings erneut ab.[18]

Außer den in Cherbourg befindlichen 4 000 Soldaten der Marine standen von Schlieben für den befohlenen »Heldenkampf« kaum 800 Mann seiner Kampfgruppe zur Verfügung, meistens Splittergruppen ohne Offiziere. Die Stärke der 709. Infanterie-Division ließe sich, so der General in seiner Meldung vom selben Tag, gar nicht mehr ermitteln. Die deutlich höhere Zahl der Deutschen, die später als Gefangene den Amerikanern in die Hände fielen, lässt jedoch seine Meldung kaum glaubwürdig erscheinen. Hitlers persönlicher Adjutant, General Rudolf Schmundt, äußerte dann auch Zweifel gegenüber Rommel, ob von Schlieben tatsächlich die benötigte eiserne Persönlichkeit sei.[19]

Gleichwohl gab der General auf die in der Nacht zum 22. Juni überbrachte erste Aufforderung der Amerikaner zur Kapitulation keine Antwort.[20] Nach Verstreichen der auf 9 Uhr terminierten Übergabefrist ließ General Collins den Schlusskampf um Cherbourg kurz nach Mittag mit einem Angriff der 9th *US-Air Force* eröffnen. Mehr als eine Stunde lang warfen rund 950 mittlere und schwere Bomber in mehreren Anflügen eine Bombenlast von insgesamt 1 000 Tonnen auf erkannte Flakstellungen und auf die zum inneren Ring gehörenden Forts Equeurdeville, Hameau de Tot und De Roule ab.[21] Von Feldmarschall Hugo Sperrles Flugzeugen war hingegen nichts zu sehen, aber immerhin konnte die von jugendlichen Angehörigen des Reichsarbeitsdienstes bemannte Flak fast 30 amerikanische Maschinen abschießen. General Collins war von der Wirkung des Bombardements enttäuscht und wütend darüber, dass ein Teil der Bomben auch in zwei Regimentern der 9th *Division* Verluste verursacht hatte. Die geringen Fortschritte, die seine Angriffstruppen bis zum Abend erzielten, trugen nicht zur Verbesserung seiner Stimmung bei. Erst im Verlauf des nächsten Tages begann der deutsche Widerstand erkennbar nachzulassen. Erschöpfung und Empörung über das neuerliche Ausbleiben der eigenen Luftwaffe machten sich unter den Verteidigern breit. Im westlichen Sektor des äußeren Verteidigungsringes nahm die 60th *Infantry* den starken deutschen Stützpunkt bei Flottemanville etwa sechs Kilometer vom Stadtrand ein, während die auf dem rechten Flügel des VIIth *Corps* angreifende 12th *Infantry* mit Panzerunterstützung bereits die östlichen Vorstädte erreichen konnte. Am 24. Juni waren die Deutschen überall auf den Stadtrand zurückgedrängt und General von Schlieben meldete an die Heeresgruppe »B«, dass der Widerstand jetzt höchstens noch eine Frage von wenigen Tagen sei. Einen Tag danach kapitulierte auch die überlebende Besatzung des auf einem markanten Felsen über der Stadt gelegenen *Fort du Roule*. Die Befestigung aus der Zeit der Revolutionskriege beherrschte den direkten Zugang nach Cherbourg und war allein durch die mutigen Alleingänge zweier GIs in amerikanische Hand gelangt.

Insgesamt machte General Eddys 9th *Division* bis zum Abend dieses Tages rund 1000 Gefangene und erreichte mit einem ihrer Bataillone bereits den Hafen. Zunächst hatten auch alliierte Marineverbände mit der Beschießung Cherbourgs von der Seeseite begonnen, drehten aber wieder ab, nachdem die deutschen Hafenbatterien mehrere Treffer auf ihren Schiffen erzielt hatten.[22] Als Generalleutnant von Schlieben am Abend des 25. Juni bei der Heeresgruppe anfragte, ob denn die Fortsetzung des Widerstandes um vielleicht noch einen Tag

Deutsche Gefangene werden von US-amerikanischen Soldaten nach der Einnahme von Cherbourg am 26. Juni 1944 abgeführt.

die Vernichtung seiner verbleibenden Truppen rechtfertige, erneuerte Rommel scheinbar ungerührt den Führerbefehl. Die Besatzung von Cherbourg habe bis zur letzten Patrone zu kämpfen.[23] Dass der Feldmarschall schon am nächsten Tag zu Hitlers Berghof aufbrechen würde, um eine politische Lösung der prekären militärischen Lage zu fordern, konnte von Schlieben freilich nicht ahnen. Am Abend hatten die Amerikaner durch Gefangene Kenntnis von der Lage des deutschen Führungsbunkers im Vorort von St.-Sauveur-le-Vicomte erhalten und damit begonnen, das fragliche Gelände mit schwerster Artillerie zu beschießen. Auch von Schlieben verstand es, die Ausweglosigkeit seiner Lage mit Pathos zu übertünchen. Um kurz vor 20 Uhr ließ der General einen letzten Funkspruch senden: »Der Endkampf um Cherbourg hat begonnen. Der Kommandant steht Seite an Seite mit seinen Männern. Lang lebe Deutschland und der Führer!« Am Mittag des 26. Juni drangen amerikanische Panzer bis zum Bunker vor und feuerten in den getunnelten Eingang. Rauchschwaden durchzogen die Gänge und das Atmen fiel den Deutschen immer schwerer, nachdem die Angreifer auch die Lüftungsschächte gesprengt hatten. Das Ende war gekommen. Von Schlieben ließ alle Papiere verbrennen und schickte am Nachmittag einen Parlamentär zu General Manton Eddy. 800 Mann folgten ihrem Befehlshaber kurz darauf in die Gefangenschaft. Britische und amerikanische Sender verbreiteten noch am selben Tag in der ganzen Welt die Meldung von der Kapitulation von Cherbourg. An einigen Stellen der Stadt, insbesondere im Bereich des Hafens und des Arsenals, hatten Soldaten der Marine ihren Widerstand jedoch noch einige Tage fortgesetzt. Die Marinebatterie »York« schien sogar noch am 30. Juni gefeuert zu haben. Zur selben Zeit endete auch der deutsche Widerstand am Cap de la Hague. Die letzte Funkmeldung aus Jobourg lautete: »Feind hier.«[24] In Berlin bebte Goebbels vor Zorn, als er von der Kapitulation der Stadt erfuhr. Schlieben habe seinen Soldaten den Befehl gegeben, bis zum letzten Hauch zu kämpfen und dann selbst den Degen gesenkt. Die Kapitulation des Kommandanten von Cherbourg verglich er sogar mit dem Verhalten von Paulus in Stalingrad und schloss mit dem verächtlichen

Kommentar: »Unsere Generale sind Bürogeneräle und im Großen und Ganzen nicht viel wert.«[25]

Immerhin war es der Marine in kürzester Frist noch geglückt, die Hafenanlagen der Stadt weitgehend zu zerstören und die Becken zu verminen. Das Kalkül der Alliierten, durch die Eroberung von Cherbourg ihr Nachschubproblem zu lösen, war somit nicht aufgegangen. Innerhalb des ersten Monats nach der Inbesitznahme des Hafens konnten alliierte Schiffe nicht mehr als 18 000 Tonnen an Land bringen, was kaum ein Achtel der bis dahin von den Planern veranschlagten Materialmenge ausmachte.[26] Gleichwohl war die Einnahme von Cherbourg nur sieben Tage nach dem alliierten Zeitplan der erste große Sieg für die Amerikaner. General Collins' Truppen hatten seit ihrer Landung fast 40 000 Gefangene eingebracht. Dass einzelne seiner Divisionen, wie etwa Bartons 4th *Division* im Verlauf der dreiwöchigen Kämpfe bis zu 6 000 Mann verloren hatten, konnte die Euphorie kaum trüben.[27] Die Amerikaner hatten Cherbourg, während Briten und Kanadier auch drei Wochen nach der Landung immer noch vor Caen festhingen.

13 *EPSOM* – Montgomerys Suche nach dem Sieg

»Gewiss wollten wir Caen schon am ersten Tag einnehmen und ich war immer besorgt um unsere linke Flanke, bis wir Caen tatsächlich hatten. Genauso wichtig war es jedoch, unsere Stärke zu bewahren und unbedingt Rückschläge zu vermeiden, damit wir zu jeder beliebigen Zeit wieder die Initiative ergreifen konnten. Daher hatte auf dieser Flanke die Inbesitznahme von Terrain keinerlei Bedeutung. […] Dempsey sollte nicht mehr unternehmen, als die deutschen Panzerkräfte auf dem linken Flügel zu binden, was meinen Durchbruch [sic] bei den Amerikanern erleichterte. […] Wenn ich Caen schon im Juni angegriffen hätte, würde dies den gesamten Plan gefährdet haben.«

Interview von Chester Wilmot mit Field Marshal Bernard Montgomery vom 18. Mai 1946.[1]

Lieutenant General Sir Richard O'Connor galt als einer der tatkräftigsten Offiziere des britischen Heeres. Als Oberbefehlshaber der *Western Desert Army* hatte er im Winter 1940/41 Mussolinis Divisionen in der Cyrenaika zerschlagen und war mit seinen Truppen bis nach Bengasi vorgestoßen. Wäre O'Connor nicht schon im April 1941 während einer Erkundungsfahrt in italienische Gefangenschaft geraten, hätte er wohl anstelle Montgomerys die anglo-amerikanischen Bodentruppen in Frankreich geführt. Gleichwohl verband ihn mit dem Sieger von El Alamein ein fast herzliches Verhältnis und Montgomery hatte nach O'Connors abenteuerlicher Flucht im September 1943 aus dem *Castello di Vincigliati* bei Florenz alles getan, um seinem langjährigen militärischen Weggefährten wieder ein hohes Frontkommando in der Armee ihrer Majestät zu verschaffen.[2] Bei seiner Rückkehr nach Großbritannien Anfang 1944 hatte der 55-jährige O'Connor das britische VIIIth *Corps* übernommen. Außer der 11th *Armoured-Division* gehörten zu diesem Korps noch die 15th *Scottish-Division* sowie die 43rd *Wessex-Division*. Insgesamt gebot O'Connor über 60 000 Mann, 600 Kampfpanzer und 700 Geschütze, die seit dem 16. Juni in den britischen Brückenkopf bei Arromanches nachgeführt wurden und General Dempseys 2nd *Army* das entscheidende Übergewicht über die deutschen Panzerdivisionen westlich von Caen verschaffen sollten.

Nach dem allzu raschen und beinahe schon ehrenrührigen Rückzug aus Villers-Bocage hoffte Montgomery, jetzt mit einem neuen Angriff über das Tal des Odon und weiter zur Orne mehr Erfolg zu haben. Im Rahmen einer alliierten Gesamtstrategie sollte Rommel zunächst daran gehindert werden, seine Panzerkräfte zur Unterstützung des auf der Halbinsel Cotentin hart bedrängten LVXXXIV. Armee-Korps nach Westen zu verschieben.[3] Die wesentliche Aufgabe für Dempsey und O'Connor, der mit seinen drei Divisionen den Hauptteil der britischen Angriffsgruppe befehligte, bestand jedoch darin, den deutschen Panzerriegel um Caen endlich aufzubrechen und Rommel zur Aufgabe der Stadt zu zwingen.

Terminiert war die britische Offensive, die nach einer beliebten Pferderennbahn im Londoner Südwesten den Codenamen *EPSOM* erhalten hatte, auf den 23. Juni 1944. Alles sollte nach Montgomerys Vorstellungen bis ins Detail vorbereitet sein. Doch auf das Wetter hatte der General keinen Einfluss und der seit dem 19. Juni im Kanal wütende schwere Sturm schien kein gutes Omen für *EPSOM*. Montgomery sah sich gezwungen, den Angriffsbeginn um wenigstens drei Tage zu verschieben. Noch fehlte O'Connors Korps eine komplette Division, deren Männer seekrank auf ihren Transportern ihre Ausladung am Strand ersehnten. Nicht minder schwerwiegend war die wetterbedingte Unterbrechung der alliierten Munitionszufuhr. Vor dem Sturm hatten die Alliierten täglich bis zu 22 000 Tonnen Nachschub nach Frankreich bringen können, jetzt aber schrumpfte dieser Wert auf fast ein Zehntel.[4] Was tatsächlich an Granaten noch an den Strand gelangte, ging hauptsächlich an Collins' VIIth *Corps* auf Cotentin. Beunruhigend für Montgomery war auch, dass ihm jetzt durch *ULTRA* die baldige Ankunft eines zweiten SS-Panzerkorps in der Normandie gemeldet worden war.[5]

Überhaupt profitierten die Deutschen von dem tagelangen regnerischen und teils stürmischen Wetter. Fast ungestört von den erstmals

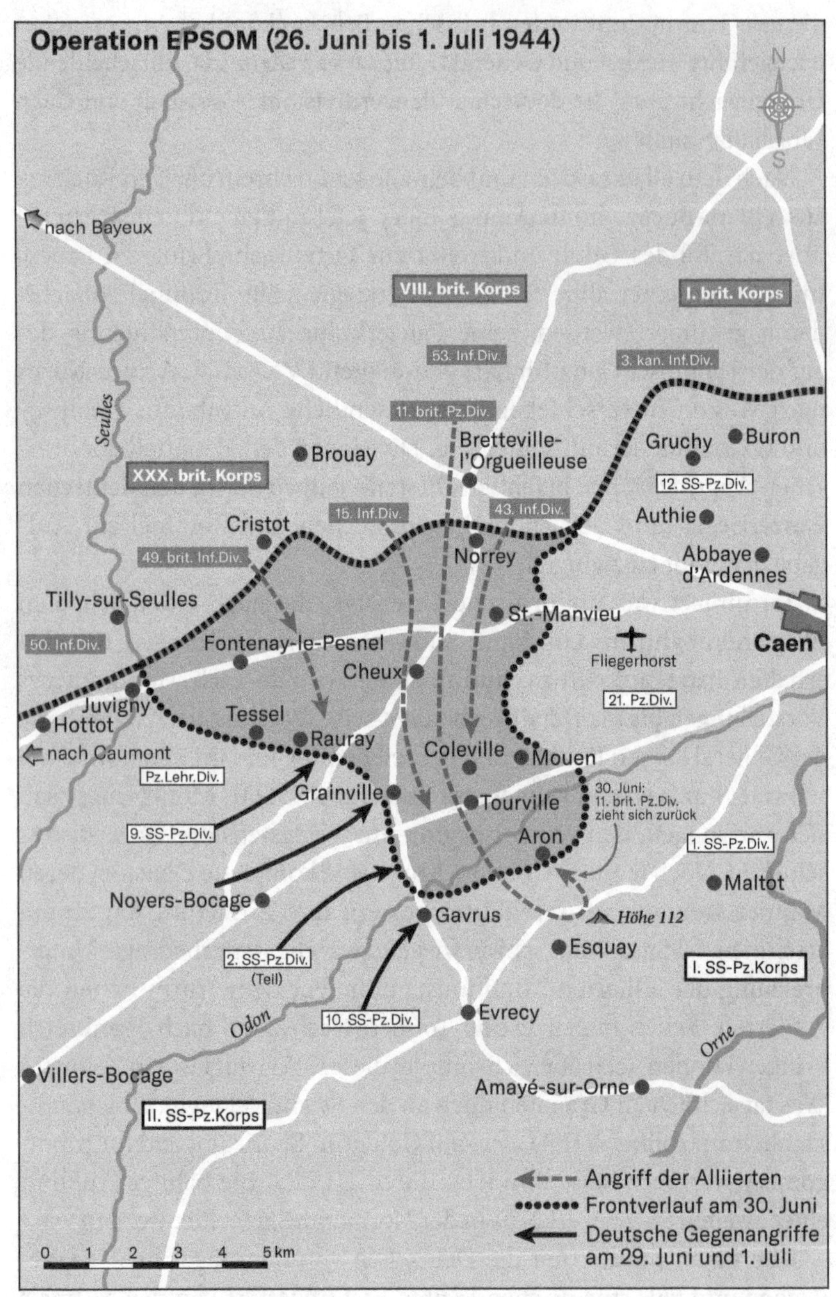
Operation EPSOM (26. Juni bis 1. Juli 1944)
N
S
nach Bayeux
VIII. brit. Korps
I. brit. Korps
53. Inf.Div.
3. kan. Inf.Div.
Seulles
11. brit. Pz.Div.
Bretteville-
l'Orgueilleuse
Gruchy
Buron
Brouay
XXX. brit. Korps
12. SS-Pz.Div.
15. Inf.Div.
43. Inf.Div.
Authie
Cristot
Norrey
Abbaye
d'Ardennes
49. brit. Inf.Div.
Tilly-sur-Seulles
St.-Manvieu
50. Inf.Div.
Fontenay-le-Pesnel
Caen
Fliegerhorst
Cheux
21. Pz.Div.
Juvigny
Hottot
Tessel
Rauray
nach Caumont
Coleville
Mouen
Pz.Lehr.Div.
Grainville
Tourville
30. Juni:
11. brit. Pz.Div.
zieht sich zurück
Aron
9. SS-Pz.Div.
1. SS-Pz.Div.
Maltot
Noyers-Bocage
Gavrus
Höhe 112
Esquay
2. SS-Pz.Div.
(Teil)
I. SS-Pz.Korps
Odon
10. SS-Pz.Div.
Evrecy
Orne
Villers-Bocage
Amayé-sur-Orne
II. SS-Pz.Korps
Angriff der Alliierten
Frontverlauf am 30. Juni
Deutsche Gegenangriffe
am 29. Juni und 1. Juli
0 1 2 3 4 5 km

seit Landungsbeginn am Boden festgehaltenen alliierten Luftstreitkräften konnten sie ihre Panzerdivisionen verschieben und neue gepanzerte Verbände, darunter die 1. und 2. SS-Panzer-Division westlich von Caen versammeln. Den Frontabschnitt zwischen Caumont im Westen und der Orne hatte der inzwischen erneuerte Stab der Panzergruppe »West« übernommen. Ihm unterstanden vorerst vier Panzerdivisionen und eine Infanteriedivision. Weitere vier gepanzerte Großverbände, darunter die 9. und 10. SS-Panzer-Division, befanden sich am 26. Juni noch im Anmarsch.[6]

EPSOM drohte somit auf den mit Abstand stärksten Teil der gesamten deutschen Front in der Normandie zu stoßen. Auf einem zehn Kilometer breiten Abschnitt zwischen Tilly-sur-Seulles im Westen und Bretteville sollten insgesamt vier britische Divisionen den Durchbruch zur Orne erzwingen. Um die Schmach von Villers-Bocage zu tilgen, hatte Montgomery eine gewaltige, bisher nie erreichte Feuerüberlegenheit massiert, die noch von der Schiffsartillerie verstärkt werden sollte. Bereits am 25. Juni griff die britische 2nd *Army* auf ihrem rechten Flügel mit der 49th *Division,* unterstützt von der 8th *Armoured-Brigade*, die Stellungen der Panzerlehr-Division im Raum Juvigny, Fontenay und Rauray an. Zunächst lief der Vormarsch planmäßig. Die Deutschen konnten bis zum Abend aus Juvigny und Fontenay herausgedrängt werden, allerdings blieb den Briten der Zugriff auf die wichtige Ortschaft Rauray vorerst verwehrt.[7] Obwohl somit nicht alle Ziele auf dem rechten Flügel erreicht worden waren, setzte Montgomerys Hauptangriff am folgenden Tag um 7.30 Uhr planmäßig mit einem gewaltigen Feuerschlag der Artillerie ein. Im Zentrum der Offensive rückten zwei Brigaden der 15th *Scottish-Division* hinter der Feuerwalze auf die etwa fünf Kilometer hinter den deutschen Stellungen liegende Ortschaft Cheux vor. Von hier führte je eine Straße zu den Odonbrücken bei Tourville und Gavrus.

Wegen des verregneten Wetters musste Montgomery auf die volle Unterstützung aus der Luft vorerst verzichten. Sämtliche noch in England stationierten Jagdgruppen konnten an diesem Tag nicht starten. Einzig die bereits nach Bayeux verlegte 83rd *Fighter-Group* war in der

Lage, mit ihren rund 300 *Typhoons* und *Spitfires* die Schotten zu unterstützen. Langsam, aber stetig rückten die vier vorderen Kompanien der Division hinter der Feuerglocke ihrer Artillerie durch die regennassen Kornfelder vor. Obwohl sie bisher nie im Feuer gestanden hatten, schlugen sich die Männer aus Glasgow und Aberdeen an ihrem ersten Kampftag überraschend gut.

Die von *Major General* Gordon Holmes MacMillan geführte 15th *Scottish-Division* war erst bei Kriegsausbruch 1939 hauptsächlich aus Territorialregimentern neu aufgestellt worden und seither jahrelang im Küstenschutz eingesetzt gewesen. Als sich ihr Einsatz in Frankreich abzeichnete, hatte das *War Office* sie durch einige aktive Bataillone verstärkt. Die meisten Offiziere der 15th blieben aber von ihren Erfahrungen im Ersten Weltkrieg geprägt, meist waren es Lehrer, Rechtsanwälte oder Bankangestellte. Mit Ausnahme einiger erfahrener Unteroffiziere waren McMillans Männer nach den Worten des britischen Militärhistorikers John Keegan so weit vom Krieg entfernt, wie es Schotten, ein Volk von beachtlicher militärischer Tradition, nur sein konnten.[8]

Auf der Gegenseite musste die 12. SS-Panzer-Division »Hitlerjugend« eine Front von fast 20 Kilometern halten. Zwei Wochen heftigster Kämpfe hatten ihr seit ihrem Eintreffen an der Caen-Front erhebliche Verluste verursacht. Nennenswerter Ersatz war bisher nicht eingetroffen. *EPSOM* sollte sie noch einmal rund 1000 Mann kosten. Inzwischen führte SS-Standartenführer Kurt Meyer die »Hitlerjugend«, nachdem ihr erster Kommandeur Fritz Witt am 14. Juni 1944 durch alliierten Schiffsbeschuss auf seinem Divisionsgefechtsstand ums Leben gekommen war.

An diesem Morgen wanderte die wuchtige britische Artilleriewalze mit verheerender Wirkung über die Schützennester der SS-Panzergrenadiere. Nur wenige der jungen SS-Soldaten waren danach noch zu organisiertem Widerstand in der Lage. Als sich die Schotten vorsichtig durch das hohe Korn vorantasteten, hoben viele Deutsche, benommen von dem alliierten Feuerorkan beim Herannahen des Gegners ihre Hände und ergaben sich in ganzen Gruppen.[9] Die deutsche Front schien bereits durchbrochen. Noch am selben Tag geriet Kurt Meyers in der Nähe von Mouen eingerichteter Hauptgefechtsstand unter direkten Beschuss. Einigen beherzten Offizieren des Divisionsstabes glückte es jedoch, mit einem halben Dutzend rasch mobilisierter Panzer den Angriff abzuschlagen. Zwar behielten die Deutschen hier noch einmal die Oberhand, aber den Schotten gelang es bis zum Abend, den Großteil der durch Artillerie und Fliegerbomben schwer zerstörten Ortschaft Cheux einzunehmen. Ein einziges Bataillon der *Glasgow Highlander* verlor dabei zwölf Offiziere und fast 200 Mann, was ein Viertel seiner ursprünglichen Stärke ausmachte.[10] Gleichwohl war der Rest des Bataillons noch in der Lage, am nächsten Vormittag einen Gegenangriff von Meyers »Hitlerjugend« mit etwa 60 Panzern abzuwehren. Die Deutschen büßten dabei sechs ihrer Kampfwagen ein. Ein weiterer großer Erfolg schien den Schotten zu winken, als es ihrer rechts angreifenden 227th *Brigade* am selben Tag gegen 17 Uhr gelang, die noch intakte und nur von einem Panther verteidigte Brücke über den Odon bei Tourville zu erobern. Drei *Shermans* gingen in Flammen auf, ehe sich der deutsche Panzer zurückzog.[11]

Eine Brigade der nachgeführten 11th *Armoured-Division* besetzte am 29. Juni sogar die wichtige Höhe 112 nur sechs Kilometer jenseits des sich durch ein beschauliches Tal windenden Flüsschens. Wie schon zwei Wochen zuvor bei Villers-Bocage hatten die Briten damit eine Schlüsselposition tief im deutschen Verteidigungsraum besetzt. Doch Rommels Front brach nicht zusammen, denn plötzlich fehlte den Briten wieder einmal der Schneid, ihren überraschenden Erfolg auszunutzen.

Durch *ULTRA*-Meldungen gewarnt fürchtete Dempsey inzwischen vermehrt Flankenangriffe auf den bereits sehr lang gewordenen Keil von O'Connors VIIIth *Corps.* Tatsächlich waren die sich bald in beunruhigend großer Zahl bemerkbar machenden deutschen Verstärkungen keine Fiktion. Mit dem Eintreffen des II. SS-Panzer-Korps in der rechten Flanke musste jederzeit gerechnet werden. Bereits am Tag der Passage über die Odon hatte am 27. Juni eine Kampfgruppe der aus Richtung St.-Lô herankommenden 2. SS-Panzer-Division, unterstützt von einer Kompanie der neuen Jagdpanther, die rechte Flanke der Briten zwischen Rauray und Grainville angegriffen.[12]

Obwohl SS-Obergruppenführer und General der Waffen-SS Paul Hausser auf eine längere Vorbereitung gedrängt hatte, musste sein Korps auf den ausdrücklichen Befehl der 7. Armee mit seinen beiden Divisionen sofort gegen den rechten Flügel der Schotten zwischen Gavrus und Rauray angreifen.[13] Hausser war ein ehemaliger Reichswehrgeneral, der in Himmlers bewaffneter Macht Karriere gemacht hatte. Für seine nach langem Bahntransport von der Ostfront eingetroffenen Grenadiere und Panzersoldaten war die Kriegführung der Alliierten in der Normandie eine völlig neue Erfahrung. Schon in ihren Bereitstellungsräumen gerieten Haussers Panzer und Schützenwagen unter schwerstes Feuer der britischen Artillerie und der Schiffsgeschütze. Erstmals konnte auch die alliierte Luftwaffe bei klarem Wetter volle Unterstützung leisten.[14] Wichtige Funkverbindungen waren sofort zerstört und von den ersatzweise eingesetzten Meldern sollten die wenigsten den tödlichen Schrapnellregen überstehen.

Als der deutsche Gegenangriff gegen Mittag des 29. Juni schließlich mit sechsstündiger Verspätung begann, fuhr er sich schon nach wenigen hundert Metern fest. Ein von der 21. Panzer-Division mit etwa 40 Panzern über Carpiquet gegen die östliche Flanke des britischen Keils angesetzter Stoß konnte allein durch die Luftwaffe zerschlagen werden.[15] Immerhin hatte der Einsatz des II. SS-Panzer-Korps den von Generaloberst Dollmann gewünschten Effekt. Trotz des unerwarteten Abwehrerfolges der 15th *Scottish-Division* befürchtete Dempsey jetzt erneute und wohl noch massivere Flankenangriffe der Deutschen. Noch am selben Tag gab er O'Connor den Befehl, die Höhe 112 wieder zu räumen. Ohne von den Deutschen sonderlich bedrängt zu werden, ging die 29th *Armoured-Brigade* bis zum Abend wieder auf den Odon zurück.

Obwohl die Verluste von O'Connors Korps mit rund 4 000 Mann[16] und 150 Panzern[17] in fünf Tagen keineswegs außergewöhnlich hoch ausgefallen waren, hatten die Briten eine Position aufgegeben, deren Rückeroberung sie im Laufe des kommenden Monats noch ein Vielfaches ihrer bisherigen Ausfälle kosten sollte. Die maßlos erstaunten Deutschen wagten sich sogar erst am 30. Juni auf die verlassene Höhe, schei-

Panzergrenadiere einer SS-Panzerdivision auf einem Panzerkampfwagen V »Panther« im Kampfraum Tilly-Sur-Seulles westlich von Caen.

terten aber bei ihrem anschließenden Versuch, auch den britischen Odon-Brückenkopf zu beseitigen.

Montgomery akzeptierte Dempseys Entscheidung und wertete *EPSOM,* das sich keineswegs zu dem beschworenen Derby entwickelt hatte, offiziell sogar als großen Erfolg. Ausdrücklich gratulierte er General MacMillan, seinen Offizieren und Truppen und ließ dessen Division als Geschenk 180 000 Zigaretten zuweisen.[18] Von der Orne oder gar von Caen war jetzt keine Rede mehr. Gegenüber den Amerikanern konnte der Brite immerhin reklamieren, noch mehr Panzerdivisionen der Deutschen als bisher in seinem Abschnitt gebunden zu haben, und es bestand die Gefahr, dass dies vorerst so bleiben würde. Dass General Bradley sich außerstande sah, seine nach der Einnahme von Cherbourg geplante Offensive auf St.-Lô noch vor dem 3. Juli zu beginnen, durften Montgomery und Dempsey immerhin als nachtägliche Bestätigung für den Abbruch von *EPSOM* werten.[19]

Weitaus ernüchternder fiel allerdings die Bilanz der fünftägigen Schlacht für die deutsche Führung aus. Noch während der britischen Offensive waren Rommel und Rundstedt am 26. Juni von Hitler nach Berchtesgaden befohlen worden, um sich für die verfahrene Lage im Westen zu rechtfertigen. Für Rommel, der bei dieser Gelegenheit den »Führer« zum letzten Mal gesehen hatte, stand nach dem Ausklang von *EPSOM* fest ,dass die Idee einer großen Panzeroffensive, die noch einmal zur Küste durchstoßen würde, endgültig begraben werden musste. Fast alle in der Normandie stehenden deutschen Panzerdivisionen hatten sich im Einsatz befunden, ohne auch nur an einer einzigen Stelle die exponierte Front der Briten durchbrechen zu können. Selbst unter diesen einladend günstigen Bedingungen hatten sich die deutschen Panzer als stumpfe Waffe erwiesen und schwere Verluste erlitten. Allein Kurt Meyers 12. SS-Panzer-Division hatte elf Panther und 26 Panzer IV verloren. Einem seiner Stabsoffiziere bekannte der zutiefst ernüchterte Feldmarschall in diesen Tagen im Park von *La Roche Guyon* sogar freimütig, dass der Krieg im Westen verloren sei.[20]

14 Rückkehr nach vier Jahren – De Gaulles *Coup d'État* in Bayeux

»Ohne Frankreichs Fall 1940 wäre Charles de Gaulle unzweifelhaft einer der maßgeblichen Generale der Französischen Armee und vermutlich auch Verteidigungsminister geworden. Vielleicht wäre er sogar zum Regierungschef aufgestiegen, aber er wäre niemals ›de Gaulle‹ geworden.«

Julian Jackson, A Certain Idea of France[1]

Am 14. Juni 1944 betraten nach einer recht ungemütlichen Kanalüberquerung auf dem Torpedoboot *La Combattante* ein hochgewachsener französischer General und seine 15 Begleiter den normannischen Strand bei Courseulles-sur-Mer im kanadischen Brückenkopf *JUNO*. Mit stark angezogenen Beinen musste sich der Ankömmling in einen für ihn bereitgestellten amerikanischen Jeep zwängen, der ihn zunächst nach Creully in Montgomerys Hauptquartier brachte. Nach einer kurzen Visite beim britischen Oberbefehlshaber, dem Churchill zuvor empfohlen hatte, nicht am Strand zu erscheinen, reiste der nicht sonderlich willkommene Gast weiter in das erst eine Woche zuvor befreite Bayeux.

Hinter dem damals 54-jährigen Charles de Gaulle lag ein vierjähriges Exil zwischen London und Algier. Jetzt war der General endlich nach Frankreich zurückgekehrt. Amerikaner und Briten hatten allerdings dafür gesorgt, dass es mit leeren Händen geschah. Zwar unterstanden inzwischen acht Divisionen de Gaulles der in Algier ansässigen Provisorischen Regierung (*Gouvernement provisoire de la Republique française*), jedoch bestanden sie mehrheitlich aus Marokkanern und Senegalesen und waren mit Ausnahme der 2e Division Blindée an der Front in Italien eingesetzt. Erst später sollten sie bei der geplanten zweiten Landung (*ANVIL/DRAGOON*) an der »Befreiung« Frankreichs mitwirken dürfen. Roosevelts und Churchills Misstrauen gegenüber dem von de Gaulle geführten *Comité français de Liberation nationale* (*CFLN*) war so ausgeprägt, dass sie den französischen General sogar erst wenige Tage vor der Invasion in ihre militärischen Planungen eingeweiht hatten.[2]

Für de Gaulle, der noch am Abend der Landung pathetisch von der *Grandeur* Frankreichs gesprochen und seine Landsleute im Radio aufgerufen hatte, den Feind mit allen Mitteln zu bekämpfen,[3] war der Ausschluss seiner Truppen von *NEPTUNE* eine bittere Pille. Obwohl in Großbritannien eine ganze französische Panzerdivision unter General Jacques Philippe Leclerc (d'Hautecloque) für die erste alliierte Welle verfügbar gewesen wäre, hatten sich am Tag der Invasion nur 180 Mann eines französischen Sonderkommandos (1er *Btl de Fusilier Marine*) unter dem Befehl von Commandant Philippe Kieffer bei der Erstürmung des Küstenstädtchens Ouistreham auszeichnen dürfen. Auch jetzt war dem Mann mit der markanten Nase über dem gestutzten Schnurrbart anstelle eines Armeekorps oder wenigstens einer Division nur eine Gruppe ihm vertrauter Offiziere und Repräsentanten der erst wenige Tage zuvor in Algier gebildeten Provisorischen Regierung über den Kanal gefolgt.

Das Ziel der Exilanten war das etwa zehn Kilometer von der Küste entfernte Bayeux, das gleich durch zwei glückliche Zufälle vor Zerstörungen verschont geblieben war. Zum einen hatte die Stadt für die alliierten Luftstreitkräfte keine besondere Priorität gehabt, zum anderen war es Einheiten der britischen 50th *Division* schon am zweiten Landungstag gelungen, Bayeux beinahe kampflos zu besetzen. Das einzige deutsche Widerstandsnest konnte rasch durch eine Panzergranate ausgeschaltet werden. Seit der alliierten Landung hatte de Gaulle dem Augenblick seiner Rückkehr nach Frankreich entgegengefiebert. Zwar hätte ihm Caen für die Proklamation seiner politischen Ansprüche eine willkommenere Bühne geboten, aber der General hatte nicht mehr länger warten wollen, ob es Montgomerys Truppen noch gelingen würde, die Hauptstadt des Calvados einzunehmen. Bayeux war immerhin ein Anfang.

De Gaulles Besuch an diesem 14. Juni galt jedoch weniger den Bewohnern der alten Normannenstadt. Der Franzose hielt es für an der Zeit, ein deutliches Zeichen gegen Roosevelt und Churchill zu setzen.

Charles de Gaulle bei seinem Besuch im befreiten Bayeux.

Schon in seiner am Abend der Invasion gehaltenen Rede hatte er die Franzosen zu unbedingtem Gehorsam allein gegenüber den Weisungen seiner Regierung aufgefordert. Damit hatte sich der General klar gegen seine wenig geschätzten Verbündeten gestellt, in deren Augen nur ihren Militärbehörden Anspruch auf Gehorsam zukam. Für de Gaulle war es jedoch vollkommen inakzeptabel, dass die befreiten Gebiete Frankreichs, wie es bereits in Italien gehandhabt wurde, bis zu den ersten regulären Wahlen einer alliierten Militärverwaltung (*Allied Military Government of Occupied Territories/AMGOT*) unterstehen sollten. Vor allem die Amerikaner bevorzugten diese bequeme Lösung, die ihnen maximale Kontrolle versprach und jede politische Festlegung vorerst vermied. Anders als die Briten hatte sich Roosevelt bisher sogar beharrlich geweigert, das *CFLN* als zukünftige französische Regierung anzuerkennen. Allenfalls in den tatsächlich von ihm kontrollierten französischen Kolonien könne es die exekutive Macht ausüben. Alle Bemühungen von de Gaulles Vertretern, in Washington ein Umdenken zu bewirken, hatten jedoch bisher zu nichts geführt.[4] Dem *CFLN* fehle, so der Präsident, die demokratische Legitimation. Roosevelt hegte sogar den Verdacht, der französische General könne am Ende in Frankreich eine Militärdiktatur errichten.[5]

Churchill teilte Washingtons Vorbehalte offenbar nicht. Mit demonstrativer Herzlichkeit hatte der Kriegspremier am 4. Juni den französischen Gast vor seinem Zug in Southampton empfangen, wohin er mit seinem Kriegskabinett gereist war, um den kommenden Ereignissen näher zu sein. Seine dringende Empfehlung an de Gaulle, mit den Amerikanern bald erneut in Verhandlungen zu treten, hatte der General jedoch ignoriert. Überhaupt gab sich der französische Gast während seines ganzen Aufenthaltes in Großbritannien mürrisch und abweisend. Dass ihm Eisenhower als Geste des guten Willens seine für den Landungstag vorbereitete Rede übergab, verfehlte vollkommen die erhoffte Wirkung. Nicht mit einem Wort hatte der Amerikaner darin de Gaulles *CFLN* erwähnt. Als der Franzose überdies erfuhr, dass der amerikanische Oberbefehlshaber eine Direktive unterzeichnen wolle, um in den befreiten Teilen Frankreichs eine Besatzungswährung auszugeben, war er vollends in Rage geraten. Amerikaner und Briten sollten doch diesen Krieg mit ihrem verdammten Falschgeld allein weiterführen, hatte de Gaulle gegenüber Churchill und den Kabinettsmitgliedern gehöhnt.

Seit der Ankunft des heimatlos gewordenen Generals in London vier Jahre zuvor hatte der britische Premier mit erstaunlicher Milde über den ausgeprägten Eigensinn seines selbst ermächtigten Alliierten hinweggesehen. Mit seiner romantischen Ader empfand Churchill tiefe Sympathie für das »epische Abenteuer« des Franzosen und teilte sogar bis zu einem gewissen Grad de Gaulles Hang zum Drama und dessen Sinn für historische Größe. Immer wieder hatte er versucht, Brücken zu dem Franzosen zu bauen und de Gaulle sogar als Führer der Freien Franzosen anerkannt, als ihm zunächst kaum eine maßgebliche Persönlichkeit aus Frankreich gefolgt war.[6] Allein auf Churchills Betreiben war der damals in Algier residierende de Gaulle Anfang Juni nach Großbritannien eingeladen worden, um endlich über alle maßgeblichen Details der bevorstehenden Landung informiert zu werden.[7]

Jetzt aber schien auch der britische Premier den Rest seiner Contenance verloren zu haben. Vergessen war plötzlich die herzliche Umarmung am Bahnhof von Southampton. Im Falle einer Wahl zwischen de Gaulle und Roosevelt würde er sich immer wieder für den Amerikaner entscheiden, soll Churchill dem Franzosen wütend entgegnet haben. Was immer auch der Brite tatsächlich gesagt hatte, de Gaulle machte daraus einen Affront.[8] Zutreffend war jedenfalls, dass der britische Premier keinen Augenblick daran gedacht hatte, seinen guten Draht zu Roosevelt wegen de Gaulles »schöner Augen« zu gefährden. Der Franzose habe keinerlei Sinn für die »gemeinsame Sache«, beklagte sich Churchill später bei Außenminister Anthony Eden.[9] Der amerikanische Präsident wiederum kommentierte den Vorgang mit der Bemerkung, dass sich eine Primadonna eben niemals ändere.[10]

Unter diesen Vorzeichen versprach de Gaulles Rückkehr nach Frankreich durchaus nicht das triumphale Ereignis zu werden, das sich seine patriotische Fantasie in den zurückliegenden Jahren wohl immer wieder ausgemalt hatte. Auf der in bedrückendem Schweigen verbrachten Fahrt von Creully nach Bayeux versuchte Pierre Viénot, etwas Zuversicht zu verbreiten. Vor dem Krieg war der Diplomat Unterstaatssekretär am *Quai d'Orsay* gewesen und vertrat inzwischen die Interessen des *CFLN* bei der britischen Regierung. Jetzt erinnerte er den missgelaunten General daran, dass der 14. Juni zugleich auch der vierte Jahrestag der deutschen Besetzung von Paris sei. De Gaulle erwiderte darauf jedoch nur knapp, dass dies ein Fehler der Deutschen gewesen sei.[11]

Eher dürfte er an diesem Morgen an jenen 17. Juni 1940 gedacht haben, als er als soeben beförderter General und neuer Unterstaatssekretär für Verteidigung in einem winzigen Flugzeug, das ihm die Briten geliehen hatten, mit zwei großen Koffern Frankreich in Richtung London verlassen hatte. Seit er nur einen Tag später in einer von der *BBC* gesendeten Ansprache seinen Landsleuten verkündet hatte, dass die Flamme des Widerstandes noch nicht erloschen sei und es nun gelte, unter seiner Führung den Kampf gegen die Deutschen fortzusetzen, war Charles de Gaulle für die damals zur Kapitulation entschlossene Regierung des greisen Marschalls Philippe Pétain zum Verräter geworden. Auch in den Augen der meisten französischen Offiziere hatte sich der General durch seine aufwiegelnde Rede gegen die rechtmäßige Regierung seines Landes zum Außenseiter gemacht. Dass der General das Vichy-Regime außerdem mit seinem *CFLN* in den vier zurückliegenden Jahren überall in den Kolonien nach Kräften bekämpft hatte, konnten ihm selbst französische Patrioten, von denen viele die Deutschen hassten, nicht verzeihen.

De Gaulles überraschender Besuch in Bayeux wenige Tage nach der »Befreiung« erfolgte nicht ohne politisches Risiko. Die konservativ geprägten Bewohner der industriearmen Normandie, in ihrer Mehrheit Bauern, Geschäftsinhaber oder Betreiber kleinerer Gewerbe, hegten nach wie vor große Sympathien für Pétain. Der Bischof von Bayeux, François Marie Picaud, war sogar ein glühender Verehrer des Marschalls und der noch amtierende Vichy-Unterpräfekt, Pierre Rochat, hatte dessen Porträt erst kurz nach de Gaulles Ankunft in der Stadt abgehängt. Auch die *Résistance* war im Calvados bisher ohne Bedeutung geblieben. In einem Brief an Freunde in England hatte Montgomery nach seiner Ankunft in Frankreich sogar bestritten, dass die Franzosen in der Normandie überhaupt befreit werden wollten. Sie sähen alles andere als unterdrückt aus, hatte sich der Brite gewundert, und man fände hier alles im Überfluss.[12]

Dem Organisationstalent seines vorausgeschickten Vertrauten François Coulet, eines Gefolgsmanns der ersten Stunde, hatte es de Gaulle zu verdanken, dass eine beträchtliche Einwohnerzahl von eilig besorgten Lautsprechern mobilisiert, sich als eindrucksvolle Kulisse am Straßenrand eingefunden hatte. De Gaulle schritt in seiner Bürouniform mit Schlaghose und Halbschuhen durch ihre Reihen, schüttelte gelegentlich die ihm ausgestreckten Hände der Bürger Bayeuxs, von denen sich gleichwohl kaum einer an seine vier Jahre zuvor aus London gesendeten Radioansprachen erinnerte. Manche hielten auch Antoine Béthouart, de Gaulles Stabschef, wegen seiner vier Sterne für den angekündigten General. Der triumphale Zug endete auf der *Place de Château*, wo de Gaulle auf einer improvisierten Bühne unter der Flagge des *CFLN* mit dem Lothringer Kreuz, zusätzlich flankiert von je einer amerikanischen und britischen Fahne, seine Ansprache hielt.

Die versammelte Menge, wohl etwa 2000 Personen, darunter allerdings auch viele britische Soldaten, dürfte nicht wenig gestaunt haben, als der den meisten noch kaum bekannte General die Bewohner von Bayeux für ihren nie nachlassenden Widerstand gegen die Deutschen lobte und sie aufforderte, ihren seit 1940 geführten Kampf fortzusetzen. Das Absingen der Marseillaise beendete seinen eindrucksvollen Auftritt. Über die Reaktion seiner Zuhörer existieren verschiedene Versionen. Der mit der Überwachung von de Gaulles Besuch in Bayeux beauftragte Montgomery sprach in einem Brief an Churchill mit kleinlicher Häme von einem nur »halbherzigen Empfang« des Generals. Nach Viénots Erinnerung herrschte unter den Bewohnern tatsächlich eine gewisse Unsicherheit, was die neue Regierung dieses riesigen Generals überhaupt bedeutete. Coulet glaubte ein immerhin freundliches Interesse der Zuhörer feststellen zu können. Es herrschte Neugier und Sympathie, aber keine ausufernde Begeisterung.[13] De Gaulle selbst sprach dagegen in seinen Kriegserinnerungen von Hochrufen und Tränen. »Wir marschierten zusammen, brüderlich und überwältigt von patriotischer Freude und Stolz und waren voller Hoffnung, dem politischen Abgrund entkommen zu können.« Zu Churchills Verdruss hatten zuvor schon britische und amerikanische Journalisten das Bild eines Triumphzuges durch Bayeux verbreitet.[14] De Gaulle verließ hochzufrieden die Stadt, kehrte jedoch trotz der besorgten Ermahnungen der britischen Begleitoffiziere nicht sogleich zur Küste zurück. Stattdessen unternahm er noch einen Abstecher in das von den Amerikanern befreite Isigny-sur-Mer, wo er eine zweite Rede hielt. Montgomerys protestierenden Aufpassern beschied er, dass er auf einem französischen Schiff unter einem französischen Kapitän den Kanal überqueren werde, wann immer er wolle.

Mehr noch als de Gaulles Eigenmächtigkeit dürfte es freilich den Kriegspremier irritiert haben, dass der General seinen kurzen Besuch in Frankreich nutzte, um sogleich politische Tatsachen zu schaffen. Bei seiner Abreise ließ de Gaulle den schon auf Korsika bewährten Coulet mit drei weiteren Vertrauten zur Etablierung einer französischen Zivilverwaltung in Bayeux zurück, was alles längst in Algier vorbereitet worden war. So wurde die alte Normannenstadt bis zur Befreiung von Paris am 25. August 1944 die neue Hauptstadt Frankreichs. Coulet ging dabei sehr umsichtig vor. Der neue *Commissaire de la République* entließ zwar sogleich den vom Vichy-Regime eingesetzten Unterpräfekten der Stadt, bemühte sich aber ansonsten getreu de Gaulles Ermahnung, keine politischen Richtungskämpfe auszutragen, um Ruhe und Ordnung in der Stadt. Coulet durfte sogar darauf zählen, dass die britischen Militärbehörden seinem kleinen *Coup d'État* keinen Widerstand entgegensetzten. Mochte doch besser ein Franzose jetzt dafür sorgen, woran sie selbst am meisten interessiert waren.[15] Selbst Präsident Roosevelt konnte dem Vorgehen der Franzosen inzwischen etwas Gutes abgewinnen. Noch am selben Tag kabelte er an Churchill, dass man jede Organisation von Einfluss nach Möglichkeit nutzen sollte, soweit das praktikabel sei. Keinesfalls aber dürfe man der französischen Bevölkerung mit der Macht der amerikanischen und britischen Waffen eine Regierung de Gaulles aufzwingen.[16]

15 Einen Monat nach der Landung – Die Konsolidierung des anglo-amerikanischen Brückenkopfes

»Nach den Berichten der Reichspropagandaämter ist die Stimmung nach dem plötzlichen Aufflammen durch den Einsatz der Vergeltungswaffe wieder wesentlich gesunken. Auch hier hatte man sich die Invasion wesentlich anders vorgestellt, als sie tatsächlich verläuft. Man hatte nicht für möglich gehalten, dass wir Cherbourg verlören, und vor allem auch gedacht, dass wir die feindlichen Streitmächte nur in den Brückenkopf hineinließen, um sie dann gänzlich zu vernichten.«

Joseph Goebbels, Tagebücher, Eintrag vom 30. Juni 1944 [1]

Am 3. Juli 1944 machte der neue O.B.West, Hans Günther von Kluge, seinen Antrittsbesuch bei Rommel in *La Roche Guyon*. Erst tags zuvor war Feldmarschall von Rundstedt, nachdem er es gewagt hatte, gegenüber dem OKW von »Frieden machen« zu sprechen, von Hitler mit einem Dankschreiben voll vergifteter Herzlichkeit zum Rücktritt veranlasst worden. Des Diktators angebliche Sorge um seine Gesundheit hatte der alte Preuße genau verstanden.

Für den »Wüstenfuchs« war es zunächst eine riesige Enttäuschung, dass er nicht selbst von Rundstedts Position hatte einnehmen können. Mehr noch aber verletzte Rommel das forsche Auftreten seines neuen Vorgesetzten. Von Hitler zuvor eingehend bearbeitet, war der 61-jährige Feldmarschall von Kluge, ein Offizier, der im gesamten Heer großes Ansehen genoss, mit vollkommen unrealistischen Vorstellungen nach Frankreich gekommen. Der neue O.B.West witterte zunächst überall nur »Schlappmacherei« und ließ die Einwände Rommels, in dem er nur einen besseren Divisionskommandeur sah, nicht gelten. Nach einer sogar ins Persönliche gehenden Aussprache mit dem Hausherrn verabschiedete sich von Kluge schließlich mit der beleidigenden

Bemerkung, dass sich nun auch Rommel endlich daran gewöhnen werde, Befehle auszuführen.[2]

Von Kluges Überzeugung, dass vor allem mit entsprechender Härte die Lage im Westen endlich unter Kontrolle gebracht werden könne, hatte freilich nicht lange Bestand. Schon seine erste am folgenden Tag unternommene Fahrt nach St.-Lô, zum Hauptgefechtsstand des LXXXIV. Armee-Korps, sollte dem von der Ostfront geprägten Heerführer zeigen, dass im Westen ein ganz anderer Krieg als in der Sowjetunion geführt wurde. Sonst gewohnt, seine Befehlshaber mit dem Fiseler Storch aufzusuchen, musste von Kluge nun gleich mehrmals zum Schutz vor alliierten Jagdfliegern im Straßengraben Deckung suchen. Der neue O.B.West war trotz aller Durchhalterhetorik kein Schreibtischstratege und fern von Hitlers Scheinwelt erkannte er rasch die bitteren Realitäten. So musste etwa das inzwischen von General Dietrich von Choltitz geführte Korps mit seinen vier abgekämpften Divisionen eine Front von 60 Kilometern Länge halten, gegen die seit Anfang Juli weit überlegene Kräfte des amerikanischen VIIIth *Corps* vorgingen. Mit eigenen Augen konnte von Kluge die gewaltige Feuerkraft der gegnerischen Feldartillerie und die mörderische Wirkung der Schiffsgeschütze erleben. Mangelnder Nachschub, hohe Verluste unter den Offizieren und der unablässige Artillerie- und Mörserbeschuss ließen die Kampfkraft seiner Verbände erodieren. Jeden Tag gehe ihm, so von Choltitz, ein ganzes Bataillon verloren. Dagegen halfen weder Durchhalteparolen noch der Austausch von Führungspersonal. Gründlich kuriert kehrte der Feldmarschall in sein Hauptquartier in St.-Germain zurück.[3]

Die Lage war für die Deutschen in der Normandie inzwischen zum Zerreißen gespannt. Anfang Juli hatten die Anglo-Amerikaner bereits 32 Divisionen an Land gebracht, denen die Deutschen auf einer Frontlänge von 130 Kilometern nur noch 21 mehrheitlich angeschlagene Großverbände entgegenstellen konnten. Nach vierwöchigem Kampf hatte die Wehrmacht insgesamt 1100 Offiziere, 46000 Mann, 600 Gefechtsfahrzeuge und 500 Artilleriegeschütze verloren. Dazu kamen noch einmal rund 30000 Mann, die mit der Kapitulation von Cherbourg in amerikanische Gefangenschaft gehen mussten[4]. Allein ein

Dutzend deutsche Generale, darunter vier Divisionskommandeure, war seit der alliierten Landung gefallen oder in Gefangenschaft geraten.[5] Erst am 28. Juni 1944 hatte der Oberbefehlshaber der 7. Armee, Generaloberst Friedrich Dollmann, einen tödlichen Herzanfall erlitten. Nach der späteren Darstellung seines damaligen Chefs des Stabes, Generalmajor Max Pemsel, soll jedoch der durch den Verlust von Cherbourg und die zeitweise kritische Lage bei *EPSOM* nervlich erschütterte General in seinem Bad Suizid begangen haben.[6]

Den Deutschen war es bisher nicht möglich gewesen, Reserven über den Umfang eines Bataillons hinaus zu bilden. Ebenso hatte der permanente alliierte Druck das planmäßige Herausziehen von Divisionen aus der Front verhindert. Durch ihren Dauereinsatz mussten sämtliche Verbände inzwischen substantielle Verluste hinnehmen. Als bescheidener Ersatz waren bis Ende Juni jedoch kaum mehr als 5 500 Mann zweifelhafter Qualität in der Normandie eingetroffen. Trotz aller Nöte war die deutsche Führung allerdings auch nach vier Wochen Kampf nicht bereit, einen nennenswerten Teil ihrer 35 Divisionen, die sie immer noch am *Pas de Calais* und in Südfrankreich bereit hielt, endlich der Normandiefront zuzuführen. Zu festgefahren war die Vorstellung einer zweiten alliierten Landung an genau jenem Abschnitt, wo deutsches Generalstabsdenken sie als allein aussichtsreich eingestuft hatte.

Es bot den Deutschen nur wenig Trost, dass die personellen und materiellen Verluste der Alliierten sogar leicht höher ausgefallen waren. Allein die Briten mussten bis Ende Juni 20 000 Gefechtsausfälle verkraften, die Kanadier noch einmal 3 000. Die Amerikaner hatten ihre spektakulären Erfolge auf Cotentin sogar mit dem Verlust von 38 000 Mann, darunter 5 000 Tote sowie 161 zerstörten Panzern bezahlen müssen.[7] Die von Courtney Hodges geführte 1st *Army* hatte somit um 50 Prozent höhere Ausfälle als die britische 2nd *Army* vor Caen zu verzeichnen, was angesichts der fortgesetzten demonstrativen Vorsicht der Briten auf amerikanischer Seite für wachsenden Unmut sorgte.[8] Anders als die Wehrmacht konnten die amerikanischen Divisionen ihre Ausfälle wenigstens numerisch voll ersetzen und ihre Mannschaftsstärke insgesamt sogar leicht erhöhen.[9]

Besorgniserregend gestaltete sich die Personallage indessen bei der britischen Armee. Im sechsten Kriegsjahr vermochte sie inzwischen ihre Infanterieverluste kaum noch auszugleichen. Selbst Montgomerys übervorsichtige Operationsführung hatte nicht verhindern können, dass seinen Infanteriebrigaden nach dem Ende von *EPSOM* trotz Ersatzzuführung immer noch 4000 Mann fehlten.[10] Hinzu kam das Problem der Desertion (*Absent without leave/AWOL*), das den Briten bereits vor Beginn der Invasion stark schaffen gemacht hatte. Seit dem 6. Juni hatten die Abgänge jedoch ein inakzeptables Maß erreicht. Als etwa der neuseeländischen General James Hargest in den ersten Julitagen durch die Halbinsel Cotentin nach Cherbourg fuhr, versetzte ihn die auffallend geringe Zahl von Versprengten hinter der amerikanischen Front in maßloses Erstaunen. Anfang Juli sah sich Montgomery sogar gezwungen, eines seiner Regimenter, das sich während EPSOM nicht bewährt hatte, aufzulösen, um das Personal auf seine übrigen Verbände zu verteilen.[11]

Auf deutscher Seite wiederum bereitete der Zustand der neun gepanzerten Divisionen die größten Sorgen. Durch das verzögerte Heranführen von Infanteriedivisionen waren die Panzerverbände seit ihrem Eintreffen im Kampfraum dazu verdammt gewesen, ihre Kräfte vor allem zur Schließung von Frontlücken einzusetzen. Durch ihre Dauerbeanspruchung waren sie inzwischen so stark angeschlagen, dass der Gedanke an eine große Gegenoffensive zu den alliierten Stränden in weite Ferne gerückt war. Gegenüber den rund 2000 *Shermans* und *Cromwells* auf gegnerischer Seite verfügte Rommel Anfang Juli nur noch über 865 einsatzbereite Kampfpanzer, Jagdpanzer und Sturmgeschütze. Als Ersatz für ihre erheblichen Verluste hatten bisher jedoch nur 17 neue Panzer der deutschen Front zugeführt werden können, was auch mit der dramatischen Lage bei der Heeresgruppe »Mitte« im Raum von Minsk zu erklären war.[12] Inzwischen zeigte auch die gezielte Zerstörung des französischen Eisenbahnnetzes durch die anglo-amerikanischen Bomberflotten fühlbare Wirkung. Bis Ende Juni 1944 hatten amerikanische und britische Bomber im Rahmen ihres *Transportationplans* insgesamt 90000 Tonnen Bomben allein auf französische Eisenbahnzentren abgeworfen und damit nach eigener Einschätzung den Eisenbahnverkehr des Landes um etwa 60 Prozent reduziert. Inzwischen mussten rund 50 000 Reichsbahnangestellte und Zwangsarbeiter als Ersatz für die geflohenen französischen Eisenbahner herangezogen werden.[13]

Die Versorgung der 7. Armee mit ihren 420 000 Mann und 45 000 Pferden mit Verpflegung, Betriebsstoff und Munition gestaltete sich jedoch auch wegen des Verlustes von rund 2 000 LKW mit jedem Tag schwieriger. Nicht einmal mehr der auf 3 000 Tonnen berechnete Armeebedarf an normalen Kampftagen konnte noch sichergestellt werden und »Sonderkommandos« einzelner Divisionen waren inzwischen sogar im Reich tätig.[14] An »Großkampftagen« klaffte inzwischen eine Versorgunglücke von fast 70 Prozent.[15] Bestenfalls bis zu 4 000 Granaten konnte die deutsche Artillerie täglich einsetzen, während den Anglo-Amerikanern pro Gefechtstag bis zu 80 000 Schuss zur Verfügung standen.

Anfang Juli hatten die Alliierten bereits 190 000 Tonnen Versorgungsgüter an Land bringen können. Allein in der letzten Juniwoche waren täglich 36 000 Tonnen Nachschub und 6 000 Fahrzeuge hinzugekommen.[16] Weder der Mangel an Häfen noch der viertägige Kanalsturm zur Monatsmitte hatten diesen gewaltigen Materialfluss entscheidend verlangsamen können. Zu keinem Zeitpunkt hatte sich etwa die Deutsche Kriegsmarine in der Lage gezeigt, die beeindruckende Verschiffungsleistung der anglo-amerikanischen Seestreitkräfte auch nur ansatzweise zu beeinträchtigen. Von den am Landungstag noch einsatzbereiten fünf Zerstörern, 49 U-Booten (Gruppe Landwirt) und 35 Torpedo- oder Schnellbooten des Marinegruppenkommandos »West« waren am Ende des Monats mehr als die Hälfte zerstört oder beschädigt. Die Mehrzahl der Torpedoboote war bereits am 15. Juni in Le Havre durch einen Angriff von 346 britischen Bombern zerstört worden.[17] Allein den deutschen U-Booten, deren Besatzungen Großadmiral Karl Dönitz ein markiges »Angriff, ran, Versenken« mit auf den Weg gegeben hatte, glückte es trotz herber Verluste, in den Kanal einzudringen, und alliierte Schiffe anzugreifen. Am 15. Juni versenkten U-764 und U-767, zwei U-Boote der neuen Schnorchelversion, die Fregatten Blackwood und Mourne der britischen 5. Begleitflotte. Nur 27 von 150 Besatzungsmitgliedern der Mourne konnten gerettet werden. Auch die Deutschen überlebten ihren Erfolg nur um wenige Tage. U-767 ging bereits am 18. Juni durch Schiffbomben verloren. Anfang Juli operierten nur noch zwei von Dönitz' Booten im Kanal. Der Rest war versenkt oder hatte beschädigt nach Brest zurückkehren müssen. Die meisten alliierten Schiffsverluste bis zu diesem Zeitpunkt, darunter drei amerikanische Zerstörer und neun Landungsschiffe (LST/LCT), waren jedoch durch Seeminen eingetreten. In der anglo-amerikanischen Gesamtbilanz blieb dies nicht mehr als eine Fußnote. Bis zum 16. Juni hatten 93 Truppentransporter, 636 Handels- und 1100 Landungsschiffe den Kanal unangefochten überqueren können.[18]

Ähnlich katastrophal gestaltete sich das Kräfteverhältnis in der Luft. Ein deutsches Jagdflugzeug musste es in der Normandie im Mittel mit 20 bis 25 alliierten Maschinen aufnehmen, sofern es dem Piloten überhaupt gelang, unangefochten vom Rollfeld abzuheben. Ende Juni verfügten die Anglo-Amerikaner bereits über zwölf Feldflughäfen in der Normandie, wodurch die Einsatzdauer ihrer Maschinen im Kampfraum erheblich gesteigert werden konnte. Bis zu 30 *P51 Mustangs* konnten plötzlich über dem Flugfeld von Villacoublay im Südosten von Paris erscheinen, wo das Jagdgeschwader 54 stationiert war. Ganz selten seien sie überhaupt zur Front durchgekommen, berichtete der Anfang Juli 1944 über Caen abgeschossene Jagdfliegerleutnant Dieter Zink vom Jagdgeschwader 3 einem Zellengenossen in Ford Hunt. »Gestartet und schon Luftkampf.« Ein kurzes Kurven und Schießen. Mehr Zeit blieb oft nicht, ehe das attackierte Feindflugzeug aus allen Himmelsrichtungen Unterstützung erhielt. Da halfen weder fliegerisches Können noch Tollkühnheit, erinnerte sich Oberleutnant Willi Heilmann vom Jagdgeschwader 54.[19] Die Lebenserwartung eines deutschen Kampfpiloten in der Normandie betrug weniger als einen Monat. Aus der deutschen Jagdwaffe war im Westen nach den Worten von Oberst Joseph Priller eine »Gejagdwaffe« geworden.[20]

Auch die sogleich nach Invasionsbeginn in den Westen überführten Verstärkungen aus der Reichsverteidigung hatten die dramatische Unterlegenheit der deutschen Luftwaffe nicht ausgleichen können. Durch Planungsmängel, Navigationsfehler und oft auch zerbombte Landefelder waren bereits beim Anflug nicht mehr wettzumachende Verluste entstanden.[21] So erreichten von den 57 Jagdmaschinen, die am 7. Juni von Wiesbaden nach Èvreux verlegt werden sollten, nur drei Maschinen direkt ihr Ziel, 47 landeten anderswo und sieben Flugzeuge mussten sogar als Totalverlust abgeschrieben werden. Was tatsächlich von den insgesamt gestarteten 800 Maschinen in den normannischen Kampfraum gelangte, verpuffte beinahe unwirksam gegenüber einem Feind, der es täglich auf bis zu 4 000 Jagdeinsätze brachte. Seit dem 6. Juni summierten sich die Verluste der Luftwaffe in Frankreich bei maximal 350 täglichen Einsätzen auf über 1100 Jagdmaschinen. Im Mittel verlor Feldmarschall Sperrles Luftflotte 3 jeden Tag 38 Maschinen, was mehr als zehn Prozent des jeweils eingesetzten Materials entsprach. Ende Juni 1944 standen den Deutschen mit 200 Bombern und 88 Jagdflugzeugen nicht mehr einsatzbereite Maschinen als bei Beginn der Invasion zur Verfügung.[22] Die Verluste der anglo-amerikanischen Luftstreitkräfte betrugen im selben Zeitraum bei insgesamt 158 000 Einsätzen 557 Jagdflugzeuge und 702 Bomber, die meisten gingen allerdings auf das Konto der deutschen Fliegerabwehr.[23]

Auf eine grundsätzliche Besserung der militärischen Lage im Westen konnten die Deutschen somit nicht mehr hoffen. Auch die von Hitler viel beschworenen und seit dem 13. Juni tatsächlich zum Einsatz gebrachten unbemannten Flugkörper (Fi 103) hatten die Kriegsbereitschaft der Briten nicht erkennbar erschüttern können. Bis Ende des Monats war von 2 249 gestarteten Exemplaren dieser Vergeltungswaffe, von denen jede rund 800 Kilogramm Sprengstoff befördern konnte, etwas mehr als ein Drittel in den Großraum von London gelangt und hatte für wachsende Panik unter den Hauptstädtern gesorgt. Allein in der ersten Einsatzwoche starben über 500 Briten[24] und ein einziger Treffer in die Militärkapelle der Wellington Kaserne kostete am 18. Juni, dem Jahrestag der Schlacht von Waterloo, 131 Tote und

V1-Rakete (Fi 103-Marschflugkörper) vor dem Start.

68 Verletzte.[25] Churchill bezeichnete am 6. Juli im Unterhaus den Dauerbeschuss zwar als außergewöhnliche Heimsuchung, war jedoch nicht bereit, auch nur einen Deut von der alliierten Strategie abzuweichen. Die Menschen müssten sich eben daran gewöhnen, mehr gäbe es dazu nicht zu sagen, erklärte er den erregten Abgeordneten. Als die deutsche Raketenoffensive im März 1945 zu Ende ging, waren ihr 2 000 Militärs und 9 000 Zivilpersonen zum Opfer gefallen. 25 000 Menschen hatten schwere Verletzungen erlitten und mehr als 100 000 Gebäude waren zerstört worden.[26] Obwohl ihm das Ausmaß der britischen Schäden größte Genugtuung verschaffte, fürchtete Goebbels jedoch, dass mit den ständigen Erfolgsmeldungen über das Bombardement von London zu große Euphorie im Volk geweckt würde, und ordnete ein »Umdrehen unserer Kommentierung« an.[27]

Für die deutschen Befehlshaber in der Normandie war der Flugbombenbeschuss von London jedoch ohne Belang, nachdem Hitler es in Margival abgelehnt hatte, die neue Waffe auch gegen den alliierten Landekopf einzusetzen. Für große Enttäuschung in der Truppe sorgte vor allem das Ausbleiben der von Hitler wiederholt in Aussicht gestellten 1 000 neuen Düsenstrahlflugzeuge vom Typ ME 262. Im Laufe des Monats Mai waren tatsächlich nicht mehr als acht Exemplare dieser revolutionären Maschine gebaut worden. Deutscher Kompetenzwirrwarr, fehlende Arbeitskräfte und ungelöste Materialprobleme mit den Turbinenschaufelrädern hatten dafür gesorgt, dass das Wunderflugzeug niemals die Strände der Normandie erreichen sollte.[28] Ohne eine deutliche Verbesserung der Luftlage war jedoch an ein Halten der Frontlinie, wie es Hitler in seiner Weisung vom 8. Juli noch einmal ausdrücklich forderte, nicht zu denken. Zwar hatte auch der Diktator nicht unrecht, wenn er darauf hinwies, dass die vorhandenen Kräfte für die von Rundstedt und Rommel geforderte bewegliche Gefechtsführung nicht mehr reichten. Lediglich kleinere Frontbegradigungen wollte er daher gestatten. Auch jetzt noch klammerte sich Hitler an die Idee eines gepanzerten Stoßes, durch den der alliierte Brückenkopf zwar nicht beseitigt, aber doch gespalten werden könne.[29]

Eine echte Strategie für die Fortsetzung des Kampfes besaß er allerdings nicht mehr. Stets war er überzeugt gewesen, die Invasion der Anglo-Amerikaner schon am Strand abwehren zu können und dadurch dem verlorenen Krieg noch eine Wende zu geben. Über die Folgen eines Scheiterns hatte der Diktator nie ernsthaft nachgedacht. Rommels schonungslose Schilderung des ungleichen Kampfes im Westen und sein am 15. Juli 1944 an den »Führer« adressierter dringlicher Appell, endlich die Folgen aus der verzweifelten militärischen Lage zu ziehen, hatte von Kluge allerdings eine Woche zurückgehalten. Sie hätten bei Hitler nur einen Wutausbruch und wohl auch Rommels Ablösung provoziert. Viel eher mochte wohl von Kluges Schlussbemerkung in einer am 20. Juli gehaltenen Besprechung mit seinen Kommandeuren den Anschauungen Hitlers entsprochen haben. »Es wird gehalten, und wenn kein Aushilfsmittel unsere Lage grundsätzlich verbessert, muss anständig auf dem Schlachtfeld gestorben werden.«[30]

16 In der Falle – Soldaten in der Normandieschlacht

»Der Krieg war erbarmungslos und grausam geworden. Wir kämpften nicht länger um zu siegen.«

Obersturmbannführer Otto Weidinger, SS-Standarte »Der Führer« am 28. Juni 1944[1]

»Ich war 42 Tage dort draußen ohne meine Socken und meine Unterwäsche wechseln zu können. Es war jeden Tag die Hölle. Man stand um 3 Uhr auf, um die nächste Hecke zu stürmen, nur um dann wieder mit dem Verlust der halben Kompanie eine Hecke zurückgeschlagen zu werden. Von den Neuen aus den Staaten konnten die meisten nicht einmal ein Gewehr abfeuern.«

Privat Bob Slaughter, Company-D, 29th US-Division[2]

Der »Längste Tag« war für die Frontsoldaten beider Seiten ein entscheidendes Datum gewesen. Doch alle, die am Abend der Invasion noch lebten, ahnten, dass damit der Krieg für sie erst angefangen hatte. Vor ihnen lagen bestenfalls noch eine lange Reihe zermürbender Tage und Wochen, an deren Ende jedoch für die meisten Tod oder Verstümmelung stehen würden.

Zur Erleichterung der alliierten Planer hatten die Verluste der Angriffsverbände am D-Day zwar deutlich unter ihren Schätzungen gelegen, doch in den Wochen danach übertrafen die Ausfälle alle ihre Prognosen. Vor allem die Infanterie beider Seiten musste einen hohen Blutzoll zahlen. Auf amerikanischer Seite trug sie sogar 90 Prozent aller Verluste. Unter diesen Umständen war die rechtzeitige Herauslösung von Kampfverbänden aus der Front praktisch unmöglich. Besonders für den unerfahrenen »Ersatz« waren die Aussichten in der Normandie wenig verheißungsvoll, da die Neulinge direkt den noch im Einsatz stehenden Einheiten zugeführt werden mussten. »Einige von Euch werden Helden sein«, erklärte *Colonel* Charles Canham, der Kommandeur der 116th *Infantry*, den Ankömmlingen. »Andere von Euch werden sterben und viele werden auch sehr schnell sterben.«[3] Für jeden Soldaten, ob Deutscher, Amerikaner, Brite oder Kanadier, gab es tatsächlich nur zwei akzeptable Auswege aus dem Kampfraum zwischen Cherbourg und Caen. Außer dem eigenen Tod konnten nur eine Verwundung oder die Gefangennahme seinen Einsatz in der Normandie beenden.

Allerdings bewerteten beide Seiten die ihnen verbliebenen Optionen sehr unterschiedlich. So erschien es etwa den amerikanischen, britischen und kanadischen Soldaten kaum erstrebenswert, als Gefangene in die Hände der »Nazis« zu fallen. Die Erschießungen von Kanadiern in der *Abbaye d'Ardenne* hatten sich nur zu rasch herumgesprochen. Als daher *Corporal* Topper Brown vom 5th *Royal-Tank-Regiment* nach dem Verhör durch einen deutschen Offizier zusammen mit anderen Gefangenen hinter eine Hecke geführt wurde, erwartete er schon das Schlimmste und war erleichtert, als kurz darauf ein Lastwagen zu ihrem Abtransport erschien.[4]

Alliierte Soldaten zogen es daher selbst in schwierigen Lagen vor, ihren Widerstand fortzusetzen, als sich den Deutschen zu ergeben. Zu ihrem Glück gelangen dem Gegner in der Normandie allerdings kaum offensive Operationen, die zur Einkesselung größerer Kräfte hätten führen können. So machte bis Ende Juli 1944 die Zahl der Vermissten aufseiten der Anglo-Amerikaner, also der vermutlich in Gefangenschaft geratenen Soldaten, nicht einmal ein Zehntel ihrer Gesamtverluste in Höhe von 120 000 Mann aus. Auf deutscher Seite war dagegen acht Wochen nach Beginn der Landung die Vermisstenquote bei etwa ähnlichen Gesamtverlusten bereits fünfmal höher. Allerdings muss bei der großen Menge der deutschen Gefangenen auch die Kapitulation von Cherbourg und nur wenige Wochen später der Zusammenbruch der 7. Armee nach *COBRA* berücksichtigt werden.

Für die meisten GIs oder »Tommies« jedoch blieb eine Verwundung die einzige allgemein akzeptierte Austrittskarte aus der normannischen Blutmühle. Als *Corporal* Bill Preston vom 743rd *Tank Bataillon*

Gefangengenommene US-amerikanische Soldaten am 13. Juni 1944 in einem deutschen Sammellager in St.-Lô.

nach 32 Tagen im Einsatz mit einer schweren Verwundung nach hinten gebracht wurde, war sein erster Gedanke, dass er nun seinen Job erledigt hatte, ohne die Achtung der anderen verloren zu haben.[5] Idealerweise sollte es jedoch die richtige Verwundung sein. Du willst nicht dort draußen liegen und verbluten, bemerkte etwa *Privat* Bob Slaugther von der *Company D* der 116th *Infantry*. Ich habe Typen mit Beinschuss auf einer Trage gesehen und sie lachten. »Ich seh' Dich, Buddy«, riefen sie erleichtert. Weiße Bettlaken warteten auf sie und vielleicht auch eine hübsche Krankenschwester.[6]

Die deutschen Soldaten in der Normandie bewerteten dagegen die Möglichkeit einer Gefangenschaft völlig anders. »In Russland hatten wir keine andere Option, als den Kampf bis zum letzten Atemzug«, erklärte Unteroffizier Friedrich Berthenrath von der deutschen 2. Panzer-Division nach dem Krieg in einem Interview mit dem amerikanischen Autoren Stephen Ambrose. Der Gang in ein russisches Gefangenenlager hätte für die meisten von uns den Tod bedeutet. In der Normandie hingegen sei, so Berthenrath, stets auch der Gedanke präsent gewesen, falls alles zum Teufel gehen sollte, wären die Amerikaner immer noch so menschlich, dass uns der Gedanke an eine Gefangenschaft sogar bis zu einem gewissen Grad attraktiv erschienen war.[7] Diese Haltung schien in der Truppe schon vor der Landung so weit verbreitet, dass der O.B.West sich sogar veranlasst sah, in einer Anfang 1944 herausgegebenen Broschüre vor der angeblich schlechten Behandlung deutscher Gefangener seitens der Alliierten zu warnen.[8]

Sich ausgerechnet den Amerikanern ergeben zu müssen, verletzte freilich bei vielen Deutschen das soldatische Selbstwertgefühl. Wir hatten keinerlei Respekt vor ihnen, erinnerte sich etwa der Fallschirmjägerfeldwebel Heinz Hickmann.[9] Während die osterfahrenen Deutschen den Soldaten der Roten Armee hohe Achtung zollten, sahen sie in den Amerikanern keine ernsthaften Gegner. Das sei ein »feiges Volk« gewesen, erklärte etwa der 28-jährige Flakfeldwebel Wilhelm Keffel später in amerikanischer Gefangenschaft. »Man sieht einen und schießt – Woosh, sind sie weg.«[10] Überhaupt würden die Amerikaner nur sehr ungern angreifen, befand Major Rolf Pauls von der

363. Infanterie-Division. Erst müsse die gegnerische Stellung durch Artillerie oder Jagdbomber vollkommen zerschossen sein, ehe sie sich wieder heraustrauten.[11] Wie auf einem Sonntagsspaziergang pflegten sie sich meist ahnungslos den deutschen Stellung zu nähern.[12] Oft agierten sie berechenbar und nur auf Befehl. Nachts hielten die Amerikaner sogar eisern Ruhe, wunderte sich Oberstleutnant Kurt Kaufmann von der Panzerlehr-Division. Offenbar schätzten sie den Komfort ein wenig zu sehr.[13] Selbst die britischen Truppen galten bei den Deutschen nicht mehr als vollwertige Gegner.[14] Sie kämpften ebenfalls schematisch und ohne Initiative, während bei den Wehrmachtssoldaten sogar ein gewisser Stolz auf die Auftragstaktik herauszuhören war, die einen dazu animierte, auch eigenständig günstige Lagen auszunutzen.

Vor der Landung hatten oft sogar einfache Soldaten auf die entscheidende Schlacht um die Strände gebrannt und waren vom deutschen Sieg vollkommen überzeugt gewesen. Die Nachricht von der alliierten Landung hatte den Gefreiten Walter Hermes von der 21. Panzer-Division sogar »glücklich« gemacht. So lange hatte er auf diesen entscheidenden Augenblick warten müssen.[15] Auch das Gelingen der Landung erschütterte offenbar nicht sogleich die deutsche Siegesgewissheit. Wir werden »den Brüdern hier den Hintern noch ordentlich warm machen«, versprach etwa SS-Obersturmbannführer Heinz von Westenhagen in einem Brief vom 3. Juli an seinen Bruder[16] und der deutsche Offizier, der den gefangenen *Corporal* Topper Brown vom 5th *Royal-Tank-Regiment* verhörte, erklärte ihn für außergewöhnlich dumm, weil er immer noch an einen britischen Sieg glaube.[17]

Manche Deutsche wollten die Niederlage nicht wahrhaben und wenigstens bis zur letzten Kugel Widerstand leisten. So zeigte sich ein Leutnant aus dem Grenadier-Regiment 729 in der Endphase des Kampfes um Cherbourg entschlossen, noch »soundsoviele von diesen Leuten umfallen zu lassen, ehe er abschnappe«. In wenigstens einem Fall konnte er seine verzweifelte Absicht sogar realisieren, ehe er, unter einer Brücke umstellt, doch die letzte Konsequenz scheute und sich den Amerikanern ergab.[18]

Anderen Soldaten, die nicht diese verzweifelte Entschlossenheit aufbrachten, lieferte das von allen tief empfundene angebliche Versagen von Görings Fliegern eine willkommene Rechtfertigung für ihre Kampfaufgabe. »Wenn wir für Cherbourg sterben sollten, warum ist dann unsere Luftwaffe nicht gekommen, um mit uns zu sterben?«, beschwerte sich etwa ein gefangener Deutscher bei den Amerikanern nach dem Fall der Hafenstadt.[19] Auch die unmittelbare Wahrnehmung der erdrückenden anglo-amerikanischen Übermacht brachte manche Soldaten dazu, ihre Waffen vorzeitig niederzulegen. Einige Deutsche waren offenbar schon kurz nach der Landung am Strand von *OMAHA* in Gefangenschaft geraten. Als sie am nächsten Tag die Leichen gefallener Amerikaner in der Nähe von Colleville bestatten mussten, antworteten sie auf die Frage eines soeben in der Normandie eingetroffenen amerikanischen *Sergeants*, weshalb sie am Landungstag nicht in ihren Stellungen bis zum bitteren Ende ausgeharrt hätten. »Wir waren alle geschockt, als wir die vielen Schiffe sahen und haben darum aufgegeben.«[20]

Zwei im Widerstandsnest 62 oberhalb des Strandes von *OMAHA* eingesetzte Infanteristen der 716. Infanterie-Division hatten offenbar ähnliche Empfindungen. Am 6. Juni hatten sie sich unweit der Stellung des Gefreiten Heinrich Severloh in ihren Schützenlöchern verkrochen und schossen, da sie sich offenbar nicht aus der Deckung trauten, mit ihren Karabinern sinnlos in die Luft. Als ein Feldwebel sie deshalb zur Rede stellte, ergriffen sie kurz darauf die Flucht.[21]

Wo allerdings die Offiziere überlebt hatten und es außerdem den Soldaten kaum möglich war, sich von der Truppe zu entfernen oder den Kampf einzeln aufzugeben, wie etwa in der schweren Küstenbatterie von Marcouf (nördlich von *UTAH*), kämpften die Besatzungen auch in aussichtsloser Lage so lange weiter, bis ihnen schließlich die Munition ausging.[22] Etwa ebenso lange wie Marcouf hielt sich eine 240 Mann starke Besatzung in dem Luftwaffenstützpunkt Douvre-la-Delivrandre unweit der Küste bei Luc-sur-Mer. Von dort schickten die Deutschen noch eine Woche lang über ein von den Briten unentdeckt gebliebenes Erdkabel Meldungen über Feindbewegungen nach Caen.[23]

Andere Wehrmachtsangehörige wiederum schienen vor ihrem Gang in alliierte Gefangenschaft keine einzige Kugel abgefeuert zu haben. So beschwerte sich etwa der Unteroffizier Heinz Wertenbruch, der am 10. August 1944 gefangen genommen wurde, über mit ihm kapitulierende Kameraden, die so »fein ankamen«, dass sie sich unmöglich gewehrt haben können. »Die da gekämpft haben, die haben zerrissene Kleider gehabt, da hat man ausgesehen wie ein Schwein.«[24] Hinter einer raschen Aufgabe konnte jedoch auch die Sorge stecken, dass der Gegner einen allzu heftigen Widerstand bestrafen könnte. Sie war nicht unberechtigt. Selbst General Omar Bradley, der Oberbefehlshaber der 12th *Army-Group* wollte es akzeptieren, wenn die eigenen Leute deutsche Scharfschützen nach ihrer Gefangennahme härter als sonst anfassten.[25] General Patton wiederum nannte es eine unbegreifliche Eselei, als er erfuhr, dass ein deutsches Sprengkommando, nachdem es eine Brücke zerstört und dabei sieben amerikanische Soldaten getötet hatte, einfach gefangen genommen worden sei. Infanteristen der amerikanischen 4th *Division* töteten in den ersten Tagen nach der Landung auf Cotentin wahllos verwundete deutsche Gefangene. Mit ihrer bizarren Begründung, die Krauts hätten sich ja schon in Nordafrika ergeben können, erregten sie nirgendwo Anstoß.[26]

Die ungeheure Materialüberlegenheit der Anglo-Amerikaner war wohl die größte Herausforderung für die deutsche Kampfmoral. Selbst erfahrene Russlandkämpfer waren zuvor noch nie mit einer derartigen Feuerkraft konfrontiert gewesen. Die Intensität der in der Normandie tobenden Materialschlacht reiche selbst an Stalingrad nicht heran, hieß es oft.[27] »Mut, Opferbereitschaft und Kampfwille« seien allmählich von einer erdrückenden Last aus Stahl und Eisen überrollt worden, resümierte SS-Standartenführer Albert Frey, der Kommandeur des SS-Panzergrenadier-Regimentes Nr. 1 und es bestand nach seiner Ansicht nicht die geringste Aussicht, dass sich dies künftig ändern würde.[28] Zwar kämpften Amerikaner und Briten in ihrer Mehrheit nach wie vor miserabel, aber sie konnten ihre Verluste offenbar mühelos ersetzen. Einzig die Hoffnung auf den Erfolg der Wunderwaffen half auf deutscher Seite, die Kampfmoral noch eine Weile aufrecht zu erhalten.[29] Von 853 gefangenen Deutschen gab bei ihrer Befragung durch Offiziere der *Psychological Warfare Division* Anfang August bereits die Hälfte an, nicht mehr an einen deutschen Sieg geglaubt zu haben. Ein Fünftel war jedoch noch vom Erfolg überzeugt, hatte sich aber trotzdem ergeben.[30]

Gelegentlich sahen sich Vorgesetzte sogar gezwungen, mit Waffengewalt gegen Auflösungserscheinungen in ihrer Truppe vorzugehen. So drohte der Unteroffizier Erich Preiss, ein Soldat mit jahrelanger Osterfahrung, seinen Männern mit der Pistole, als sie bereits eine weiße Fahne heben wollten. Selbst Angehörige der Waffen-SS, die in der Normandie länger und todesmutiger als Heeressoldaten Widerstand geleistet haben sollen, mussten gelegentlich von ihren Vorgesetzten mit vorgehaltener Waffe zum Kämpfen gebracht werden. In amerikanischer Kriegsgefangenschaft beklagte sich etwa SS-Oberscharführer Fritz Swobada, ein fanatischer Nationalsozialist und mutmaßlicher Kriegsverbrecher, der in der 17. SS-Panzergrenadier-Division gedient hatte, dass seine Leute, viele davon Serben oder Polen, während der Kämpfe um Carentan reihenweise zu den Amerikanern übergelaufen seien.[31] Wenn gleichwohl Soldaten der Waffen-SS und insbesondere der 12. SS-Panzer-Division »Hitlerjugend« im Durchschnitt länger und hartnäckiger als Angehörige der Wehrmachtsdivisionen kämpften, lag dies freilich auch daran, dass sie als Angehörige von Panzerdivisionen eine in jeder Beziehung bessere Materialausstattung hatten.

Wo jedoch Panzerkräfte auf deutscher Seite fehlten, konnte es eher zu einem Zusammenbruch der Kampfmoral kommen, wie etwa während der Endphase des Kampfes um Cherbourg. Wo er hingekommen sei, wären plötzlich ganze Kompanien verschwunden gewesen, erklärte General Karl Wilhelm von Schlieben später in amerikanischer Gefangenschaft. Selbst die durch ihn veranlasste gezielte Wiedereingliederung der Versprengten in ihre alten Einheiten führte zu keiner Verbesserung der Verhältnisse. Viele Deutsche sagten sich, so der General, dass die Amerikaner schon nicht so böse sein werden. Einige Truppen in Cherbourg hätten sogar kurz vor einer Meuterei gestanden, erinnerte sich ein Leutnant aus dem Stab der 709. Infanterie-Division. Es sei kein Mann mehr gewillt gewesen, noch irgendetwas zu tun. Wäre unser Bunker nicht genommen worden, hätten die Leute am nächsten Tag die Offiziere »umgelegt«.[32] Tatsächliche Befehlsverweigerungen schienen jedoch auf deutscher Seite die Ausnahme gewesen zu sein. Auch nach den mörderischen alliierten Bombardements zum Auftakt von *GOODWOOD* oder *COBRA* leisteten die Überlebenden zum Erstaunen der Angreifer selbst aus isolierten Positionen weiterhin entschiedenen Widerstand.

Besonders aufseiten der Amerikaner erwies sich mit zunehmender Dauer der Schlacht die so genannte *Battle Fatigue* oder *Exhaustion* als schwerwiegende Beeinträchtigung der Kampfkraft. Selbst ein Eliteverband wie die 9th *Division,* die schon in Tunesien, Sizilien und Italien gekämpft hatte, verzeichnete allein im Juli 1944 über 500 Fälle, immerhin ein Zehntel ihrer Gesamtverluste in diesem Monat.[33] Die Symptome waren meist ähnlich. Sergeant Ray Stevens von der A-*Company* der 116th *Infantry* begegnete Ende Juni in der vordersten Linie vor St.-Lô einem ihm noch aus England bekannten Soldaten, der damals von allen für sein Lachen geschätzt worden war. Das Lachen war inzwischen verschwunden und seine Nerven schienen in Stücke geschossen. Er fühle sich nicht gut, erklärte der Junge und Stevens schickte ihn zurück zum Küchenzelt, wo er zum ersten Mal seit Tagen eine warme Mahlzeit erhielt. Bald darauf kehrte der Soldat zu seiner Kompanie zurück, grub sich ein Fuchsloch und erschoss sich sodann mit seinem Gewehr. Er hatte es nicht mehr länger ausgehalten, erinnerte sich Stevens, der an manchen Tagen sogar bis zu fünf Selbstverstümmlungen in seiner Kompanie zählte. Gegenüber seinem Regimentskommandeur deckte er die Leute, die er keineswegs als Feiglinge betrachtete. Sie hatten einfach mehr erlitten, als ihr Verstand ertragen konnte.[34]

Auf deutscher Seite registrierten die Militärärzte zwar auch ähnliche Fälle, sahen sie ganz im Sinne des Regimes aber nicht als Krankheit, sondern als Charaktermangel und Drückebergerei. Doch selbst die rigide Bestrafungspraxis der Wehrmacht mit rund 4 000 vollstreckten Todesurteilen allein im Jahre 1944 kann nicht erklären, weshalb das Phänomen der Kampfmüdigkeit in ihren Divisionen eine weitaus geringere Rolle spielte als aufseiten des Gegners. Nach Peter Lieb schien es nicht allein eine Frage der Wahrnehmung gewesen zu sein. Untersuchungen der Amerikaner machten schlechte Menschenführung und fehlende Empathie der Vorgesetzten als entscheidende Faktoren für die Genese einer *Battle Fatigue* aus. In der Fürsorge der Vorgesetzten für ihre Truppe schnitt die US-Armee tatsächlich weitaus schlechter ab als die deutsche Wehrmacht, die immerhin Teil einer mörderischen Diktatur war.[35] Auf amerikanischer Seite führten Bataillons- oder Regimentskommandeure selten von vorne. Vielen Soldaten waren daher ihre kommandierenden Offiziere kaum bekannt. Männer wie Patton, Collins, Barton oder Cota bildeten hier die Ausnahme. Anders als auf deutscher Seite verwandten die Amerikaner offenbar auch kaum Mühe darauf, etwa Neuankömmlinge in ihre Einheiten zu integrieren. So berichtete ein Offizier der 29th *Division* über die Kämpfe im *Bocage*, dass die Ersatzleute bei Nacht ohne Einweisung in ihre Stellungen gelangten und mancher von ihnen schon bei Tagesanbruch tot war, ohne dass seine daneben eingesetzten Kameraden ihn überhaupt gesehen oder gar seinen Namen erfahren hatten.[36] Der britische Historiker Max Hastings machte allerdings neben massiven Führungsfehlern aufseiten der Amerikaner auch eine besondere Duldsamkeit für die ungewöhnlich hohe Fallzahl von Kampfmüdigkeit verantwortlich. Allein bis Ende Juli 1944 erfasste der Sanitätsdienst der 1st *US-Army* rund 10 000 von »Erschöpfung« betroffene Soldaten, was immerhin ein Fünftel aller amerikanischen Verluste ausmachte. Zwischen Juni und November 1944 sollte sogar jeder vierte amerikanische Soldat einmal wegen einer Form von *Battle Fatigue* behandelt werden müssen.

Wenn Pattons Ohrfeigen gegen zwei angebliche Simulanten auf Sizilien eine extreme Reaktion war, so erschien inzwischen auch anderen amerikanischen Offizieren der verständnisvolle Umgang ihrer Führung mit echten oder vermeintlich kampfmüden Soldaten als eine entgegengesetzte Übertreibung. Als Major Frank Colacicco, Bataillonskommandeur in der 18th *Infantry,* einen seiner Soldaten der Simulation verdächtigte und ihm mit Kriegsgericht drohte, schreckte das den Betroffenen kaum. Was seien schon fünf Jahre im Knast, erwiderte ihm der Soldat, der überdies sicher sein konnte, dass ihn die Regierung später begnadigen würde.[37] *Battle Fatigue* war somit wenigstens für amerikanische Infanteristen zu einem akzeptierten dritten Ausweg aus der normannischen Kriegshölle geworden.

Teil III
Der Ausbruch

17 *CHARNWOOD* und *GOODWOOD* – Montgomerys *colossal cracks*

»Mir erscheint es von absoluter Wichtigkeit, endlich mit allen verfügbaren Mitteln einen entschlossenen Versuch zu wagen, ein militärisches Patt abzuwenden und es unter allen Umständen zu verhindern, bei der gefährlich geringen Tiefe unserer Brückenköpfe eine Defensivschlacht führen zu müssen. Gleichwohl ist ein entschiedener Angriff auf unserem linken Flügel mit allem, was wir aufbieten können, bisher nicht zustande gekommen. Er würde natürlich günstiges Wetter erfordern, damit unsere Luftwaffe mit allem, was sie aufbieten kann, unterstützt.«

Schreiben Eisenhowers an General Montgomery vom 7. Juli 1944[1]

Am 1. Juli 1944 traf General Eisenhower zu einem Besuch in Bradleys Hauptquartier ein, das immer noch in einem Obstgarten hinter der von *US-Rangers* am Landungstag erstürmten Batterie von *Point de Hoc* lag. Seit seinem historischen *Go* vier Wochen zuvor in der Bibliothek von *Southwick House* hatte er kaum Möglichkeiten gehabt, in den Verlauf der Kämpfe in Frankreich einzugreifen. Jetzt suchte der Oberbefehlshaber sämtlicher alliierten Streitkräfte wieder einmal die Nähe zu den Soldaten, hauste vier Tage lang in einem Mannschaftszelt, rasierte sich mit kaltem Wasser und lebte von den so genannten C-Rationen, der amerikanischen Truppenverpflegung aus Büchsenfleisch, Bisquits und Bohnen. Eisenhower fand sogar die Zeit, mit General Elwood Quesneda, dem Befehlshaber der IXth *Tactical Airforce* in einer eigens für ihn umgebauten *P-51 Mustang* als Kopilot über gegnerisches Territorium zu fliegen.[2] Abgesehen von diesem beglückenden Nervenkitzel konnte Eisenhower in diesen Tagen kaum Anlass zur Zufriedenheit haben. Immer noch hinkten seine beiden höchsten Befehlshaber der Landstreitkräfte mit ihren Armeen weit hinter dem Zeitplan von *OVERLORD* her. Im Südteil von Cotentin kamen die Amerikaner in dem schwierigen Heckengelände des *Bocage* kaum voran, während

Caen, das die Briten schon am ersten Landungstag besetzen wollten, sich vier Wochen später immer noch in der Hand der Deutschen befand.

Aus Sorge vor steigenden Verlusten, die Großbritannien nach Überzeugung des *War-Offices* nicht länger tragen konnte,[3] hatte Montgomery seine erfolgversprechende Offensive auf Caen (*EPSOM*) am fünften Tag abgebrochen. Die düstere Prognose des ihn kurz darauf besuchenden Generaladjutanten der Armee, Sir Ronald Adam, sah er als willkommene Bestätigung seiner Entscheidung. Demnach würde das Kriegsministerium bei den fortgesetzten hohen Verlusten schon Ende Juli der britischen Armee keinen Ausgleich an ausgebildeter Infanterie mehr senden können.[4]

Die Amerikaner hatten freilich für die Zurückhaltung der Briten wenig Verständnis. Immerhin lagen ihre Mannschaftsverluste seit Beginn der Invasion gut um die Hälfte höher. Montgomery sei sehr gut darin, mit vielen Worten zu erklären, weshalb er nichts tun wolle, befand General George Smith Patton, der den Briten Anfang Juli in seinem Hauptquartier besucht hatte.[5] Die Briten agierten einfach zu zögerlich und gaben den Deutschen jedes Mal die Zeit, Reserven heranzuführen, resümierte *Commander* Harry S. Butcher die Stimmung unter amerikanischen Stabsoffizieren. Das vorzeitige Ende von *EPSOM* hatte freilich nicht nur im Lager der Amerikaner für Kritik gesorgt. *Air Chief Marshal* Sir Trafford Leigh-Mallory notierte am 3. Juli ernüchtert und enttäuscht in sein Tagebuch: »Wir hatten unsere Chance und wir haben sie verpasst.« Arthur Tedder wiederum, Eisenhowers britischer *Deputy*, brachte in seinen Aufzeichnungen das Problem auf eine griffige Formel. Montgomery könne leider weder entfernt (*removed)* noch zur Aktion (*move*) bewegt werden.[6]

Eisenhowers dringende Warnung vor einer drohenden langen Abnutzungsschlacht in der Normandie hatte auch Churchill in Alarmstimmung versetzt. Immer noch plagten den Weltkriegsveteranen, der sogar selbst einmal einige Monate ein Infanteriebataillon in Flandern geführt hatte, die schaurigen Bilder von einem endlosen Schützengrabenkrieg. Während einer abendlichen Kontroverse mit Alan Brooke am

6. Juli fand der auch wegen des V-1Beschusses massiv unter Druck stehende Kriegspremier harte Worte für Montgomerys »Übervorsichtigkeit« und provozierte damit den *Field Marshal* zu einem ungewöhnlichen Wutanfall. Kaum weniger heftig beklagte sich Alan Brooke, dass Churchill nicht einmal für fünf Minuten Geduld aufbringen könne, und verwahrte sich entschieden gegen das ständige Kleinreden seiner Generale.[7] Es war eine gespenstische Situation. Ein merklich alkoholisierter Premierminister kritisierte seinen wichtigsten Truppenbefehlshaber ohne die geringste Vorstellung zu besitzen, welchen seiner Generale er an Montgomerys Stelle setzen könnte und dies ausgerechnet am Vorabend eines neuerlichen britischen Versuches der Einnahme von Caen.

Der dritte Anlauf des inzwischen so umstrittenen britischen Oberbefehlshabers, die Hauptstadt des Calvodos endlich zu besetzen (Operation *CHARNWOOD*) sollte bereits 24 Stunden später beginnen. Mit einem massiven Luftschlag, ausgeführt von Hunderten schwerer Bomber, wollte Montgomery am Abend des 7. Juli die deutschen Stellungen nördlich der Stadt pulverisieren. Sodann sollte *Lieutenant General* John Crockers britisches I^st^ *Corps* mit zwei britischen sowie einer kanadischen Division Caen direkt angreifen. Montgomery setzte darauf, die deutschen Verteidiger aus der Luft entscheidend zu schwächen und ihre Reste anschließend zu durchbrechen. Es war eine Premiere in der Kriegsgeschichte, dass Teile der strategischen Bomberflotte zur direkten Unterstützung von Heeresoperationen eingesetzt wurden und der fatale Ausgang des grausigen Experiments hätte die alliierten Befehlshaber von weiteren Versuchen dieser Art abhalten müssen. Tatsächlich traf der am Abend von 467 Halifax- und Lancesterbomber gelegte Bombenteppich exakt den nördlichen Teil von Caen. Die Soldaten der SS-»Hitlerjugend« in ihren seit Anfang Juni gehaltenen Stellungen etwa zwei Kilometer vor der Stadt blieben dagegen weitgehend verschont. 2000 Tonnen an Bomben haben nicht mehr bewirkt als ein paar zerstörte Schützenpanzer, resümierte verächtlich Divisionskommandeur Kurt Meyer das magere militärische Resultat der alliierten Anstrengungen.[8] Auf der Gegenseite verließen die Kanadier, Offiziere wie Mannschaften, begeistert über das großartige Schauspiel ihre Gräben und jubelten ausgelassen. Es sei wundervoll für die eigene Moral, kommentierte *Major General* Sir Nigel Tapp von der britischen 7th *Field-Artillery* den bemerkenswerten Vorgang.

Die Kanadier ahnten jedoch nicht, dass die britischen Besatzungen aus Sorge, die eigenen Truppen zu treffen, ihre Bombenlast zu spät ausgelöst hatten. Ihre Entscheidung kostete mindestens 350 der in der Stadt verbliebenen Bewohner das Leben, hinzu kam eine unbekannte Zahl von Verletzten. Dabei war Caen längst von den Deutschen zur Evakuierung vorbereitet worden. Schon am 26. Juni hatte Rommel anlässlich der britischen Offensive an der Odon (*EPSOM*) alle rückwärtigen Dienste aus der Stadt abgezogen und die Brücken über die Orne zur Sprengung vorbereiten lassen. Auch die Gestapo hatte inzwischen die Stadt verlassen, nicht ohne zuvor die Spuren ihrer letzten Erschießungen von Mitgliedern des französischen Widerstandes zu beseitigen.[9] Nur wenige Hundert Grenadiere und etwa 50 Kampfpanzer der 12. SS-Panzer-Division behaupteten weiterhin ihre alten Stellungen zwischen Vieux Cairon und Epron. Den rechten deutschen Flügel beiderseits von Orne und Ornekanal hielt inzwischen die noch unerfahrene und wenig kampfstarke 16. Luftwaffen-Felddivision. Sie hatte erst kurz zuvor die 21. Panzer-Division abgelöst. Entlang der gesamten Front um Caen warteten die Deutschen in höchster Anspannung auf den Angriff des Gegners, der jedoch erst am nächsten Morgen gegen 4.20 Uhr mit einem zehnminütigen Sperrfeuer auf ihre Stellungen einsetzte.[10]

Wie schon bei der Verteidigung des Flugfeldes von Carpiquet vier Tage zuvor erwiesen sich die SS-Soldaten als extrem hartnäckige Kämpfer. Erst in der Nacht zum 9. Juli zogen sich die letzten Verteidiger aus Authie, Buron und der *Abbaye d'Ardenne* zunächst nach Caen zurück. Das III. Bataillon des SS-Panzergrenadier-Regimentes 25 wurde allerdings in Buron eingeschlossen und vernichtet, nachdem ein Gegenangriff der Deutschen mit einem Dutzend Panzern nicht mehr durchgekommen war.[11]

Der Rest der SS-»Hitlerjugend« sowie die verbliebenen Teile der 16. Luftwaffen-Felddivision wichen im Laufe des nächsten Vormittags auf das Südufer der Orne aus und richteten sich nach Sprengung der letzten Brücke in den Vororten Vaucelles und Colombelles zur Verteidigung ein. Erst am Abend rückten Briten und Kanadier unter den gleichgültigen Blicken der Bewohner von Caen vorsichtig nach, kamen aber über die Besetzung der nördlichen Hälfte der Stadt nicht hinaus. Sie glich nach den Worten eines britischen Offiziers einem gigantischen Kornfeld, das einfach umgepflügt worden war. Es sollte der einzige greifbare Erfolg für Montgomery bleiben. Ein am nächsten Tag unternommener Angriff der 43th *Wessex-Division* auf die Höhe 212 scheiterte nach Anfangserfolgen mit dem Verlust von fast 2000 Mann. Eine unglaubliche Menge an Artillerie, hohe Verluste und nicht der geringste Gewinn für die Engländer, so bilanzierte ein Offizier der 9. SS-Panzer-Division den blutigen Kampftag westlich von Caen.[12]

Die Angreifer hatten für ihren Teilerfolg einen enormen Preis bezahlt. Allein die britische 59th *Division* hatte in nur zwei Kampftagen mehr als 1100 Mann verloren.[13] Die Feldambulanz der britischen 3rd *Division,* die gegen die 16. Luftwaffen-Felddivision gekämpft hatte, musste an nur einem Tag fast 500 Verwundete behandeln. Die offizielle britische Darstellung beziffert die Verluste von Crockers 1th *Corps* auf insgesamt 3000 Mann und 80 Kampfpanzer.[14] Auch die Waffen-SS hatte die Verteidigung der Stadt, die von Rundstedt und Rommel ohnehin aufgeben wollten, fast 600 Mann und die Hälfte ihrer Panzer gekostet. Kurt Meyer hatte mit seinem Rückzug aus Caen sogar gegen einen ausdrücklichen Führerbefehl verstoßen, aber dafür den Rest seiner Division gerettet. Der Zorn des Diktators hielt sich in Grenzen. Für seine Leistungen als Kommandeur sollte Meyer nur sechs Wochen später das Eichenlaub zum Ritterkreuz erhalten.

Die überlebenden Bewohner von Caen betrachteten die in ihre Stadt einrückenden britischen und kanadischen Truppen mit gemischten Gefühlen. Viele hatten sich ihre »Befreiung« von den Deutschen gewiss anders vorgestellt. Für de Gaulles Provisorische Regierung jedoch war der Abzug der Deutschen nach vier Jahren ein Festtag. Am 10. Juli ließ der neue Präfekt des Calvados, Pierre Daure, feierlich die Trikolore an der Fassade der Kirche St. Etienne hissen. Das Gotteshaus war fast unversehrt geblieben und überragte jetzt trotzig das Trümmerfeld, das einmal die Stadt Caen gewesen war. Manchem der Anwesenden liefen Tränen über die Wangen, ob aus patriotischer Freude oder Trauer über den hohen Preis ihrer »Befreiung«, bleibt ungewiss.[15]

Für Montgomery überwogen am Ende die Vorteile von *CHARNWOOD*. Den erhofften Durchbruch hatten seine Truppen trotz des massiven Bombereinsatzes zwar nicht erzielen können. Wenigstens waren jetzt aber die beiden Brückenköpfe *GOLD* und *JUNO* entscheidend vergrößert, so dass endlich die kanadische 1st *Army* mit ihren beiden Korps nachgeführt werden konnte. Zur Wiederherstellung des angeschlagenen britischen Renommees reichte die Eroberung nur eines Teils der Stadt allerdings nicht. Die Deutschen hatten sich inzwischen auf den Höhen von Bourguébus und Hubert Folie an der Straße nach Falaise verschanzt, wo sie weiterhin Montgomery den Weg in das panzergünstige offene Gelände südlich von Caen versperrten.

Gleichwohl gab sich der Brite am 10. Juli in einer Besprechung mit den Amerikanern in seinem Hauptquartier in Creuilly sehr gönnerhaft und geizte auch nicht mit guten Ratschlägen. Nachdem Bradley zunächst eingeräumt hatte, dass die Offensive seiner Truppen auf St.-Lô und Coutances bisher nicht durchgedrungen war, erklärte Montgomery in aller Gelassenheit, der Amerikaner solle sich die Zeit nehmen, die er brauche. Bradley möge aber auch in Erwägung ziehen, seine Truppen auf einen Punkt zu konzentrieren, wobei Montgomery in seiner charakteristischen Manier mit zwei Fingern auf die ausgebreitete Karte tippte.[16] In seinen Memoiren erwähnte der amerikanische General, dessen Verhältnis zu Montgomery erst nach dem Krieg irreversibel zerrüttet werden sollte, diese unglaubliche Demütigung jedoch mit keinem Wort.

Montgomery war jedenfalls entschlossen, den Druck auf die Deutschen südlich von Caen aufrecht zuerhalten und die Initiative nicht aus der Hand zu geben. Der Brite blieb seiner Vorliebe für Pferderennen treu und taufte seine neue Operation auf den Namen *GOODWOOD*. Ungewöhnlich war, dass der dritte seiner *colossal cracks* dieses Mal östlich der Orne ausgerechnet aus dem kleinsten der britisch-kanadischen Brückenköpfe (*SWORD*) heraus erfolgen sollte. In Montgomerys

Auftrag hatte General Miles Dempsey bereits am 10. Juli einen ersten Operationsentwurf vorgelegt. Sein Plan sah einen Angriff von General O'Connors VIIIth *Corps* mit allen drei inzwischen verfügbaren Panzerdivisionen östlich von Caen auf die etwa zehn Kilometer hinter der deutschen Front liegende Straßenspinne von Cagny vor. Der notorische Mangel an Infanterie hatte Dempsey genötigt, die Hauptlast der Operation dieses Mal auf die britische Panzerwaffe zu legen, deren mögliche Verluste man eher wettmachen zu können hoffte. Der Angriff sollte am Morgen durch ein massives zweistündiges Bombardement in mehreren Wellen auf verschiedene deutsche Stellungsbereiche vorbereitet werden. Anschließend würden etwa 300 Kampfwagen der 11th *Armoured-Division*, unterstützt durch eine Feuerwalze aus 700 Geschützen, die Reste der 12. SS-Panzer-Division und der 21. Panzer-Division überrollen und die Bahnlinie von Caen nach Vimond überschreiten. Nach Einführung der beiden übrigen Panzerdivisionen sollte auch das Höhengelände von Bourguébus eingenommen werden. In der Zwischenzeit würde das kanadische IInd *Corps* den südlichen Teil von Caen und das immer noch von den Deutschen gehaltene Industriegebiet von Colombelles besetzen. Das Angriffsziel war vermutlich Falaise, was Montgomery und Alan Brooke aber später bestritten.

Angesichts der Kräfteverhältnisse schien der Ausgang der Operation von vorneherein klar. Dempseys Plan wies jedoch eine Reihe gravierender Nachteile auf. Die Anlage sechs zusätzlicher Kriegsbrücken über die Orne und die Konzentration starker Panzerkräfte auf engstem Raum konnte der Aufmerksamkeit der Deutschen kaum entgehen. Stauungen der langen Panzerkolonnen waren unvermeidlich, auch wenn inzwischen 16 Gassen durch die von der 51st *Division* gelegten Minenfelder hatten geräumt werden können. Erhebliche Probleme waren auch bei der Überquerung der teilweise auf einem fast zwei Meter hohen Damm liegenden Bahnlinie von Caen nach Troarn zu erwarten. Sie konnte zwar von Panzern überwunden werden, wies aber nur wenige Durchlässe für die Radfahrzeuge auf.

Wenn Montgomery trotz seiner Mängel Dempseys Operationsentwurf am Ende billigte, zeigt dies nur den Druck, unter dem er inzwischen stand. Gegenüber Eisenhower behauptete er sogar, dass er »weitreichende Ergebnisse« von *GOODWOOD* erwartete, was den Amerikaner geradezu euphorisch stimmte. Er wäre nicht überrascht, antwortete er Montgomery in einem schmeichelnden Brief, »wenn Sie einen Sieg erringen, der einige der größten Schlachten der Kriegsgeschichte wie harmlose Scharmützel aussehen lassen wird«. Die volle Unterstützung des sonst über diese Art von Aufträgen wenig erfreuten strategischen Bomberkommandos war damit jedenfalls gesichert.

Noch bevor am 18. Juli bei Tagesanbruch rund 2000 alliierte Bomber in drei Wellen ihre Bombenlast von insgesamt 7000 Tonnen auf die deutschen Stellungen auslösten, hatten die Deutschen bereits einen prominenten Verlust zu verzeichnen. Nur eine Stunde nach einer Besprechung mit General Heinrich Eberbach auf dem Gefechtsstand der Panzergruppe »West« war Generalfeldmarschall Erwin Rommel am Nachmittag des 17. Juli auf der Rückfahrt nach *La Roche Guyon* in der Nähe von Saint-Foy-de-Montgommery von einer Staffel britischer *Spitfire* angegriffen und schwer verletzt worden.

Nach sechs Wochen fortgesetzter Rückschläge war vom alten Glanz des »Wüstenfuchses« allerdings nur noch wenig übrig geblieben. Rommel hatte in der Normandie mehr als unglücklich agiert. So hatte er seinen richtigen Grundsatz, vor allem am Strand stark zu sein, nirgendwo durchgesetzt. Den Beginn der Invasion hatte er sogar verpasst. Auch war er nicht in der Lage gewesen, am 8. Juni und an den Folgetagen einen konzentrierten Angriff seiner drei verfügbaren Panzerdivisionen auf den kanadischen Brückenkopf zustande zu bringen. Mit geradezu wahnhafter Verbissenheit hielt er bis zuletzt an seiner Überzeugung fest, dass die alliierte Hauptlandung am *Pas de Calais* erfolgen würde. Selbst in einem zwei Tage vor seinem Unfall an Hitler gerichteten Schreiben hatte Rommel trotz der kritischen Lage in der Normandie eine Schwächung der 15. Armee zugunsten der normannischen Front immer noch ausgeschlossen.[17] Für die Truppe, die all das nicht überschauen konnte, war der Feldmarschall jedoch bisher immer noch die Seele des Widerstandes gewesen und sein Ausfall wirkte jetzt wie ein schlechtes Omen für die schon am folgenden Tag beginnende Schlacht.

Am nächsten Morgen starteten die britischen Viermotorigen um 5.30 Uhr mit der ersten von drei Wellen. Es sollte der bisher wohl fürchterlichste Einsatz gegen Bodentruppen werden. Innerhalb von zwei Stunden pulverisierten ihre Bomben große Teil des von den Deutschen gehaltenen Raumes zwischen Orne und den Höhen von Bourguébus. Nur sechs Bomber gingen durch die feindliche Fliegerabwehr verloren. 90 *Spitfires* sorgten dafür, dass deutsche Jäger nicht an die Bomberpulks herankamen. Nach dem Inferno erhob sich eine riesige Kuppel aus Staub und Rauch über der geschundenen Landschaft. Die Ortschaften Solier, Frénouville und Troarn waren durch jeweils über 100 Bombentreffer vollkommen in Trümmer gelegt.[18] Die Artillerie dreier britischer Korps und die Schiffsgeschütze vollendeten das in der Kriegsgeschichte beispiellose Zerstörungswerk. Die Detonationen warfen 50 Tonnen schwere Panzer wie Spielzeug um, andere wurden unter Erdhaufen begraben und mussten von ihren Besatzungen, sofern sie nicht verrückt geworden waren, mühsam freigeschaufelt werden. Viele Panzer konnten ihre Türmer nicht mehr schwenken, weil Erde in die Drehkränze geraten war.

Die deutsche Front war erschüttert, aber zur Überraschung der Briten längst nicht vernichtet. Die vorderste Linie konnte die um 7.30 Uhr als Speerspitze antretende britische 11th *Armoured-Division* zwar leicht durchbrechen, aber in der Tiefe des Raumes hatten etliche deutsche Widerstandsnester das Inferno überstanden. Um Cagny und vor allem jenseits der Bahnlinie war das britische Bombardement weniger intensiv ausgefallen. Etwa ein Viertel der Besatzungen der dritten Welle war bei schlechter Sicht sogar mit ihrer Bombenlast wieder abgedreht. Bombenkrater und riesige Staubwolken verlangsamten überdies das Vorgehen der britischen Panzer, die zunächst nicht schneller als acht Kilometer in der Stunde vorrücken konnten. Den überlebenden Deutschen blieb genügend Zeit, sich zu sammeln und ihre Waffen wieder einsatzbereit zu machen. Bereits gegen zehn Uhr versteifte sich zur Überraschung der Briten der gegnerische Widerstand zwischen Grentheville, Cagny und Emiéville. Das ihnen jetzt aus allen Richtungen entgegenschlagende Abwehrfeuer beendete abrupt die noch unter den Panzerbesatzungen kursierenden Spekulationen von einem Wettrennen auf Falaise.

Die Deutschen wiederum verdankten es in der Hauptsache den wenigen überlebenden PaK-Bedienungen und Sturmgeschützbesatzungen, dass *GOODWOOD* an diesem Tag die Spitze gebrochen wurde. Sie vernichteten den Großteil der 200 *Shermans* und *Cromwells*, die am Abend des 18. Juli auf der Verlustliste von O'Connors VIIIth *Corps* standen. So schaltete etwa eine Batterie von vier 8,8-cm-Flakgeschützen der 16. Luftwaffenfeld-Division, die das britische Bombeninferno in Cagny intakt überstanden hatte, in weniger als einer Minute eine ganze Panzerkompanie des 3rd *Royal Tank Regiments* aus. Das Gelände östlich der Bahnlinie sollte zur Todesfalle für die britischen *Shermans* und *Cromwells* werden. Drei soeben erst in Vimont eingetroffene 8,8-cm-Flak-Geschütze der Panzerjägerabteilung 1039 erledigten an diesem Nachmittag gleich 27 Panzer der britischen Gardedivision.[19]

General O'Connor war es zwar im Laufe des Nachmittags noch geglückt, seine beiden zurückhängenden Panzerdivisionen über die Orne zu setzen, damit hatte er jedoch nur das Durcheinander auf britischer Seite erhöht. *GOODWOOD* war alles andere als eine glänzend geführte Operation. Drei britische Panzerdivisionen hatten sich am Ende des Tages in einem überraschend dichten Netz von deutschen Widerstandsnestern festgefahren. Aus Sicht der Verteidiger enttäuschte allerdings wieder einmal die Bilanz des Panzereinsatzes. Obwohl die Tiger der schweren Panzerabteilung 503 und die Panther der 1. SS-Leibstandarte den britischen Modellen an Feuerkraft und Panzerung deutlich überlegen waren, konnten sie an diesem Nachmittag wie auch am folgenden Tag in etlichen Begegnungsgefechten kaum einmal ihre Vorteile ausspielen. Oft agierten die Briten schneller und schossen auch genauer. Selbst im Kampf aus guten Stellungen gelangen den Tigern und Panthern oft nicht mehr Abschüsse als den gegnerischen Modellen. So glückte etwa vier deutschen Panzern, die am Ortsrand von Four in Stellung gegangen waren, nur der Abschuss von zwei Cromwells, während sie selbst auch zwei Fahrzeuge verloren.[20]

»Königstiger« der schweren Panzerabteilung 503 in der Nähe von Canteloup bei Caen im Juli 1944. Die Panzer stehen getarnt unter Bäumen, um sie vor der alliierten Luftaufklärung zu verbergen.

Obwohl mehr als ein Viertel seiner Panzer bereits zerstört war und der Rest inzwischen festlag, hatte Montgomery bereits um 16 Uhr eine überaus optimistisch gehaltene Funkbotschaft an *Field Marshal* Sir Alan Brooke geschickt. Die Operationen seien an diesen Morgen ein »vollständiger Erfolg« gewesen. Die Lage entwickle sich sehr vielversprechend und es sei nicht zu erkennen, was die Deutschen noch dagegen unternehmen könnten. Selbst die rasche Einnahme der südlichen Vororte von Caen durch das kanadische IInd *Corps* konnte diese irreführende und zum Teil sogar falsche Meldung nicht rechtfertigen. O'Connors Panzer hatten bis zu diesem Zeitpunkt weder Tilly-la-Campagne noch La Hogue nehmen können. Dass Montgomery am selben Nachmittag auch die in seinem Hauptquartier versammelte internationale Presse mit einem überoptimistischen Bulletin versorgte, das von einem Durchbruch sprach, begründete der General später mit dem Argument, man habe die Deutschen täuschen wollen. Die tatsächliche alliierte Strategie, die angeblich nur eine Fesselung der deutschen Panzerkräfte im Raum von Caen vorsah, hätte auf keinen Fall öffentlich werden dürfen.[21]

O'Connors Panzer konnten zwar am nächsten Tag noch den Schulterschluss mit den von Westen angreifenden Kanadiern herstellen. Die Deutschen mussten Hubert-Folie und sogar Bourguébus räumen, doch starker Regen und der Ausfall der *Air Force* verhinderten am 20. Juli, dass die britische Offensive noch einmal an Fahrt gewann. Insgesamt hatte *GOODWOOD* die Briten ein Drittel ihrer Panzer gekostet. Die vorneweg angreifende 11th *Armoured-Division* hatte von ihren 270 Kampfwagen sogar 161 Fahrzeuge verloren. Anders als die Deutschen, die mit 83 Kampfwagen beinahe den Bestand einer ganzen Panzerdivision eingebüßt hatten, konnte Montgomery wenigstens seine Panzerverluste leicht ausgleichen. Wohl mehr Besorgnis dürfte die Briten allerdings der neuerliche Ausfall von mehr als 5 000 Infanteristen bereitet haben, womit die britisch-kanadischen Gesamtverluste seit dem ersten Landungstag auf knapp 46 000 Tote, Verwundete und Vermisste angestiegen waren. Die Amerikaner wiederum durften einmal mehr ihre Nasen über die fortgesetzte britische »Stümperei«

rümpfen. Für helle Empörung hatten jedoch Montgomerys wiederholte Täuschungsversuche gesorgt, die ihm bei den Amerikanern den Rest seiner Glaubwürdigkeit nahmen. Sogar der sonst so konziliante Eisenhower bekam einen Wutanfall, als ihm das tatsächliche Resultat von *GOODWOOD* gemeldet wurde. »Mit ungeheurem Aufwand haben wir 7000 Tonnen Bomben auf die Deutschen abgeworfen«, klagte er gegenüber *Commander* Butcher, »und danach nicht mehr als sieben Meilen gewonnen. Können wir es uns wirklich leisten, für jede Meile 1000 Tonnen Bomben abzuwerfen«?[22]

18 Der 20. Juli 1944 im Westen – Eine schwäbische Verschwörung?

»Der Treffer, den er am 17. Juli 1944 auf der Strasse nach Livarot erhielt, beraubte den Plan der einzigen Schultern, denen das fürchterliche Doppelgewicht des Krieges und des Bürgerkrieges zuzutrauen war.«

Ernst Jünger, Strahlungen, Vorwort[1]

»Er [Rommel] ist weltanschaulich gefestigt, steht uns Nationalsozialisten nicht nur nahe, sondern ist ein Nationalsozialist.«

Joseph Goebbels, Tagebücher, 4. Oktober 1942[2]

Als Hauptmann Hellmuth Lang, seit März 1944 Rommels Ordonanzoffizier, dem schwer verletzt im Luftwaffenlazarett in Bernay liegenden Generalfeldmarschall am 21. Juli die Nachricht vom gescheiterten Attentat auf Hitler überbrachte, soll dessen Gesicht bleich wie eine Wand geworden sein.[3] Die standrechtliche Erschießung von Friedrich Olbricht, Claus Graf von Stauffenberg, Werner von Haeften sowie Albrecht Mertz von Quirnheim im Hof des Berliner Bendlerblocks lag jetzt schon zwölf Stunden zurück. Ebenso war der zunächst erfolgreich angelaufene Putsch in Paris rückabgewickelt worden. Die am Vortag verhafteten 1000 Angehörigen der SS und des SD befanden sich wieder auf freiem Fuß und der verantwortliche Militärbefehlshaber für Frankreich und Belgien, General Carl Heinrich von Stülpnagel, war bereits zur »Berichterstattung« nach Berlin beordert worden.

War nun aber der »Wüstenfuchs« und vormals gefeierte Held der NS-Propaganda nicht nur ein Mitwisser der Attentatspläne gewesen, sondern am Ende sogar zum Mitakteur der militärischen Verschwörung gegen den Diktator geworden? War die von Hauptmann Lang geschilderte Empörung Rommels über das Attentat auf dem Krankenbett nur gespielt?[4]

Der engere Kreis der Verschwörer um Henning von Treskow, Claus von Stauffenberg und dessen Cousin Caesar von Hofacker hatte jedenfalls Rommel immer mehr als wichtige Figur in ihrem Komplott betrachtet, dessen Unterstützung entscheidend zum Erfolg des Wagnisses beitragen konnte. Seit dem Frühjahr 1944 waren daher verschiedene Mitglieder des militärischen Widerstandes nach *La Roche Guyon* gereist, um die Lage zu sondieren. Konnte man tatsächlich den hoch angesehenen Feldmarschall zum Abfall von Hitler bewegen, ließe sich vielleicht auch ein großer Teil des deutschen Volkes für den Umsturz gewinnen. Ein Bürgerkrieg wie im November 1918 hätte damit vermieden werden können. Auch würde Rommels vermeintliches Ansehen bei den Briten vielleicht helfen, das angestrebte Ende des Krieges im Westen durch eine Öffnung der deutschen Front gegenüber den Anglo-Amerikanern herbeizuführen. Dass der »Wüstenfuchs« gerade wegen seiner Nähe zum Regime beim Gegner eher Misstrauen hervorrufen musste, beschäftigte die Verschwörer durchaus. Noch im November 1943 hatte von Treskow den Feldmarschall als »hoffnungslos« bezeichnet: »Ohne Geist und Erkenntnis«, und Generaloberst Ludwig Beck zeigte sich über Rommels vermeintlichen Seitenwechsel sogar zutiefst empört.[5]

Rommels innerlicher Abschied von dem vormals so verehrten Diktator bis hin zur möglichen Billigung seiner Tötung in den letzten Tagen vor dem 20. Juli 1944 war ein langer und quälender Prozess. Selbst für Persönlichkeiten, die dem Feldmarschall nahestanden, war er kaum wahrnehmbar gewesen und noch viel weniger konnten die Alliierten von Rommels Wandlung wissen.

Tatsächlich hatte seine Entfremdung von Hitler bereits zwei Jahre vor der Invasion in der Endphase der Schlacht von El Alamein eingesetzt, als der Feldmarschall erstmals nach tagelangem inneren Kampf einen ausdrücklichen Führerbefehl missachtet hatte, um die Reste seiner Armee zu retten. Der »Führer« sei »manchmal nicht mehr normal«, hatte Rommel im Herbst 1943 gegenüber seinem Sohn geäußert. Hitlers Fantasien von einem heroischen Untergang des deutschen Volkes hatten ihn geschockt.[6]

Hermann Göring und Martin Bormann besichtigen das Führerhauptquartier nach dem Attentat vom 20. Juli.

Im OKW galt Rommel seit dem Verlust von Afrika als Pessimist, der zwar sehr schneidig agiere, wenn es vorwärtsging, aber nicht über die jetzt erforderlichen Steherqualitäten verfüge. Goebbels bezeichnete im Herbst 1943 seine einst wichtigste militärische Propagandafigur sogar als »innerlich gebrochen«.[7]

Zu einem direkten Kontakt Rommels mit Vertretern des Widerstandes war es jedoch erst im Frühjahr 1944 während eines Heimaturlaubes in Herrlingen gekommen. Ausgerechnet der stramm nationalsozialistische Stuttgarter Oberbürgermeister Karl Ströhlin hatte sich damals als entschiedener Kritiker Hitlers offenbart. In einer Gästerunde in Rommels neuem Herrlinger Haus war er auf die unglaublichen Verbrechen des Regimes zu sprechen gekommen und hatte freiweg die militärische Lage als aussichtslos bezeichnet. Als Ströhlin schließlich auch noch gefordert hatte, dass Hitler »wegkommen« müsse, sonst hätte alles keinen Wert mehr, fühlte sich Rommel allerdings veranlasst, seinem offenherzigen Gast ins Wort zu fallen. Er sei schon dankbar, wenn er solche Reden nicht vor seinem Sohn führen würde.[8]

Nur wenige Wochen später hatte sich am 15. April 1944 Generalleutnant Hans Speidel als neuer Chef des Stabes in *La Roche Guyon* vorgestellt. Der aus dem schwäbischen Metzingen stammende Offizier verfügte selbst über beste Kontakte in den Widerstand. Dazu zählten vor allem Ströhlin wie auch der ehemalige Reichsaußenminister Konstantin Freiherr von Neurath, wie Speidel und der Stuttgarter Oberbürgermeister ein gebürtiger Schwabe. Mit Rommel verstand sich Speidel offenbar auf Anhieb. Später schrieb er über ihr erstes vertrauliches Gespräch im Gobelinzimmer des Schlosses: »Meine erste Abgrenzung politischer Gedanken mit Rommel ergab völlige Übereinstimmung.« Der Feldmarschall nahm kein Blatt vor den Mund und zeichnete zu Speidels Überraschung ein düsteres Bild der militärischen und politischen Lage. Der unter den Verschwörern kursierende Plan einer Öffnung der Front im Westen dürfte dabei allerdings noch nicht Thema gewesen sein.

Speidel hatte jedenfalls den Eindruck erhalten, den Feldmarschall für den Widerstand gewinnen zu können und arrangierte Mitte Mai ein Treffen mit dem deutschen Militärbefehlshaber von Frankreich und Belgien, Carl Heinrich von Stülpnagel, dem Kopf der militärischen Verschwörung im Westen. Auch wenn der Inhalt ihres Gesprächs nicht überliefert ist, wird Rommel dabei noch einmal seinen Standpunkt klargemacht haben, den er auch drei Tage zuvor gegenüber General Eduard Wagner, dem Generalquartiermeister des Heeres, geäußert hatte. Ein Attentat auf den »Führer« lehnte der Feldmarschall vorerst kategorisch ab.[9] Zwei Wochen später jedoch ließ er kurz vor der alliierten Landung Oberbürgermeister Ströhlin und von Neurath durch Speidel ausrichten, dass er zu »jedem Einsatz« bereit sei. Man müsse den Krieg beenden, solange man noch etwas zum Verhandeln in der Hand habe, erklärte Rommel am 11. Juni gegenüber Vizeadmiral Friedrich Ruge.[10] Zwar glaubte er immer noch, den »Führer« mit militärischen Argumenten zu einer politischen Lösung bewegen zu können, befürchtete aber auch, dass der Diktator angesichts seiner ungeheuren Verbrechen für die Anglo-Amerikaner niemals ein Verhandlungspartner sein könnte.

Der ungünstige Verlauf der Invasionsschlacht und Rommels ebenso unglückliche Rolle als Befehlshaber der Heeresgruppe »B« hatten fraglos die Kluft zu Hitler vertieft. Schon das Treffen in Margival am 17. Juni war für ihn eine Demütigung gewesen und die zuletzt von Rommel an Hitler gerichtete Frage, wie er sich denn den Weitergang dieses Krieges vorstelle, hatte der Diktator unwirsch zurückgewiesen. Dies sei allein seine Sache. Rommel solle sich besser um seine Invasionsfront kümmern.[11]

Am 29. Juni war es schließlich auf dem Berghof zu einer letzten Begegnung des Feldmarschalls mit Hitler gekommen. Genau an diesem Tag schien sich auch der endgültige Bruch mit dem Diktator vollzogen zu haben. Hitler hatte sogar die Bitte des Feldmarschalls um ein Gespräch unter vier Augen mit eisigem Stillschweigen übergangen. Anders als noch nach dem Treffen in Margival war Rommel jetzt wie umgewandelt nach *La Roche Guyon* zurückgekehrt. Bei Tisch verlor er jedoch zu Admiral Ruges Erstaunen kein Wort über dieses letzte Treffen mit dem Diktator. Später platzte es jedoch aus Rommel heraus. Der Mann sei einfach nicht da, hatte er am nächsten Tag gegenüber seinem Fahrer geklagt. Man könne reden, was man wolle, der höre einem gar nicht zu.[12]

Rommel war inzwischen überzeugt, dass der Krieg zumindest im Westen sofort beendet werden musste. Aus seinen Gedanken machte er kein Geheimnis mehr, nachdem erst kurz zuvor der konzentrische Angriff von immerhin vier SS-Panzerdivisionen gegen den britischen Odonbrückenkopf schon im Ansatz an der Wucht der gegnerischen Artillerie gescheitert war. Es sei jetzt der Zeitpunkt gekommen, da der »Führer« abtreten müsse, um den Weg zum Frieden frei zu machen, erklärte er am 1. Juli seinem Ic-Stabsoffizier, Oberstleutnant Anton Staubwasser, der nach seiner nächtlichen Schicht zum Frische-Luft-Schnappen in den Garten des Schlosses gekommen war, wo der Feldmarschall auf seiner Lieblingsbank saß. Jeder Tag, den der Krieg noch länger dauert, bringe unvertretbare Menschenverluste, Zerstörungen und Verwüstungen und sei deshalb ein Verbrechen.[13]

Als nur eine Woche danach auf Vorschlag Speidels Caesar von Hofacker, ein weiterer Schwabe aus dem inneren Zirkel der Verschwörer, bei der Heeresgruppe eintraf, ahnte Rommel nicht, dass ihm jetzt bereits die Schlinge um den Hals gelegt worden war. David Irving bezeichnete Hofacker als romantischen und ungestümen Fantasten, der später seine Unterredung mit Rommel überall als großen Erfolg preisen sollte. Der Feldmarschall hätte am liebsten gleich losschlagen wollen, lautete sein Resümee. Der Luftwaffenoffizier gehörte zum Stab von Militärbefehlshaber Stülpnagel. Rommel hatte noch Hofackers Vater gekannt, der im Ersten Weltkrieg als Königlich Württembergischer Generalleutnant Kommandeur einer Infanteriedivision gewesen war.

Das Attentat auf Hitler stehe unmittelbar bevor, lautete die Nachricht des Ankömmlings. Sollte es glücken, musste im Westen der Kampf unverzüglich eingestellt und der Rückzug hinter die Reichsgrenze angetreten werden. Dazu werde Rommel gebraucht. Folgt man einer Aktennotiz, in der Hitlers Parteisekretär Martin Bormann im September 1944 die Aussagen mehrerer Verschwörer zusammengefasst hatte, darunter auch die von Stülpnagel und Hofacker, so hätte Rommel im Verlauf des Gespräch geäußert, dass er der neuen Regierung nach einem erfolgreichen Attentat zur Verfügung stehen wolle.[14] Im Kreis der Pariser Verschwörer hatte die angebliche Zusage des Feldmarschalls geradezu Euphorie ausgelöst. Rommel sollte daher die Verhandlungen mit den Anglo-Amerikanern führen und noch ehe er nach Berlin weiterreiste, gab Hofacker den Entwurf eines Schreibens in Auftrag, das Rommel an Montgomery richten sollte.

Der Feldmarschall hatte sich bei aller sonst geübten Freimütigkeit in seinen Äußerungen gegenüber Untergebenen jedoch nie selbst zum Ausmaß seiner Verwicklung in das Attentat geäußert. Sein Biograf David Irving behauptete gar, das Gespräch mit Hofacker, der als Reserveoffizier in Rommels Augen ohnehin ein halber Zivilist gewesen sei, hätte ihn nicht beeindruckt und keine Änderung seiner Haltung bewirkt.[15] Es passte jedoch kaum zu Irvings Einschätzung, dass Rommel nur einen Tag später gegenüber Oberst Hans Lattmann, seinem Artillerieoffizier, äußerte, er sei nun bereit, auch gegen Hitlers Willen mit den Alliierten zu paktieren. Voraussetzung sei allerdings, dass Briten und Amerikaner dem Reich erlauben würden, den Krieg gegen die Sowjets fortzusetzen.[16]

Von einer Tötung Hitlers wollte Rommel jedoch, anders als es Hofacker in Paris und später auch in Berlin verbreitete, nach wie vor nichts wissen. Wohl kaum hätte er sich sonst am 15. Juli, sechs Tage nach der Begegnung mit Hofacker, in einem Brief noch einmal an den Diktator gewandt. Offenbar hatte sich Rommel entschlossen, einen eigenen Weg zu gehen. Nach einer schonungslosen Schilderung der scheinbar ausweglosen Lage in der Normandie hatte er den »Führer« zuletzt ganz offen aufgefordert, die politischen Folgerungen zu ziehen. Falls Rommel damit tatsächlich Hitler ein letztes Ultimatum zum Rücktritt stellen wollte, wie es Speidel nach dem Krieg behauptete, sollte es seinen Adressaten allerdings erst nach dem Attentat erreichen. Feldmarschall von Kluge, der schon 1943 von den Attentatsplänen seines damaligen Ia-Offiziers, Henning von Treskow, wusste, es aber nie gewagt hatte, auf die Seite der Verschwörer zu wechseln, hielt Rommels brisantes Schreiben vorerst zurück. Davon nichts ahnend fuhr der Feldmarschall am nächsten Tag zur 17. Luftwaffen-Felddivision in Le Havre, wo er auch dem ihm aus Nordafrika wohlbekannten Oberstleutnant Elmar Warning begegnete. Auf dessen Frage, was denn nun werden soll, erwiderte Rommel, dass er und der Feldmarschall von Kluge dem »Führer« ein Ultimatum gestellt hätten. Da der Krieg nicht zu gewinnen sei, müsse nun eine politische Entscheidung getroffen werden. Als Warning einwandte, dass Hitler dies wohl ablehnen werde, soll Rommel ganz klar erwidert haben. »Dann mache ich die Westfront auf. Denn es gibt nur noch eine wichtige Entscheidung. Wir müssen dafür sorgen, dass die Anglo-Amerikaner eher in Berlin sind als die Russen.«[17]

Offenbar schien Rommel in Erwartung von Hitlers Reaktion schon am nächsten Tag konkrete Vorbereitungen für den Waffenstillstand getroffen zu haben. Schließlich musste er jetzt sogar jederzeit mit seiner Ablösung rechnen. Jedenfalls fuhr er am 17. Juli zu den Befehlshabern der beiden südlich von Caen kämpfenden SS-Panzerkorps. Deren kommandierende Generale, Sepp Dietrich und Wilhelm Bittrich, waren beide Urgesteine der Waffen-SS und Nationalsozialisten der ersten Stunde. Auf ihre Haltung würde es besonders ankommen. Als Bittrich dem Feldmarschall im Verlauf des Gespräches eingestand, dass er selbst schon entgegen anderslautender Befehle mit den Briten einen Waffenstillstand zum Austausch von Verwundeten vereinbart hatte, fand Rommel den Mut, deutlich zu werden und erklärte, dass er sich jeder neuen Staats- und Wehrmachtsführung unterstellen würde. Dass er sogleich einschränkend hinzufügte, es dürfe jedoch kein Attentat auf den Führer unternommen werden, mag eine Schutzbehauptung gegenüber einem hohen SS-Offizier gewesen sein, vielleicht aber auch seine immer noch bestehende Ablehnung eines totalen Eidbruches zum Ausdruck gebracht haben. Auch seine anschließende Unterredung mit Oberstgruppenführer Sepp Dietrich schien ein überraschend günstiges Ergebnis erbracht zu haben. Was jedoch von dessen freimütiger Zusage zu halten war, er würde nur Rommel gehorchen, egal, was dieser befehlen würde, ist schwer einzuschätzen. Der Feldmarschall schien jedenfalls zufrieden und meinte auf der Rückfahrt zu Hauptmann Lang, dass er sich wohl auf den SS-General verlassen könne.[18] Zum Abschluss seiner Tour suchte er Heinrich Eberbach auf, den neuen Befehlshaber der Panzergruppe »West«. Rommel kam gegenüber dem Schwaben rasch auf den Punkt, nachdem dieser seiner Einschätzung, Hitler müsse weg, sofort zugestimmt hatte. In Kürze schilderte er dem Panzergeneral sein Szenario vom Waffenstillstand im Westen und der Fortsetzung des Kampfes im Osten. Er hoffe, sich auf ihn verlassen zu können, erklärte der Feldmarschall dem verdutzten Eberbach und machte sich auf den Weg nach *La Roche Guyon*.[19]

Dass Montgomerys Offensive auf Falaise unmittelbar bevorstand, war für die Deutschen kein Geheimnis mehr. Gelangs es Rommels Truppen in ihrem tief gestaffelten Verteidigungssystem tatsächlich, Briten und Kanadier aufzuhalten und ihnen empfindliche Verluste zuzufügen, würde dieser Erfolg vielleicht die Basis für einen Waffenstillstand schaffen, dem sich ein Öffnen der deutschen Linien oder ein Rückzug aus Frankreich anschließen könnte. Rommels beinahe tödliche Begegnung mit sechs Spitfires der 602nd *Squadron* der *RAF* auf der Rückfahrt zwischen Livarot und Vimoutieres bedeutete jedoch das abrupte Ende seines ebenso mutigen wie außergewöhnlichen Alleinganges. Ob ein Schreiben des „Wüstenfuchses“ an seinen militärischen Dauerkontrahenten selbst nach dem für Montgomery verlustreichen und demütigenden Ausgang von *GOODWOOD* den erhofften Effekt gehabt hätte, erscheint jedoch mehr als ungewiss. Selbst ein sofortiger Rückzug des Westheeres hinter die Reichsgrenze, wie ihn Rommel vermutlich vorgeschlagen hätte, wäre für die Anglo-Amerikaner kaum akzeptabel gewesen. Schließlich hätten die Deutschen ihren Widerstand jederzeit wiederaufnehmen können, wenn es zu keiner Einigung gekommen wäre. Vor allem Roosevelt hätte jede Vereinbarung mit dem Reich, die nicht die Sowjetunion einbeziehen würde, entschieden abgelehnt. Die kompromisslose Haltung der Amerikaner war inzwischen auch den Verschwörern in Berlin über ihren Madrider Kontakt bekannt.[20] Ausschlaggebend für die Ablehnung von Rommels Angebot wäre jedoch der Umstand gewesen, dass Churchill und seine

Berater auch den konservativen Kreisen des Reiches zutiefst misstrauten. Hatten die Generale doch Hitlers aggressive Politik jahrelang mitgetragen und würden nun angesichts der unvermeidlichen deutschen Niederlage nur nach einem billigen Ausweg suchen. Ihren alten Überzeugungen seien sie jedoch treu geblieben. Auch Rommel besaß bei den Briten keineswegs das Ansehen, auf das er sich gelegentlich berief. John Wheeler-Bennet, ein Freund Außenminister Anthony Edens und Kenner Deutschlands bemerkte in einem am 25. Juli für Churchill verfassten Memorandum, dass das gescheiterte Attentat der britischen Regierung sogar große Schwierigkeiten erspart habe. Hätten die Generale der alten Armee nach der Beseitigung Hitlers und seiner Paladine um einen sofortigen Frieden ohne bedingungslose Kapitulation ersucht, wäre es unweigerlich zu einer öffentlichen Debatte über die Fortsetzung des Krieges gekommen.[21] Sir Oliver Harvey, Edens Privatsekretär, stimmte mit General Sir Frederick Morgan überein, dass Hitler ihnen mit der jetzt wohl folgenden Auslöschung des deutschen Generalstabes nur eine unangenehme Arbeit abnehmen würde. Die Verschwörer verdienten in Harveys Augen sogar mehr Verachtung als Hitler selbst.[22] Churchill wiederum betonte den militärischen Aspekt des Scheiterns. In einer launigen Rede vor dem Unterhaus erklärte er einige Wochen später, dass das militärische Genie des »Gefreiten Schicklhuber« nun weiterhin zu unserem Sieg beitragen könne.[23]

19 *COBRA* – Der große Ausbruch der Amerikaner

»Je armseliger die Infanterie, desto mehr Artillerie benötigt sie. Unsere Infanterie braucht wirklich alles, was sie bekommen kann.«

General George Smith Patton[1]

Nach ihrem raschen Durchstoßen auf Cherbourg und dem Fall der Stadt fanden sich General Bradleys zuvor so erfolgreiche Divisionen seit Anfang Juli plötzlich mit einem ungewohnten kleinteiligen Stellungskrieg konfrontiert. Die ebenso pittoreske wie schwer durchdringliche Heckenlandschaft des *Bocage* war weder in den amerikanischen Gefechtsvorschriften berücksichtigt worden, *noch* hatten sie die alliierten Planer im Vorfeld der Invasion in ihrer hemmenden Wirkung für motorisierte Truppen zutreffend eingeschätzt. Voller Verzweiflung sprach General Bradley von dem verdammtesten Land, das er je gesehen habe.[2] Ein einziges deutsches MG konnte in diesen *Bocs* ein ganzes amerikanisches Bataillon für Stunden aufhalten.

Die amerikanischen Soldaten wussten die Schwierigkeiten, für die sie nie ausgebildet worden waren, durch besondere Findigkeit zu überwinden. Ebenso wie die deutschen Verteidiger gingen sie jetzt in kleinen gemischten Gruppen vor und lernten mit blutigem Lehrgeld den Kampf der verbundenen Waffen. Dabei halfen auch technische Neuerungen wie etwa die Außensprechstellen am Heck der Panzer, über welche die Begleitinfanterie Verbindung mit der Besatzung aufnehmen konnte. Soldaten einer Aufklärungseinheit kamen sogar auf die Idee, an dem unteren Teil ihrer Panzerwannen einen Bugvorsatz aus vier oder fünf stählernen Zacken zu schweißen, mit dem sie innerhalb von Minuten Lücken in die dicht gewachsenen Hecken reißen konnten. Nach einer gelungenen Vorführung vor Eisenhower am 14. Juli ging das Modell in Serie. In weniger als zwei Wochen waren 60 Prozent aller amerikanischen Panzer mit dem neuen Heckenbrecher ausgestattet.[3] Dass sich die Amerikaner kurzfristig die erforderlichen Stahlträger in großen Mengen verschaffen konnten, war letztlich sogar Rommels Verdienst. Sie mussten einfach nur die von den Deutschen zurückgelassenen »Tschechenigel« zerlegen. Die dankbaren Soldaten, die es damit leichter hatten, deutsche Stellungen zu umgehen, tauften die umgebauten Fahrzeuge, die wie mit gesenktem Horn auf die Hindernisse eindrangen, kurzerhand »Rhinos«.

Trotz aller taktischen Verbesserungen kam die amerikanische Offensive auf St.-Lô und Périers in den ersten beiden Juliwochen nur quälend langsam voran. Die Deutschen verteidigten sich überaus geschickt mit Mörsern, flankierenden MGs sowie Panzerfäusten und führten, wo immer es möglich war, beherzte Gegenstöße. Um jede Hecke musste verbissen gekämpft werden. Zwischen dem 5. und 9. Juli war etwa General Bartons bewährte 4th *Division* kaum mehr als einen Kilometer vorangekommen.[4] Andere Divisionen hatten nicht mehr Erfolg und das Kriegstagebuch der Ist *US-Army* glaubte am 7. Juli sogar ein beunruhigendes Defizit an Angriffsgeist in den Verbänden feststellen zu können.[5]

Dass Eisenhower in diesen quälenden Tagen sich wiederholt mit dem Stoßseufzer vernehmen ließ, er wünschte, Patton wäre jetzt hier[6], dürfte den vorerst in England zurückgelassenen alten Haudegen gewiss in Hochstimmung versetzt haben. Aufmunterung hatte er dringend nötig. Nach seinen skandalträchtigen Ohrfeigen gegen zwei angebliche Simulanten in einem Lazarett auf Sizilien war der impulsive General von Eisenhower und Marshall eilig aus dem Schussfeld einer empörten Presse nach Großbritannien versetzt worden. Als »General auf Bewährung« hatte Patton dort die ebenso wichtige wie allerdings auch undankbare Rolle eines Oberbefehlshabers der alliierten Gespensterarmee (*First United States Army-Group/FUSAG*) in Südostengland übernehmen müssen. Als der General jedoch im April 1944 mit einer freimütigen Rede im englischen Knutsford einmal mehr für helle Aufregung unter amerikanischen Politikern und Presseleuten gesorgt hatte, durfte sich der General glücklich schätzen, überhaupt noch für ein hohes Kommando in Frankreich in Betracht gezogen zu werden.[7] Bradleys schwache Performance in der Normandie nährte nun jedoch die Hoffnung des beinahe 60-jährigen Generals, dass der Oberbefehl über eine Armada aufblasbarer Panzerattrappen nicht die letzte Verwendung seiner langen militärischen Laufbahn sein würde. Es sei die Hölle, am Rande zu stehen und zusehen zu müssen, wie ihm all der Ruhm entgehe, hatte der General, der bei der Landung der Amerikaner in Marokko brusttief im Wasser zum Strand gewatet war, seiner Frau noch am 6. Juni geschrieben.[8]

Erst einen ganzen Monat nach Beginn der Invasion war Patton mit seinem Stab in Frankreich eingetroffen, wo er hoffte, bald wieder echte Truppen führen zu können. Mit seiner aus drei Korps bestehenden 3rd *Army* sollte der General den geplanten Durchbruch der Amerikaner vollenden und möglichst rasch die Bretagne mit ihren wichtigen Häfen erobern.

Wenn wir den Feind weiterhin wie bisher bekämpfen, werden wir vor dem Sieg noch alle an Altersschwäche gestorben sein, warnte der ungeduldige Neuankömmling seinen alten Freund Eisenhower. In seinem Tagebuch vermerkte Patton am 14. Juli in sorgenvoller Stimmung, »Brad« und Hodges seien Niemande und unternähmen praktisch nichts. Er hingegen könne in drei Tagen durchbrechen, wenn er nur das Kommando hätte.[9] Wohl gönnte er auch seinem jetzigen Vorgesetzten sein hohes Kommando nicht recht. Schließlich hatte Bradley noch auf Sizilien unter ihm als Befehlshaber eines Korps gedient. Auch damals war es allein dem schillernden Patton und seiner Idee eines überraschenden Vorstoßes auf Palermo zu verdanken gewesen, dass die unwegsame Insel in nur fünf Wochen erobert werden konnte. An faszinierenden Einfällen mangelte es Patton auch jetzt nicht. Ob allerdings sein an Eisenhower lancierter Vorschlag, ein ganzes Armeekorps zusammen mit einer Panzerdivision in der Bretagne zu landen, tatsächlich zur raschen Eroberung von Brest und Rennes geführt hätte, erscheint allein schon wegen der Kürze der Vorbereitungszeit fraglich.

Eisenhower mochte wohl auch aus anderen Gründen nicht auf den verwegenen Plan eingehen. Schließlich benötigte er die Landungsboote für die bevorstehende Operation *DRAGOON* in Südfrankreich,

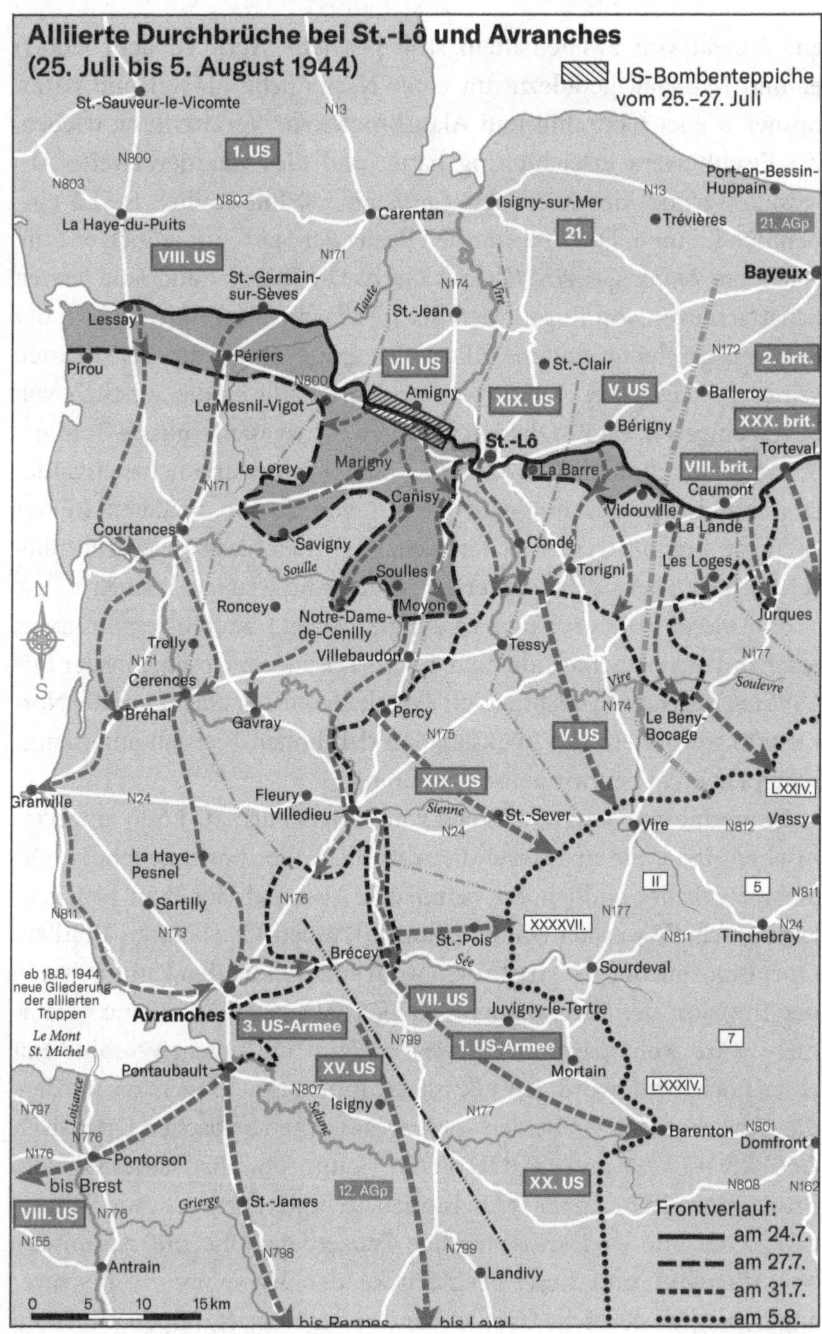

Alliierte Durchbrüche bei St.-Lô und Avranches
(25. Juli bis 5. August 1944)
US-Bombenteppiche vom 25.–27. Juli
St.-Sauveur-le-Vicomte
N13
1. US
N800
N803
N803
La Haye-du-Puits
Carentan
Isigny-sur-Mer
N13
Port-en-Bessin-Huppain
Trévières
21. AGp
21.
VIII. US
N171
St.-Germain-sur-Sèves
N174
Taute
Vire
St.-Jean
Bayeux
Lessay
Périers
Pirou
VII. US
St.-Clair
N172
2. brit.
N800
Le Mesnil-Vigot
Amigny
XIX. US
V. US
Balleroy
Bérigny
XXX. brit.
St.-Lô
Torteval
Le Lorey
Marigny
La Barre
VIII. brit.
N171
Canisy
Caumont
Vidouville
Courtances
La Lande
Savigny
Condé
Soulle
Soulles
Torigni
Les Loges
N
S
Roncey
Notre-Dame-de-Cenilly
Moyon
Jurques
Trelly
Villebaudon
Tessy
N171
N177
Cerences
Vire
Soulevre
Bréhal
Gavray
Percy
N174
Le Beny-Bocage
N175
V. US
LXXIV.
Granville
N24
Fleury
XIX. US
Villedieu
Sienne
St.-Sever
Vire
N812
Vassy
N24
La Haye-Pesnel
II
5
N811
Sartilly
N811
N176
N173
N177
XXXXVII.
St.-Pois
N24
N811
Tinchebray
Brécey
Sée
Sourdeval
ab 18.8. 1944 neue Gliederung der alliierten Truppen
VII. US
Avranches
Juvigny-le-Tertre
3. US-Armee
Le Mont St. Michel
N799
1. US-Armee
7
Pontaubault
XV. US
Mortain
LXXXIV.
N807
N797
Loisance
Selune
Isigny
N177
N776
Barenton
N801
Domfront
N176
Pontorson
bis Brest
XX. US
N808
N162
12. AGp
VIII. US
N776
Grierge
St.-James
Frontverlauf:
am 24.7.
N155
am 27.7.
N798
N799
am 31.7.
Antrain
Landivy
am 5.8.
0 5 10 15 km
bis Rennes
bis Laval

ein Projekt von zweifelhaftem strategischem Wert, an dem jedoch er und Marshall geradezu mit einer Narrenliebe hingen und damit immer wieder Churchill und Alan Brooke zur Verzweiflung trieben. Zu Eisenhowers Erleichterung hatte, und dies war der zweite Ablehnungsgrund, das XIXth *US-Corps* am 18. Juli endlich St.-Lô einnehmen können. Der Preis für den Besitz der Stadt war jedoch enorm. Nachdem *Major General* Charles Gerhardts Männer auch die letzten Scharfschützen von Eugen Meindls 3. Fallschirmjäger-Division in der Stadt ausgeschaltet hatten, füllten fast 4000 Mann die Verlustlisten seiner 29th *Division*. Kaum weniger hart hatte es die westlich von St.-Lô eingesetzte 30th *Division* getroffen.[10] Insgesamt musste Bradleys Strategie des allmählichen »Durchbeißens« seiner drei nebeneinander angreifenden Korps mit dem Verlust von 40000 Soldaten in nur 14 Tagen bezahlt werden.[11] Berücksichtigt man, dass 90 Prozent dieser Verluste allein die Infanterie betrafen und Marschall sogar eiligst 25000 Mann Ersatz aus den Vereinigten Staaten mobilisieren musste, erscheint das ernüchternde Zitat des Verfassers der Geschichte der 83rd *Division* durchaus gerechtfertigt: »Wir haben die Schlacht um die Normandie gewonnen, mit Rücksicht auf den hohen Preis an amerikanischen Leben haben wir jedoch verloren.«[12]

Immerhin war jetzt die Straße von Périers nach St.-Lô in amerikanischer Hand. Sie markierte die Ablauflinie der bevorstehenden Offensive, mit der endlich der befreiende Ausbruch aus dem Brückenkopf geschafft werden sollte. Colonel Trumen C. Thorson, Bradleys Operationsoffizier (*G3*) hatte dem wohl entscheidenden Unternehmen der Invasion den Decknamen *COBRA* gegeben. Der Name »Hammer« wäre wohl passender gewesen, denn die Offensive sollte mit einer höchst fragwürdigen taktischen Innovation eingeleitet werden, die sich schon bei den beiden vorausgegangenen britischen Offensiven *CHARNWOOD* und *GOODWOOD* kaum bewährt hatte. Obwohl Bradley inzwischen über 15 Divisionen verfügte, darunter zwei Panzerdivisionen und drei selbstständige Panzerbataillone mit zusammen 600 *Shermans*, und dieser beeindruckenden Masse nur zwölf schwer angeschlagene deutsche Großverbände oder Kampfgruppen mit kaum mehr als insgesamt 150 Kampfpanzern gegenüberstanden,[13] wollte er nichts dem Zufall überlassen. Ein massives Flächenbombardement auf einen schmalen Sektor der deutschen Front sollte seine Offensive vorbereiten. Rund 1 000 B-17 und B-24 Bomber der 8th *US Air Force* waren vorgesehen, mit ihrer Bombenlast jeden deutschen Panzer und jedes deutsche Geschütz an der geplanten Durchbruchsstelle zu vernichten und damit ein etwa sieben Kilometer breites Loch in die gegnerische Front zu schlagen.

COBRA verkörperte das taktische Konzept der Amerikaner in seiner höchsten und brutalsten Form. Nachdem mit einem Maximum an Feuerkraft die deutsche Front zerschlagen worden war, hatten die drei Divisionen von General Joe Collins' VIIth *Corps* die noch links und rechts haltenden gegnerischen Verbände von ihren Flanken her aufzurollen. Das Ziel der amerikanischen Offensive war Avranches im Süden von Cotentin. Mit dem Besitz dieser Stadt an der Bucht von Mont-Saint Michel wäre das Tor zur Bretagne und nach Frankreich weit aufgestoßen. Pattons noch in der Anlandung befindliche 3rd *Army* sollte sodann mit einem Stoß zur Loire und weiter zur Seine die »Befreiung« Frankreichs vollenden.

Noch einmal allerdings wurde die Geduld der Amerikaner aufs Äußerste strapaziert, als tagelange schwere Regenfälle den von Bradley auf den 20. Juli festgesetzten Beginn von *COBRA* verzögerten. Der ergiebige normannische Regen sollte allerdings nicht das einzige Missgeschick sein, das die Amerikaner vor ihrem lange ersehnten Durchbruch traf. Als sich auch am 24. Juli entgegen erster Prognosen der Himmel im Angriffsraum nicht aufklarte, musste Bradley die Offensive um einen weiteren Tag verschieben. Ein Teil von General Carl Spaatz' Bombern hatte die entsprechende Funkmeldung jedoch nicht mehr rechtzeitig erhalten und war bereits in Richtung Normandie gestartet. Während von den ersten beiden Wellen die meisten Flugzeuge wegen schlechter Sicht wieder mit ihrer Bombenlast abdrehten, lösten fast alle 300 Maschinen der dritten Welle ihre tödliche Ladung und trafen damit auch Angehörige der 30th *Division*.[14] Obwohl sie zuvor planmäßig etwa 1 000 Meter zurückgezogen worden war, verlor die

Division an diesem Unglückstag 155 Männer, ein Sechstel davon war tot. Die Katastrophe löste unter den Bodentruppen einen Sturm der Entrüstung gegen die *Air Force* aus. In der Kritik stand vor allem ihre direkte Anflugmethode. Am Ende musste sich Bradley allerdings dem Standpunkt des Bomberkommandos beugen, das einen seitlichen Zielanflug aus Zeitgründen abgelehnt hatte.[15]

Die Bedenken der Infanterie sollten sich beim tatsächlichen Start von *COBRA* schon am nächsten Tag als nur zu berechtigt herausstellen. Wieder flogen Spaatz' Bomber gegen 9 Uhr in 4000 Metern Höhe von Norden her ihre Zielzone an und erneut nahmen die Besatzungen der nachfolgenden Welle den starken Rauch der ersten Explosionen als Markierung, ohne zu berücksichtigen, dass der Wind riesige Wolken aus Rauch und Staub bereits nach Norden getrieben hatte. Während die Bomber der ersten Welle tatsächlich die deutschen Stellungen treffen konnten, klinkte die zweite ihre Last zu früh aus und richtete damit unter den völlig ungeschützten Infanteristen der amerikanischen 30th *Division* ein neuerliches Blutbad an. Viele der Männer waren erst vor fünf Monaten eingezogen worden und kurz vor *COBRA* als Ersatz bei der Division eingetroffen.[16] Verzweifelt lösten die Stellungstruppen sämtliche ihrer Markierungen aus orangefarbenem Rauch. Die Zahl der amerikanischen Opfer überstieg die Verluste des Vortages jetzt sogar um das Vierfache. Ein ganzer Bataillonsgefechtsstand war durch eigene Bomben ausgelöscht worden. Verbittert schrieb der stellvertretende Divisionskommandeur General William Harrison an seine Frau, sie möge, wenn sie wieder einmal von dem Ruhm »unserer fliegenden Freunde« lese, daran denken, dass nicht alles Gold sei, was glänzt.[17] Zu den durch eigene Bomben Getöteten gehörte auch General Leslie McNair. Der »Vater der amerikanischen Infanterie« hatte sich soeben auf dem Weg zur 120th *Infantry* befunden, um das Bombardement besser beobachten zu können. Seine Leiche konnte später nur aufgrund dreier Sterne auf einem blutigen Stofffetzen identifiziert werden.

Auf deutscher Seite traf das 20-minütige Bombardement auf einer Tiefe von zweieinhalb Kilometern die hart westlich von St.-Lô eingesetzte Panzerlehr-Division am schlimmsten. General Bayerlein gab später an, in dem Inferno fast 1000 Mann sowie die Mehrzahl seiner 45 Panzer und Sturmgeschütze verloren zu haben. Zum Teil waren die Kampfwagen von der Wucht der Detonationen umgeworfen worden und lagen wie Schildkröten auf dem Rücken. Andere Fahrzeuge mussten buchstäblich ausgegraben werden. Viele Überlebende standen danach unter Schock und konnten, als die vorrückenden Amerikaner sie gefangen nahmen, nur noch wie kleine Kinder lallen. Von Kluges unbedingter Haltebefehl an die Panzerlehr-Division, den ein Adjutant am nächsten Tag in den Hauptgefechtsstand der Division überbrachte, konnte General Fritz Bayerlein nur noch mit Sarkasmus quittieren. Nicht ein einziger seiner Männer werde seine Stellung verlassen, bat er dem Feldmarschall auszurichten. Sie lägen alle stumm in ihren Schützenlöchern, in denen sie gestorben sind.[18]

Wenn Bradley allerdings gehofft hatte, den bombardierten Abschnitt ohne Widerstand einfach passieren zu können, sah er sich schon bald bitter enttäuscht. Das Bombardement sollte sich als grandioser Fehlschlag erweisen. Abgesehen von den herben eigenen Verlusten verzögerten die zahllosen Bombenkrater den erst gegen 11 Uhr angesetzten Vormarsch der 120th *Infantry*. Auch der Widerstand der Deutschen schien zunächst kaum gebrochen. *Lieutenant Colonel* George Tuttle, der kommandierende Offizier des Regiments konnte es nicht fassen, dass überhaupt noch Gegner das Bombardement überlebt hatten und seinen Männern jetzt noch entschiedenen Widerstand leisteten.[19] Die Deutschen kämpften, als hätte es das Bombardement nie gegeben, meldete ein Offizier desselben Regiments. Das Feuer der deutschen Artillerie erschien ihm sogar noch heftiger als sonst.[20] Erst kurz vor Mitternacht glückte es Teilen der 30th *Division* auf Collins' linkem Flügel, die Trümmer von Hébécrevon zu besetzen. Die Ortschaft war durch den alliierten Bombenteppich am Vormittag vollkommen zerstört worden. Etwa zur selben Zeit musste General Barton den erschöpften Männern seiner 4th *Division* widerwillig den Befehl zum Eingraben geben. Chapelle on Juger, ihr Ziel für den ersten Tag, lag immer noch anderthalb Kilometer voraus. Auch General Manton Eddys viel gepriesene 9th *Division* hatte bei einem Verlust von 200 Mann ihr Ziel, das Städtchen Marigny an der Straße von St.-Lô nach Coutances, nicht erreichen können.[21]

In derselben Nacht ließ Bradley ernüchtert ins Kriegstagebuch seiner 1th *Army* eintragen, dass dieser in mehrfacher Beziehung erinnerungswürdige Tag noch nicht den erhofften Durchbruch gebracht hatte. Bei einigen Frontverbänden hätte das wiederholte Verschieben der Offensive, mehr noch aber das zweimalige Bombardement durch die *Air Force* den »Pfeffer« herausgenommen.[22]

Bradleys Einschätzung sollte sich jedoch als zu pessimistisch erweisen. Der Befehlshaber des VIIth *US-Corps* und Eroberer Cherbourgs, Joe Collins, hatte nach seiner alten Gewohnheit den ganzen Tag damit verbracht, im Jeep von Einheit zu Einheit zu rasen, um seine zögerlichen Truppen voranzubringen. Dabei festigte sich sein Eindruck, dass eine koordinierte gegnerische Verteidigung nicht mehr bestand. Die Deutschen hatten zwar ihre vorderen Stellungen am ersten Tag noch weitgehend halten können. Doch ihr tiefgestaffeltes Netz von Widerstandsnestern, durch das sie den Vormarsch der Amerikaner bisher immer wieder hatten aufhalten können, schien jetzt nicht mehr zu existieren. Ein einziger kraftvoller Stoß, so war Collins inzwischen überzeugt, würde die deutsche Front zusammenbrechen lassen. Seine drei Infanteriedivisionen schienen dazu jedoch allein nicht mehr in der Lage. Es musste etwas geschehen. Collins entschloss sich, früher als geplant und noch ohne den Besitz von Marigny und St.-Gilles, bereits am nächsten Morgen Teile seiner beiden Panzerdivisionen nach vorne zu ziehen.[23]

Tatsächlich sollte sich seine Vermutung als zutreffend erweisen und schon der 26. Juli den erhofften Durchbruch für *COBRA* bringen. Der fortgesetzte Druck der Amerikaner und das Auftauchen eines *Combat Commands* (CCA) der 3rd *Armoured-Division* auf der Straße nach Marigny versetzte dem schon so lange überbeanspruchten Widerstandswillen der Deutschen den Todesstoß. St.-Gilles fiel am 27. Juli und Marigny einen Tag später. Am 28. Juli standen Collins' Panzer bereits vor Coutances. Am selben Abend meldete ein verzweifelter General-

Der Befehlshaber der britischen Streitkräfte Bernard Law Montgomery (r.) im Gespräch mit dem Kommandeur der 3. US-Armee General George S. Patton (li.) und General Omar Bradley.

leutnant Fritz Bayerlein der Heeresgruppe »B«, dass seine Division nach 49 Tagen härtester Kämpfe mit dem heutigen Tag vernichtet sei.[24] An allen Teilen durchbrochen, rolle der Gegner jetzt von St.-Gilles nach Süden weiter. Unter den Deutschen breitete sich Panik aus. Immer mehr Verbände begannen, sich nach hinten abzusetzen, und stießen dabei oft schon auf durchgebrochene amerikanische Einheiten. Im weiten Umkreis kündeten schwarze Rauchsäulen von der Zerstörung deutscher Fahrzeugkolonnen durch die allgegenwärtigen amerikanischen Jagdbomber.

Der neue Oberbefehlshaber der 7. Armee, SS-Oberstgruppenführer und Generaloberst der Waffen-SS Paul Hauser, sah inzwischen seine Front bereits an sieben Stellen durchbrochen und vor allem sein linker, an die Küste angelehnter Flügel war massiv bedroht. Er beantragte eine Rückverlegung von General Dietrich von Choltitz' LXXXIV. Armee-Korps in den Raum Coutances. Von Kluge, der nach Rommels Verletzung inzwischen auch die Heeresgruppe »B« führte, befürchtete jedoch, dass aus dem Rückzug rasch ein Zusammenbruch werden könnte und gestattete nur ein Zurückschwenken des linken Flügels des LXXXIV. Armee-Korps um etwa zehn Kilometer.[25] Seine Entscheidung erwies sich jedoch rasch als überholt. Schon am 28. Juli fand sich von Choltitz' Korps um mehr als 20 Kilometer auf die Linie Coutances-Savigny zurückgedrängt und war zusammen mit der 2. SS-Panzer-Division sowie der 17. SS-Panzergrenadier-Division inzwischen sogar von der Einschließung bedroht.

Durch Montgomerys jüngste Offensiven beiderseits Caen zu lange auf seine rechte Flanke fixiert, hatte sich der Feldmarschall erst spät entschlossen, weitere Panzerverbände in den bedrohten Raum westlich der Vire zu verschieben. Der Not gehorchend setzte er schließlich das XLVII. Panzer-Korps mit zwei Panzerdivisionen, darunter die erst am 18. Juli vom OKW freigegebene 116. Panzer-Division vom *Pas de Calais*, nach Westen in Marsch. Zwar hatte von Kluge, der sich inzwischen persönlich in den Kampfraum begeben hatte, diese Kräfte ursprünglich zum Aufbau einer Panzerreserve vorgesehen. Jetzt aber baute er darauf, den Amerikanern mit dieser gepanzerten

Macht in die Flanke fahren zu können. Die Zeit lief den Deutschen jedoch davon. Für General von Choltitz' LXXXIV. Armee-Korps und die beiden ihm unterstellten SS-Divisionen gab es inzwischen nur noch zwei Optionen. Entweder brach das Korps nach Süden aus, um im Bereich von Granville wieder Anschluss an noch haltende deutsche Teile zu gewinnen. Oder von Choltitz ließ seine Truppen nach Südosten ausweichen, um entlang der Vire im Anschluss an das eintreffende XLVIII. Panzer-Korps eine neue Front nach Westen zu bilden.

Hauser entschied sich für die letztere Variante und löste damit beim O.B.West einen Wutausbruch aus. Als von Kluge von der Entscheidung erfuhr, rief er entsetzt aus, dass durch die Aufgabe der Küste der feindliche Durchbruch jetzt nicht mehr zu verhindern sei. Später nannte er den Vorgang eine »Riesensauerei«. Sofort hob der Feldmarschall den Befehl auf und ließ von Choltitz, den er fälschlicherweise für seinen Urheber hielt, durch Generalleutnant Otto Ehlfeld ersetzen. Die beiden Divisionen des XLVII. Panzer-Korps wies von Kluge an, so rasch wie möglich einen Gegenangriff in die linke Flanke des amerikanischen Angriffskeils beiderseits St.-Gilles zu führen.[26] Damit hoffte er zumindest den gegnerischen Druck auf das stark gefährdete LXXXIV. Armee-Korps mildern zu können. Sein Gegenbefehl an das Korps traf jedoch nicht mehr rechtzeitig ein. Ob damit die Katastrophe des linken Flügels der 7. Armee hätte verhindert werden können, erscheint angesichts der für die Deutschen entmutigenden Kräfteverhältnisse eher fraglich.[27] Ehlfeld glückte es immerhin mit der Masse seiner Truppen sowie der 2. SS-Panzer-Division quer durch bereits vom Feind kontrolliertes Gebiet zu stoßen und bis zum 30. Juli wieder Anschluss an deutsche Truppen an der Vire zu finden. Zwei seiner Divisionen waren sogar, ohne Hausers ursprünglichen Befehl überhaupt erhalten zu haben, entlang der Küste auf Avranches ausgewichen. Eine weitere Gruppierung des Korps war jedoch zusammen mit Teilen der 17. SS-Panzergrenadier-Division südöstlich von Coutances in einem Kessel bei Roncy zerschlagen worden. Zerschossene oder aufgegebene deutsche Fahrzeuge bildeten inzwischen für die Amerikaner ein größeres Hindernis als der sporadisch noch aufflackernde deutsche Widerstand.

Auch die entkommenden Teile des LXXXIV. Armee-Korps verfügten kaum noch über Kampfkraft. Der durch von Kluge angesetzte Gegenangriff des XLVII. Panzer-Korps vom 30. Juli hatte zwar amerikanische Truppen gebunden, war jedoch durch massive Jagdbombereinsätze schon am Nachmittag zum Stehen gekommen. Auch eine Änderung der Angriffsrichtung nach Südwesten auf Villedieu führte zu keinem zählbaren Erfolg, was der Kommandierende General des Korps, Hans Freiherr von Funck, dem mangelndem Angriffsgeist der 116. Panzer-Division anlastete. Vorübergehend brachen auf deutscher Seite jetzt auch die Führungsstrukturen zusammen, nachdem die Amerikaner am 30. Juli den vorgeschobenen Gefechtsstand der 7. Armee bei Chavoy überrollt hatten. Er habe gestern das Panzerkorps und die 7. Armee geführt, meldete Feldmarschall von Kluge am 31. Juli an General von Blumentritt, seinem in St.-Germain verbliebenen Chef des Stabes. Die Führungsverhältnisse seien »vorsintflutlich«, klagte von Kluge. Er müsse sogar über das öffentliche Fernsprechnetz gehen.[28]

Doch selbst der kampferprobte Feldmarschall unterschätzte immer noch das Ausmaß des amerikanischen Durchbruchs und mochte vorerst auch die beiden Brücken über die Sée (Avranches) und die Sélune (Pontaubault) nicht sprengen lassen. Er brauchte sie noch, um die 77. Infanterie-Division aus St.-Malo heranführen zu können. Als am 30. Juli bei Einbruch der Dunkelheit die *Shermans* des *CCB* der amerikanischen 4th *Armoured-Division* in das kaum noch verteidigte Avranches rollten, konnten die Amerikaner ihr Glück kaum fassen.[29] Nach einem atemberaubenden Vormarsch über fast 90 Kilometer in nur fünf Tagen war das VIIIth *Corps* erst vor der Sélune zum Stehen gekommen. Obwohl noch gar nicht befehlsberechtigt, sah sich Patton gleichwohlzu einer scharfen Ermahnung an den Befehlshabenden Offizier, General Troy Middleton, veranlasst. In der Geschichte sei es stets verhängnisvoll gewesen, einen Fluss nicht zu überschreiten.[30] Kurz darauf erhielt er die Meldung des Korps, dass auch die Brücke von Pontaubault unversehrt genommen sei und amerikanische Panzer bereits jenseits des Flusses vorrücken würden. Der General war in gehobener Stimmung. Nach einem Jahr der Kaltstellung schien nun endlich die große Stunde des George Smith Patton und seiner neuen 3rd *Army* gekommen zu sein. Wie kaum ein anderer General war er entschlossen, die Schwäche der Deutschen schonungslos auszunutzen und verkündete in seiner typischen polternden Rhetorik den Offizieren seines Stabes, dass er jetzt »den Hunnen jeden verdammten Tag die Seele aus dem Leib prügeln« werde.[31]

20 Zwischen Mortain und Falaise – Die finale Katastrophe des Westheeres

»Das ist eine Gelegenheit, die sich einem Kommandeur nur einmal in einem Jahrhundert bietet. Wir stehen kurz davor, eine ganze Armee des Feindes zu vernichten.«

Omar Bradley zu US-Finanzminister Henry Morgenthau am 8. August 1944[1]

»48 Stunden nach Schließung der Falle ging ich durch den Kessel und sah Bilder, die nur Dante beschreiben könnte. Auf 100 Meter trat man mit jedem Schritt auf Leichen und verwesendes Fleisch.«

Dwight D. Eisenhower am 23. August 1944[2]

Kaum ein Rückschlag in der Schlacht um die Normandie dürfte das deutsche Führungsversagen so deutlich gemacht haben, wie der kampflose Verlust der beiden intakten Brücken von Avranches und Pontaubault. Zu lange hatte Feldmarschall von Kluge in gründlicher Verkennung der sich überstürzenden Entwicklung versucht, beide Übergänge für Verstärkungen aus der Bretagne offen zu halten.[3] Vorerst seien nur die Spitzen aller möglichen amerikanischen Verbände in Avranches, bagatellisierte er am 31. Juli das Desaster gegenüber Generalleutnant Günther Blumentritt, seinem in St.-Germain verbliebenen Chef des Stabes. Angesichts des vorrübergehenden Zusammenbruchs wichtiger Kommunikationen erscheint seine Fehleinschätzung vielleicht noch entschuldbar. Dass die mit der Verteidigung der Stadt beauftragte »Kampfgruppe König« aus Resten der 91. Fallschirmjäger-Division sich inzwischen eigenmächtig aus Avranches zurückgezogen hatte, konnte er nicht wissen. Die aus der Bretagne kommenden Verstärkungen wiederum waren am 1. August bereits wenige Kilometer westlich der Sélune von amerikanischen Panzern aufgehalten worden. Keinem der Offiziere, die sich mit ihren Einheiten nach Osten absetzten, war es offenbar in den Sinn gekommen, mit ihrer noch verfügbaren Munition die beiden Brücken wenigsten zum Teil zu zerstören. Die rasante Erosion der Wehrmacht im Sommer 1944 hatte auch vor der viel gerühmten deutschen Auftragstaktik nicht haltgemacht.

Patton zögerte keinen Augenblick und ließ alles, was er hatte, über die beiden eroberten Brücken rollen. An einer Kreuzung in Avranches regelte er sogar aus einer verlassenen Box der Gendarmerie persönlich den Verkehr.[4] Allein ihre eigene Unschlüssigkeit schien die Amerikaner jetzt noch aufhalten zu können. Der durchschlagende Erfolg von *COBRA* hatte ihnen völlig neue Perspektiven eröffnet. Brest oder Paris lautete die Alternative. Während der zum Oberbefehlshaber der neuen 12th *US-Army-Group* beförderte Bradley zunächst auf der Einnahme der Bretagne und ihrer Häfen bestand, um im Anschluss mit seinen beiden Armeen Schulter an Schulter gegen die Linie Domfront- Le Mans vorzurücken, favorisierte Montgomery eine Zangenbewegung zur Einkesselung der gesamten deutschen 7. Armee. Patton wiederum wollte so schnell wie möglich zur Seine vorstoßen.[5] Dass Bradley ihn zwang, zwei seiner Panzerdivisionen zur Besetzung der Bretagne abzustellen, sah er als Zeitverschwendung.

Inzwischen hatte der frischgebackene Armeeoberbefehlshaber bereits seine 4th *Armoured-Division* nach Süden auf Rennes in Marsch gesetzt und deren Kommandeur, *Major General* John Shirley Wood, enttäuschte ihn nicht. Schon am 2. August waren dessen Panzer nach einer zwölfstündigen Sturmfahrt vor der Hauptstadt der Bretagne angelangt und hatten sie zunächst südlich umgangen. Mit der auf nur 2000 Mann geschätzten deutschen Besatzung, die aus Luftwaffensoldaten und den Resten der »Kampfgruppe König« bestand, sollte sich die nachfolgende Infanterie herumschlagen. Wie Patton wollte auch Wood so rasch wie möglich über Le Mans und Chartres zur Seine vorstoßen. Doch der so oft gedemütigte alte Haudegen wusste genau, dass er seine 3rd *Army* nur auf Abruf führen durfte.[6] Der misstrauische Bradley würde jeden noch so geringen Anlass nutzen, um ihn sofort von seinem Kommando abzulösen. Wood erhielt also den unsinnigen

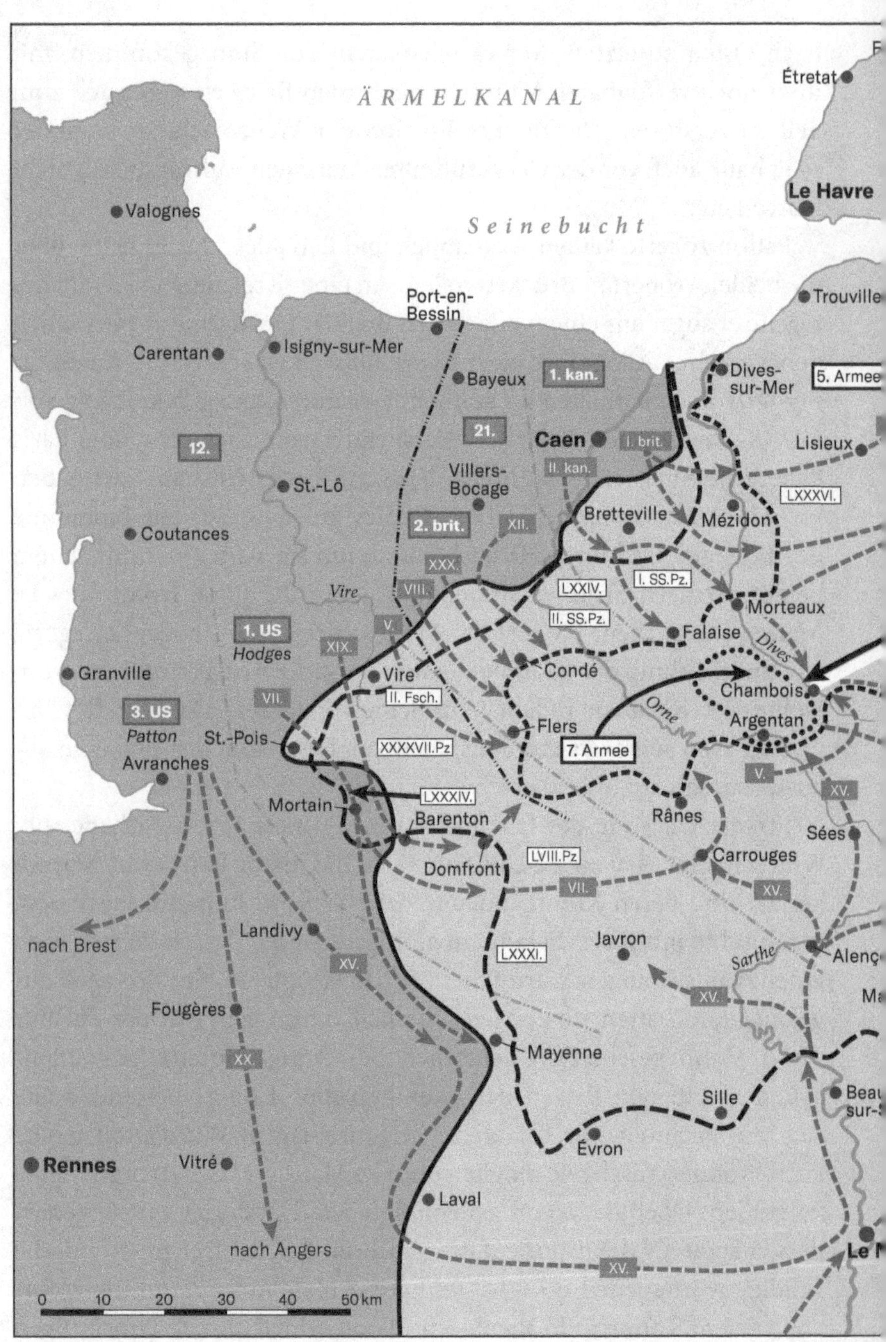

ÄRMELKANAL
Seinebucht
Étretat
Le Havre
Trouville
Valognes
Port-en-Bessin
Carentan
Isigny-sur-Mer
Bayeux
1. kan.
Dives-sur-Mer
5. Armee
12.
21.
Caen
I. brit.
Lisieux
II. kan.
St.-Lô
Villers-Bocage
LXXXVI.
Bretteville
Mézidon
Coutances
2. brit.
XII.
XXX.
I. SS.Pz.
LXXIV.
Vire
VIII.
Morteaux
II. SS.Pz.
1. US
Hodges
V.
Falaise
XIX.
Dives
Condé
Granville
Vire
Chambois
II. Fsch.
VII.
Orne
3. US
Patton
Argentan
Flers
St.-Pois
7. Armee
XXXXVII.Pz
Avranches
V.
XV.
LXXXIV.
Mortain
Barenton
Rânes
Sées
Domfront
LVIII.Pz
Carrouges
VII.
XV.
Landivy
Javron
nach Brest
LXXXI.
Sarthe
XV.
XV.
Fougères
Mayenne
XX.
Sille
Évron
Rennes
Vitré
Laval
nach Angers
XV.
0 10 20 30 40 50 km

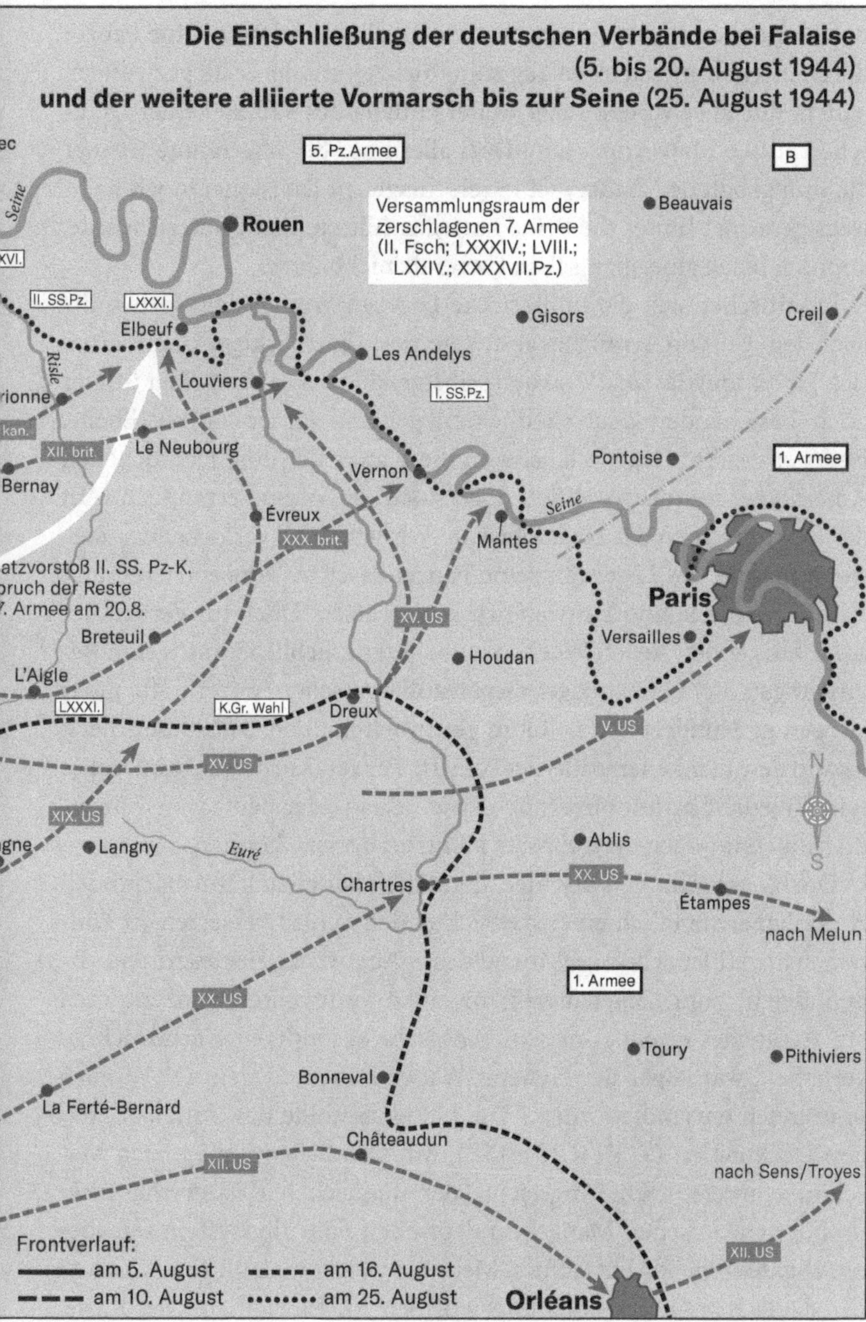
Die Einschließung der deutschen Verbände bei Falaise
(5. bis 20. August 1944)
und der weitere alliierte Vormarsch bis zur Seine (25. August 1944)
5. Pz.Armee
B
Versammlungsraum der zerschlagenen 7. Armee (II. Fsch; LXXXIV.; LVIII.; LXXIV.; XXXXVII.Pz.)
Beauvais
Seine
Rouen
II. SS.Pz.
LXXXI.
Elbeuf
Gisors
Creil
Les Andelys
Risle
Louviers
I. SS.Pz.
XII. brit.
Le Neubourg
Bernay
Vernon
Pontoise
1. Armee
Seine
Évreux
Mantes
XXX. brit.
Paris
Breteuil
XV. US
Versailles
Houdan
L'Aigle
LXXXI.
K.Gr. Wahl
Dreux
V. US
XV. US
XIX. US
Langny
Euré
Ablis
Chartres
XX. US
Étampes
nach Melun
XX. US
1. Armee
Toury
Pithiviers
Bonneval
La Ferté-Bernard
Châteaudun
XII. US
nach Sens/Troyes
XII. US
Frontverlauf:
am 5. August
am 10. August
am 16. August
am 25. August
Orléans

Befehl, Rennes direkt anzugreifen. Doch selbst, nachdem seine Panzer die Deutschen am nächsten Tag zum Rückzug aus der Stadt gezwungen hatten, durfte er vorerst nicht weiter entlang der Südflanke der Deutschen auf Le Mans vorstoßen. Dass allerdings der überrannte Gegner die ihm gebotene Chance, seine zerschlagenen Divisionen noch halbwegs geordnet hinter die Seine zurückzuführen, nicht nutzen würde, konnten beide amerikanischen Generale nicht ahnen.

Je kritischer sich die militärische Lage im Westen der Normandie nach dem Fall von Avranches gestaltete, desto hartnäckiger klammerten sich Hitler und das OKW an den selbstgefälligen Glauben einer immer noch bestehenden deutschen Überlegenheit auf operativer Ebene. Eine gepanzerte Gegenoffensive in die Flanke der durchgebrochenen Amerikaner könne, so Hitler, doch noch die Wende erzwingen. Auf der Karte erschien das Nadelöhr von Avranches ein verlockendes Ziel, wenn man in der Lage war, seine Panzer rasch zu konzentrieren und sie mit Artillerie und Luftwaffe zu unterstützen. Doch im Verlauf der zurückliegenden sieben Wochen hatte unter erheblich günstigeren Bedingungen nicht ein einziger Gegenstoß deutscher Panzerkräfte mehr als wenige Hundert Meter Raum gewinnen können. Selbst die zuletzt versuchten Flankenangriffe des XLVII. Panzer-Korps auf Saint Gilles und Villedieu hatten die ernüchternde Bilanz der deutschen Panzerdivisionen im offensiven Einsatz kaum verbessern können.

Doch berauscht von der Idee, den scheinbar allzu kühn agierenden Amerikanern endlich einen vernichtenden Schlag versetzen zu können, hatte Hitler schon am Abend des 2. August der Heeresgruppe »B« den Befehl zum Gegenangriff mit allen verfügbaren Panzerkräften auf Avranches erteilt. Um seiner Absicht besonderen Nachdruck zu verleihen, war sogar der General Walter Buhle aus dem OKW nach Frankreich entsandt worden.[7] Die Luftwaffe sollte das Vorhaben, das den Decknamen *LÜTTICH* erhielt, mit sämtlichen verfügbaren Maschinen unterstützen. Angesichts der ungleichen Kräfteverhältnisse und der chronischen Mängel im deutschen Führungssystem war dies ein abenteuerlicher Entschluss. Mehr als 30 Kilometer lagen zwischen den deutschen Ausgangsstellungen östlich von Mortain und der Küste, wo Patton innerhalb von nur drei Tagen bereits 200 000 Mann und 40 000 Fahrzeuge seiner 3rd *Army* über die beiden Brücken geschleust hatte.

Angesichts des allgemeinen Zusammenbruchs schien Feldmarschall von Kluge schon resigniert zu haben. Er sehe keine Möglichkeiten mehr, dem Ansturm der Amerikaner Einhalt zu gebieten, hatte Hitlers oberster Befehlshaber im Westen noch am Abend des 1. August gegenüber den Offizieren seines Stabes geklagt. Dies sei jetzt der Anfang vom nunmehr bitteren Ende für das deutsche Volk.[8]

Als es jedoch den Verbänden der 7. Armee offenbar gelang, trotz des anhaltenden amerikanischen Drucks in den ersten Augusttagen südlich von Vire noch einmal eine zusammenhängende Front aufzubauen, fasste von Kluge wieder Zuversicht. Die Idee eines Vorstoßes scharf zusammengefasster Panzerkräfte auf Avranches erschien ihm jetzt als rettender Ausweg. Auch wenn er weit weniger als der Diktator davon überzeugt war, dass sich die Deutschen im Falle eines Erfolges noch lange an der Küste halten konnten, sah er doch immerhin die Möglichkeit, den noch gefährlich schmalen Flaschenhals der Amerikaner wenigstens temporär abzuschneiden und damit Zeit zu gewinnen.

Immerhin war es dem Auftreten Pattons und seiner 3rd *Army* bei Avranches auch zu verdanken, dass sich die deutsche Führung endgültig von ihrem den gesamten Verlauf der Normandieschlacht prägenden Grundirrtum verabschiedete. Eine zweite alliierte Landung am *Pas de Calais* war nunmehr mit Gewissheit auszuschließen, hatte von Kluge bereits in seiner Lagebeurteilung vom 30. Juli resümiert.[9] Der Feldmarschall konnte daher die sofortige Zuführung von insgesamt sieben Infanteriedivisionen aus den Befehlsbereichen der 15. und 19. Armee beantragen, um die für den Gegenstoß auf Avranches benötigten Panzerdivisionen aus der Front südlich von Caen herauslösen zu können.[10] Außerdem genehmigte das OKW jetzt auch die Heranführung der 9. Panzer-Division aus dem Bereich der Heeresgruppe »G«. Ob allerdings diese Kräfte noch früh genug im Kampfraum eintreffen würden, war angesichts der verheerenden Luftlage sowie des chronischen Mangels an Betriebsstoff und Transportraumes mehr als zweifelhaft. Von der 1. SS-Panzer-Division konnte ohnehin nur das Panzerregiment für die Offensive herangezogen werden, da das britische VIIIth *Corps* schon seit dem 30. Juli aus dem Raum von Caumont nach Süden auf Vire drückte (Operation *BLUECOAT*). Bis zum 6. August hoffte von Kluge außerdem das XLVII. Panzerkorps mit der 2. und 116. Panzer-Division im Raum von Sourdeval und Mortain bereitstellen zu können. Selbst nach Zuführung der Überbleibsel der 2. SS-Panzer-Division und der Panzerlehr-Division zählte die bescheidene deutsche Offensivgruppe über kaum mehr als 150 Panther, Panzer IV und Sturmgeschütze.[11] Ein Fünftel dieser Fahrzeuge lag sogar noch wegen Betriebsstoffmangels vorerst fest.

Eine wesentliche Verstärkung der deutschen Angriffsgruppe hätte wohl die seit dem 27. Juli aus Südwestfrankreich herangeführte 9. Panzer-Division bilden können. Dass es der deutschen Führung nicht gelang, diesen bereits am 4. August verfügbaren kampfstarken Verband aus über 150 Panzern für ihre alles entscheidende Offensive heranzuziehen, bleibt unverständlich. Von Kluge schien nicht den Mut aufgebracht zu haben, auf den Schutz seiner bedrohten Südflanke zu verzichten und alle Kräfte rücksichtslos für die Offensive zur Küste zu massieren. Lediglich das Pantherbataillon der Division hatte er für den Einsatz bei Mortain vorgesehen. Es traf jedoch aus schwer nachvollziehbaren Gründen nicht rechtzeitig ein und fand sich nach dem 9. August in verschiedenen Unterstellungsverhältnissen wieder, ohne überhaupt an einer Stelle ernsthaft ins Gefecht zu kommen. Die Masse der 9. Panzer-Division kämpfte dagegen seit dem 6. August im Raume von Mayenne, konnte aber die bedrohte Südflanke der Deutschen nicht mehr stabilisieren. Ihre Verluste waren enorm. Drei Tage später verfügte ihre 1. Panzerabteilung nur noch über 15 einsatzbereite Panzer IV. Keine zwei Wochen nach ihrem Eintreffen in der Normandie erhielt die Division trotz der jeden Tag bedrohlicher werdenden Lage am 16. August den überraschenden Auftrag, sich mit allen Teilen im Südwesten von Paris zu sammeln. So war die wertvolle Kampfkraft einer ganzen Panzerdivision mit 14000 Mann, 150 Panzern und

Sturmgeschützen, 260 Schützenpanzern sowie über 40 Geschützen[12] in einer überaus kritischen Phase der Normandieschlacht praktisch ungenutzt verpufft. Mit der gerne gerühmten deutschen Führungskunst hatte das nichts mehr zu tun.

Für *LÜTTICH* standen somit anfangs kaum mehr als 120 Panzer zur Verfügung, deren Zahl sich günstigstenfalls noch um 30 erhöhen würde. Dass Hitler und von Kluge mit dem Sollbestand eines einziges Panzerregiments tatsächlich die Flut amerikanischer Truppen noch einzudämmen hofften, zeigt das ganze Ausmaß der Verzweiflung, in die sich aber auch immer noch die notorische Selbstüberschätzung mischte. Die prekäre Lage der Deutschen zeigte sich auch darin, dass am 7. August *Shermans* des amerikanischen XVth *Corps* durch Laval rollten und damit bereits die Versorgungsbasis der gesamten 7. Armee im Wald von Alencon bedrohten. Generalfeldmarschall von Kluge konnte jetzt nicht mehr länger zögern. Entgegen Hitlers Befehl, den Zugang weiterer Kräfte abzuwarten, ließ er schon in der Nacht zum 7. August die Offensive beginnen. Das Überraschungsmoment und der Frühnebel mussten genutzt werden, um wenigstens die Hälfte der Distanz zur Küste zu überwinden. Spätestens gegen Mittag würde die gegnerische Luftwaffe wieder den Himmel dominieren. An die von Hitler gegebene Zusicherung, es würden sich ständig 300 deutsche Jäger über den Angriffsspitzen befinden, glaubte der Feldmarschall ohnehin nicht. Zu seinem Erstaunen war es der Luftflotte 3 in den vergangen Tagen allerdings mehrfach gelungen, mit wenigstens 200 Maschinen die Brücke bei Avranches und die sich davor stauenden amerikanischen Fahrzeugkolonen zu bombardieren.[13] Trotz aller kaum überwindbaren Schwierigkeiten stimmte von Kluge jetzt sogar in den zuversichtlichen Chor von Hitler und dem Vertreter des OKW ein. Ausdrücklich ermahnte er sämtliche beteiligten Kommandeure, dass von dem bevorstehenden Angriff die Entscheidung in der Normandie abhänge.[14]

Tatsächlich gelang es den Deutschen, die Amerikaner völlig zu überraschen. Zwar hatte die alliierte Funkentschlüsselung etliche Hinweise geliefert und auch Bradley wollte einen deutschen Gegenschlag

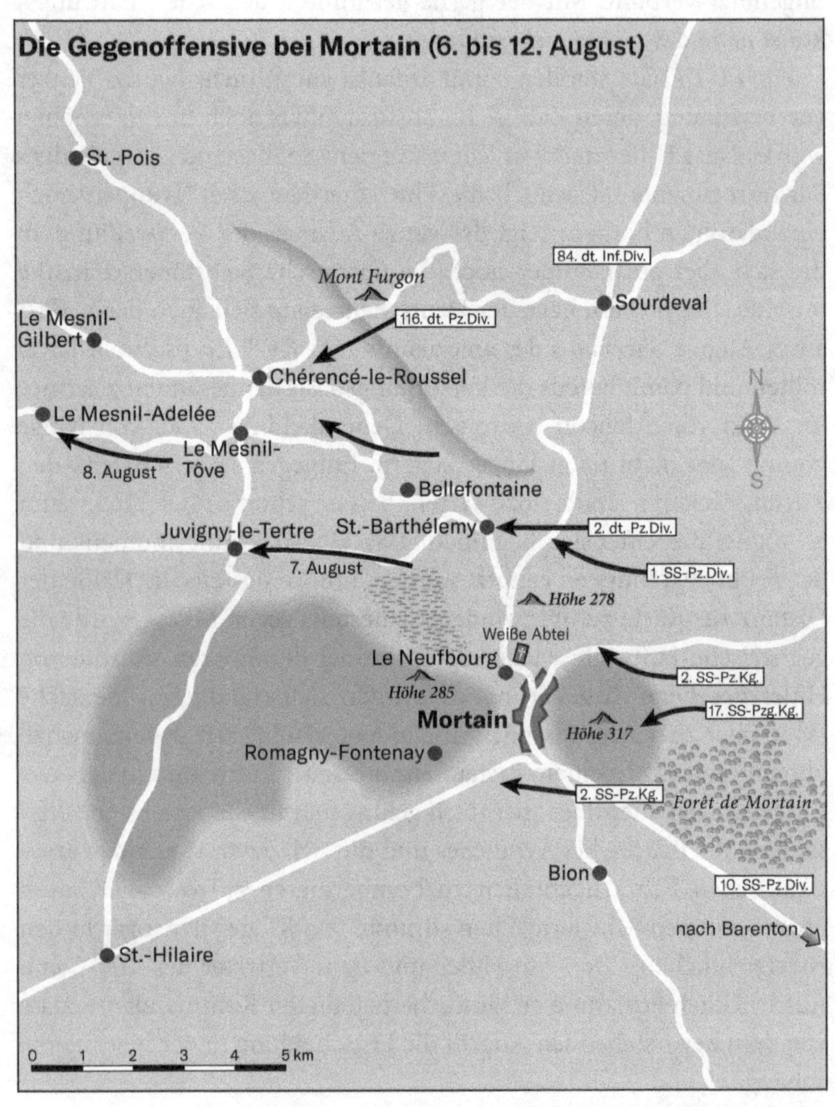
Die Gegenoffensive bei Mortain (6. bis 12. August)
St.-Pois
84. dt. Inf.Div.
Mont Furgon
Sourdeval
Le Mesnil-
Gilbert
116. dt. Pz.Div.
Chérencé-le-Roussel
N
Le Mesnil-Adelée
Le Mesnil-
Tôve
8. August
S
Bellefontaine
St.-Barthélemy
2. dt. Pz.Div.
Juvigny-le-Tertre
7. August
1. SS-Pz.Div.
Höhe 278
Weiße Abtei
Le Neufbourg
2. SS-Pz.Kg.
Höhe 285
17. SS-Pzg.Kg.
Mortain
Höhe 317
Romagny-Fontenay
2. SS-Pz.Kg.
Forêt de Mortain
Bion
10. SS-Pz.Div.
nach Barenton
St.-Hilaire
0 1 2 3 4 5 km

nicht ausschließen. Doch ernsthafte Abwehrmaßnahmen waren nicht getroffen worden. Die Angreifer konnten somit einige Anfangserfolge erzielen. In den ersten Morgenstunden besetzte die 2. SS-Panzer-Division Mortain und schloss ein Bataillon der 30th *Division* auf der das Städtchen beherrschenden Höhe 317 ein. Die 2. Panzer-Division, der stärkste Angriffsverband der Deutschen, gelangte sogar mit Unterstützung eines Panzerbataillons der 1. SS Panzer-Division bis nach Juvigny-le-Tertre, das immerhin sechs Kilometer hinter der Ausgangsstellung lag. Die ersten Erfolgsmeldungen hatten Hitler im fernen Rastenburg geradezu in Euphorie versetzt. In einem Fernschreiben sprach er von einer nie wiederkehrenden Gelegenheit und forderte jetzt sogar den Abzug aller um Caen verbliebenen Panzerverbände, um sie als zweite oder dritte Welle gegen die Amerikaner einzusetzen.[15]

Aber noch hatte die 2. Panzer-Division über 20 Kilometer bis zur Küste zu überwinden und der Widerstand der Amerikaner versteifte sich mit jeder Stunde. Auf dem Nordflügel hatte die Pantherabteilung der 116. Panzer-Division bisher nicht in den Kampf eingreifen können, und General Freiherr von Funck, der Kommandierende General des XLVII. Panzer-Korps, ließ den Divisionskommandeur, den er für das Versäumnis verantwortlich machte und dem er sogar Unwillen vorwarf, noch am selben Abend ablösen.[16]

Wegen des dürftigen Straßennetzes fehlte den Deutschen die Möglichkeit, in breiter Formation vorzugehen und ihre Verluste stiegen rasch an, als Artillerie und Panzerabwehr der Amerikaner sich auf die in zwei Kolonnen vorgehenden Panzer einschossen. Ausgefallene Fahrzeuge konnten kaum umgangen werden und blockierten ein rasches Weiterkommen. Anstelle der von Hitler zugesagten Jagdflieger kreisten jetzt Schwärme von *P51 Mustangs* und *Typhoons* über den deutschen Angriffsspitzen und zwangen die Panzer mit ihren Luft-Boden-Raketen in Deckung. Jede Typhoon der gefürchteten 83rd *Group* verfügte über acht ungelenkte Geschosse mit einem 30-Kilogramm-Gefechtskopf, die aber auch bei Salveneinsatz nur eine geringe Trefferwahrscheinlichkeit auf einen Panzer aufwiesen. Die britischen Piloten meldeten gleichwohl fantastische Abschusszahlen. Mehr als 140 Panzer und Sturmgeschütze wollten sie in nur zwei Tagen zerstört oder beschädigt haben. Als jedoch die Amerikaner kurz nach der Schlacht das Gefechtsfeld untersuchten, mussten sie zu ihrem Erstaunen feststellen, dass tatsächlich nur ein Zehntel der 78 von den Deutschen zurückgelassenen Gefechtsfahrzeuge durch Raketen ausgeschaltet worden waren.

Für die Panzerbesatzungen waren die ständigen Luftangriffe gleichwohl eine extreme Nervenbelastung und die erneute Abwesenheit deutscher Flugzeuge, die auch dieses Mal schon lange vor Erreichen des Kampfraumes abgefangen worden waren, sorgte wieder für Wut und Enttäuschung unter den Bodentruppen. Von Kluges persönliche Bemühungen, die Offensive noch einmal voranzubringen, blieben fruchtlos. Mit Mühe konnten sich die deutschen Panzer bis zum Einbruch der Dunkelheit in den erreichten Stellungen halten. Die Fortsetzung des Angriffs am nächsten Morgen brachte sogar noch einmal kleine Geländegewinne. Die 2. SS-Panzer-Division konnte am 8. August Romagny-Fontenay besetzen, während die nördlich angreifende 2. Panzer-Division die Ortschaft Le-Mesnil-Adelée erreichte, von wo aus es nur noch 20 Kilometer bis Avranches waren. Beide Orte markierten jedoch bereits den äußersten Punkt des Unternehmens *LÜTTICH*.[17]

Inzwischen hatte Bradley Joe Collins' VIIth *Corps* gegen den nördlichen Flügel der deutschen Angriffskräfte angesetzt, gleichzeitig drückte die 2nd *Armoured-Division* gegen die Südflanke der Deutschen bei St.-Hilaire. Weitaus gefährlicher für die deutschen Panzerspitzen war jedoch inzwischen die Entwicklung der Lage tief im Rücken der 7. Armee. Am selben Nachmittag, als sich der deutsche Angriff auf Avranches zum zweiten Mal festlief, hatte *Major General* Wade Haislips XVth *Corps* bereits Le Mans erreicht und gegen schwachen deutschen Widerstand genommen. Pattons Motto, sich nicht um die eigenen Flanken zu kümmern, sondern den Feind selbst zu flankieren, begann sich tatsächlich auszuzahlen[18]

Den Anglo-Amerikanern boten sich nun zwei Optionen. Haislip konnte seine 5th *Armoured-Division* nach Norden auf Alencon und

Argentan vorstoßen lassen, um im Zusammenwirken mit den von Falaise vorrückenden Briten und Kanadiern die Deutschen noch vor der Seine einzuschließen, oder er entschloss sich, direkt nach Osten zu rollen. Mit namhaftem deutschem Widerstand vor der Seine rechneten die Amerikaner jetzt nicht mehr.

Trotz der sich mit jeder Stunde deutlicher abzeichnenden Bedrohung hielten Hitler und von Kluge auch noch am 9. August an ihren Angriffsabsichten fest. Dieses Mal sollte der deutsche Vorstoß jedoch aus dem Raum von Domfront zunächst in südwestliche Richtung erfolgen, um erst nach dem Durchbruch nach Westen auf Avranches einzudrehen. Der Gedanke war nicht abwegig, die westlich von Mortain massierten amerikanischen Kräfte zu umgehen und den Gegner mit einem neuen Kräfteansatz zu überraschen. Immerhin schien noch am selben Tag an der Nordflanke der Heeresgruppe »B« eine Entlastung eingetreten zu sein. Nach dem Verlust von 200 Panzern hatte sich Montgomery zum Abbruch der Operation *TOTALIZE* entschließen müssen. Wieder einmal war ein *colossal crack* des britischen Oberbefehlshabers weit vor seinem Ziel gescheitert. Kanadier und Polen hatten sich etwa 20 Kilometer vor Falaise in der deutschen Panzerabwehr festgefahren. Umso schockierender war daher für die Deutschen die Nachricht von der Einnahme Le Mans'. Der Blitzkrieg des Sommers 1940 schien sich zu wiederholen, doch dieses Mal war die Wehrmacht das Opfer. Inzwischen hatte Patton Haislip die Order erteilt, um 90 Grad nach Norden auf Alencon einzuschwenken. Von Kluge sah sich gezwungen, rasch einen Teil seiner Panzer, darunter auch die 9. Panzer-Division, weiter nach Osten zu verschieben.

Um mit seinen verbliebenen Panzerkräften der akuten Gefahr im Raum von Alencon und Argentan offensiv begegnen zu können, beantragte der Feldmarschall am 11. August beim OKW eine Verkürzung der vorspringenden Front im Westen.[19] Die neuerliche Umgruppierung der Kräfte kostete viel Zeit, welche von Kluge jetzt nicht mehr hatte. Die deutschen Panzerverbände waren durch die Kämpfe westlich von Mortain ausgebrannt, sodass drei seiner Panzerdivisionen inzwischen nur noch über insgesamt 60 Kampfpanzer verfügten.[20]

Zugleich hatten die Amerikaner bis auf eine einzige Straße bereits sämtliche Versorgungslinien der 7. Armee unterbrochen. Viel zu spät genehmigte Hitler am 14. August die Rücknahme der deutschen Front auf eine Sehnenstellung zwischen Flers und Condé. Längst war klar, dass auch diese Linie nicht zu halten war, nachdem Haislips XVth *Corps* schon am 12. August Argentan erreicht hatte. Montgomery und Bradley hatten zuvor die Stadt als Vereinigungspunkt ihrer beiden Zangen festgelegt, doch die Briten waren bisher nicht einmal nach Falaise gekommen. Noch trennte eine Lücke von 30 Kilometern die amerikanischen von den britischen Truppen im Norden. Sarkastisch erkundigte sich Patton bei Bradley, ob er nicht weiter zur Küste rollen könne, um den Briten ein zweites Dünkirchen zu bereiten.[21] Bradley teilte mit sämtlichen amerikanischen Befehlshabern die Überzeugung, dass die Briten wieder einmal gründlich versagt hatten. Aus Sorge vor einem unkontrollierten Aufeinandertreffen von Briten und Amerikanern erteilte er Patton jedoch den strikten Befehl, seine schon über Argentan hinausgeschickten Panzer wieder zurückzuziehen. Damit aber vergab der General jene große Chance zur Zerstörung einer Armee, die sich nach seinen eigenen Worten einem Kommandeur nur einmal in hundert Jahren bot.

Nachdem sämtliche Versuche deutscher Panzer bis zum 14. August gescheitert waren, die Amerikaner wieder aus Argentan hinauszudrängen, setzte in dem sich immer deutlicher abzeichnenden Kessel eine allgemeine Rückwärtsbewegung ein, die bald kaum noch kontrolliert werden konnte. Die Durchhaltekraft der Truppe war nach zweimonatigem Kampf aufgebraucht, die Versorgung zusammengebrochen. Auffanglinien und Standgerichte verfehlten ihre Wirkung, die gegnerische Luftwaffe beherrschte den Himmel. Erbarmungslos wüteten die Maschinen der 2nd *Tactical Airforce* in den deutschen Fahrzeugkolonnen und trafen dabei gelegentlich auch britische Einheiten.[22]

Gleichwohl glaubte von Kluge, dass noch eine geordnete Absetzbewegung aus dem inzwischen auf rund 25 Kilometer verengten Frontvorsprung möglich sei. Den Wehrmachtsführungsstab beschwor er am

16. August, die »ungesäumte Räumung durch den noch vorhandenen Flaschenhals zu genehmigen.«[23] Hitler gab einen Tag später nach, ersetzte zugleich aber auch den Feldmarschall durch Walter Model. Der 53-jährige Feldmarschall mit dem antiquierten Monokel galt in der ganzen Wehrmacht als krisenfest. Im Winter 1941/42 hatte er die 9. Armee bei Rschew vor einer Katastrophe bewahrt und als Oberbefehlshaber der Heeresgruppe »Mitte« war es ihm kurz zuvor sogar gelungen, die Ostfront vor Warschau noch einmal zu stabilisieren. Nun sollte der bewährte *Trouble Shooter* an der zusammengebrochenen Westfront ein ähnliches Kunststück vollbringen. Feldmarschall von Kluge war nicht überrascht, doch das von Model am Abend überbrachte Handschreiben des Diktators mit der Aufforderung, sich ins Reich zu begeben und seinen Aufenthaltsort zu melden, weckte bei ihm schlimmste Befürchtungen. Hatte er doch schon Hitlers Argwohn erweckt, als er drei Tage zuvor fast 24 Stunden im Kessel verschollen und über Funk nicht zu erreichen gewesen war. Seine Unauffindbarkeit hatte sogar den Verdacht aufkommen lassen, dass der Feldmarschall inzwischen Verbindung mit den Briten aufgenommen habe, um über einen Waffenstillstand zu verhandeln. Das Stigma der Niederlage, das Scheitern von *LÜTTICH* und nicht zuletzt die Sorge, dass ihm die Gestapo sein jahre langes Gewährenlassen der Verschwörer nachweisen könnte, hatten von Kluge in eine verzweifelte Stimmung versetzt. Unterwegs nach Deutschland nahm er am 19. August während einer Mittagsrast in der Nähe von Verdun Zyankali. Sein Abschiedsbrief an den »Führer«, in dem er zum Schluss noch einmal in befremdenden Wendungen seine Ergebenheit zum Ausdruck brachte, war das ungewöhnliche Vermächtnis eines fraglos fähigen Offiziers. Es hatte ihm jedoch die Fortune gefehlt, um die sich jetzt abzeichnende Katastrophe des Westheeres noch abzuwenden.

Am selben Tag, da von Kluge abgelöst worden war, hatten drei Bataillone der kanadischen 6th *Brigade* endlich Falaise, die Geburtsstadt Wilhelm des Eroberers, einnehmen können. Die durch Luftangriffe bis auf ihre Kathedrale weitgehend zerstörte Stadt lag auf einem Plateau oberhalb des Flüsschens Ante und war von einer mittelalterlichen Befestigungsmauer umgeben. Den Südteil von Falaise beherrschte die auf einem Felsen gelegene weithin sichtbare Normannenburg. Eine Kampfgruppe der 12. SS-Panzerdivision verteidigte die Stadt am 16. August noch bis zum Abend, nutzte dann allerdings die Nacht zum Rückzug. Bis zuletzt hatte jedoch eine Abteilung von etwa 50 SS-Soldaten hinter den dicken Mauern der *École Supérieure de Jeunes Femmes*, einer ehemaligen Abtei, fanatischen Widerstand geleistet. Die Kanadier konnten sie jedoch bis zum Morgen des 17. August vollständig niederkämpfen.[24]

Während die Kanadier noch mit der Einnahme von Falaise beschäftigt waren, hatte östlich der Stadt die polnische 1. Panzer-Division des Generals Stanislaw Maczek ihren Vorstoß entlang der Dives auf Trun begonnen. Der mit amerikanischen Fahrzeugen ausgerüstete Verband bestand aus Exilpolen, die sich wie ihr Befehlshaber nach dem Untergang der polnischen Armee auf abenteuerlichen Wegen nach Großbritannien durchgeschlagen hatten und war bereits 1942 in Schottland aufgestellt worden. Seit Anfang August in Frankreich hatte die Division erstmals während *TOTALIZE* gegen die Deutschen gekämpft und dabei jedoch herbe Verluste erlitten. Jetzt erteilte ihr Montgomery den Befehl, den Kessel um die 7. Armee zu schließen und sich in Chambois mit den von Süden kommenden Amerikanern zu vereinigen.

Das arg verzögerte Vorstoßen der Kanadier und Polen auf Chambois hatte inzwischen auf amerikanischer Seite zu einem neuen Entschluss geführt. Bradley glaubte jetzt nicht mehr an die Möglichkeit, durch die Schließung der kurzen Zange noch erhebliche Teile der Deutschen einkesseln zu können und hatte daher Patton den Auftrag erteilt, sein XVth *Corps* in Richtung Seine angreifen zu lassen.

Zum Verdruss ihres Kommandeurs sollte ausgerechnet die französische 2. Panzer-Division (*Deuxiéme Division Blindé*) die Amerikaner bei Argentan ersetzen. General Jacques Philippe Leclerc, der in Wahrheit Philippe François Marie de Hautecloque hieß, war mit seiner Division erst am 31. Juli am Strand von *UTAH* gelandet und unter dem Jubel der Franzosen zunächst nach Le Mans gerollt. Seinen echten Namen hatte der 42-jährige Offizier abgelegt, als er sich schon 1940 de Gaulles Freien Franzosen anschloss. Er wollte damit seine in Frankreich verbliebene Familie schützen. Leclerc hatte seither in Afrika gekämpft und war im Herbst 1942 mit einem Regiment Senegalschützen vom Tschad durch die Wüste nach Libyen marschiert, wo er etliche italienische Garnisonen aufbrachte. Zahlreiche Freiwillige schlossen sich seinem Regiment an, aus dem später in Großbritannien eine mit amerikanischen Fahrzeugen ausgestattete Panzerdivision entstand.

Haislip übertrug dem Franzosen am 15. August zusammen mit der noch unerfahrenen amerikanischen 80th *Division* die Einnahme von Argentan, während er selbst mit der Masse seines Korps in Richtung Paris aufbrach. Am 16. August hatte seine 5th *Armoured-Division* bereits Dreux erreicht, das auf halbem Weg zur Seine lag. Die zurückbleibenden Franzosen konnten es nicht fassen. Die Hauptstadt lockte und der triumphale Einzug einer französischen Panzerdivision über die *Champs Élysées* würde die Nation den schrecklichen Sommer von 1940 vergessen lassen. Stattdessen sah sich Leclerc auf die undankbare Aufgabe beschränkt, ein paar Tausend demoralisierten Deutschen, erbarmungswürdige Karikaturen der arroganten Sieger von 1940, den Weg zur Seine zu verlegen. Als Leclerc am 17. August tatsächlich den Auftrag erhielt, über Argentan hinaus auf Chambois anzugreifen, lehnte er zunächst brüsk ab. Patton musste den Franzosen ernstlich davor warnen, einen schriftlichen Befehl abzulehnen. Leclerc gab nach und griff mit seiner Division an, schaltete jedoch auch de Gaulle ein. Der Führer der selbst ermächtigten Provisorischen Regierung Frankreichs war soeben erst aus Algier in der Normandie eingetroffen und musste Eisenhower, der das militärisch bedeutungslose Paris zunächst nur umgehen wollte, buchstäblich erpressen. Wenn der Amerikaner noch weiter zögerte, Leclercs Abzug zu befehlen, müsse er dies eben selbst tun.[25] Schließlich überzeugte Eisenhower das Argument des Franzosen, dass es in Paris eine organisierte Kraft geben müsse, die nach den Deutschen für Ordnung sorgte.

Nachdem der kommunistische Flügel der *Résistance* bereits am 19. August die Bewohner von Paris zum Kampf auf den Barrikaden aufgefordert hatte, war die Angst vor einer neuen *Commune* wieder da. Man hatte schon halb Europa den Kommunisten überlassen, klagte de Gaulle und forderte, dass Paris dieses Schicksal jedoch unbedingt erspart bleiben müsse. In der Nacht zum 23. August durfte Leclerc unter dem Jubel seiner Männer das neue Marschziel verkünden. *Cette fois, c'est Paris*. Am nächsten Morgen brach die Division in zwei parallelen Kolonnen nach Rambouillet und Limpours auf.[26]

Hinter sich ließen die Franzosen die Trümmer zweier deutscher Armeen. Elf Infanterie- und zehn gepanzerte Divisionen waren westlich der Dives eingeschlossen worden. Dem Einsatz der verbliebenen 24 Kampfpanzer des II. SS-Panzer-Korps war es zu verdanken, dass der noch nicht festgefügte Einschließungsring in der Nacht zum 20. August von außen wieder geöffnet werden konnte. Mit Erstaunen sahen die sich nach Osten durchschlagenen Truppen nun auch einmal deutsche Jagdflieger am Himmel, selbst Heinkel 111 tauchten auf und warfen Betriebsstoff und Munition ab.[27] Rätselhaft bleibt allerdings, weshalb das SS-Panzerkorps von Feldmarschall Model zunächst ganz aus dem sich bildenden Kessel herausgezogen worden war, ohne den *Mont Ormel* oberhalb von Chambois besetzt zu halten. Die das ganze Tal der Dives weithin beherrschende Höhe musste nun wieder den Polen entrissen werden, was jedoch nicht ganz gelang. So konnten Amerikaner, Kanadier, Polen und Franzosen den Kessel schon am 21. August endgültig schließen. Die Alliierten nahmen bis zum nächsten Tag noch 40 000 Deutsche gefangen, eine ungewöhnlich hohe Zahl von 10 000 Wehrmachtssoldaten soll der gegnerischen Artillerie und den unablässig über dem Kessel kreisenden alliierten Flugzeugen zum Opfer gefallen sein. Etwa der Hälfte der Deutschen und darunter auch fast allen höheren Stäben war es jedoch geglückt, sich aus der Falle von Falaise nach Osten zu retten.

Das Tal der Dives zwischen Trun und Chambois bot den Siegern einen unbeschreiblichen Anblick. Ein britischer Bericht sprach sogar von einem *Killing Ground*.[28] Auf 100 Meter konnte man keinen Schritt tun, ohne auf Leichen oder verwesendes Fleisch zu treten, erinnerte sich Eisenhower voller Erschaudern. Selbst in den Bäumen hingen zerfetzte Körper oder Körperteile. Die Straßen zwischen Trun und

Chambois waren von den brandgeschwärzten Wracks deutscher Fahrzeuge hoffnungslos blockiert. Allein im amerikanischen Sektor des Kessels fanden sich 220 Kampfpanzer und Sturmgeschütze, 130 Schützenpanzer, 160 Selbstfahrlafetten sowie 5 000 LKW, die von Artillerie und Bomben zerstört worden waren. Den größten Teil der Fahrzeuge aber hatten die Deutschen selbst wegen Betriebsstoffmangels sprengen müssen. Weitere 350 zerstörte Gefechtsfahrzeuge und 1800 LKW registrierten die Briten in ihrem Abschnitt.[29] Mit dem Untergang von 7. Armee und 5. Panzer-Armee war die 80-tägige Schlacht um die Normandie beendet. Die Wehrmacht hatte fast eine Viertelmillionen Mann verloren. Ihre Panzerdivisionen waren zerschlagen und kaum mehr als 70 Kampfpanzer waren noch aus dem Kessel gelangt.[30] Den entkommenen Deutschen drohte jetzt sogar die Überflügelung, denn die alliierte Verfolgung zur Seine und darüber hinaus hatte längst begonnen.

Schon am 20. August hatte Wade Haislips XVth *Corps* den Fluss bei Mantes erreicht und bei strömendem Regen sogleich mit dem Bau einer Kriegsbrücke begonnen. Am Abend befand sich bereits eine ganze Division auf dem Nordufer des Flusses und Patton kabelte stolz am nächsten Tag an Eisenhower: »Lieber Ike, ich habe heute in die Seine gepinkelt.«[31] Seine 3rd *Army* beanspruchte seit ihrem Durchbruch bei Avranches 136 000 Deutsche getötet, verwundet oder gefangen genommen zu haben. Außerdem seien 4 453 Fahrzeuge, Panzer, Artillerie oder sonstige Fahrzeuge zerstört oder erbeutet worden. Dagegen betrugen die eigenen Verluste nur 18 000 Mann, 270 Panzer und 74 Geschütze.[32]

21 »Wie die Hunde aus der Stadt getrieben« – Paris im Sommer 1944

»Ich sah die Steine in der heißen Sonne zittern wie in der Erwartung neuer historischer Umarmungen. Die Städte sind weiblich und nur dem Sieger hold.«

Ernst Jünger am 8. August 1944 in Paris[1]

»Wie Freiwild wurden wir getrieben. Es ging die [Rue de] Rivoli entlang, Richtung Louvre. Eine Flutwelle von Schimpfworten überfiel uns. Diese Schimpfworte kamen aus so vielen Kehlen, dass sie unsere Ohren betäubten. Sie wurden zu einem Schlachtruf und mit dem au potot, assasin, bande de cochon, bande d'assasin, voleurs, bas les boches drückten die Massen von allen Seiten gegen uns. Man schlug, stieß und spuckte. Bestien waren auf uns losgelassen, und wir waren ihre Opfer, aber Opfer, die sich nicht wehren konnten – und nicht wehren durften. Dies bedeutete Tod, einen qualvollen Tod. Die Pariser und Pariserinnen waren in ihrem Element.«

Walter Dreizner, Tagebuch, 25. August 1944[2]

Die Cafés und Variétés der Stadt seien voll. Paris lebt und amüsiere sich, notierte der Fernmeldesoldat Walter Dreizner aus Leibzig Mitte Juni 1944 erstaunt in sein Tagebuch. Während kaum 200 Kilometer entfernt in der Normandie Hunderte von Ortschaften in Schutt und Asche versanken, versuchten die Pariser unter den Augen ihrer ungeliebten Zwingherren die Fassade der Normalität aufrechtzuerhalten. Durchziehende deutsche Truppen füllten jeden Tag die Straßen, Verwundete von der Front die Lazarette, aber die Pariser suchten weiter ihr Vergnügen, so der 36-jährige Hobbyfotograf Dreizner. Man möchte den Sommer erleben. Zu Hunderten radelten die Pariserinnen in ihren dünnen, wehenden Sommerkleidern durch die Stadt, Bäder und Gärten waren überfüllt.[3]

Die Bevölkerung der Hauptstadt verhalte sich weiterhin ruhig und gehe ihrer gewohnten Arbeit nach, meldeten die deutschen Besatzungsbehörden auch zwei Wochen nach Beginn der Invasion. Lediglich in den Tagen unmittelbar nach dem 6. Juni sei es in der Stadt zu einer Häufung von Sabotageakten gekommen. Etliche Postkabel seien zerschnitten worden, aber schon nach dem 14. Juni haben diese Vorfälle wieder aufgehört.[4]

Von einer wirklichen Normalität konnte jedoch trotz der amüsierwilligen Geschäftigkeit unter einem wolkenlosen Pariser Sommerhimmel keine Rede mehr sein. Wichtige Versorgungsanlagen der Stadt waren inzwischen durch alliierte Bombenangriffe beschädigt oder zerstört, was immer häufiger eine stundenweise Abschaltung der Elektrizität zur Folge hatte. Nachts brannten jetzt die Lampen in der »Stadt des Lichts« nur noch eine Stunde. Mit bis zu acht Fliegeralarmen müsse man jetzt jeden Tag rechnen, schrieb der Wachtmeister Hermann H. am 11. Juni an seine Eltern. Dass wegen der alliierten Luftangriffe höchstens noch ein Eisenbahnzug am Tag aus dem Reich im Ostbahnhof eintraf, machte Paris für die Deutschen fast schon zu einer belagerten Stadt.

Aufmerksame Beobachter wie der Ordonanzoffizier beim Kommandanten von Groß-Paris, Leutnant Dankwart Graf von Arnim, registrierten mit Besorgnis eine zunehmende, vorerst allerdings noch passive Resistenz der französischen Angestellten. Die Zusammenarbeit mit den hauptstädtischen Behörden gestaltete sich, so von Arnim, mit jedem Tag schleppender.[5] Immer mehr Läden schlossen und im August begannen die Besatzungsbehörden, wegen der alliierten Bombengefahr öffentliche Kunstwerke aus dem Stadtbild zu entfernen. Lebensmittelknappheit und nächtliche Stromsperren verschärften die bisher noch erträglichen Lebensverhältnisse massiv. Für ein Kilo Kartoffeln mussten die Pariser jetzt 50 Franc bezahlen, grüne Bohnen kosteten sogar 60. Butter war jedoch inzwischen nur noch auf dem Schwarzmarkt zu haben.[6]

Wer für die Deutschen arbeitete, hatte immerhin die Chance, an der Kantinenverpflegung teilzunehmen. Die Verwaltung und die zahllosen für die Deutschen produzierenden Betriebe funktionierten also weiterhin. Auch die Pariser Gendarmerie leistete noch ihren Dienst. Wenn es die Absicht der *Résistance* gewesen war, Paris zu einem gefährlichen Ort für alle Besatzer zu machen, so hatte sie vorerst keinen Erfolg. Dennoch beschlich viele Deutsche in diesen letzten Wochen ihrer Anwesenheit das beklemmende Gefühl einer bald bevorstehenden Veränderung. Mehr und mehr zöge sich ein Gewitter zusammen, aber niemand könne sagen, wann es sich entladen würde, argwöhnte etwa Walter Dreizner. Er glaubte auch nicht, dass der verzweifelte Versuch der deutschen Behörden, mit Propagandaplakaten Angst vor dem Kommunismus zu schüren, die Pariser noch beeindrucken würde. Die Bewohner der Hauptstadt schienen abzuwarten. Selbst die Ereignisse des 20. Juli und die Verhaftungen von 1200 Angehörigen des SD und der SS blieben noch ohne Auswirkungen auf die Sicherheitslage, da sie rasch rückgängig gemacht wurden und es auch nicht zu Schießereien unter den Deutschen gekommen war. Die beiden wieder freigelassenen Vertreter von SS und Sicherheitsdienst, SS-Obergruppenführer Carl Albrecht Oberg und SS-Standartenführer Helmut Knochen, schienen die ganze Angelegenheit sogar »sportlich« zu nehmen. Schließlich müsse man doch gerade jetzt gegenüber dem Gegner Geschlossenheit demonstrieren.[7]

Die unwirkliche Phase scheinbarer Ruhe, in der die vier deutschen Soldatenheime noch unverdrossen ihre von der Truppe geschätzten Komödien wie die »Feuerzangenbowle« oder eine »Frau für drei Tage« gezeigt hatten, ging jedoch Anfang August zu Ende. Täglich berichtete jetzt die *BBC* aus London vom stürmischen Vormarsch der Amerikaner zunächst auf Rennes und Mayenne. Als sich am 12. August die Meldung von der Befreiung Chartres in der Hauptstadt verbreitete, glaubten viele Pariser bereits, das Donnern der Geschütze in der Ferne vernehmen zu können.[8] Kaum weniger Freude als das Hören der Nachrichten bereitete ihnen der Anblick der jetzt in großer Zahl abziehenden Deutschen. Vor vielen Dienststellen der Wehrmacht waren Soldaten damit beschäftigt, hastig Akten und Möbel auf LKW zu verladen. Hunderte von losen Seiten bedeckten die *Rue Saint Florentin* vor dem Hotel Talleyrand. Sarkastisch kommentierte Leutnant von Arnim den jetzt um sich greifenden Exodus seiner Landsleute. Wer sich vier Jahre lang Gründe ausgedacht hatte, weshalb die eigene Dienststelle unbedingt ihren Sitz in Paris haben sollte, war nun auch nicht verlegen, mit allerdings leicht durchschaubaren Argumenten auf eine rückwärtige Verlagerung ihrer Bereiche zu drängen. Man ließ sie ohne Schwierigkeiten ziehen.[9]

Zu den Deutschen, die in diesen beunruhigenden Augusttagen Paris verließen, gehörte auch der Dichter und *Pour le Mérite*-Träger Ernst Jünger. Der Reservehauptmann in der Ic-Abteilung des deutschen Kommandostabes in Paris nahm sich allerdings Zeit für den Abschied von seiner Lieblingsstadt. Am 8. August genoss er ein letztes Mal von der Plattform der *Sacré Cœur* die grandiose Aussicht auf die Seinemetropole. Nachdem er reichlich Trinkgelder an die Dienstboten verteilt hatte, verließ er, sogar einen Blumenstrauß auf dem Tisch seiner eigens aufgeräumten Unterkunft hinterlassend, in der Nacht zum 14. August Paris in Richtung Toul.[10] Drei Tage später erfolgte auch der Abzug des deutschen Botschaftspersonals. Die Angehörigen des SD waren schon in der Nacht zuvor verschwunden. Plünderer mussten am nächsten Morgen von der Feldgendarmerie mit gezogener Pistole aus den aufgegebenen Diensträumen vertrieben werden.[11]

Bei Propagandachef Joseph Goebbels löste die panikartige Flucht der Deutschen aus Paris einen Wutanfall aus. »Unsere Etappenschweine, die sich dort vier Jahre saufend und völlernd [sic] herumgetrieben haben, sind natürlich die ersten gewesen, die die französische Hauptstadt verließen,« notierte er unwillig am 17. August in seinem Tagebuch.[12]

Am nächsten Tag, als erstmals an den Mauern von Paris Mobilisierungsaufrufe der *Résistance* zu sehen waren, verabschiedete sich auch der neue Militärbefehlshaber in Frankreich, General der Flieger Karl Kitzinger, von seiner Dienststelle im *Hôtel Chambord*. Noch bei seiner Ankunft erst zehn Tage zuvor hatte er die schwierige Lage in der Stadt mit Härte und der Bekämpfung der allgemeinen Lethargie meistern wollen.[13] Jetzt war davon keine Rede mehr. Unten stand ja bereits sein mit Koffern beladener vornehmer Wagen. Paris im Rücken sei eben besser als den Rücken in Paris, kommentierte der zufällig anwesende Dreizner sarkastisch den beispiellosen Vorgang.[14]

Zum höchsten deutschen Militär in der Stadt war nach dem überstürzten Abgang Kitzingers der General der Infanterie Dietrich von Choltitz avanciert. Nach seiner ungerechtfertigten Ablösung als Kommandierender General des LXXXIV. Armee-Korps hatte ihn Hitler persönlich am 10. August in Rastenburg als Nachfolger des nach Berlin abberufenen Hans von Boineburg-Lengsfeld zum Befehlshaber von »Groß-Paris« ernannt. Der Diktator ahnte freilich nicht, dass auch von Choltitz gute Kontakte zum Widerstand unterhalten hatte und sich vermutlich im Falle eines erfolgreichen Attentats auf die Seite der Verschwörer geschlagen hätte.[15] In britischer Gefangenschaft sollte der General wenige Monate später erklären, dass die 1500 Menschen, die diese Verbrecher da aufgehängt haben, alle noch einmal ein Denkmal erhalten würden. Gleichwohl war der 50-jährige von Choltitz eine zwiespältige Figur. Im Verlauf des Krieges war er aufgrund guter Beurteilungen rasch vom Oberstleutnant zum General der Infanterie aufgestiegen und hatte den Ruf, ein strammer Nazi zu sein. Von seinen Untergebenen wurde er wegen seiner rundlichen Figur, seiner oft rüpelhaften Sprache und seines cholerischen Temperaments kaum geachtet.[16] Ein Übergabegespräch mit seinem scheidenden Vorgänger von Boineburg-Lengsfeld schien jedoch nach dem Eindruck von Leutnant von Arnim im besten Einvernehmen geendet zu haben. Ein härterer Kurs des Neuen war demnach kaum zu erwarten.[17]

Mit den ihm noch verbliebenen 5000 Mann sollte von Choltitz Hitlers brutale Weisung vom 20. August 1944 umsetzen und den Kampf um Paris ohne Rücksicht auf die Zerstörung der Stadt führen.[18] Inzwischen war die *Résistance* in Paris vermehrt aktiv geworden. Es fehlten ihr jedoch Waffen und Munition. Dass ein am 19. August ausgerufener Generalstreik unter den Hauptstädtern so starken Widerhall fand, zeigte zwar ihren wachsenden Einfluss. Doch auf viele der Polizisten, Bedienstete der Stadtverwaltung und Eisenbahner, die seit diesem Tag nicht mehr zum Dienst erschienen, hatte auch Druck ausgeübt werden müssen. Es fanden sich jetzt kaum noch Menschen auf der Straße. Sogar das überall in der Stadt vernehmbare Schießen hatte plötzlich aufgehört. Als Leutnant von Arnim jedoch am Vormittag den Auftrag erhielt, mit einer Patrouille in der Stadt aufzuklären, geriet sein Wagen auf der *Place Saint Michel* unter heftiges Feuer. »Aus allen Knopflöchern« wurde jetzt auf deutsche Soldaten, Fahrzeuge und Patrouillen geschossen.[19]

Die Deutschen begannen, sich in ihren Dienststellen und Kasernen einzuigeln, während die Franzosen überall Panzersperren errichteten und immer mehr Gebäude besetzten.[20] Von Choltitz ließ Tiger-Panzer zur Abschreckung auffahren, doch die Staubschutzkappen sollten auf den Rohrmündungen bleiben. Er wolle nicht die gespannte Stimmung ohne Not anheizen, lautete seine Begründung.[21] Inzwischen befand sich bereits das gesamte östliche Stadtgebiet von Paris bis zur *Rue d'Algier* in den Händen der *Résistance* und konnte von den Deutschen nur noch unter Panzergeleit passiert werden. Dem Augenzeugen Jean-Paul Sartre erschien es schwierig, in diesen Tagen eine Karte des »kämpfenden Paris« zu zeichnen. In bestimmten Stadtvierteln tobe die Schlacht, ohne nachzulassen, in anderen halte sich die Ruhe mit geradezu besorgniserregender Starre.[22] Am 20. August vereinbarten Deutsche und Franzosen einen Waffenstillstand, der aber nur 24 Stunden hielt. Von Choltitz ließ daher eine bereits für den Nachmittag angesetzte Beschießung des *Louvre* und des *Hôtel de Ville* abblasen. Dort hatten sich am anderen Ende der *Rue de Rivoli*, kaum einen Kilometer vom *Meurice* entfernt, inzwischen starke Gruppierungen der *Résistance* verschanzt. Hitler scheint geahnt zu haben, dass von Choltitz nicht der »harte Hund« war, der in Paris aufräumen würde.[23] Jedenfalls bekräftigte er am 23. August gegenüber dem General noch einmal ausdrücklich seinen Vernichtungswillen. Paris dürfe nur noch als Trümmerfeld in die Hand des Feindes fallen.[24] Ein in der *Chambre des Députés* untergebrachtes Pionierbataillon hatte insgesamt 42 Brücken der Stadt bereits zur Sprengung vorbereitet. Der Befehl dazu wurde jedoch nie erteilt und am Ende geriet auch dieser Verband in Gefangenschaft, obwohl er bei rechtzeitiger Benachrichtigung noch aus der Stadt hätte ausbrechen können.

Selbst wenn von Choltitz Hitlers drakonischen Befehl hätte ausführen wollen, fehlten ihm dazu Mittel und Personal. Dem General unterstanden nur drei Sicherungsregimenter mit überalterten Offizieren und niedrigem Kampfwert. Die ihm gleichfalls unterstellten 15 Tigerpanzer hatte Generalfeldmarschall Model inzwischen für seine zusammenbrechende Front angefordert, wo sie allerdings den Aufzeichnungen Dreizners zufolge wegen Betriebsstoffmangels nie ankamen. Nur einige veraltete französische Modelle verblieben von Choltitz jetzt noch zur Verteidigung. Die meisten Deutschen in Paris hatten sich inzwischen in dessen Hauptquartier im ehemaligen Luxushotel *Meurice* in der *Rue de Rivoli* zurückgezogen, das in diesen letzten Besatzungstagen wie eine Insel inmitten einer nahenden Sturmflut erschien. Die rund 60 verbliebenen deutschen Offiziere hofften, dass die amerikanischen Truppen eintreffen würden, noch ehe die *Résistance* und der Pariser Mob losschlagen konnten. In der gespenstischen Atmosphäre kreiste das Gespräch am Vorabend der »Befreiung« von Paris um die lange zurückliegende Bartholomäusnacht. Es war der Jahrestag dieser unrühmlichen Ereignisse und die grausame Geschichte von den damals niedergemetzelten Hugenotten hatte für Leutnant von Arnim plötzlich eine beunruhigende Aktualität.[25]

Draußen in der Stadt kehrte auch in dieser Nacht keine Ruhe mehr ein. Plötzliches Glockengeläut aus allen Richtungen erschreckte die bange Runde in von Choltitz' Vorzimmer. Sie wussten nicht, dass die Pariser damit die Ankunft von General Leclercs Panzern feierten. Am Abend war eine von *Colonel* Paul de Langlade kommandierte Gruppe, die zwölf Stunden zuvor aus dem Wald von Rambouillet aufgebrochen war, zur *Ponte de Sèvres* gelangt. Die Brücke war zwar unvermint, aber von *Longchamps* schoss deutsche Artillerie herüber. Das hielt die Franzosen nicht davon ab, in den Südwestteil der Stadt einzudringen und sich für die Nacht in einem Café an der *Avenue de Versailles* zur Verteidigung einzurichten. Ein Gegenangriff der Deutschen brach unter dem Verlust von 40 Angreifern zusammen.[26]

Zugleich war eine zweite Abteilung der Franzosen unter *Colonel* Pierre Billotte von Süden über die *Porte d'Italie* zur Austerlitzbrücke vorgerückt. Deutsche Posten hatten den amerikanischen Panzern mit dem Lothringer Kreuz auf blauem Grund nur noch sporadisch Widerstand geleistet. Bereits gegen 21.30 Uhr war diese östliche Gruppe auf dem rechten Ufer der Seine vorrückend vor dem von der *Résistance* gehaltenen *Hôtel de Ville* eingetroffen. Die französischen Panzer waren jetzt in der *Rue de Rivoli*, nur noch eine Straßenlänge vom *Hôtel Meurice* entfernt. Das *Radio de la Nation*, schon seit vier Tagen im Besitz der deutschen Sendemasten, verkündete jetzt der ganzen Stadt die Ankunft der Freien Franzosen.[27] Der kommende Tag, der 25. August 1944, sollte nach 1533 Besatzungstagen das Ende der deutschen Herrschaft in Paris bringen. Am Morgen drang auch Langlades Gruppe weiter ins Stadtzentrum vor und besetzte zunächst die Kaserne von Latour-Maubourg und die *École Militaire* unweit des Invalidendoms. Nach kurzem Kampf ergaben sich dort 200 deutsche Soldaten, welche die *Résistance* nur mit Mühe vor einem wütenden Mob schützen konnte. Etliche der Gefangenen mussten sogar unter den Panzern der Franzosen Zuflucht suchen.[28]

Gegen 10 Uhr schickte *Colonel* Billotte über den schwedischen Generalkonsul Raoul Nordling eine erste offizielle Aufforderung zur Kapitulation an von Choltitz. Der General lehnte jedoch mit der Begründung ab, er könne nicht ohne Kampf die Waffen strecken. Das *Hôtel Meurice* müsse also angegriffen werden.[29] Der letzte deutsche Stadtkommandant von Groß-Paris hatte jedoch weder die Absicht, ernsthaften Widerstand zu leisten noch Hitlers Zerstörungsbefehl auszuführen. Es folgte eine Farce. Während sich die Offiziere des Stabes wie üblich am 25. August zum gemeinsamen Mittagessen im großen Speisesaal des *Meurice* versammelt hatten, rückten bereits Leclercs Panzer die *Rue de Rivoli* hinauf und kämpften die letzten deutschen MG-Stellungen nieder. Die drei alten französischen Beutepanzer gingen in den angrenzenden Tuilerien in Flammen auf. Gegen 12.30 Uhr drangen französische Panzersoldaten gefolgt von Angehörigen der *Résistance* in das Hotel ein. Es flogen Blendgranaten, doch die noch im großen Speisesaal des *Meurice* versammelten Offiziere waren ohnehin nicht zum Widerstand gewillt. Eine Gruppe französischer Offiziere

Deutsche Gefangene werden nach der Befreiung von Paris durch die Straßen am 25. August 1944 getrieben und beschimpft.

unter Führung eines Major Henri Karcher stürmte mit vor Schweiß glänzenden Gesichtern in das Dienstzimmer des Stadtkommandanten, wo der General nach einem kurzen Wortwechsel in die Kapitulation seiner Truppen einwilligte. Unmittelbar darauf brachten die Franzosen von Choltitz durch den Hinterausgang aus dem Hotel. Sie setzten ihn in einen dort wartenden Jeep, um ihn zur Unterzeichnung der Kapitulation zu General Leclerc zu bringen, der inzwischen sein Hauptquartier im *Gare de Montparnasse* eingerichtet hatte.

Die übrigen Gefangenen, darunter auch der Leutnant Graf Dankwart von Arnim trieben *Résistance*-Kämpfer mit grimmigen Gesichtern die Treppen hinunter, wo sie im ersten Stock über die Leiche eines deutschen MG-Schützen steigen mussten, hinaus auf die *Rue de Rivoli.* Auf der *Place des Pyramides* wurden alle Deutschen zusammengetrieben und erstmals durchsucht, wobei es zu brutalen Prügelszenen kam.[30] Der Spießrutenlauf der deutschen Gefangenen sollte jedoch erst danach beginnen. Mit erhobenen Armen mussten Offiziere und Mannschaften mitten durch die am *Louvre* versammelte wütende Menge, die es nicht nur bei Drohungen, Spucken oder geballten Fäusten beließ. Obwohl sich die Bewacher redlich bemühten, den Mob zurückzudrängen, wurden immer wieder einzelne Offiziere von den Parisern aus der Reihe herausgezerrt und totgeschlagen. Zum Entsetzen des Grafen von Arnim trat plötzlich ein bärtiger Riese an einen der vor ihm gehenden Bekannten heran, hielt ihm die Pistole an die Schläfe und drückte ab.[31]

In den wild wuchernden Hass der Franzosen mischte sich wohl auch ihre grenzenlose Verachtung für diese »Herrenmenschen«, die nicht einmal gekämpft, sondern sich einfach am noblen Mittagstisch hatten verhaften lassen.[32] In akuter Todesgefahr mochte mancher Deutsche sich auch in seinem nationalen Dünkel trösten, dass in Berlin oder in Hamburg die »Bestie Mensch« so nicht zum Vorschein kommen könne wie in Paris. Ein anderer deutscher Offizier bedauerte später in britischer Gefangenschaft, dass man gegenüber den Franzosen »viel zu anständig gewesen sei« und es nicht verdient habe, »wie die Hunde aus Paris vertrieben zu werden.«[33] Viele Soldaten warfen später

Dietrich von Choltitz seine völlig überraschend erfolgte Kapitulation vor. Dabei soll er doch erst einen Tag zuvor noch seinen Offizieren gedroht haben, jeden zu erschießen, der noch einmal von Übergabe rede.[34] Der General selbst beanspruchte nach dem Krieg, die von Hitler befohlene Zerstörung der Stadt verhindert zu haben und setzte sich in einer 1947 im *Le Figaro* erschienenen Artikelserie sogar als »Retter von Paris« in Szene.[35]

Gewiss hätte ein entschlossener Widerstand der Deutschen die Kapitulation von Paris kaum mehr als einige Stunden verzögern können, doch vielleicht wäre es wenigstens möglich gewesen, bei einer weniger widersprüchlichen Befehlslage die Masse der deutschen Soldaten noch aus Paris entkommen zu lassen. Hitler bekam einen seiner Tobsuchtsanfälle, als er von den Vorgängen in Paris hörte und befahl in seiner Wut sogar einen Luftangriff auf die verlorene Stadt. Tatsächlich steuerten in der Nacht zum 27. August, nur wenige Stunden nachdem sich Charles de Gaulle und seine Truppen auf den *Champs Élysées* inmitten einer begeisterten Menge als Befreier von Paris hatten feiern lassen, über 100 Flugzeuge vom Typ Heinkel 111 die Außenviertel der Stadt an und töteten mit ihren Bomben 213 Menschen.[36] Es war ein ebenso überraschendes wie mutwilliges Lebenszeichen einer schon für tot gehaltenen Truppe.

22 Operation *DRAGOON* – Die umstrittene Nebenlandung in der Provence

»Wieder Schwierigkeiten mit unseren amerikanischen Freunden, die immer noch in einem höchst kritischen Moment die Operationen in Italien zugunsten einer Offensive in Südfrankreich aufgeben wollen. Ich glaube nicht, dass sich daraus taktische oder strategische Perspektiven gleich welcher Art ergeben.«

Field Marshal Sir Alan Brooke am 5. April 1944[1]

Am 15. August 1944 starteten um 7.30 Uhr Amerikaner und Franzosen vor der französischen Riviera die größte amphibische Operation, die das Mittelmeer jemals gesehen hatte. Das Unternehmen, an dem unter dem Kommando von Admiral Henry Kent Hewitt mehr als 200 alliierte Schiffe beteiligt waren, darunter fünf Schlachtschiffe sowie neun Flugzeugträger, trug den Decknamen *DRAGOON*. Wo sich in Friedenszeiten der Jetset aus Europa und Amerika mit seinen teuren Jachten getummelt hatte, sollten nun 200 000 Soldaten unter dem Oberbefehl von Lieutenant General Jacob Loucks Devers an Land gehen. An derselben Küste war 129 Jahre zuvor Napoleon Bonaparte im Golfe Juan (zwischen Cannes und Antibes) mit nur 700 Mann gelandet, um keine drei Wochen später im Triumph in Paris einzuziehen.

Unter Berücksichtigung der kontroversen Vorgeschichte von *ANVIL/DRAGOON* hatte es einen seltsamen Beigeschmack, dass der britische Kriegspremier an Bord der *HMS Kimberley* gegangen war, um an diesem Tag die Landung persönlich zu beobachten. Die Churchill begeistert zuwinkenden Soldaten der amerikanischen 7th *Army* konnten nicht ahnen, dass sie ausgerechnet einen der schärfsten Gegner der jetzt anrollenden Operation vor sich hatten. Es war noch keine Woche her, dass Churchill persönlich in Eisenhowers normannischem

Hauptquartier erschienen war, um den Amerikaner aufzufordern, das bereits vollkommen vorbereitete Unternehmen abzublasen. General Pattons Durchbruch bei Avranches hatte aus Churchills Sicht eine zweite Landung in Frankreich erübrigt. Einmal mehr reizte der Besucher aus der Downing Street Eisenhower bis aufs Blut, als er versuchte, die alte norditalienische oder jugoslawische Karte zu spielen und wieder von den ungeheuren Chancen zu schwärmen begann, die dort auf die Alliierten angeblich warteten. Der sichtlich angefasste alliierte Oberbefehlshaber blieb jedoch stur. In einer harten sechsstündigen Kontroverse hatte Eisenhower, so erinnerte sich *Commodore* Harry S. Butcher, dem britischen Premier in jeder grammatikalisch möglichen Form erklären müssen, dass *DRAGOON* in der geplanten Form stattfinden werde.[2] Weil die Deutschen sich noch in Brest behaupteten, bräuchte er unbedingt den Hafen von Marseille, um die alliierten Truppen zu versorgen, die schon bald vor den Reichsgrenzen stehen würden. Dazu seien auch die bisher noch nicht zerstörten Eisenbahnen im Rhonetal von großer Wichtigkeit.

Gewiss hatte Eisenhower gerade nach dem unerwarteten Erfolg von *COBRA* und Montgomerys wiederholtem Scheitern vor Caen Verständnis für die Furcht der einstigen Weltmacht vor ihrer fortgesetzten Marginalisierung. Als die leidige Debatte am nächsten Tag im Londoner Amtssitz des Premiers ihre Fortsetzung fand, musste sich Eisenhower sogar Churchills Vorwurf gefallen lassen, dass es der »große amerikanische Bruder« inzwischen wohl nicht mehr für nötig befand, auf die strategischen Ideen seines alten Alliierten einzugehen.[3] Der amerikanische Oberbefehlshaber war sich allerdings der vollen Unterstützung von Roosevelt und Marshall sicher und blieb in der Sache hart. Mit einem konzilianten Brief versuchte er jedoch kurz darauf, dem britischen Kriegspremier zu versichern, dass Großbritannien am Ende gewiss nicht mit leeren Taschen dastehen werde. Genau das war aber der Fall, als Churchill am 15. August verdrießlich auf seiner Zigarre kauend auf dem Deck der Kimberly stand und auf alle die Truppen blickte, die *Field Marshal* Sir Harold Alexander jetzt in Italien fehlen würden. Es sei eine sehr gut geleitete, aber irrelevante und von allem losgelöste Operation, schrieb er verächtlich am Abend an seine Frau.[4]

Da hatten sich die amerikanischen Landungsdivisionen schon fest in ihren drei Brückenköpfen ALPHA, DELTA und CAMEL zwischen Cannes und St.-Tropez etabliert. Den im Hinterland abgesetzten britischen Fallschirmjägern der 1st *Airborne Task Force* war es sogar geglückt, in der Nähe von Draguignan den Stab des LXII. Reserve-Korps gefangen zu nehmen. Am nächsten Tag folgten in zweiter Welle die drei freien französischen Divisionen. Die allerdings überwiegend aus indigenen Afrikanern bestehenden Verbände unter Führung französischer Offenziere wurden von General Jean Marie Lattre de Tassigny befehligt. Der 55-jährige General, ein hochdekorierter Veteran des Ersten Weltkrieges, war 1940 zunächst dem Vichy-Regime loyal geblieben. Als er sich jedoch im November 1942 den in die unbesetzte Zone eindringenden Deutschen widersetzt hatte und deswegen sogar verhaftet wurde, war er zu de Gaulles Freien Franzosen geflohen.

Lattres Rückkehr nach Frankreich wurde jedoch dadurch getrübt, dass selbst bei dieser sekundären Operation gegen einen geschwächten Gegner die Amerikaner sich nicht hatten entschließen können, den durchaus kampferfahrenen Divisionen den Vortritt bei der Befreiung seines Landes zu lassen. In der Angriffszone stand lediglich die deutsche 242. Infanterie-Division von Generalmajor Johannes Baßler, deren Kampfwert mangels Fahrzeugen, Artillerie und Panzerabwehr nur gering war. An beweglichen Kräften verfügte die an der französischen Mittelmeerküste zwischen Nizza und Narbonne eingesetzte deutsche 19. Armee nur noch über die 11. Panzer-Division mit etwa 100 Kampfpanzern. Das Übersetzen der Masse dieses vergleichsweise kampfstarken Verbandes auf das Ostufer der Rhone mittels Fähren konnte jedoch erst am 23. August abgeschlossen werden.[5]

In Absprache mit dem O.B.West hatte die 19. Armee unter General der Infanterie Friedrich Wiese bereits zuvor entschieden, im Falle einer alliierten Landung die Verteidigung erst im Hinterland aufzunehmen.[6] So kam es allein in einem der drei Brückenköpfe zu ernsthaften Kampfhandlungen, bei denen die Amerikaner 95 Tote

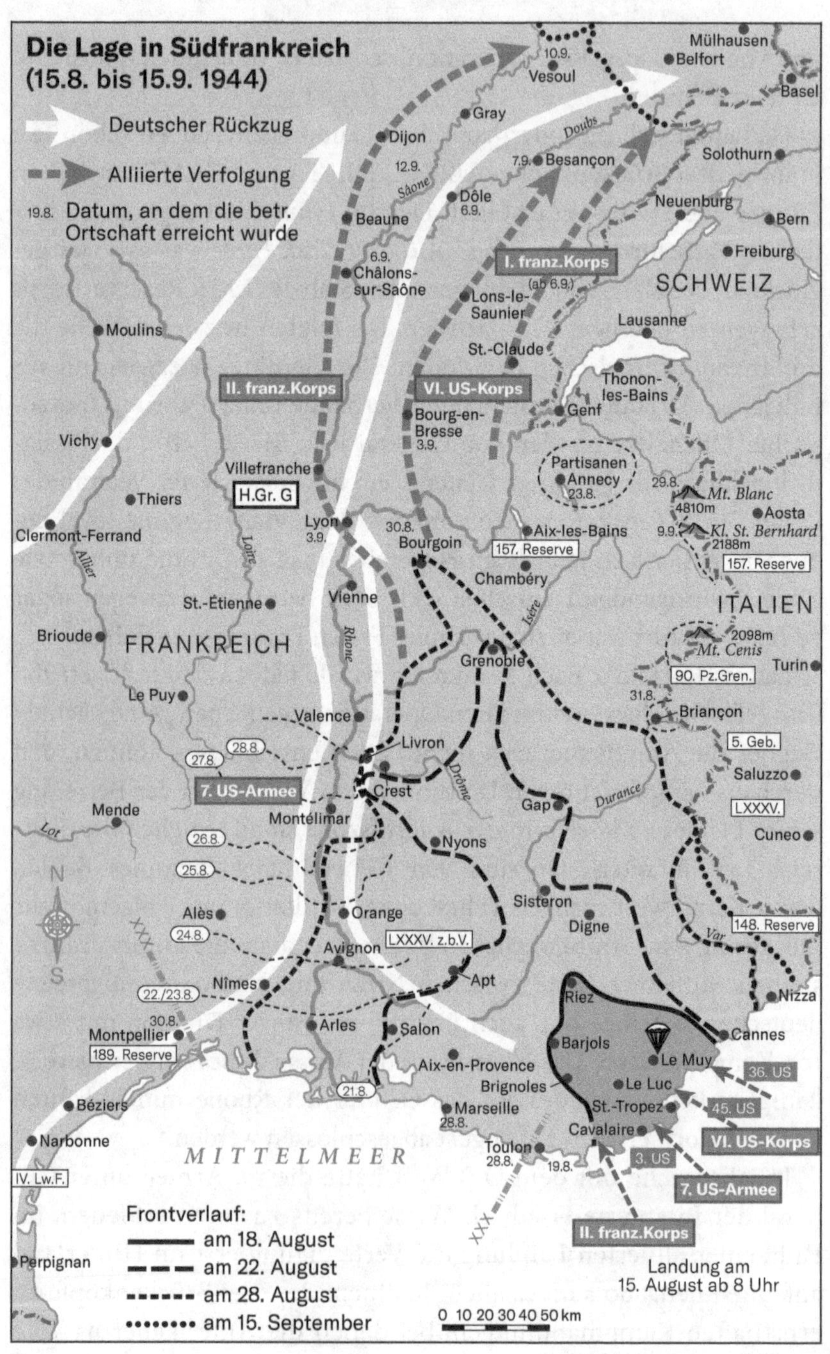
Die Lage in Südfrankreich
(15.8. bis 15.9. 1944)
Deutscher Rückzug
Alliierte Verfolgung
19.8. Datum, an dem die betr. Ortschaft erreicht wurde
Frontverlauf:
am 18. August
am 22. August
am 28. August
am 15. September
0 10 20 30 40 50 km
Landung am 15. August ab 8 Uhr
MITTELMEER
FRANKREICH
SCHWEIZ
ITALIEN
I. franz.Korps
(ab 6.9.)
II. franz.Korps
VI. US-Korps
7. US-Armee
H.Gr. G
Partisanen
157. Reserve
90. Pz.Gren.
5. Geb.
LXXXV.
148. Reserve
LXXXV. z.b.V.
189. Reserve
IV. Lw.F.
36. US
45. US
3. US
Mülhausen
Belfort
Basel
Vesoul
Gray
Dijon
Besançon
Solothurn
Dôle
Beaune
Neuenburg
Bern
Freiburg
Châlons-sur-Saône
Lons-le-Saunier
Lausanne
Moulins
St.-Claude
Thonon-les-Bains
Genf
Bourg-en-Bresse
Vichy
Villefranche
Annecy
Mt. Blanc 4810m
Aosta
Thiers
Clermont-Ferrand
Lyon
Bourgoin
Aix-les-Bains
Kl. St. Bernhard 2188m
Chambéry
St.-Étienne
Vienne
Brioude
Grenoble
Mt. Cenis 2098m
Turin
Le Puy
Valence
Briançon
Livron
Crest
Saluzzo
Mende
Montélimar
Gap
Cuneo
Nyons
Alès
Orange
Sisteron
Digne
Avignon
Apt
Nîmes
Riez
Nizza
Arles
Salon
Montpellier
Barjols
Cannes
Aix-en-Provence
Le Muy
Brignoles
Le Luc
Béziers
Marseille
St.-Tropez
Cavalaire
Narbonne
Toulon
Perpignan
Doubs
Saône
Loire
Allier
Rhone
Isère
Drôme
Durance
Lot
Var

und 385 Verwundete zu beklagen hatten. Erst am nächsten Tag konnten die Deutschen eine kleine Kampfgruppe von vier Bataillonen zusammenfassen und einen Gegenangriff führen. Angesichts der ungleichen Kräfteverhältnisse blieb er jedoch ohne Auswirkungen auf die Gesamtlage. Schon am ersten Abend hatten die Amerikaner 60 000 Mann und 6 000 Fahrzeuge an Land bringen können. Drei Tage nach Beginn der Operation war der alliierte Brückenkopf auf etwa 20 Kilometer erweitert und am 22. August erreichte die amerikanische 36th *Division* bereits Grenoble. Zugleich war eine aus Teilen der 36th und 45th *Division* gebildete Taskforce unter *Brigadier General* Frederick Butler durch das Tal der Drome zur Rhone geschwenkt, um den Deutschen den Rückzug nach Norden abzuschneiden.

Hitler hatte zwar schon am zweiten Landungstag die Genehmigung zur Räumung Südfrankreichs erteilt, es jedoch General Wiese zur Auflage gemacht, sämtliche wichtigen Einrichtungen wie Brücken, Eisenbahnen oder Kraftwerke zu zerstören. Außerdem sollten in Marseille und Toulon starke deutsche Besatzungen zurückbleiben. Gleichwohl drohte den sich entlang der Rhone zurückziehenden Verbänden der 19. Armee jetzt eine Katastrophe. Etwa 70 Kilometer nördlich von Avignon verengte sich das Rhonetal bei Montélimar auf nur wenige hundert Meter. Die Römer hatten hier aus guten Gründen eine Festung errichtet und im Mittelalter hatte ein gewisser Adhémar auf deren Trümmern eine neue Burg gebaut und war damit zum Namensgeber der Stadt (Monteil d'Adhémar) geworden. Während der Glaubenskriege hatte 1570 der Hugenottenführer Gaspar de Coligny die Festung ohne Erfolg belagert. Die Amerikaner hofften, es besser zu machen.

Schon am 20. August hatte die *Taskforce* Butler bei Einbruch der Dunkelheit die Rhone an der Mündung der Drome erreicht und nördlich von Livron eine deutsche Kolonne aus 30 Fahrzeugen vernichtet. Aber die Unterbrechung der N 7 nördlich von Montélimar gelang noch nicht. Butlers Aufklärungsabteilung stieß auf überlegene deutsche Kräfte, darunter auch Panzer, die sich bei La Coucourde auf drei beherrschenden Höhen festgesetzt hatten. Ein mit Panzerunterstützung vorgetragener Angriff der Amerikaner blieb am 23. August in heftigem deutschem Artilleriefeuer liegen. Am folgenden Tag unternahmen die Deutschen ihrerseits entlang des Roubion einen Angriff auf den rückwärtigen Bereich der *Taskforce* Butler, der nur mit rasch herbeigeführten Reserven aufgehalten werden konnte.[7] Mithilfe der nun voll verfügbaren 11. Panzer-Division gelang es den Deutschen, die Passage zwischen Montélimar und Livron noch bis zum 27. August offen zu halten, auch wenn die durchziehenden Kolonnen nach amerikanischen Angaben insgesamt 11 000 Mann und 2 000 Fahrzeuge vornehmlich durch Artilleriebeschuss verloren hatten.[8]

Als die 3rd *Division* am 28. August von Süden angreifend, endlich Montélimar einnehmen konnte, hatten immerhin 130 000 Deutsche die Engstelle passiert und Livron hinter sich gelassen. Die Verwundeten in den Feldlazaretten waren jedoch zurückgeblieben, ebenso wie ein großer Teil der schweren Waffen. Nur zehn Prozent der Artilleriegeschütze der Heeresgruppe »G« konnten gerettet werden.[9] Auch die 11. Panzer-Division, ohne deren Einsätze der Durchbruch der 19. Armee nach Norden nicht hätte gelingen können, verfügte Ende August nur noch über ein Drittel ihrer Kampfpanzer.

Noch vor Beginn dieser Kämpfe im Rhonetal hatten die algerische 3. und die Freifranzösische 1. Division die Hafenstädte Marseille und Toulon eingeschlossen. Zum Festungskommandanten von Toulon war zuvor mit Konteradmiral Heinrich Ruhfus erstmals ein Marineoffizier ernannt worden. Großadmiral Dönitz nahm das zum Anlass, ihn in einem Funkspruch ausdrücklich zu vergattern, seine Festung in »opferbereiter Härte« bis zur »letzten Patrone und Handwaffe« zu verteidigen. Ein Streichen der Flagge käme nicht infrage.[10] Die markigen Worte des Marinechefs waren mal wieder ins Blaue gesprochen und blendeten den unzulänglichen Ausbauzustand der Festungsanlagen zur Landseite vollkommen aus. Obwohl Ruhfus 18 000 Mann unterstanden, war es den französischen Truppen, begünstigt durch eine Revolte der Résistance, schon am 23. August geglückt, in die Stadt einzudringen. Zwei Tage später musste Ruhfus melden, dass sich nur noch das Fort Malocoquitt mit wenigen Geschützen hielt. Hafenanlage und Torpedobunker hatte er jedoch rechtzeitig atomisieren lassen.[11] Am 27. August war auch dieser

Die mit Nachschub beladene LST-Flottille liegt in einem süditalienischen Hafen in Vorbereitung auf die *Operation DRAGOON*, die Invasion Frankreichs an der Südküste am 15. August 1944.

Widerstand überwunden und der Admiral ergab sich mit 11 000 Überlebenden auf der Halbinsel Saint Mandrier den Franzosen. Marseille kapitulierte nur einen Tag danach und damit vier Wochen früher als vorgesehen. Die Senegalschützen der freifranzösischen 9. Kolonial-Division waren auch hier mithilfe einer Erhebung der örtlichen *Résistence* bereits am 23. August in das Stadtinnere eingedrungen. Auf insgesamt sechs Stützpunkte zurückgedrängt, konnten sich die Deutschen noch fünf weitere Tage halten.[12] Insgesamt gerieten in beiden Städten 30 000 Verteidiger in französische Gefangenschaft.[13]

Auch die Divisionen der an der Biskaya stationierten 1. Armee hatten sogleich nach der alliierten Landung in der Provence vom OKW die Genehmigung erhalten, sich über die Loire auf das südliche Elsass zurückzuziehen. Nur in Gironde und La Rochelle sollten zurückbleibende Besatzungen dafür sorgen, dass diese Häfen vorerst nicht vom Gegner genutzt werden konnten. Die Marschverbände waren in drei Gruppen aufgeteilt und zogen über Bordeaux und Angoulême zunächst nach Norden, um das von Partisanen infiltrierte Zentralmassiv zu umgehen. Einzig eine größere Kolonne von 19 000 Mann, die unter dem Befehl von Generalmajor Botho Elster die Nachhut der 1. Armee bildete, musste am 10. September bei Issoudun/Beaugency an der Loire vor den Amerikanern kapitulieren. Das Reichsgericht verurteilte Elster im März 1945 in Abwesenheit zum Tode, doch der 50-jährige General versuchte seine umstrittene Entscheidung aus der Gefangenschaft zu rechtfertigen. Tatsächlich hatte Elster durch eine während des Marsches erfolgte Umgruppierung seine letzten motorisierten Einheiten an die vorausziehenden Gruppen abgeben müssen. Verblieben war ihm danach nur noch eine heterogene Ansammlung verschiedenster Stäbe und Etappenverbände, die mit einer guten Portion Zynismus die Bezeichnung »Fußmarschgruppe Süd« erhalten hatte und kaum noch Verpflegung besaß. Zum Zeitpunkt seiner Kapitulation hatten die beiden vorausmarschierenden Gruppen mit insgesamt 60 000 Mann bereits über die Burgundische Pforte Anschluss an die 19. Armee gefunden.[14]

Auch wenn der Zusammenschluss von Devers Truppen mit Verbänden von *OVERLORD* bereits am 12. September nördlich von Dijon erfolgen konnte, hatten die Amerikaner eines ihrer Ziele doch verfehlt. Die Deutschen hatten sich durch einen geschickten Rückzug der ihr drohenden Vernichtung entzogen und südlich von Belfort vorerst eine neue stabile Front bilden können. Von ihrer Ursprungsstärke hatte die Heeresgruppe »G« jedoch rund 80 000 Mann verloren, wohl drei Viertel davon hatten sich den Amerikanern ergeben.[15] Die alliierten Verluste beliefen sich dagegen bis Ende August auf rund 7 000 Mann. Die erzielten Vorteile rechtfertigten jedoch den Aufwand und sollten Eisenhower und Marshall nachträglich bestätigen. Bereits am 15. September konnte das erste Liberty-Ship seine Ladung an den Kais von Marseille löschen.[16] Im Oktober 1944 gelangten in einer Phase dramatischer alliierter Nachschubprobleme allein über die südfranzösischen Häfen rund 525 000 Tonnen Material auf den Kontinent. Dies war mehr als ein Drittel der gesamten anglo-amerikanischen Tonnage. Ohne *DRAGOON* wäre der Angriff der alliierten Armeen auf die Reichsgrenzen kaum möglich gewesen.[17]

23 »Obéir c'est trahir – Désobéir c'est servir.« – Frankreich unter den Deutschen 1940–1944

»Ich wünsche den Sieg Deutschlands. Andernfalls werde sich der Bolschewismus überall in Europa ausbreiten.«

Pierre Laval in einer Rede zum Jahrestag von »Barbarossa« am 22. Juni 1942[1]

»Wenn die Franzosen alles hergeben, bis sie nichts mehr hergeben können und sie dies aus freiem Willen tun, dann würde ich sagen, dass ich kollaboriere.«

Hermann Göring, 1942

Frankreichs Niederlage im Sommer 1940 schien vollkommen und unwiderruflich. Seine Armee war überrollt, seine Bevölkerung zu einem vierten Teil auf der Flucht und das ganze Land zutiefst traumatisiert. Mit dem baldigen Waffenstillstand vor Augen hatten sich noch in der letzten Woche des Krieges anderthalb Millionen französische Soldaten den Deutschen ergeben. Zum Entsetzen der immer noch verbündeten Briten verfolgte die neue Regierung unter Marschall Philippe Pétain keineswegs die Absicht, den Krieg gegen die Deutschen wenigstens in den Kolonien fortzusetzen. 27 Abgeordnete der Nationalversammlung, die mit dieser Zielsetzung am 21. Juni auf der *Massilia* von Bordeaux nach Algerien aufgebrochen waren, galten seither ebenso wie der nach London geflohene Unterstaatssekretär im Kriegsministerium, Charles de Gaulle, als Verräter.

Die geschlagene Dritte Republik, die noch im Herbst 1918 über das Deutsche Kaiserreich triumphiert hatte, war in den Augen der meisten Franzosen desavouiert. Armee und auch Zivilbehörden hatten in unvorstellbarem Ausmaß versagt. Mit eigenen Augen hatten die Bewohner der nördlichen Départements sogar zusehen müssen, wie sich zahllose Offizielle als Erste nach Süden absetzten. Zugleich hinterließen die sich ungeordnet zurückziehenden Truppen überall gesprengte Brücken und blockierten damit die Fluchtrouten für alle anderen.

In nur sechs Wochen war die zweitstärkste Streitmacht Europas von Hitlers Wehrmacht überwältigt worden, nachdem sie selbst in sechs Monaten nicht einen einzigen Angriff gegen die zunächst von nur zweitklassigen Truppen gehaltene deutsche Westgrenze zustande gebracht hatte. Frankreichs beispielloses militärisches Desaster schien jedoch weniger mit seiner strategischen Überrumpelung an der Maas zu tun zu haben und auch nicht mit seiner statisch-defensiven Militärdoktrin. Das von den Deutschen überrannte Land konnte sich seinen raschen und umfassenden Zusammenbruch nur als Folge eines mangelnden Patriotismus erklären und machte für dieses Defizit vor allem den lange dominierenden Pazifismus der Linken verantwortlich.

Mit seinem Versprechen einer »Nationalen Revolution« erntete daher der 84-jährige Pétain zunächst großen Zuspruch. Frankreichs Erneuerung könne nur aus der Niederlage heraus erfolgen, hatte er am 13. Juni 1940 dem zunächst nach Tours geflohenen Kabinett eröffnet und sich ausdrücklich gegen alle Erwägungen gestellt, den Krieg gegen Hitlerdeutschland in Nordafrika fortzusetzen. Er jedenfalls werde im Land bleiben und geduldig alle Leiden auf sich nehmen, »die dem Vaterland und seinen Kindern auferlegt« würden. Allein aus diesem Leiden könne eine Wiedergeburt Frankreichs erfolgen.[2]

Trotz seines hohen Alters war der Verteidiger von Verdun und letzte überlebende Marschall des Ersten Weltkrieges eine erstaunlich rüstige Erscheinung. Pétains einzige Beeinträchtigung bestand in einer leichten Schwerhörigkeit, die fraglos zu seiner Abneigung gegen langwierige Kabinettssitzungen beigetragen hat. Schon vor dem Krieg hatte Pétain, Mitglied der *Académie française* und kurzzeitig auch Verteidigungsminister in der Regierung der »Nationalen Einheit« des Konservativen Gaston Doumergue, an seiner Rolle als nationale Legende gearbeitet. Dabei war ihm das Kunststück gelungen, sich mit keiner der verfeindeten Parteien des Landes gemein machen. Dass selbst Léon Blum, der ehemalige Führer der linken Volksfrontregierung, Pétain Frankreichs humansten Truppenführer genannt hatte, begünstigte jetzt den Aufstieg des Marschalls zum nationalen Übervater und ermutigenden Symbol eines einst wehrhaften Frankreichs.

Pétains Name schien Programm. »Die Erde lügt nicht« wurde zu seinem wichtigsten Satz. Frankreich sei nach seiner Überzeugung immer eine Agrarnation gewesen und das urbane Leben nur eine parasitäre Daseinsform.[3] In entschiedener Opposition zum liberalen Individualismus müssten endlich wieder »Gott, Vaterland, Familie und Arbeit« ihren alten Stellenwert erhalten, forderte nur zwei Wochen nach der Kapitulation der neue Kriegsminister Maxime Weygand mit Pétains voller Billigung in einem Memorandum.[4]

Der renommierte Historiker Marc Bloch spottete über den antiquierten Konservativismus der Pétain-Regierung, der aus Frankreich ein großes Museum zu machen drohte.[5] Sämtliche Einbürgerungen seit 1927 wurden jetzt überprüft und viele widerrufen. Verheiratete Frauen sollten nach den Vorstellungen der neuen Machthaber bald nicht mehr im öffentlichen Sektor arbeiten dürfen und im April 1941 machte sogar ein neues Gesetz die Scheidung praktisch unmöglich.

Der Parlamentarismus mit seinen ständig wechselnden Mehrheiten schien nun auch in Westeuropa abgewirtschaftet zu haben. Ob er in Großbritannien überlebte, war im Sommer 1940 mehr als zweifelhaft und die autoritären Systeme in Deutschland, Italien und Spanien übten eine wachsende Faszination auf viele Franzosen aus. Rechte antisemitische Bewegungen wie Marcel Déats *Rassemblement National Populaire* (*RNP*) oder Jacques Doriots *Parti Populaire Français* (*PPF*) erfreuten sich eines regen Zulaufs und es fanden sich sogar genügend Freiwillige, die 1941 in einer *Legion Volontaire Française (LVF)* gegen den Bolschewismus kämpfen wollten.[6]

Unklar blieb allerdings, wie die so vollmundig verkündete »Nationale Erneuerung« überhaupt einer Regierung gelingen konnte, der die Deutschen kaum politischen Handlungsspielraum gelassen hatten und deren Land größtenteils von der neuen Besatzungsmacht okkupiert worden war. André Gide, der Pétains Rede vom 13. Juni noch als »einfach bewunderungswürdig« gefeiert hatte, wunderte sich nur zehn Tage später, wie der Marschall von der »Unversehrtheit« eines Landes sprechen konnte, das doch zur Hälfte den Deutschen ausgeliefert war.[7] Zwar hatten die meisten Franzosen Pétains Bitte um einen Waffenstillstand und das Ende der Kämpfe ausdrücklich begrüßt. Als jedoch der Marschall nach seinem Treffen mit Hitler in Montoire im Oktober 1940 in einer Rede seinen Landsleuten die Bereitschaft seiner Regierung verkündete, zukünftig mit Berlin zusammenzuarbeiten, zeigten sich viele schockiert. Eine *collaboration* mit den Deutschen musste Frankreich letztlich zu einer Erfüllungsgehilfin fremder Interessen machen.[8]

Dass sich die stolzen Sieger anfangs bemühten, die Erinnerungen an die Kriegsgräuel von 1914 nicht wiederaufleben zu lassen und sogar freigiebig Lebensmittel an hungernde Flüchtlinge verteilt hatten, war zwar mit Erleichterung und Erstaunen registriert worden.[9] Doch alle Korrektheit der Deutschen konnte bei vielen Franzosen nicht das Gefühl verdrängen, zukünftig von der Gnade dieser unberechenbaren neuen Herren abhängig zu sein. Schon die Waffenstillstandsbedingungen waren hart gewesen, hatten jedoch auch Zugeständnisse enthalten, die eine Ablehnung schwer gemacht haben würden. Frankreich durfte seine Flotte und zur »Wahrung der inneren Ordnung« eine Armee von 100 000 Mann behalten und konnte weiterhin seine Souveränität in den Kolonien und wenigstens in einem Teil des Landes ausüben. Es durfte sogar diplomatische Beziehungen zu allen neutralen oder mit Deutschland verbündeten Staaten unterhalten. Allerdings hatte es die Kosten der Besatzung aufzubringen, die von den Deutschen auf 20 Millionen Reichsmark je Tag festgelegt worden waren. Zur Begleichung dieser gewaltigen Summen musste Frankreich überdies einen um die Hälfte überhöhten Wechselkurs akzeptieren. Für Enttäuschung sorgte auch, dass Hunderttausende französischer Kriegsgefangener vorerst noch nicht heimkehren sollten.[10]

Die bereits vor dem Krieg vorhandenen ideologischen Gräben in der Bevölkerung mussten sich unter der deutschen Besatzung noch vertiefen, die Risse gingen jetzt sogar durch Freundeskreise und Familien.

In einigen Départments klagten die Präfekten, dass die Denunziation unter der Bevölkerung ein erschreckendes Ausmaß erreicht habe.[11] Von einer nationalen Erneuerung schien man weiter denn je entfernt. War doch die zu einende Nation zukünftig in mehrere Zonen geteilt, deren Grenzen für die meisten Franzosen unpassierbar bleiben sollten. Der gesamte Norden Frankreichs einschließlich eines Küstenstreifens entlang der Biskaya bis hinunter zu den Pyrenäen wurde von den Deutschen als besetzte Zone direkt kontrolliert. Zwei nordfranzösische Departements hatten sie unmittelbar einer neuen in Brüssel ansässigen Militärverwaltung unterstellt, ihren geflohenen Bewohnern die Rückkehr verweigert und sich sogar deren vakanten Besitz angeeignet. Elsass und Lothringen wiederum waren von den Besatzern faktisch annektiert und zwei sogleich eingesetzte Gauleiter sollten die »Germanisierung« der zwischen Deutschland und Frankreich seit 1871 umstrittenen Gebiete vorantreiben.[12]

Nach Hitlers extremen Vorstellungen müsse Frankreich alles genommen werden, was es seit dem Westfälischen Frieden gewonnen hatte. Selbst auf dessen Gebiete in Nordafrika erhob der Diktator Anspruch und mochte sie auch nicht mit Spanien und Italien teilen. In einem nationalsozialistischen Europa sollte das besiegte Land nur noch die Rolle eines »kleinen Atlantikstaates« spielen. Alles, was zur wirtschaftlichen und politischen Erneuerung Frankreichs beitragen könne, müsse daher, so Joseph Goebbels am 12. Juli 1940 vor Mitarbeitern seines Ministeriums, zerstört werden.[13]

Pétain und seine Minister hatten sich sogleich nach dem Waffenstillstand aus Bordeaux, das in der besetzten deutschen Zone lag, zurückziehen müssen. Da Lyon und Marseille Hochburgen der Linken waren, kamen sie als Regierungssitz nicht infrage. So fiel die Wahl schließlich auf den Kurort Vichy in der Auvergne. Die mondänen Hotels des verschlafenen Städtchens an der Allier versprachen zwar eine komfortable Unterbringung, konnten aber im Winter kaum beheizt werden. Ein neuerlicher Umzug der Regierung nach Paris wurde jedoch von den Deutschen blockiert, obwohl es die Waffenstillstandsbedingungen erlaubt hatten.

Unter der Regie von Pierre Laval, dem Vizepräsidenten der neuen Regierung, wurde Vichy zum Begräbnisort der Dritten Republik. Mit überragender Mehrheit stimmten die im Kasino des Kurortes versammelten Abgeordneten am 9. Juli 1940 ihrer eigenen Entmachtung zu. Pétain konnte fortan durch Erlasse regieren, die Parteien waren abgeschafft und an ihre Stelle trat die »Légion«, ein Zusammenschluss aller Veteranenverbände des Landes. Dass der 14. Juli als Feiertag ebenso wie die Marseillaise und die Trikolore beibehalten wurden, war immerhin ein winziges Zugeständnis an Frankreichs große revolutionäre Traditionen. Der aus dem in der Nähe gelegenen Châteldon stammende Laval war in den 1930er-Jahren bereits zweimal Premierminister einer Mitte-Rechts-Regierung gewesen und als Pragmatiker ein überzeugter Befürworter einer Zusammenarbeit mit den Deutschen. Der Politiker mit der Aura eines windigen Provinzanwaltes hegte keinen Zweifel, dass die deutsche Vorherrschaft in Europa von Dauer sein würde und Frankreich nur eine Zukunft hatte, wenn es diese »Tatsache« akzeptierte. An Pétains und Weygands Programm einer nationalen Erneuerung zeigte er dagegen nur wenig Interesse.[14]

Lavals anfangs starke Position in Vichy wurde jedoch durch die rasch offenbar werdende Rücksichtslosigkeit der Besatzer unterminiert. Das ganze Land war schockiert, als die Deutschen schon im November 1940 mehr als 100 000 Lothringer aus den von ihnen annektierten Départements Moselle und Meurthe vertrieben hatten und die Abneigung gegen die neuen »Herrenmenschen« wuchs weiter, als im ersten Winter nach der Niederlage die Lebensmittel in vielen Regionen des Landes knapp wurden. Für Pétain war die Versuchung einfach zu groß, durch die Entlassung des als Freund der Deutschen verschrienen Laval die Zustimmung zu seinem Regime wieder zu festigen.[15] Sein Schachzug ging tatsächlich auf, auch wenn die Besatzer zunächst verstimmt waren.

Abgesehen von den rechten Randgruppen um den früheren Abgeordneten und Exsozialisten Marcel Déat war der Hass auf die Deutschen unter den Franzosen weit verbreitet. Nicht einmal der Überfall der Briten auf das französische Mittelmeergeschwader im Hafen von

Mers-el-Kébir hatte ihre Sympathien für die vormaligen Verbündeten dauerhaft eintrüben können. Im Oktober 1940 musste die Regierung sogar das öffentliche Hören von BBC-Nachrichten untersagen. Gleichwohl blieb die Zustimmung für das Vichy-Regime zunächst hoch. Insbesondere Pétain verstand es meisterhaft, sich überall im Land als Vaterfigur zu präsentieren. Auch als die Deutschen seit der Kriegswende Ende 1942 ihre Plünderungspläne kaum noch kaschierten und die Rekrutierung von Franzosen zur Zwangsarbeit im Reich erste Proteste und Streiks in Lyon und Nantes auslösten, trübte dies kaum die allgemeine Verehrung für den Marschall. Sie erreichte sogar Züge eines Kultes, als Hunderte von Städten und Dörfern Straßen und Plätze nach Pétain benannten. Noch im April 1944 zog sein Besuch in Paris Scharen von Anhängern an.[16]

Hinter der von einer Mehrheit der Franzosen gebildeten Fassade gleichgültiger Akzeptanz hatte sich jedoch ein erster politischer Widerstand gegen die deutsche Besatzung formiert. Noch richtete sich die aufkeimende Opposition allerdings nicht gegen Pétain und dessen Regime. Tatsächlich hatten sogar etliche der frühen Protagonisten der *Résistance* der Vichy-Regierung nahegestanden. Während ein Teil der Franzosen wie etwa die Bewohner von St.-Etienne versuchten, sich mit den neuen Verhältnissen zu arrangieren und den Abzug der Deutschen mit dem Abspielen der Marseillaise feierten, begannen andere, nachdem der erste Schock der Niederlage überwunden war, mit der Suche nach Gleichgesinnten. »Eine Nation ist erst unterworfen, wenn es ihre Niederlage akzeptiert«, lautete im Rückgriff auf ein Zitat des Marschalls Ferdinand Foch das Motto einer Gruppe von Hochschullehrern in der unbesetzten Zone, die sich schon im November 1940 unter Führung des Juraprofessors Francois Menthon von der Universität Lyon unter dem Namen *Libération* zusammengeschlossen hatte und eine gleichnamige Zeitung herausgaben. In Marseille wiederum hatte etwa zur gleichen Zeit Henri Frenay, ein Hauptmann des Generalstabs, eine Nationale Befreiungsbewegung (*Mouvement de liberation nationale*) initiiert, die hauptsächlich aus sympathisierenden Offizieren der dortigen Garnison bestand. Frenay hoffte, ein Netz von

Kampfgruppen formieren zu können, das der Kern einer zukünftigen Befreiungsarmee sein würde. Im November 1941 schlossen sich seine Anhänger mit der ebenfalls in der unbesetzten Zone operierenden *Liberté* zu einer größeren Gruppierung zusammen, die unter dem Namen *Combat* bekannt werden sollte.[17] Andere Gruppen, wie etwa die *Défense de la France* des 23-jährigen Studenten an der Sorbonne, Philippe Viannay, entstanden in Paris. Sogar in der von den Deutschen besetzten Zone kam es zu Zusammenschlüssen. Die bedeutendsten Gruppierungen waren die *Libération Nord* unter Christian Pineau, die *Organisation Civile Militaire* (*OCM*) sowie das *Comité d'Action Socialiste (CAS*). Als Koordinator agierte Pierre Brossolette, der vor dem Krieg noch als der kommende Mann der Sozialisten gegolten hatte und jetzt zur Tarnung seiner Aktivitäten einen Buchladen in der Pariser *Rue de la Pompe* führte.[18]

Allen Bewegungen fehlte es jedoch an Geld, Waffen und zunächst auch an einer einheitlichen politischen Strategie. Kommunisten, Gewerkschafter und Bürgerliche verband zunächst nur das Bedürfnis, etwas zu tun, ein Zeichen zu setzen, seine patriotische Haltung zu artikulieren und ähnlich fühlende Landsleute zu finden. Vor allem aber richtete sich ihr Widerstandswille gegen die Deutschen. Es gebe nur einen einzigen Feind, die Invasoren, hieß es etwa in einer Zeitung mit dem Namen »Valmy«. Die Widerstandsgruppen, für die bald die Gesamtbezeichnung *Résistance* gebräuchlich wurde, beschränkten sich nicht nur auf das Anbringen von Graffiti oder das Verteilen von Zeitungen bei Nacht und Nebel. Taten erwiesen sich als die beste Propaganda. Abgesehen von der Sammlung und Weitergabe von Informationen über die Deutschen an die Briten oder der Unterstützung abgeschossener Piloten der *Royal Air Force* bei ihrer Flucht ins neutrale Ausland kam es bald auch zu Sabotageakten und sogar Anschlägen. Erste Attentate auf deutsche Offiziere oder französische Kollaborateure provozierten allerdings brutale Gegenmaßnahmen der Deutschen und führten sogar zur Vernichtung vieler Zellen. Von Moskau seit Juni 1941 zu größeren Aktionen gegen Wehrmachtsangehörige gedrängt, mussten vor allem die Kommunisten herbe Verluste hinnehmen.

Innerhalb nur eines Jahres kam es zu mehr als 8 000 Verhaftungen in ihren Reihen.[19] Bis August 1942 fällten die Deutschen fast 500 Todesurteile und vollstreckten auch die meisten.[20] Nur der Tatsache, dass ihr Führer Raymond Dallidet der Folter der Gestapo standhielt, verdankte der kommunistische Widerstand sein Überleben.

Erst jetzt brachen die meisten Bewegungen mit dem Vichy-Regime. Auch Frenays *Combat* rückte endlich von »Vichy« ab, als nach Lavals Rückkehr im April 1942 die Regierung zur offenen Kollaboration mit den Deutschen überging. Französische Sicherheitskräfte machten inzwischen an der Seite der Besatzer sogar Jagd auf Angehörige der *Résistance*. Mehr als die 1942 einsetzende Deportation französischer Juden unter tatkräftiger Hilfe Vichys erregte das im Frühjahr 1943 verabschiedete Gesetz über die Dienstpflicht (*Service du Travail Obligatoire/STO)* die Gemüter. Es trieb Tausende junger Franzosen in die Illegalität. Mithilfe der lokalen Bevölkerung versteckten sich die Dienstpflichtigen (*Réfractaires*) zunächst in verlassenen Bauerhäusern oder nutzten das für Südfrankreich typische Buschwerk (*maquis*) als Unterschlupf.[21] Schon im Sommer 1943 hatten in den schwer zugänglichen Regionen des Départements *Haut-Savoie* bis zu 10 000 junge Männer Zuflucht vor den Behörden gefunden. Rund ein Fünftel dieser Flüchtigen schloss sich einer neuen Widerstandsgruppe an, die bald als *Maquis* bekannt werden sollte. Wo die freiwillige Unterstützung der lokalen Bevölkerung nicht reichte, unternahmen die neuen Gesetzlosen bald auch Überfälle auf Kollaborateure oder solche Franzosen, die sie dafür hielten. Anfangs unterschätzten die deutschen Besatzer und die Vertreter Vichys die Bewegung. Eine militärische Bedrohung ginge zwar wegen ihrer mangelhaften Bewaffnung und Ausbildung nicht von ihnen aus. Wohl aber erwies sich ihr Image als heldenhafte Banditen bei der ländlichen Bevölkerung als subversiv. Als sogar 300 uniformierte *Maquisards* am 11. November 1943 in dem kleinen Juraörtchen Oyonnax vor einer begeisterten Menge eine Parade abhielten und vor dem Kriegerdenkmal einen Kranz ablegten, machte dies in ganz Frankreich die Runde. Im anschließenden Winter hatten sich etwa 500 junge Männer in der Umgebung des Städtchens Glières nördlich von Annecy unter Führung eines ehemaligen Offiziers der Alpenjäger zu einer militärisch organisierten Gruppe formiert und waren rasch ins Visier des Vichy-Regimes geraten. Regierungsmilizen gingen zunächst gegen die Gruppe vor, die hoffte, mithilfe britischer Waffen Frankreichs erste befreite Zone etablieren zu können. Als im März 1944 auch die Deutschen eingriffen, war der Traum bald beendet. Mehr als die Hälfte der *Maquisards*, darunter auch ihr Anführer, fielen dem Gegenschlag zum Opfer.[22]

In ihrer Breite konnten die Besatzer die Widerstandsbewegung jedoch nicht mehr zum Verstummen bringen. Weiterhin erschienen im Untergrund Zeitungen wie die *Liberté*, der *Franc-Tireur* oder die kommunistische *L'Humanité* mit bis zu mehreren Tausend Exemplaren. Bemühungen zum Zusammenschluss etlicher Gruppierungen zunächst in den einzelnen Zonen kamen jedoch nicht voran. Es bedurfte dazu der Hilfe von außen.

Von London aus versuchte de Gaulle inzwischen die rasch wachsende Bewegung unter seine Kontrolle zu bringen. Immer noch misstrauten die Amerikaner dem rebellischen General und Präsident Roosevelt verdächtigte ihn sogar, aus Frankreich nach dem Krieg eine Militärdiktatur machen zu wollen. Die Schutzherrschaft über den französischen Widerstand würde de Gaulle jedoch in den Augen der Welt eine gewisse demokratische Legitimität verschaffen.[23] Der nach England geflohene Jean Moulin kam ihm daher sehr gelegen. Der frühere Präfekt des Départements *Eure et Loire* war einer der ersten hochrangigen Persönlichkeiten, die sich dem Londoner General anschlossen. Anfangs noch von den Deutschen wegen seiner Bereitschaft zur Kollaboration gelobt, war Moulin von der Vichy-Regierung im November 1940 aufgrund seiner Weigerung, kommunistische Bürgermeister zu entlassen, von seinem Amt als Präfekt enthoben worden. Ehe er mithilfe der Amerikaner über Lissabon nach Großbritannien fliehen konnte, hatte er Kontakte mit einigen Führern der *Résistance*, darunter *Capitaine* Henri Frenay, knüpfen können. Als Moulin im Oktober 1941 de Gaulle in London zum ersten Mal begegnete, hatte er den General vor allem davor gewarnt, die *Résistance* den Kommunisten zu

23 »Obéir c'est trahir – Désobéir c'est servir.«

überlassen. De Gaulle stimmte ihm zu und erteilte ihm schließlich den Auftrag, ein Bündnis der drei großen Bewegungen im Süden zustande zu bringen und sie auf den Exil-General in London einzuschwören.[24]

Als Moulin im Januar 1942 mit Geld und Funkgerät versehen per Fallschirm nach Frankreich zurückkehrte, schien der Erfolg seiner waghalsigen Mission mehr als zweifelhaft. De Gaulle war vielen Widerständlern bis dahin völlig unbekannt gewesen war. Nun aber mutierte der General rasch zu einer Art Lichtgestalt, von der sie sich zukünftig Geld und britische Waffen versprachen. Manche Widerstandsführer nahmen sogar selbst Kontakt zu de Gaulle auf. Als Moulin im Februar 1943 nach einem Jahr rastloser Tätigkeit im Untergrund noch einmal nach London reiste, hatten sich tatsächlich alle Gruppierungen des Widerstandes in der ehemals unbesetzten Zone erstmals zu einer einheitlichen Organisation, dem *Conseil National de la Résistance*, zusammengeschlossen. Auch ihre paramilitärischen Verbände waren seit Oktober 1942 als neue *Armée Secrète* dem Befehl des damals 63-jährigen Charles Delestraint unterstellt. Der General, der im Mai 1940 einen Panzerangriff gegen die Deutschen bei Abbeville kommandiert hatte, war zuvor von Henri Frenay für den *Combat* angeworben worden und hatte in dessen Auftrag den Widerstand in Lyon aufgebaut. Delestraint sollte im Juni 1943 durch Verrat in die Hände der Gestapo fallen und am 19. April 1945, nur zehn Tage vor der Ankunft der Amerikaner, im KZ Dachau umgebracht werden.

Wie stark die *Résistance* in dieser Phase ihrer Reorganisation tatsächlich war, lässt sich nur schwer sagen, da zwischen ständigen Akteuren und bloßen Sympathisanten nicht wirklich unterschieden werden kann. Sollte die von André Dewavrin, der unter dem Decknamen Colonel Passy als de Gaulles Geheimdienstchef fungierte, für Anfang 1943 genannte Zahl von rund 65 000 Mitgliedern der südlichen Gruppen zutreffen, so dürfte freilich der französische Widerstand nicht einmal ansatzweise die Stärke der mit den Deutschen weiterhin kollaborierenden rechten französischen Gruppierungen erreicht haben.[25] Die alliierten Planer setzten daher zunächst keine großen Hoffnungen auf die Angehörigen der *Résistance*. Ihre geringe Zahl sowie ihre mangelhafte

Unterstützt von breiten Teilen der Bevölkerung zerstören französische Widerstandskämpfer deutsche Wegweiser in Paris im August 1944.

Ausbildung und Bewaffnung versprachen kaum einen militärischen Nutzen, zumal sich die meisten Widerständler weitab der zukünftigen Landezonen in den Städten konzentrierten. General Frederick Morgan von *COSSAC* warnte sogar davor, die Franzosen überhaupt in die Landungspläne einzuweihen. Seine Nachfolger revidierten jedoch zum Teil diese pessimistische Sicht. Zwar wollte sich auch *SHAEF* selbst nach der Anfang 1944 geglückten Konzentration aller bewaffneten Kräfte der *Résistance* in der *FFI* (*Forces Françaises de l'Intérieur*) nicht auf die Franzosen verlassen, glaubte jetzt aber, dass sie nach der Landung wenigstens dazu beitragen könnten, Eisenbahn- und Telefonverbindungen hinter der deutschen Front zu zerstören und Truppenbewegungen des Gegners zu verzögern. Voraussetzung war jedoch der Verzicht auf jede vorzeitige Aktion, worauf schließlich auch de Gaulle hinzuwirken versuchte. In seinen BBC-Ansprachen war jedenfalls zwischen September 1943 und der Invasion nicht mehr von einem »nationalen Aufstand« die Rede.[26] Mit General Marie Pierre König, einem Anhänger der ersten Stunde und gefeierten Held im Wüstenkrieg gegen Rommel, setzte de Gaulle Anfang 1944 einen tatkräftigen Befehlshaber an die Spitze der FFI. König sollte vor allem die Aktionen der *Résistance* mit *SHAEF* abstimmen. Die Anglo-Amerikaner wiederum versuchten, durch das Absetzen einiger Dutzend besonderer Kommandos (*Jedburgh-Teams*) aus drei oder vier Mitgliedern der *SOE (Special Operations Executive*), ausgewählte Gruppen der *Résistance* in Guerillataktiken und im Umgang mit Sprengstoffen auszubilden, insbesondere aber auch deren Aktionen zu lenken.[27] Außerdem steigerten die Alliierten ihre Nachschublieferungen im Vorfeld der Invasion erheblich. Waren im Januar 1944 erst 660 Container mit Waffen, Sprengstoff und sonstiger Ausrüstung über Frankreich abgeworfen worden, so hatte sich diese Zahl im Mai schon verachtfacht. Allerdings stießen Angehörige der *Jedburgh-Teams* zu Beginn der Invasion immer noch auf aktionsbereite Gruppen, die nur zur Hälfte bewaffnet waren. Das Problem war auch einen Monat später noch nicht gelöst, als Eisenhower an die *Combined Chiefs of Staff (CCOS)* die Empfehlung aussprach, wenigstens 140 000 Mann der jetzt rasch wachsenden Zahl französischer Widerstandskämpfer mit deutschen Beutewaffen auszustatten. Die Männer schlügen sich auch gegen reguläre deutsche Kräfte gut und verdienten es, mit allem Nötigen ausgestattet zu werden. Tatsächlich hatte die *Résistance* in den ersten sechs Wochen der Invasion mit unterschiedlichem Erfolg gekämpft. Weitab in der Provence und im Rhonetal war es dem *Maquis* sogar gelungen, den Zugverkehr massiv zu unterbrechen,[28] doch in der Bretagne glückte der *Résistance* erst nach dem Fall von Avranches die Einnahme mehrerer Städte, darunter St.-Brieuc an der Bahnlinie von Brest nach Rennes. Erst nach *COBRA* entwickelte sich der französische Widerstand zu einem spürbaren Faktor. Pattons rasch zur Seine vorrückende amerikanische Panzerverbände stießen häufig bereits auf Ortschaften und Städte in der Hand des *FFI*.

Die amerikanische Führung sprach in Bezug auf ihre Operationen in der Bretagne von einer beachtlichen Hilfe[29] und Bradley räumte ein, dass immerhin 14 Bataillone der *FFI* seinen Truppen geholfen hätten, die Hafenstädte Lorient und St.-Nazaire abzuriegeln.[30] Gewiss übertreibend behauptete Eisenhower in seinen Memoiren, die Résistance hätte den Kampfwert von 15 Divisionen entsprochen. Selbst de Gaulle gab sich bescheidener und zählte penibel acht deutsche Divisionen auf, die durch Kräfte der *FFI* von der Front ferngehalten worden seien.[31]

Es kam allerdings auch zu tragischen Rückschlägen. So geriet etwa der Versuch von einigen Tausend *Maquisards*, auf dem Plateau von Vercors nach der Landung eine befreite Zone einzurichten, zu einem verlustreichen Desaster. Die Deutschen griffen Mitte Juli 1944 mit zweifacher Übermacht und Fallschirmjägern in Lastenseglern die Stellungen der Widerständler an und zersprengten die Gruppierung. 326 Kämpfer und 130 Zivilisten wurden dabei getötet.[32]

Wenn General de Gaulle in seiner Ansprache vom 6. Juni betont hatte, dass jetzt nicht nur die Schlacht um Frankreich beginne, sondern auch Frankreichs entscheidender Kampf, war dies nur trotziges Wunschdenken.[33] Die von General König kontrollierten 100 000 Angehörigen des *FFI* blieben trotz ihres persönlichen Einsatzes und der kaltblütigen Todesverachtung etlicher ihrer Führer nur eine Fußnote im gewaltigen Gesamtgeschehen. Hätte allerdings nur die Hälfte dieser jungen Männer zuvor den Weg nach Großbritannien gefunden, so wären sie, gut ausgebildet und hervorragend bewaffnet, Teil eines französischen Armeekorps geworden, das am 6. Juni 1944 Seite an Seite mit Amerikanern, Briten und Kanadiern einen der fünf Landungsköpfe gestürmt hätte. Frankreich hätte einen substantiellen Anteil an seiner Befreiung gehabt und damit tatsächlich die Scharte von 1940 ausmerzen können. Vielleicht wären dann sogar dem seither um seine alte *Grandeur* bemühten Land seine kolonialen Desaster in Indochina und Algerien erspart geblieben. Der viel bejubelte Einzug von Leclercs Panzern in Paris, unterstützt von Tausenden schlecht bewaffneter *FFI*-Kämpfer, war dagegen nur eine Ersatzhandlung, aus der das politische Genie de Gaulles die große Selbstbefreiung Frankreichs inszenierte. Es war jedoch nicht mehr als Magie, die mit der Begeisterung der letzten Augusttage bald verfliegen sollte.

24 Von der Seine bis zum Westwall – Der große Rückzug im Westen

»Man kann es wirklich verstehen, wenn Du und jeder heute nach den Gründen fragt, wie es möglich war, dass wir ein seit vier Jahren besetztes Gebiet, über dessen gigantische Atlantik-Festungen wir soviel schrieben und Wochenschauen zeigten, wo wir die Invasion so brennend ersehnten, um dem Gegner vernichtende Schlachten beizubringen, wie es möglich war, dass uns ein solches Land innerhalb weniger Wochen fast völlig entglitt. [...] Ein seit vier Jahren mit mathematischer Sicherheit vorauszusehender Kriegsschauplatz durfte nicht solche Überraschungen schaffen.«

Oberleutnant K.N. von der 265. Infanterie-Division in Lorient[1]

Gerade erst glücklich der Falle von Falaise entkommen, erwies sich die Seine für die deutschen Divisionen mit ihren zahllosen Windungen als trügerische Rettungslinie. Wenig war zu ihrer Verteidigung vorbereitet worden und Generalfeldmarschall Models Forderung nach Zuführung namhafter Verstärkungen konnten vorerst nicht erfüllt werden.[2] Selbst der Rückzug über den Fluss erwies sich für die hart bedrängten deutschen Divisionen als schwierig. Mit Ausnahme von Paris und seiner Umgebung hatte die alliierte Luftwaffe die meisten festen Brücken über den Fluss schon vor Beginn der Invasion zerstört. Die Divisionen mussten in eigener Regie ihren Übergang bewerkstelligen, eine Organisation durch höhere Stäbe existierte nicht, was erhebliche Stauungen an den Ablegestellen der Fähren zur Folge hatte. Die gegnerischen Jagdbomber hatten leichtes Spiel.[3]

Noch ehe die Reste der 7. Armee und der 5. Panzerarmee die Seine erreichen konnten, hatten die Amerikaner schon östlich von Paris bei Melun und Troyes Brückenköpfe auf ihrem Nordufer gebildet. Zugleich drängten sie an der unteren Seine mit starken Panzerkräften über Evreux auf Elbeuf, das sie mit Unterstützung lokaler Kräfte der FFI schon am 24. August besetzen konnten. Nur unter scharfer

Zusammenfassung der letzten 30 Kampfpanzer von vier Panzerdivisionen gelang es der Heeresgruppe »B«, den gegnerischen Angriff zu verlangsamen. Zeitweise konnten die Amerikaner sogar wieder aus Elbeuf herausgedrängt werden. Die hart erkämpfte Atempause verschaffte der 7. Armee die Möglichkeit, bis zum 29. August alle Verbände halbwegs geordnet auf das Nordufer des Flusses zu bringen.[4]

Gegen den Fluss gedrängt hatten es die Deutschen vor allem der mangelnden Initiative der Alliierten und dem zeitweise schlechten Flugwetter zu verdanken, dass sie mithilfe eines halben Dutzends großer Pionierfähren, etlicher zivilen Fähren und sogar einiger Pontonbrücken noch das rechte Seineufer erreichen konnten. In der Not dienten der Truppe sogar zusammengebundene leere Benzinkanister als Übersetzmittel über den etwa 400 Meter breiten Fluss.[5] Den Resten der 10. SS-Panzer-Division wiederum glückte bei Rouen über eine von Pionieren der 21. Panzer-Division reparierte Eisenbahnbrücke der Übergang. Der Großteil ihres schweren Materials ging dabei jedoch verloren. Von den etwa 60 Panzern, die von den Deutschen noch aus dem Kessel von Falaise hatten gerettet werden können, mussten fast alle gesprengt werden. Die Amerikaner zählten später 300 gepanzerte und über 3 000 andere Fahrzeuge, außerdem 166 zerstörte Artilleriegeschütze.[6]

Insgesamt schätzten die Alliierten die Verluste der Deutschen in den zurückliegenden drei Monaten in Frankreich auf über 400 000 Mann. Außerdem habe die Wehrmacht im Westen 1 500 Kampfpanzer- und Sturmgeschütze sowie 20 000 sonstige Fahrzeuge verloren. Wenigstens 20 Infanterie- und fünf Panzerdivisionen betrachtete Eisenhowers Feindaufklärung als zerschlagen oder gar vernichtet.[7] »Eine größere Chance hatten wir nie, diesen Krieg zu gewinnen«, notierte ein ungeduldiger Patton am 21. August in sein Tagebuch. »In zehn Tagen könnten wir in Deutschland sein.«[8]

Auch wenn die Verluste der Wehrmacht in der Normandie tatsächlich etwas niedriger ausgefallen waren,[9] stand die Niederlage des Westheeres dem Zusammenbruch der Heeresgruppe Mitte in Weißrussland kaum nach. Gleichwohl glaubte Hitler im fernen Rastenburg immer

Frauen und Männer am 26. Oktober 1944 beim Bau eines Panzergrabens zur Abwehr der vorrückenden alliierten Truppen an der Westfront.

noch an die Chance, der heranziehenden Katastrophe entrinnen zu können. Seine Überzeugung, dass ein gepanzerter Gegenangriff unter günstigen Umständen noch die Wende des Krieges bewirken könne, war trotz aller bisher fehlgeschlagenen Versuche unerschüttert. Bereits kurz nach dem Scheitern des Panzervorstoßes auf Avranches hatte der Diktator Generaloberst Jodl den Befehl erteilt, eine neue Offensive im Westen vorzubereiten. Sie sollte mit rund 25 Divisionen bereits im November beginnen, wenn die Luftüberlegenheit der Anglo-Amerikaner weniger drückend sein würde. Nicht ganz zu Unrecht setzte Hitler darauf, den Gegner in einer Phase zu treffen, in der seine Verbände nach langem Vormarsch ungeordnet sein würden und unter wachsenden Nachschubproblemen litten. Noch in der zweiten Septemberwoche befahl der Diktator daher, vor allem die Panzerdivisionen der Waffen-SS zur Auffrischung aus der Front herauszuziehen.

Dass sich Models zerschlagene Armeen vor Erreichen der Reichsgrenze noch einmal zu einem ernsthaften Widerstand formieren könnten oder gar zu einem großen Gegenangriff fähig sein würden, erschien der amerikanischen Aufklärung unvorstellbar. Die zurückweichenden deutschen Divisionen waren mehrheitlich auf einige Hundert Kämpfer zusammengeschmolzen, denen nur noch wenig Artillerie und kaum Panzer zur Verfügung standen. Das Halten der Somme-Aisne-Linie erwies sich rasch als Illusion und auch der lange vernachlässigte Westwall versprach den Deutschen nur wenig Rückhalt. Viele seiner Bunker wurden inzwischen als Lagerräume genutzt und ihre Schießscharten taugten nicht mehr für die neuen Waffen.[10]

Der Krieg schien in diesen Tagen entschieden. Bereits am 28. August erreichten Verbände der amerikanischen 3rd *Armoured-Division* die Vororte von Reims und Soissons, nur drei Tage später fiel Laon. Weiter östlich konnte auch die Zuführung von zwei deutschen Panzergrenadierdivisionen von der italienischen Front Pattons Panzer am 31. August nicht an der Überquerung der Maas hindern.[11]

Auch Montgomerys Heeresgruppe hatten inzwischen die untere Seine auf breiter Front überquert und näherte sich rasch der Somme. Am 31. August überrollten britische Panzer den Gefechtsstand der

7. Armee in der Nähe von Amiens und nahmen General Heinrich Eberbach und seinen Stabschef Rudolf-Christoph von Gersdorff gefangen.[12] Anfang September besetzten kanadische Truppen die Hafenstadt Dieppe, wo sie erst zwei Jahre zuvor eine blutige Schlappe erlitten hatten. Zur selben Zeit überschritten amerikanische Truppen bereits die belgische Grenze und schlossen bei Mons Teile von sechs deutschen Divisionen ein. Dem Großteil glückte zwar noch der Ausbruch aus dem Kessel, doch 25 000 Wehrmachtssoldaten gerieten in Gefangenschaft. Die 5. Panzer-Armee war so gut wie zerschlagen. Durch die Lücke in der deutschen Front konnte General Joe Collins' VIIth *Army-Corps* bei Namur die Maas überschreiten. Am 11. September 1944 erreichte es als erster alliierter Verband die Reichsgrenze bei Aachen.[13]

Erst jetzt setzte die Erosion des Westheeres mit voller Macht ein. Die zurückströmenden deutschen Kolonnen böten ein unwürdiges und beschämendes Bild, hieß es Anfang September im Kriegstagebuch des LXXXIX. Armee-Korps.[14] Im Vergleich zu diesen Horden seien die kaiserlichen Truppen, die sich im November 1918 aus Frankreich und Belgien zurückgezogen hatten, Gardetruppen gewesen, befand der General der Gebirgstruppen, Georg Ritter von Hengl, nach einem Besuch der Westfront Anfang September. Überall herrschte Panik und die Offiziere waren machtlos. Fahrzeuge wurden einfach verlassen und wertvolle Depots vorzeitig gesprengt.[15]

Der Gegner könne inzwischen nach Belieben vorrücken, klagte Oberst Fritz Fullriede, der Anfang September 1944 mit seinem Regiment als Verstärkung an der Westfront eingetroffen war. Amerikaner und Briten rollten fast ungehindert durch Nordfrankreich und Belgien und ließen sich in den befreiten Städten und Dörfern von der begeisterten Bevölkerung feiern. Einen Masterplan für die Beendigung des Krieges besaßen sie jedoch nicht. Erste Überlegungen der Anglo-Amerikaner für die Fortsetzung der Operationen nach der Befreiung Frankreichs hatten eine gleichzeitige Offensive zweier Heeresgruppen ins Reich vorgesehen. Demnach sollte Montgomerys 21st *Army-Group* über Lüttich und Aachen ins Ruhrgebiet vorstoßen, während Bradleys

12th *Army-Group* auf einer südlichen Achse über Metz und Saarbrücken den Raum von Frankfurt zu erreichen hatte.

In der zweiten Septemberwoche erhielten jedoch die hoch gespannten Erwartungen der Alliierten einen Dämpfer. Der stürmische Vormarsch ihrer Armeen begann sich zu verlangsamen, Patton erreichte zwar mit seiner Armee am 7. September die Mosel nördlich von Metz, sah sich aber zunächst außerstande, gegen einen sich versteifenden deutschen Widerstand den Fluss zu überqueren.[16] Aufseiten der Briten wiederum hatte mangelnder Transportraum Montgomery veranlasst, sein VIIIth *Corps* zugunsten der beiden anderen Korps von General Dempseys 2nd *Army* vorerst auf dem Westufer der Seine zurückzulassen, während aufseiten der Amerikaner ebenfalls zwei Korps kurz vor der belgischen Grenze wegen Versorgungsproblemen zum Stehen kamen. Es fehlte vor allem an Betriebsstoff und die amerikanische 1st *Army* musste inzwischen mit der Hälfte des benötigten Nachschubs auskommen. Auch der legendäre *Red Ball Express,* der mithilfe von 6 000 Lastwagen auf eigens frei gehaltenen Straßen den davoneilenden Angriffsverbänden rund um die Uhr Versorgungsgüter nachführen sollte, konnte das alliierte Versorgungsproblem nicht lösen.[17] Die großen Nachschubdepots in der Normandie lagen inzwischen 700 Kilometer zurück.

Ausgerechnet in dieser angespannten Lage überraschten Churchill und Montgomery ihre amerikanischen Verbündeten mit einem neuen Plan. Demnach müsse jetzt unbedingt ein rascher Vorstoß der 21st *ArmyGroup* ins Ruhrgebiet erfolgen. Die Ambitionen der Briten gingen jedoch weit über die Besetzung des industriellen Herzens von Nazideutschland hinaus. Es sei nun der Punkt erreicht, wo ein wirklich kräftiger Stoß in Richtung Berlin den Krieg beenden kann, erklärte der soeben zum *Field Marshal* beförderte Montgomery nach der Einnahme von Brüssel am 3. September 1944 in einem Brief an Eisenhower. Alle anderen alliierten Operationen, insbesondere General Pattons Vorstoß zur Saar, müssten dagegen zurückstehen.[18]

Der Amerikaner zeigte sich irritiert. Abgesehen davon, dass Eisenhower nur ungern Bradley und Patton zugunsten Montgomerys Truppen auf dem Trockenen sitzen lassen wollte, bevorzugte er grundsätzlich ein alliiertes Vorgehen auf breiter Front. Nur so könnten die Deutschen, deren verbliebenes Potential noch nicht einzuschätzen war, daran gehindert werden, ihre Kräfte gegen einen einzigen Stoßkeil zusammenzufassen. Vor allem aber trauten die Amerikaner den Briten nach deren zögerlicher Operationsführung in der Normandie eine derart weitgefasste Offensive gar nicht zu. Zudem sprach das deutliche Übergewicht der amerikanischen Truppen gegen eine Lösung, bei die Briten die Hauptlast tragen würden. Montgomery verfügte nur über zwölf britische, drei kanadische und eine polnische Division, die Amerikaner stellten aber in Frankreich schon 23 Großverbände. Am Ende rang sich Eisenhower, der am 1. September mit der direkten Führung sämtlicher alliierter Landstreitkräfte in Frankreich und Belgien betraut worden war, zu einem Kompromiss durch. Zum Verdruss der amerikanischen Befehlshaber sollte Montgomerys Heeresgruppe zunächst bis Ende September bevorzugt mit Betriebsstoff versorgt werden. Patton machte gegenüber Bradley keinen Hehl aus seinem Ärger über die Verbündeten, die es nicht geschafft hatten, Antwerpen für die Versorgung der alliierten Armeen zu öffnen. Zwar hatten General Dempseys Truppen die zweitgrößte Stadt Belgiens mit ihrem noch intakten Hafen bereits am 4. September besetzen können. General Gustav Adolf von Zangens 15. Armee blockierte jedoch weiterhin die Mündung der Schelde und damit die Zufahrt nach Antwerpen.

Montgomery zeigte sich hingegen zufrieden mit Eisenhowers Entscheidung. Unter den Codenamen *MARKET* und *GARDEN* präsentierte er *SHAEF* am 10. September den ambitionierten Plan einer kombinierten Offensive aus gepanzerten Kräften und Luftlandetruppen. Für den sonst so vorsichtig und methodisch agierenden Briten war das Unternehmen zumindest in seiner Dimension sehr untypisch. Der erneute Einsatz von Fallschirmjägern hinter den deutschen Linien hatte Montgomery schon seit seinem anfänglichen Scheitern vor Caen wiederholt beschäftigt. Nun aber war er entschlossen, mit insgesamt 35 000 Mann sowie rund 2 000 Transportflugzeugen und Lastenseglern die größte Luftlandeoperation des Krieges durchzuführen und noch vor Beginn des Winters den Durchbruch ins Reich erzwingen. Drei alliierte Fallschirmjägerdivisionen sollten demnach in drei Absprüngen die Brücken über den Zuid-Willemsvaart-Kanal bei Eindhoven/Veghel sowie über Waal und Rhein bei Nimwegen und Arnheim besetzen (Operation *MARKET*). Gleichzeitig würden die Panzer des britischen 30th *Corps* von *Lieutenant General* Brian Horrocks über den Maas-Schelde-Kanal rund 80 Kilometer nach Norden zum Rhein verstoßen (Operation *GARDEN*) und innerhalb von nur zwei Tagen die Verbindung zu den Landezonen der Fallschirmjäger herstellen.[19]

Schon unter normalen Bedingungen wäre der Plan mehr als mutig gewesen. Angesichts des knappen Zeitfensters von nur einer Woche stellte das Unternehmen jedoch ein kaum zu verantwortendes Wagnis dar. General Horrocks' Panzern stand nur eine einzige Straße zur Verfügung, während der Mangel an Transportmaschinen dazu zwang, die für Arnheim bestimmte britische 1st *Airborn-Division* von *Major General* Robert Urquhart in mehreren Wellen abzusetzen. Zwar war es der alliierten Aufklärung nicht entgangen, dass die Fallschirmjäger genau in der Auffrischungszone des II. SS-Panzer-Korps landen würden, doch eine entsprechende Änderung der Planungen unterblieb.[20] Das am 17. September begonnene Unternehmen endete für die britische Truppen mit einer Katastrophe. Nur ein Fünftel der nordwestlich von Arnheim abgesprungenen Männer gelangte zehn Tage später über den Rhein zurück, die Division musste aufgelöst werden.

Arnheim war der letzte deutsche Sieg im Zweiten Weltkrieg und trug zur Stabilisierung der Westfront bei. Für den Sieger von El-Alamein war es ein *Waterloo*, das den soeben zum *Field Marshal* beförderten Briten in größte Erklärungsnot brachte. Montgomerys Behauptung, dass *MARKET* und *GARDEN* immerhin zur Eroberung von zwei der drei anvisierten Brücken geführt hätten, überzeugte kaum jemanden, am allerwenigsten die Amerikaner.[21] Die britische Strategie des *single thrust* war vorerst gescheitert, aber auch Eisenhowers breiter Kräfteansatz führte nicht zu befriedigenden Ergebnissen. Auch wenn Aachen als erste deutsche Stadt nach wochenlangen Kämpfen am 21. Oktober

1944 vor der amerikanischen 30th *Division* kapitulieren musste, war der Angriffsschwung der ersten Septemberwoche längst verflogen. General Bradleys Versuch, seit dem 6. Oktober durch das unwegsame Tal der Kall zum Rurstausee vorzustoßen, mündete in einem monatelangen Abnutzungskampf, der als Schlacht im Hürtgenwald bekannt wurde. Für beide Seiten war es eine »Hölle« aus Schlamm, Kälte und undurchdringlichen Wäldern. Die Verluste der insgesamt sechs beteiligten amerikanischen Divisionen überstiegen später sogar die Ausfälle der Kämpfe im *Bocage*, ohne dass jedoch Zählbares erreicht wurde. Das zähe Ringen um Vossenack, Schmidt und Hürtgen hielten noch an, als die Wehrmacht überraschend am 16. Dezember 1944 entlang des deutsch-luxemburgischen Grenzflüsschens Ur zu ihrer lange geplanten großen Offensive antrat. Sie fußte auf Hitlers fester und in den zurückliegenden Monaten immer wieder geäußerter Überzeugung, mit einem straff geführten Angriff aller verfügbaren gepanzerten Kräfte die Anglo-Amerikaner aus dem Krieg zu schlagen. Allein im Westen könne mit den verfügbaren Kräften noch eine Wende herbeigeführt werden, hatte er schon am 31. Juli gegenüber Jodl geäußert.[22] Dieses Mal sollte die Offensive allerdings nicht zum Strand führen, sondern zur Maas und weiter nach Antwerpen. Die »Wacht am Rhein« war ein Desiderat der Normandieschlacht und vielleicht hätten 600 Panzer, unterstützt von rund 2000 Geschützen, am 7. oder 8. Juni tatsächlich die alliierten Landezonen erreichen können. Sechs Monate später war es jedoch definitiv zu spät. Eine der letzten militärischen Kraftanstrengungen des Reiches scheiterte schon nach wenigen Tagen an Treibstoffmangel und dem entschlossenen Widerstand der Amerikaner.

Fazit

Die entscheidende Schlacht des Krieges und das verloren gegangene Geheimnis des Sieges

»Die Lehnstuhlstrategie von Berchtesgaden und Rommels Pessimismus und Mangel an strategischer Schulung brachten eine Flickschusterei zustande [und] brauchte die Panzerdivisionen in kümmerlichem Fechten um Geländestücke auf.«

General der Panzertruppe Leo Freiherr Geyr von Schweppenburg[1]

Die Kämpfe der Wehrmacht im Westen spielten in der deutschen Historiografie des Zweiten Weltkriegs bis heute eher eine Nebenrolle.[2] Aus dieser Sicht war die Entscheidung des Krieges spätestens mit der Kapitulation der Heeresgruppe »Afrika« und dem Scheitern des Zangenangriffs auf Kursk im Juli 1943 gefallen. Die Landungen der Anglo-Amerikaner in der Normandie und später in der Provence schienen dagegen nur noch bestätigende Epiloge zu sein. Nach deutschem Verständnis waren beide Operationen lediglich Teil einer sich noch elf Monate hinziehenden militärischen Agonie des Dritten Reiches. Angesichts der eindeutigen Kräfteverhältnisse hatten die Alliierten wohl kaum scheitern können. In Frankreich kämpfte die Wehrmacht demnach sogar in einer doppelt sinnlosen Schlacht, denn Eisenhowers siegreiche Armeen brachten – anders als Stalins Panzer –

tatsächlich Freiheit und Demokratie nach Europa zurück und dies am Ende sogar für den Großteil der Deutschen.

Die kaum überschaubare Menge vor allem amerikanischer Darstellungen der Kämpfe zwischen Caen, Carentan und Cherbourg belegt eindrucksvoll, dass aufseiten der Anglo-Amerikaner bis heute eine andere Sicht auf die Befreiung der Völker Westeuropas von der Nazidiktatur vorherrscht. Für die alliierten Befehlshaber waren *NEPTUNE* und *OVERLORD* fraglos die entscheidenden Operationen des Krieges gegen Hitlerdeutschland und Präsident Roosevelt sprach sogar von einem *mighty endeavor*. Auch im sechsten Kriegsjahr waren sich vor allem die Briten vollkommen bewusst, dass die Invasion Frankreichs kein Spaziergang sein würde und sogar scheitern konnte. »Gallipoli« war nicht nur für Winston Churchill das große Menetekel und *Field Marshal* Sir Alan Brooke fürchtete noch am Vorabend der Landung, es könne das größte Desaster des Krieges werden. Gewiss besaßen die Angreifer gegenüber den Deutschen die größere Truppenzahl, eine weit höhere Feuerkraft und die absolute Luftüberlegenheit, doch ihre ersten Wellen mussten sich zunächst einmal an Land behaupten. Wenige hatten erst den Kampfraum für die vielen zu erobern. Darin bestand das Problem.

Erstaunlicherweise deckte sich die alliierte Einschätzung der *Cross-Channel Operation* als entscheidender Schlacht des Krieges durchaus mit Hitlers strategischen Erwägungen. Glaubte doch die Führung des angeschlagenen Dritten Reiches spätestens seit dem Herbst 1943, durch einen Sieg im Westen die ihr drohende militärische Niederlage doch noch abwenden zu können. Voller Überzeugung, dass die überlegene Führungskunst der Wehrmacht und der Einsatzwille ihrer Soldaten das materielle Übergewicht der Alliierten mehr als wettmachte, sehnte der Diktator den Angriff der Alliierten geradezu herbei. Würde die anglo-amerikanische Invasion schon im Ansatz scheitern, so sein Kalkül, bräuchte es Monate, vielleicht sogar Jahre, ehe Roosevelt und Churchill ihre Armeen einen zweiten Versuch wagen ließen. Die im Westen bisher gebundenen deutschen Kräfte würden danach zum Einsatz an der Ostfront frei. Ob das deutsche Ostheer, verstärkt durch 30 oder 40 zusätzliche, allerdings meist zweitklassige Divisionen, dem Krieg gegen die Sowjetunion noch eine entscheidende Wende hätte geben können, ist allerdings Spekulation.

Hitler sah jedenfalls in dem von ihm erwarteten Sieg an den Stränden Frankreichs eine politische Überlebenschance. Wirklich genutzt hat er sie nicht. Zwar verfolgte das Regime bis in seine letzten Tage mit bestialischer Brutalität seine innenpolitischen Gegner und ermordete sie zu Tausenden, dagegen ist das Unvermögen des deutschen Terrorstaates in der Mobilisierung der ihm verbliebenen militärischen Ressourcen ein erstaunliches Faktum. Die Phasen der Abwehrvorbereitung und der ersten Kämpfe in der Normandie belegen sogar, dass das die Hitlerdiktatur prägende polykratische Chaos längst auch auf die Wehrmacht übergegriffen hatte. Martialische Rhetorik ersetzte mehr und mehr effektive Führungsstrukturen und angemessene Entscheidungen. Engstirniges Ressortdenken der Teilstreitkräfte und gegensätzliche operative Anschauungen etwa über den Einsatz der Panzerdivisionen behinderten im Vorfeld der Invasion einen effektiven Ansatz der schwindenden deutschen Kräfte. Zu mehr als lauen Appellen an die Kooperationsbereitschaft seiner Befehlshaber mochte sich Hitler jedoch nicht entschließen.[3] Selbst die Truppe agierte am Ende nach Gutdünken. So beließ Generalmajor Feuchtinger am Invasionstag einen erheblichen Teil seiner Verbände auf dem rechten Ufer der Orne, obwohl er vom LXXXIV. Armee-Korps den Auftrag hatte, mit seiner Division links der Orne in die Lücke zwischen *JUNO* und *SWORD* zu stoßen. Teile des Panzer-Regiments 22 seiner Division verschwanden dabei noch vor Einbruch der Dunkelheit vom Gefechtsfeld, nachdem sie bei zwei kurzen Angriffen einige Verluste erlitten hatte. Der Chef des Stabes der 352. Infanterie-Division wiederum weigerte sich vor der Landung sogar offen, Generalfeldmarschall Rommels klaren Befehl umzusetzen, dass am Landungstag jeder Soldat der Division mit seiner Waffe auf den Strand wirken können müsse.[4]

Das größte Einvernehmen innerhalb der deutschen Führung herrschte noch hinsichtlich des möglichen Landungsortes. Dass sich von Rundstedt ebenso wie Rommel auf den *Pas de Calais* festgelegt hatten, verringerte zwar noch einmal die verbliebenen deutschen Siegeschancen, kann allerdings kaum beanstandet werden. Die deutsche Luft- und Seeaufklärung hatten sich ebenso wie die Spionage im Vorfeld der Invasion als außerstande erwiesen, dem O.B.West handfeste Indizien für einen anderen alliierten Kräfteansatz zu liefern. Dass von Rundstedt ebenso wie sein Nachfolger von Kluge selbst zwei Monate nach der Invasion noch an ihrer anfänglichen Überzeugung festhielten, es werde eine zweite alliierte Landung nördlich der Seine geben, ist allerdings bemerkenswert. Dabei hatten Rommel und von Kluge schon Mitte Juli gemeinsam die akute Gefahr eines alliierten Durchbruchs in der Normandie beschworen.[5] Die Frage jedoch, weshalb die Anglo-Amerikaner in dieser für sie aussichtsreichen Situation noch eine zweite Landung am *Pas de Calais* wagen sollten, stellten sich beide Feldmarschälle offenbar nicht.

Abgesehen von ihrer immerhin nachvollziehbaren, wenn auch im Nachhinein falschen Grundsatzentscheidung hinsichtlich des gegnerischen Landungsraumes kam es jedoch im Verlauf der Normandieschlacht zu einer erstaunlichen Häufung von Verstößen gegen damals gültige und bewährte Führungsgrundsätze.

Das Führerkorps der Wehrmacht im Westen versagte im Sommer 1944 an seinen eigenen Maßstäben. Nach Guderians Grundsatz »Klotzen statt Kleckern« hatte sie bisher ihre größten Erfolge errungen. Nun galt das plötzlich nicht mehr. Die Heeresgruppe »B« zeigte sich jedenfalls am 6. Juni außerstande, ihre einzige gepanzerte Reserve geschlossen zum Angriff gegen die britisch-kanadische Frontlücke nördlich von Caen anzusetzen und sie mit aller verfügbaren Artillerie dabei zu unterstützen. Ein Vorbefehl an die 21. Panzer-Division hätte wohl Feuchtinger eine rechtzeitige Herauslösung seiner rechts der Orne eingesetzten Kräfte ermöglicht.

Auch der über das Erscheinen nur einer halben Division zu Recht erboste Erich Marcks, General der Artillerie und Kommandierende General des LXXXIV. Armee-Korps, hatte gemessen an den deutschen Führungsgrundsätzen am Landungstag einen schweren Fehler begangen. Noch vor Beginn der Seelandungen hatte er sich entschlossen, seine Korpsreserve gegen angeblich im Raum Isigny gelandete Fallschirmjäger einzusetzen. Der Einsatz seiner taktischen Reserve ist das letzte Mittel des Truppenführers bei allerdings geklärter Lage. Er muss stets geschlossen erfolgen, aber nirgendwo steht, dass mit einer Reserve Gefechtsaufklärung betrieben werden soll. Obwohl Marcks – anders als von Rundstedt und Rommel – intuitiv davon überzeugt war, dass die alliierte Hauptlandung nicht am *Pas de Calais*, sondern genau in seinem Abschnitt erfolgen würde, hatte er mit der 716. Infanterie-Division ausgerechnet den mit nur 7000 Mann schwächsten Verband der Westfront auf seiner rechten Flanke eingesetzt. Die Kanadier durchbrachen am 6. Juni problemlos Generalleutnant Richters Stellungen und stießen schon am Vormittag mehrere Kilometer tief ins Hinterland vor, während sich Marcks' Korpsreserve noch auf dem Rückmarsch von ihrem ergebnislosen Einsatz auf dem entgegengesetzten Flügel befand.

Auch die folgenden Tage brachten auf deutscher Seite nicht die gewohnte Ordnung und Durchsetzungsfähigkeit in die Operationsführung. Von Rundstedts markigem Tagesbefehl, in dem er am 7. Juni sogar von einem »Vernichtungskampf« sprach,[6] folgte nur nonchalante Routine. Wenig wurde unternommen, um am 6. Juni den Marsch der Panzerlehr-Division auf Caen, die für die nur 130 Kilometer lange Strecke immerhin zwei Tage in Anspruch nahm, zu beschleunigen. Die aus dem Raum Toulouse in Marsch gesetzte 2. SS-Panzer-Division durfte vom LVIII. Reserve-Korps zwischenzeitlich zur »Bandenbekämpfung« im Limousin eingesetzt werden und erreichte mit ihrem Panzergrenadier-Regiment »Der Führer« erst in der Nacht zum 16. Juni den Raum südlich von Caumont.[7] Für die folgenden zwei Wochen verblieb die gesamte Division sogar untätig als Armeereserve in diesem Raum.

Derweil agierten die drei bereits um Caen verfügbaren Panzerdivisionen nach eigenem Ermessen und waren seit dem 7. Juni wechselnden Führungsstäben unterstellt gewesen. Aus eigenem Entschluss führte Kurt Meyer an diesem Tag sein Panzergrenadierregiment und vier Panzerkompanien zum Angriff gegen die auf Caen vorrückenden Kanadier. Der benachbarten 21. Panzer-Division wollte es nicht gelingen, ihr Panzerregiment rechtzeitig vom Feind zu lösen, um damit Meyers Angriff zu unterstützen. Weder Rommel noch von Rundstedt übten hier den notwendigen Druck aus. Auch am folgenden Tag kam kein zusammengefasster deutscher Gegenschlag zustande. Die SS-Division »Hitlerjugend« verzettelte sich erneut im Ortskampf und durch einen unfassbaren Führungsfehler kam sogar eine ganze Panzerabteilung der Panzerlehr-Division überhaupt nicht zum Einsatz. Am 9. Juni wiederum verhinderte Rommel selbst einen geschlossenen Angriff, als er die nunmehr vollständig versammelte Panzerlehr-Division isoliert auf Bayeux ansetzte. Als schließlich der Stab der Panzergruppe »West« am 10. Juni durch einen alliierten Luftschlag ausgeschaltet wurde, unterblieben deutscherseits alle weiteren Versuche, noch einmal mit scharf zusammengefassten Panzerkräften zu den alliierten Stränden durchzustoßen. Obwohl von Rundstedt inzwischen auch über die 2. Panzer-Division vom *Pais de Calais* verfügen konnte, hatte er die Hoffnung bereits begraben, mit einer großen gepanzerten Offensive noch einmal die Lage wenden zu können. Die zu befürchtende Abnutzung seiner Panzerverbände erschien ihm jetzt nicht mehr vertretbar.[8] Dass jedoch durch ihren Dauereinsatz als Lückenfüller und Korsettstange der abwehrschwachen Infanteriedivisionen genau dieser Effekt eintreten musste, wollte er nicht sehen.

Tatsächlich hatte sich spätestens mit dem Zusammenschluss aller fünf alliierten Landeköpfe das Zeitfenster für einen entscheidenden deutschen Gegenschlag geschlossen. Wenn es ihr aber jemals mit der Idee einer großen gepanzerten Offensive gegen die alliierten Brückenköpfe im Vorfeld der Invasion ernst gewesen sein sollte, so hatte die deutsche Führung in der Normandie alles getan, um ihre Umsetzung in den ersten vier oder fünf Tagen zu vereiteln. Über den Oberbefehlshaber der Heeresgruppe »B« fällte General Leo Geyr von Schweppenburg, der Befehlshaber der Panzergruppe »West«, ein vernichtendes Urteil. Danach habe vor allem Rommels Pessimismus und der Mangel an strategischer Schulung zu einer Flickschusterei geführt und die wertvollen Panzerdivisionen in ein »kümmerliches Fechten um Geländestücke« verwickelt.[9] Der bewährte deutsche Grundsatz, notfalls Terrain aufzugeben, um an entscheidender Stelle stark zu sein, galt in der Normandie nicht mehr. Robert Citinos eingangs zitiertes Diktum vom Untergang der durch Friedrich den Großen und Helmuth von Moltke begründeten militärischen Tradition Preußen-Deutschlands lässt sich nur schwer entkräften. Die einstigen Magier der beweglichen Kriegführung hatten in der Normandie vielleicht nicht wie Amateure agiert, aber das Geheimnis des Sieges war ihnen längst verloren gegangen.[10]

Zeittafel

1940

10. Mai	Beginn der deutschen Westoffensive
Mai/Juni	Operation Dynamo. Evakuierung von rund 338 000 britischen und französischen Soldaten aus Dünkirchen.
14. Juni	Die Deutschen in Paris
22. Juni	Die neue Regierung Pétain schließt einen Waffenstillstand mit dem Reich.

1941

22. Juni	Deutscher Angriff auf die Sowjetunion
11. Dez.	Deutsche Kriegserklärung an die Vereinigten Staaten
22. Dez.	*ARCARDIA*-Konferenz zwischen Großbritannien und den Vereinigten Staaten (bis 14. Jan. 1942)

1942

21. Juni	Kapitulation der britischen Besatzung von Tobruk
19. Aug.	Gescheitertes britisch-kanadisches Landungsunternehmen bei Dieppe
4. Nov.	Niederlage der deutsch-italienischen Panzerarmee bei El Alamein
8. Nov.	Erfolgreiche Landung der Anglo-Amerikaner in Nordafrika (*TORCH*)
11. Nov.	Deutsche Truppen besetzen Vichy-Frankreich.

1943

14. Jan.	Konferenz von Casablanca (bis 24. Jan.)
13. Mai	Kapitulation der deutsch-italienischen Panzerarmee in Tunis

10. Juli	Erfolgreiche Landung der Anglo-Amerikaner auf Sizilien (*HUSKY*)
3. Sept.	Landung der Briten in Reggio Calabria
9. Sept.	Landung der Amerikaner im Golf von Salerno
3. Nov.	Hitlers Weisung Nr. 51 für die Kriegführung im Westen
28. Nov.	Konferenz von Teheran (*EUREKA*, bis 1. Dez.)
Dez.	Dwight David Eisenhower zum Supreme Allied Commander of the Allied Expeditinary Forces (SHAEF) ernannt

1944

April/Mai	Vorbereitende alliierte Luftoffensive auf Ziele in Frankreich und Belgien (*Transportationplan*)
6. Juni	Landung britischer, kanadischer und amerikanischer Truppen in der Normandie (*NEPTUNE*)
	Deutscher Gegenangriff mit 21. Panzer-Division scheitert nach Anfangserfolg.
10. Juni	Vereinigung aller fünf alliierten Landeköpfe
13. Juni	Beginn des V1- Beschusses von London
14. Juni	General de Gaulle besucht nach vierjährigem Exil die Stadt Bayeux
18. Juni	VIIth *US-Corps* erreicht Westküste von Cotentin
26. Juni	Deutsche Truppen kapitulieren im eingeschlossenen Cherbourg.
	Kämpfe auf der Halbinsel Jobourg noch bis zum 29. Juni
	Beginn der britischen Großoffensive *EPSOM*. Caen bleibt jedoch in deutscher Hand.
3. Juli	Generalfeldmarschall von Rundstedt durch Generalfeldmarschall von Kluge als O.B. West ersetzt
8. Juli	Britische Offensive *CHARNWOOD*. Nordteil von Caen besetzt
17. Juli	Generalfeldmarschall Rommel durch Fliegerangriff schwer verletzt
18. Juli	Britische Offensive *GOODWOOD*. Endgültige Eroberung von Caen

20. Juli	Attentat auf Hitler und gescheiterter Putsch einer Gruppe deutscher Offiziere
25. Juli	1st *US-Army* startet westlich von St.-Lô die Offensive *COBRA*. Zusammenbruch der deutschen 7. Armee
31. Juli	Amerikaner besetzten das kaum verteidigte Avranches und die Brücken über die See und die Selune.
7. Aug.	Deutsche Gegenoffensive auf Avranches (LÜTTICH), scheitert am 2. Tag.
8. Aug.	Britische Offensive auf Falaise (*TOTALISE*)
15. Aug.	Amerikanisch-französische Landung in der Provence (*DRAGOON*)
	Deutsche Truppen können sich durchs Rhonetal zurückziehen,
19. Aug.	Amerikanische und britische Truppen vereinigen sich bei Chambois und schließen erstmals den Kessel von Falaise.
21. Aug.	Alliierte schließen endgültig den Kessel von Falaise. 50 000 deutsche Soldaten geraten in Gefangenschaft. Masse des Materials verloren
25. Aug.	Befreiung von Paris durch General Leclercs Panzerdivision und Kräfte des *FFI*
3. Sept.	Alliierte Truppen besetzten Brüssel.
11. Sept.	VIIth US-Corps erreicht Reichsgrenze bei Aachen
17. Sept.	Beginn der Operationen *MARKET* und *GARDEN*. Endet neun Tage später mit der Eroberung zweier Brücken und der Vernichtung der britischen 1st *Airborn Division*
3. Okt.	Beginn der Schlacht im Hürtgenwald. Endet erst im Februar 1945
21. Okt.	Aachen als erste deutsche Stadt von den Amerikanern erobert.
16. Dez.	Deutsche Großoffensive in den Ardennen (WACHT AM RHEIN) scheitert nach Anfangserfolgen.

Anmerkungen

Einleitung

1 Butcher, My Three Years with Eisenhower, S. 235.
2 D'Este, Patton, S. 458; Remy, Mythos Rommel, S. 162.
3 Alanbrooke Papers, zitiert bei D'Este, Patton, S. 462.
4 Liddell Hart (Hrsg.), Rommel Papers, S. 407.
5 Perret, There's a War to be Won, S. XXVII.
6 Hastings, Overlord, S. 186 ff.
7 Neitzel, Deutsche Krieger, S. 174 ff.
8 Van Creveld, Kampfkraft, S. 189 f.
9 Ebda, S. 195.
10 Ebda, S. 194.
11 Weigley, Eisenhower's Lieutenants, S. 729.
12 Marschall, Men against Fire, S. 50 f.
13 Weigley, Eisenhower's Lieutenants, S. 729 f.
14 Dupuy, Numbers, Prediction and War, S. 62.
15 Ebda, S. 253 f.
16 Domarius, Hitler. Reden und Proklamationen, Bd. II, S. 2104 f.
17 Dietrich von Choltitz, Beurteilung der Lage vor der Berufung zur Führung des LXXXIV. Armee-Korps, in: BaMA, ZA/1/607, S. 2 f.
18 Citino, The Wehrmacht's Last Stand, S. 122 f.
19 Neitzel, Deutsche Krieger, S. 179 f.
20 Geyr v. Schweppenburg, Invasion. Geschichte der Panzergruppe »West«, in: BaMa, ZA/1/817, S. 18.

1 Die Deutschen in Paris

1 Speer, Erinnerungen, S. 187.
2 Wegner, Das deutsche Paris, S. 15.
3 Kalmbach, Paris 1940–1944, S. 33.

4 Knipp, Paris unterm Hakenkreuz, S. 38.

5 Hauptmann Hermann P., Brief v. 15. 7. 1940, Bibliothek f. Zeitgesch. (Sammlung Sterz), zitiert bei Wegner, Das deutsche Paris, S. 46.

6 Zweig, Die Welt von Gestern, S. 152 f.

7 Wegner, Das deutsche Paris, S. 2.

8 Shirer, Berliner Tagebuch, Bd. 1, S. 386 f.

9 Wegner, Das deutsche Paris, S. 43 f.

10 Ebda, S. 50.

11 Ebda, S. 64 f.

12 Gefreiter Heinrich K. v. Artillerie-Regiment Nr. 58, Brief v. 3.7.1940, Bibliothek f. Zeitgesch. (Sammlung Sterz), zitiert bei Wegner, Das deutsche Paris, S. 27.

13 Ebda.

14 Salomon, Boche in Frankreich, zitiert nach Wegner, Das deutsche Paris, S. 54.

15 Knipp, Paris unterm Hakenkreuz, S. 7 f.

16 Kershaw, Hitler, Bd. 2, S. 406.

17 Graf Dankwart von Arnim, Erinnerungen, S. 197.

18 Stamm, Der große Stucki, zitiert nach Wegner, Das deutsche Paris, S. 35.

19 Gide, Tagebuch 1939–1949, Eintrag vom 9.7.1940, zitiert bei Kalmbach, Paris 1940–1944, S. 49 f.

20 Fritz Molden, Fepolinski und Waschlapski auf dem berstenden Stern, München 1991, S. 189 f.

21 Lieb, Konventioneller Krieg oder NS-Weltanschauungskrieg?, S. 21.

22 Jünger, Das Erste Pariser Tagebuch, S. 63.

23 Wegner, Das deutsche Paris, S. 102.

2 Der lange Wege zurück

1 Churchill, Der Zweite Weltkrieg, Bd. 2, S. 243.

2 Beevor, Der Zweite Weltkrieg, S. 189.

3 Roberts, Churchill, S. 682.

4 Ebda, S. 542.

5 Randolph Churchill/Martin Gilbert, Winston S. Churchill, Bd. V, S. 1002.

6 Churchill, Reden, Bd. VI, S. 6230.

7 Roberts, Churchill, S. 684.

8 Harrison, Cross-Channel Attack, S. 61.

9 Roberts, Churchill, S. 718 f.

10 Ebda, S. 689 f.

11 Danchev/Todman (Hrsg.), Alanbrooke, War Diaries, S. 86.
12 Roberts, Churchill, S. 711.
13 Ebda, S. 740.
14 Ebda, S. 708.
15 Ebda, S. 714.
16 Ebda, S. 718.
17 Beevor, Der Zweite Weltkrieg, S. 264.
18 Roberts, Churchill, S. 909.
19 Ebda, S. 513.
20 Perret, There's a War to be Won, S. 126.
21 Eisenhower, Kreuzzug in Europa, S. 26.
22 Ebda, S. 76.
23 Gilbert, Churchill (*Official Biografy*), Bd. VII, S. 239.
24 Roberts, Churchill, S. 925 ff.
25 Keegan, Six Armies in Normandy, S. 121.
26 Beevor, Der Zweite Weltkrieg, S. 620.
27 Ebda, S. 934.
28 Churchill, Reden, Bd. VII, S. 1026.

3 Das Ende einer Weltmacht

1 Danchev/Todman (Hrsg.), Alanbrooke, War Diaries, S. 483.
2 Beevor, Der Zweite Weltkrieg, S. 646.
3 Ebda, S. 801.
4 Danchev/Todman (Hrsg.), Alanbrooke, War Diaries, S. 406.
5 Ambrose, Eisenhower, S. 36.
6 Wieviorka, Débarquement en Normandie, S. 41.
7 Hastings, Overlord, S. 40.
8 Butcher, My Three Years with Eisenhower, S. 447.
9 Roberts, Churchill, S. 989.
10 Brief Roosevelts an Churchill aus d. J. 1942, zitiert bei Stoler, Allies in War, S. 140.
11 Weigley, American Way of War, S. 327.
12 Stoler, Allies in War, S. 140.
13 Wieviorka, Débarquement en Normandie, S. 48.
14 Ebda, S. 53.
15 Dancher/Todman (Hrsg.), Alan Brooke, War Diaries, S. 487.
16 Churchill, Memoiren, 5. Bd. (Der Ring schließt sich), S. 62.

17 Stoller, Allies in War, S. 142.
18 Alexander Cadogan, Diaries, 1938 – 1945, S. 582, zitiert bei Stoler, Allies in War, S. 142.
19 Roberts, Churchill, S. 990.
20 Elliot Roosevelt, As he saw it, zitiert bei Wieviorka, Débarquement, S. 56.
21 Weigley, American Way of War, S. 327.
22 Danchev/Todman (Hrsg.), Alan Brooke, War Diaries, S. 483.
23 Roberts, Churchill, S. 994.
24 Churchill, Second World War, Bd. 5, S. 432.

4 Der erhoffte Sieg an den Stränden

1 Elke Fröhlich (Hrsg.), Goebbels, Tagebücher, Bd. 10, Eintrag v. 27.10.43, S. 181.
2 O.B.West v. 27.10. 43, in: BaMa, RH 19 IV/1, Bl. 71 ff, vollständig abgedruckt bei Ose, Entscheidung im Westen, Anlage 3, S.283–304.
3 Meldung des Panzeroffiziers beim Chef des Stabes O.B.West v. 1.10. 1943, in: BaMa, RH 10/68.
4 O.B.West v. 27.10, in: BaMa, RH 19 IV/1.
5 Hubatsch (Hrsg.), Hitlers Weisungen für die Kriegführung, S. 233 f.
6 Elke Fröhlich (Hrsg.), Goebbels, Tagebücher, Eintrag v. 27.10.43, Bd. 10, S. 181: Der Führer sehe die Dinge optimistischer, als sie es eigentlich verdienen.
7 Hitler in einer Rede vor den Oberbefehlshabern der drei Wehrmachtsteile am 20.3.1944, in: Ruge, Rommel und die Invasion (Anlage S. 267).
8 Frieser, Der Zusammenbruch im Osten, in: Das Deutsche Reich und der Zweite Weltkrieg, Bd. 8, S. 500.
9 Ruge, Rommel und die Invasion, S. 4 f.
10 Hubatsch (Hrsg.), Hitlers Weisungen für die Kriegführung, S. 176–181.
11 Pemsel, Vorgeschichte der Invasion, in: BaMa ZA1/586, S. 17.
12 Speidel, Invasion, S. 60.
13 Ruge, Rommel und die Invasion, S. 16.
14 Pemsel, Vorgeschichte der Invasion, in: BaMa ZA1/586, S. 16.
15 Ose, Entscheidung im Westen, S. 35.
16 Beevor, D-Day, S. 51.
17 Maxwell, Overlord, S. 65.
18 Ose, Entscheidung im Westen, S. 76.
19 Remy, Mythos Rommel, S. 221.
20 Hubatsch (Hrsg.), Hitlers Weisungen für die Kriegführung, S. 235.
21 Ruge, Rommel und die Invasion, S. 117.

22 Rommel, Betrachtungen zur Lage v. 3.7. 1944, in: Ruge, Rommel und die Invasion (Anlage, S. 277).
23 Ebda, S. 16.
24 Stellungnahme Ia HG B v. 28. 1. 1944, in: BaMa RH 19/IV, Bd. 26, Bl. 223.
25 Gedankliche Beschäftigung mit der Frage des Einsatzes der operativen Reserven (30.1.1944), in: BaMa, RH 19/IV/1, S. 42.
26 Ruge, Rommel und die Invasion, S. 140 f.
27 Neitzel, Deutsche Krieger, S. 173 f.
28 Stellungnahme AOK 15 v. 20. 1. 1944, in: BaMa, RH 19/IV/1, S. 45.
29 Stellungnahme des AOK 7 v. 28.1. 1944, in: Ebda, S. 48.
30 Grundlegender Befehl zur Neuregelung der Befehlsgliederung im OBWest-Bereich vom 26. April, in: Ruge, Rommel und die Invasion (Anlage, S. 271–275).
31 Ose, Entscheidung im Westen, S. 37 f.
32 Pemsel, Vorgeschichte der Invasion, in: BaMa ZA1/586, S. 24 ff.: Es war erstaunlich, mit welcher Bestimmtheit Rommel damals um die Jahreswende 43/44 die feindl. Invasion bei der 15. Armee erwartete.
33 O.B.West v. 4.5. 1944, in: BaMa, RH 19IV/41, Bl. 49 f.
34 Generalmajor Voigtsberger, Bewegungen, Einsätze und Kämpfe der 116. PzDiv in Frankreich, in: BaMa, ZA1/353, S. 6 f.
35 C.O.S.S.A.C., Digest of Operation v. 7.7. 1943, in: https//cgsc.contentdem. oclc.org, abgerufen am 22. 8.2022.
36 Perret, There's is a War to be Won, S. 118.
37 Blumentritt, Normandie, 6. Juni – 24. Juli 44 (27.4. 1946), erwähnt Telefonat Jodls mit Rundstedt. »Der Führer hat bestimmte Nachrichten, dass eine Landung in der Normandie nicht ausgeschlossen ist.«, in: BaMa, ZA 1/1, S. 9.
38 Ruge, Rommel und die Invasion, S. 155.
39 O.B.West, Ia v. 5.5.1944, in: BaMa, RH19 IV/41
40 Feuchtinger, 21. Pz.Div. in der Normandie, in: BaMa, ZA1/791, S. 22.

5 Von der »Minimalarmee« zum mechanisierten Millionenheer

1 Kahn (Jr.), McNair, Educator of an Army, Washington D.C., 1945, S. 8.
2 D'Este, Eisenhower, S. 307.
3 Ebda, S. 305.
4 Ebda, S. 306, Eisenhower, Kreuzzug in Europa, S. 86.
5 D'Este, Eisenhower, S. 307.
6 Perret, There's is a War to be Won, S.
7 Ebda, S. 19

8 Ebda, S. 26.
9 Kershaw, The Bedford Boys, S. 7 f.
10 O'Neill, A Democracy at War, S. 10.
11 Kershaw, The Bedford Boys, S. 29.
12 Ebda, S. 10.
13 Perret, There's a War to be Won, S. 33.
14 Mansoor, The GI-Offensive in Europe, S. 17.
15 Keegan, Six Armies in Normandy, S. 32.
16 Perret, There's a War to be Won, S. 114.
17 Ebda, S. 40 f.
18 Hastings, Overlord, S. 191
19 D'Este, Patton, S. 396 f.
20 Ebda, S. 377.
21 Ebda, S. 325.
22 Ebda, S. 44.
23 Ebda, S. 102.
24 Perret, There's a War to be Won, S. 13.
25 Eisenhower, Kreuzzug in Europa, S. 62.
26 Butcher, Three Years with Eisenhower, S. 24.

6 Das kühnste Unternehmen aller Zeiten

1 Zitiert nach D'Este, Eisenhower, S. 490.
2 Morgan, Overture to Overlord, S. 33.
3 Harrison, Cross-Channel Attack, S. 51.
4 Brief Morgans an Liddell Hart v. 5.7. 1959, zitiert bei D'Este, Decision in Normandy, S. 38.
5 Harrison, Cross-Channel Attack, S. 72.
6 C.O.S.S.A.C., Digest of Operation v. 7.7. 1943, in: https//cgsc.contentdem. oclc.org, abgerufen am 22.8.2022.
7 Harrisson, Cross-Channel Attack, S. 55f.
8 Ebda, Anhang A, S. 450 ff.
9 Howard, British Intelligence, Bd. 5, S. 105.
10 Harrison, Cross-Channel Attack, S. 76.
11 Danchev/Todman (Hrsg.), Alanbrooke, War Diaries, S. 546 f.
12 Ebda, Nachtrag zum 4.12.1943, S. 491.
13 D'Este, Eisenhower, S. 500.
14 D'Este, Decision in Normandy, S. 58.

15 D'Este, Eisenhower, S. 496.
16 Harrison, Cross-Channel Attack, S. 220.
17 Bourque, Beyond the Beach, S. 332.
18 D'Este, Eisenhower, S. 500.
19 Danchev/Todman (Hrsg.), Alanbrooke, War Diaries, S. 546 f.
20 D'Este, Eisenhower, S. 502.

7 Die Nacht vor der Invasion

1 Zitiert nach D'Este, Eisenhower, S. 527.
2 Jacobson, Erich Marcks, S. 11.
3 Ebda, S. 111 f.
4 Ruge, Rommel und die Invasion, S. 63 f.
5 Ose, Entscheidung im Westen, S. 89.
6 Hayn, Invasion, S. 19.
7 Wieviorka, Débarquement en Normandie, S. 221.
8 Ritgen, Panzerlehrdivision im Westen, S. 102.
9 Ebda, S. 101 f.
10 Hayn, Invasion, S. 20.
11 Ebda, S. 102.
12 Jacobson, Erich Marcks, S. 160.
13 D'Este, Eisenhower, S. 527.
14 Ose, Entscheidung im Westen, S. 102 f.
15 Ebda, S. 103.
16 Perret, There's a War to be Won, S. 168 ff.
17 D'Este, Eisenhower, S. 432.
18 Ambrose, D-Day, S. 194.
19 Ebda, S. 195.
20 Keegan, Six Armies in Normandy, S. 72.
21 Ambrose, D-Day, S. 196.
22 Hastings, Overlord, S. 74.
23 Hayn, Invasion, S. 26.
24 Ebda, S. 103.
25 Hastings, Overlord, S. 84.
26 Harrison, Cross-Channel Attack, S. 284 und 300.
27 Ambrose, D-Day, S. 237.
28 Ebda, S. 230.

8 »Bringen Sie die Männer von diesem verdammten Strand herunter.«

1 Hemingway, Voyage to Victory, in: Collier's Magazine v. 22.7. 1944.

2 Gaskill, Bloody Beach, American Magazine, Sept. 1944, zitiert bei Lewis, Omaha Beach. A Flawed Victory, S. 36.

3 Hastings, Overlord, S. 90.

4 Danchev/Todman (Hrsg.), Alan Brooke, Diaries, S. 554.

5 Severloh, WN62, S. 50.

6 Harrison, Cross-Channel Attack, S. 319.

7 Severloh, WN 62, S. 18.

8 Kershaw, Hitler. 1936 – 1945, S. 845.

9 Kershaw, Bedford Boys, S. 81.

10 Siehe den Landungsplan für Omaha-Beach, Ambrose, D-Day, S. 122/23

11 Severloh, WN 62, S. 53.

12 Kershaw, Bedford Boys, S. 121.

13 Ebda, S. 129.

14 Hastings, Overlord, S. 94.

15 Augenzeugenbericht von Captain Richard F. Bush, zitiert bei: Lewis, Omaha Beach, S. 373.

16 Kershaw, The Bedford Boys, S.

17 Ebda, S. 174.

18 Beevor, D-Day, S. 117 f.

19 Bradley, Soldiers Story, S. 270.

20 D'Este, Eisenhower, S. 534.

21 Harrison, Cross-Channel Attack, S. 322.

22 Cota-Papiere, Gefechtsbericht (Eisenhower-Library), zitiert in: Hastings, Overlord, S. 71.

23 Hastings, Overlord, S. 98.

24 Severloh, WN 62, S. 50.

25 Ziegelmann, Die 352. Infanterie-Division in der Normandie, in: BaMa, ZA/1/782, S. 11.

26 Lieb, Unternehmen Overlord, S. 12.

27 Severloh, WN 62, S. 17.

28 Carlo D'Este (Eisenhower, S. 534) beziffert die amerikanischen Gesamtverluste am D-Day auf 6 677 Mann. Nach Abzug der 197 Ausfälle am Strand von Utah sowie der 2 200 Toten, Verwundeten und Vermissten der beiden US-Luftlande-Divisionen entfallen somit auf OMAHA 3 380 Opfer. Max

Hastings (Overlord, S. 102) nennt mit 4 449 Ausfällen für beide Landezonen sogar eine deutlich höhere Zahl.

29 Beevor, D-Day, S. 113.

30 Hastings, Overlord, S. 101.

9 Zu wenig, zu spät, zu unentschlossen

1 Von Luck, Panzer Commander, S. 184.

2 Lieb, Unternehmen Overlord, S. 86.

3 Von Luck, Panzer Commander, S. 175, erwähnt einen Brief des Generals aus dem Jahre 1979. Demnach habe Speidel den Divisionskommandeur erst am Morgen des 6. 6. erreichen können. Bekannt ist, dass der Chef des Stabes der Heeresgruppe »B« in Abwesenheit Rommels sehr lange gezögert hatte, das Panzerregiment der Division in Marsch zu setzen. Feuchtingers angebliche Abwesenheit in den ersten Stunden der Invasion könnte daher eine ideale Schutzbehauptung gewesen sein.

4 Richter, Die 716. Infanterie-Division v. 6.6.1944, S. 13, in: BaMa, ZA/1/975, S. 13.

5 Kortenhaus, 21. Panzerdivision, S. 95.

6 Interview mit Hauptmann Wilhelm v. Gottberg, zitiert bei Miller, Nothing less than Victory, S. 399.

7 KTB HG »B« v. 6.6.1944, in: BaMa, RH 19, IX/93, S. 34.

8 Bericht Herr, in: Miller, Nothing less then Victory, S. 397.

9 Kortenhaus, 21. Panzerdivision, S. 118.

10 Luck, *Panzer Commander*, S. 178

11 Kortenhaus, 21. Panzerdivision, S. 119.

12 Hayn, Invasion, S. 28

13 Ellis, Victory in the West, Bd. 1, S. 204.

14 Kortenhaus, 21. Panzerdivision, S. 120

15 Ellis, Victory in the West, Bd. 1, S. 204; Interview mit Hauptmann Wilhelm v. Gottberg, zitiert bei Miller, Nothing less than Victory, S. 400.

16 Feuchtinger, Die 21. Pz.Div. in der Normandie, in: BaMa ZA1/791, S. 22. Laut einer Meldung des I. SS-Panzer-Korps v. 26.6.1944 soll die Division tatsächlich in insgesamt drei Wochen nur 31 PzKpfw IV verloren haben, siehe Zetterling, Normandy 1944, S. 334.

17 Citino, The Wehrmacht's Last Stand, S. 152.

18 Kortenhaus, 21. Panzerdivision, S. 123.

19 Interview mit Oberleutnant Helmut Liebeskind, zitiert bei Miller, Nothing less than Victory, S. 448.

10 Das Phantom der gepanzerten Gegenoffensive

1 Strategischer Überblick und Verteilung der Gesamtkräfte des deutschen Heeres, zitiert bei Jung, Ardennenoffensive, Anlage 4.

2 MGFA (Hrsg.), Das Deutsche Reich und der Zweite Weltkrieg, Bd. 7, S. 544.

3 Hayn, Die Invasion, S. 26.

4 Ziegelmann, Die 352. Infanterie-Division in der Normandie, in: BaMa, ZA/1/783, S. 15.

5 O.B.West v. 7.6.1944, in: BaMa, RH 19 IV/47, S. 44.

6 Ebda, S. 67.

7 Ose, Entscheidung im Westen, S. 93.

8 Ebda, S. 113.

9 Hargreaves, The Germans in Normandy, S. 69.

10 Meyer, Grenadiere, S. 121.

11 Dem Panzerregiment fehlte zu diesem Zeitpunkt noch die Pantherabteilung, die sich bereits auf dem Bahntransport an die Ostfront befunden hatte, aber noch auf Reichsgebiet wieder umgedreht werden konnte. Siehe Ritgen, Panzerlehr-Division im Westen, S. 103.

12 Ritgen, Panzerlehr-Division im Westen, S. 105 f.

13 Copp, Fields of Fire, S. 66f.

14 Beevor, D-Day, S. 198.

15 Meyer, 12. SS-Panzerdivision, S. 42.

16 Von Luck, Panzer Commander, S. 180.

17 Ellis, Victory in the West, Bd.1, S. 230.

18 Ritgen, Panzerlehr-Division im Westen, S. 106.

19 Ebda, S. 111.

20 Copp, Fields of Fire, S. 72 f.

21 Die Invasion. Geschichte der Panzergruppe "West", in: BaMa, ZA/1/817, S. 40.

22 Ritgen, Panzerlehr-Division im Westen, S. 112.

23 Ose, Entscheidung im Westen, S. 124.

24 Ebda, S. 130.

25 Lieb, Konventioneller Krieg, S. 368 ff.

26 Funkspruch v. 11.6. 1944, zitiert bei Lieb, ebda, S. 376.

27 Kershaw, Hitler 1936–1945, S. 849.

28 Ose, Entscheidung im Westen, S. 132 f.

29 Ebda, S. 136 f.

11 Auf dem Schleichweg nach Caen

1 Zitiert bei D'Este, Decision in Normandy, S. 176 f.
2 Hart, Clash of Armes, S. 308.
3 Meldung v. 12.6.1944, in: BaMa, RH 19 IV/43, S. 29.
4 Beevor, D-Day, S. 207.
5 D'Este, Decision in Normandy, S. 160 f.
6 Brief vom 8.6.1944 an den Staatssekretär im britischen Militärkabinett, Major General Simpson, zitiert bei D'Este, Decision in Normandy, S. 164.
7 Brief v. 12.6.1944, zitiert in: Ebda, S. 165 f.
8 Hastings, Overlord, S. 130.
9 Beevor, D-Day, S. 206.
10 Churchill, Der Zweite Weltkrieg, Bd. 6, S.
11 Hamilton, Monty, Bd. 2, S. 642.
12 Ebda, S. 210.
13 D'Este, Decision in Normandy, S. 175 f.
14 Ellis, Victory in the West, Bd. 1, S. 254.
15 Beevor, D-Day, S. 214.
16 Hastings, Overlord, S. 56.
17 Meldung v. 14.6.1944 an Alan Brooke (CIGS=Chief of Imperial General Staff), zitiert bei Hamilton, Monty, Bd. 2, S. 654.
18 Ebda, S. 161.

12 Angriffsziel Cherbourg

1 Weigley, Eisenhower's Lieutenants, S. 99.
2 Ebda, S. 91.
3 Ambrose, D-Day, S. 279.
4 Harrison, Cross-ChannelAttack, S. 283
5 Ebda, S. 344.
6 Ebda, S. 342 ff.
7 Ambrose, Citizen Soldiers, S. 33.
8 Weigley, Eisenhower's Lieutenants, S. 97.
9 Hastings, Overlord, S. 161
10 Ebda, S. 161.
11 Ose, Entscheidung im Westen, S. 139 f.
12 Hastings, Overlord, S. 161.
13 Ose, Entscheidung im Westen, S. 154 f.
14 Befehl der Heeresgruppe »B« v. 17.6. 44, in BaMa, RH 19IX/84, S. 15.

15 Hargreaves, The Germans in Normandy, S. 96.
16 Weigley, Eisenhower's Lieutenants, S. 101.
17 OKW/WFSt v. 21.6.1944, zitiert bei Ose, Entscheidung im Westen, S. 143.
18 Ose, Entscheidung im Westen, S. 155
19 Hargreaves, The Germans in Normandy, S. 97.
20 Weigley, Eisenhower's Lieutenants, S. 103.
21 Ebda, S. 104.
22 Beevor, D-Day, S. 240.
23 Hargreaves, The Germans in Normandy, S. 100.
24 KTB Marinegruppenkommando »West« v. 30.6.44, in: BaMa, RM 35/II, S. 6521.
25 Goebbels, Tagebücher, Teil II, Bd. 12, S. 567 f.
26 Hastings, Overlord, S. 166.
27 Brief Bradleys an Eisenhower v. 29.6.1944, zitiert bei D'Este, Decision in Normandy, S. 248.

13 *EPSOM*

1 Zitiert bei D'Este, Decision in Normandy, S. 249.
2 Ebda, S. 61.
3 Hamilton, Monty, Bd. 2, S. 684.
4 Keegan, Six Armies in Normandy, S. 162.
5 Beevor, D-Day, S. 249.
6 Ose, Entscheidung im Westen, S. 150.
7 Ritgen, Panzerlehr-Division, S. 144.
8 Keegan, Six Armies in Normandy, S. 169 f.
9 Ebda, S. 174.
10 Ellis, Victory in the West, Bd. I, S. 278.
11 Napier, Armoured Campaign in Normandy, S. 155.
12 Ritgen, Panzerlehr-Division, S. 145.
13 D'Este, Decision in Normandy, S. 242.
14 Ellis, Victory in the West, Bd. I, S. 283.
15 Ebda, S. 284.
16 D'Este, Decision in Normandy, S. 244.
17 Napier, Armoured Campaign in Normandy, S. 168.
18 Ebda, S. 244.
19 Hamilton, Monty, Bd. 2, S. 696.
20 Remy, Mythos Rommel, S. 269.

14 Rückkehr nach vier Jahren

1 Jackson, Charles de Gaulle, S. 123.
2 Das Deutsche Reich und der Zweite Weltkrieg, Bd. 7, S. 525 f.
3 Radioansprache v. 6.6.1944, in: De Gaulle, Discourses et Messages, S. 431 f.
4 Wieviorka, Débarquement en Normandie, S. 350 f.
5 Das Deutsche Reich und der Zweite Weltkrieg, Bd. 7, S. 523.
6 Jackson, France. The Dark Years, S. 390.
7 Ebda, S. 526.
8 Jackson, Charles de Gaulle, S. 313.
9 Roberts, Churchill, S. 110.
10 Ebda, S. 315.
11 Ebda, S. 318.
12 Hamilton, Monty, S. 648.
13 Jackson, Charles de Gaulle, S. 319.
14 Ebda, S. 319.
15 Ebda, S. 320.
16 Beevor, D-Day, S. 220.

15 Einen Monat nach der Landung

1 Fröhlich (Hrsg.), Goebbels Tagebücher, Teil II, Bd. 12, S. 581.
2 Ruge, Rommel, S. 276.
3 Ose, Entscheidung im Westen, S. 169.
4 O.B.West v. 2.7. 1944, in: BaMa, RH 19 IV/149, Bl. 4.
5 Wieviorka, Débarquement en Normandie, S. 239.
6 Irving, Rommel, S.
7 Wieviorka, Débarquement en Normandie, S. 263.
8 Hastings, Overlord, S. 246.
9 War-Office, Casualties OVERLORD, zitiert bei Hart, Clash of Arms, Tabelle 7.4, S. 284.
10 Ebda, S. 319.
11 Hastings, Overlord, S. 149 f.
12 Ose, Entscheidung im Westen, S. 169.
13 Das Deutsche Reich und der Zweite Weltkrieg, Bd. 7, S. 123.
14 Ebda, S. 555.
15 Ebda, S. 116.
16 Ellis, Victory in the West, Bd. II, S. 302.

17 Ebda, S. 243.
18 Ebda, S. 245.
19 Heilmann, Alert in the West, S. 21, 39.
20 Ebda, S. 294.
21 Das Deutsche Reich und der Zweite Weltkrieg, Bd. 7, S. 291 ff.
22 Ebda, S. 296.
23 Clark, Angels Eight, S. 351.
24 Ambrose, Finest Year, S. 490.
25 Ellis, Victory in the West, Bd. II, S. 267.
26 Roberts, Churchill, S. 1016.
27 Fröhlich (Hrsg.), Goebbels Tagebücher, Teil II, Bd. 12, Eintrag v. 17.6. 44, S. 485.
28 Das Deutsche Reich und der Zweite Weltkrieg, Bd. 7, S. 307 ff.
29 OKW/WFSt Nr. 772 243/44 v. 8. 7. 1944, in: BaMa, RH 19 IV/49, S. 199 ff.
30 O.B.West I a Nr. 5894/44 v. 21.7. 1944, in: BaMa, RH 19 IX/8, Bl. 21.

16 In der Falle

1 Weidinger, Comrades to the End, zitiert nach Hargreaves, The Germans in Normandy, S. 110.
2 Interview Kershaw mit Bob Slaughter, in: Kershaw, Bedford Boys, S. 181.
3 Interview Kershaw mit Roy Stevens, in: Kershaw, Bedford Boys, S. 179.
4 Hastings, Overlord, S. 212
5 Ebda, S. 213.
6 Interview Kershaw mit Bob Slaughter, in: Kershaw, Bedford Boys, S. 180.
7 Ambrose, Citizen Soldiers, S. 33.
8 O.B.West v. 1.1.1944: Verhalten in Gefangenschaft, BaMa, RS 4/1361, zitiert bei Lieb, Konventioneller Krieg oder NS-Weltanschauungskrieg?, S. 421.
9 Hastings, Overlord, S. 183.
10 Römer, Kameraden, S. 224.
11 Ambrose, Citizen Soldiers, S. 489.
12 Bericht des Gefreiten Wilhelm Schickner von der Aufklärungsabteilung der 2. Panzer-Division über die Kämpfe um Caumont am 12.6. 1944, in: Hastings, Overlord, S. 170 f.
13 Ebda, S. 183.
14 Ein Aufklärungsbericht der 21st Army-Group (Public Record Office 219/1980) gelangte am 22. Juni zu dem Resümee, dass die Überzeugung, der Tommy sei kein Soldat, unter Deutschen weit verbreitet sei, zitiert bei Hastings, Overlord, S. 170.

15 Walter Hermes am 6.6. 1944, zitiert in: Miller, Nothing Less Then Victory, S. 408.
16 Brief v. 3.7. 1944, zitiert bei Westemeier, Himmlers Krieger, S. 304.
17 Hastings, Overlord, S. 212.
18 Römer, Kameraden, S. 367.
19 Bradley, A Soldier's Story, S. 308.
20 Kershaw, The Bedford Boys, S. 174.
21 Severloh, WN 62, S. 65 f.
22 Ambrose, Citizen Soldiers, S. 33.
23 Kortenhaus, 21. Panzerdivision, S. 123.
24 Römer, Kameraden, S. 387.
25 Hastings, Overlord, S. 210.
26 Ebda, S. 212.
27 Brief des Obergefreiten Hans S. v. 15.6.1944 (Feldpostsammlung Sterz), zitiert bei Lieb, Konventioneller Krieg oder NS-Weltanschauungskrieg?, S. 419.
28 Frey, Ich wollte die Freiheit, S. 339 f.
29 Lieb, Konventioneller Krieg oder NS-Weltanschauungskrieg?, S. 420 f.
30 Befragung v. 1.8.1944 im National Archives (TNA/WO), zitiert bei Wieviorka, Débarquement en Normandie, S. 287.
31 Römer, Kameraden S. 378 f.
32 Britische Vernehmungsprotokolle im National Archives (TNA/WO), zitiert bei Lieb, Konventioneller Krieg oder NS-Weltanschauungskrieg?, S. 433.
33 Mansoor, The GI-Offensive in Europe, S. 191.
34 Kershaw, The Bedford Boys, S. 184. »A person's body can't take so much. Those boys, they couldn't take it any more.«
35 Lieb, Unternehmen Overlord, S. 130 f.
36 Mansoor, The GI-Offensive in Europe, S. 156.
37 Hastings, Overlord, S. 247.

17 *CHARNWOOD* und *GOODWOOD*

1 Schreiben v. 7.7.1944, in: Eisenhower Papers, Bd. III, S. 1982.
2 D'Este, Eisenhower, S. 548.
3 D'Este, Decision in Normandy, S. 253 f.
4 Ebda, S. 354 f.
5 Hastings, Overlord, S. 227 f.
6 Diary, 8. 7. 1944, zitiert bei: D'Este, Decision in Normandy, S. 321.
7 Danchev/Todman (Hrsg.), Alan Brooke, War Diaries, S. 566.

8 Meyer, Grenadiere, S. 145.
9 Beevor, D-Day, S. 292.
10 Ebda, S. 292.
11 Meyer, 12. SS-Panzerdivision, S. 264.
12 Klapdor, Die Entscheidung, S. 282.
13 Copp, Fields of Fire, S. 296, Fn. 82.
14 Ellis, Victory in the West, Bd. I, S. 316.
15 Beevor, D-Day, S. 297.
16 Schreiben Dempseys v. 18.3. 1952 (Liddell Hart Papers), zitiert bei Hastings, Overlord, S. 229.
17 Betrachtungen zur Lage v. 15.7.1944, in: BaMa RH 19 IX/8, Bl. 21 ff.
18 Afteraction-Report der 8th USAAF, zitiert bei Napier, Armoured Campaign in Normandy, S. 206.
19 Napier, Armoured Campaign in Normandy, S. 222.
20 Ebda, S. 223.
21 Hamilton, Monty, Bd. II, S. 735.
22 Butcher, Three Years with Eisenhower, S. 531.

18 Der 20. Juli 1944 im Westen

1 Jünger, Strahlungen, Erster Teil, S. 18.
2 Fröhlich (Hrsg.), Goebbels, Tagebücher, Teil II, Bd. 6, S. 65.
3 Irving, Rommel, S. 569.
4 Bericht Lang, in: Ebda, S. 569.
5 Lieb, Rommel. Widerstandskämpfer oder Nationalsozialist, in: Vierteljahreshefte für Zeitgeschichte 61 (2013), S.332.
6 Liddell Hart (Hrsg.), Rommel Papser, S. 428.
7 Fröhlich (Hrsg.), Goebbels Tagebücher, Teil II, Bd. S. 180, (27.10.1943).
8 Remy, Mythos Rommel, S. 231 f.
9 Ebda, S. 240.
10 Ruge, Rommel und die Invasion, S. 182.
11 Ose, Entscheidung im Westen, S. 135.
12 Remy, Mythos Rommel, S. 268.
13 Ebda, S. 269.
14 Ebda, S. 277.
15 Irving, Rommel, S. 549.
16 Heinemann, Unternehmen Walküre, S. 276 f.
17 Zitiert nach Irving, Rommel, S. 556.

18 Remy, Mythos Rommel, S. 286.
19 Ebda, S. 286.
20 Heinemann, Unternehmen Walküre, S. 285. Die Kontaktperson zu den Amerikanern war Otto John, Repräsentant der Lufthansa in Madrid.
21 Hastings, Finest Years, S. 500.
22 Ebda, S. 501 f.
23 Churchill, Reden, Bd. VII, S. 6996, zitiert nach Roberts, Churchill, S. 1023.

19 *COBRA*

1 Blumenson, Patton Papers, Bd. II, S. 521.
2 Bradley Papers, Eintrag vom 9.6. 1944, zitiert bei Lieb, Unternehmen Overlord, S. 106 f.
3 Napier, Armoured Campaign in Normandy, S. 242.
4 Hart, Clash of Arms, S. 282.
5 Hastings, Overlord, S. 246.
6 D'Este, Eisenhower, S.
7 D'Este, Patton, S. 586 f.
8 Blumenson, Patton Papers, S. 462.
9 Blumenson, Patton-Papers, S. 482.
10 Mansoor, The GI Offensive in Europa, S. 158.
11 Beevor, D-Day, S. 329.
12 Weigley, Eisenhowers Lieutenants, S. 143.
13 Napier, Armoured Campaign in Normandie, S. 244.
14 Blumenson, Breakout and Pursuit, S. 229.
15 Beevor, D-Day, S. 369.
16 Weigley, Eisenhowers Lieutenants, S. 150.
17 Hastings, Overlord, S. 254
18 Napier, Armoured Campaign in Normandy, S. 256.
19 Geschichte der 120th Infantry, zitiert bei Hastings, Overlord, S. 255.
20 Hastings, Overlord, S. 255.
21 Napier, Armoured Campaign in Normandie, S. 247.
22 Hastings, Overlord, S. 255.
23 Blumenson, Breakout and Pursuit, S. 246.
24 Lagebeurteilung v. 28.7.1944, 20.30 Uhr, in: BaMa RH 19 IV/51, Bl. 157.
25 Ose, Entscheidung im Westen, S. 209.
26 Ebda, S. 210.
27 Ebda, S. 212.

28 Ferngespräch Kluge-Blumentritt v. 31.7. 1944, in: BaMa RH 19 IV/51, Bl. 267 f.
29 Blumenson, Breakout and Pursuit, S. 317.
30 Blumenson, Patton Papers, S. 493.
31 Ansprache an seinen Stab v. 30.7.44, zitiert bei D'Este, Patton, S. 623.

20 Zwischen Mortain und Falaise

1 Bradley, A Soldiers Story, S. 375.
2 Eisenhower, Kreuzzug in Europa, S. 306.
3 Ose, Entscheidung im Westen, S. 214.
4 D'Este, Patton, S. 628.
5 Weighley, Eisenhowers Lieutenants, S. 175.
6 Hastings, Overlord, S. 282, D'Este, Eisenhower, S. 563.
7 Ose, Entscheidung im Westen, S. 229.
8 Ebda, S. 221.
9 Lagebeurteilung O.B.West v. 30.7.1944, in: BaMA, RH 19 IV/51, Bl. 274 ff.
10 Ose, Entscheidung im Westen, S. 217.
11 Ebda, S. 229.
12 Zetterling, Normandy 1944, S. 291 f.
13 Beevor, D-Day, S.
14 O.B.West v. 3.8.1944, zitiert bei Ose, Entscheidung im Westen, S. 229.
15 Fernschreiben v. 7.8.1944, in: BaMa, RH 19 IV/52, Bl. 252.
16 Ose, Entscheidung im Westen, S. 232.
17 Ebda, S. 231.
18 Weighley, Eisenhowers Lieutenants, S. 200 f.
19 Oberkommando der H.Gr. »B« v. 11.8.1944, in: BaMa RH 19 IX/8, Bl. 121 f.
20 Meldung der HG »B« v. 15.8.1944, in: BaMa RH 19/ IX/12, Bl. 32.
21 Bradley, A Soldiers Story, S. 376.
22 Hastings, Overlord, S. 303. So verlor etwa die 51st Highland-Division am 18. 8. 1944 51 Mann und 25 Fahrzeuge durch eigene Flugzeuge.
23 Ose, Entscheidung im Westen, S. 245.
24 Meyer, 12. SS-Panzer-Division, S. 331 f.
25 de Gaulle, Memoires de Guerre, Bd. 2, S. 360.
26 Dansette, Histoire de la libération de Paris, S. 286 f.
27 Ose, Entscheidung im Westen, S. 255.
28 D'Este, Eisenhower, S. 573.
29 Blumenson, Breakout and Pursuite, S. 558.
30 Zetterling, Normandy 1944, S. 74.

31 D'Este, Eisenhower, S. 571.

32 Blumenson (Hrsg.), Patton Papers, S. 638.

21 »Wie die Hunde aus der Stadt getrieben«

1 Jünger, Strahlungen, Tagebücher, Bd. 2, S. 303 (Eintrag v. 8.8.1944).

2 Martens/Nagel (Hrsg.), Walter Dreizner, S. 522.

3 Ebda, S. 517.

4 Vernehmungsprotokoll eines deutschen Offiziers, TNA (National Archives) v. 29.8.1944, zitiert bei Wegner, Das deutsche Paris, S. 181.

5 Von Arnim, Erinnerungen, S. 215.

6 Dansette, Histoire de la Libération de Paris, S. 74.

7 Von Arnim, Erinnerungen, S. 209.

8 Dansette, Histoire de la Libération de Paris, S. 75.

9 Von Arnim, Erinnerungen, S. 214 f.

10 Jünger, Strahlungen, Tagebücher, Bd. 2, S. 307 (Eintrag v. 14.8.1944).

11 Martens/Nagel (Hrsg.), Walter Dreizner, S. 518.

12 Fröhlich (Hrsg.), Goebbels Tagebücher, Teil II, Bd. 13, S. 336 (Eintrag v. 17.8.1944).

13 Lieb, Konventioneller Krieg oder NS-Weltanschauungskrieg?, S. 54.

14 Martens/Nagel (Hrsg.), Walter Dreizner, S. 518.

15 Treutlein/Neitzel, Paris im August 1944, in: Welzer, Neitzel, Gudehus (Hrsg.), »Der Führer war wieder zu human, zu gemütvoll«, S. 176.

16 Ebda, S. 175.

17 Von Arnim, Erinnerungen, S. 212.

18 Ludewig, Der deutsche Rückzug aus Frankreich, S.151.

19 Von Arnim, Erinnerungen, S. 223.

20 Ebda, S. 223 f.

21 Martens/Nagel (Hrsg.), Walter Dreizner, S. 518.

22 Sartre, Ein Spaziergänger im aufständischen Paris, in: Kalmbach (Hrsg.), Paris 1940–1944, S. 239.

23 Leutnant Nagel, Abgehörtes Gespräch in Trendpark v. 15.9. 1944, zitiert von Treutlein, Neitzel, Paris im August 1944, in: Welzer/Neitzel/Gudehus (Hrsg.), »Der Führer war wieder viel zu human, viel zu gefühlvoll«, S. 184.

24 Ebda, S. 152.

25 Von Arnim, Erinnerungen, S. 228.

26 Dansette, Histoire de la Libération de Paris, S. 326.

27 Ebda, S. 301.

28 Ebda, S. 307.
29 Ebda, S. 314.
30 Von Arnim, Erinnerungen, S. 231.
31 Ebda, S. 232.
32 Sartre konnte jedenfalls dem Mut zweier Deutscher, die am Seineufer in einen Hinterhalt geraten waren und sich eine Stunde wehrten, die Achtung nicht verweigern, Ein Spaziergänger im aufständischen Paris, in: Kalmbach (Hrsg.), Paris 1940 – 1944, S. 252.
33 Unveröffentliches Manuskript von Martin Treutlein, zitiert bei Wegner, Das deutsche Paris, S. 194.
34 Treutlein, Neitzel, Paris im August 1944, in: Welzer/Neitzel/Gudehus (Hrsg.), »Der Führer war wieder viel zu human, viel zu gefühlvoll«, S. 183.
35 Ebda, S. 174.
36 Wegner, Das deutsche Paris, S. 189 f.

22 Operation *DRAGOON*

1 Danchev/Todman (Hrsg.), Alan Brooke, War Diaries, S. 537.
2 Butcher, Three Years with Eisenhower, S.
3 D'Este, Eisenhower, S. 565 f.
4 Ebda, S. 567.
5 Das Deutsche Reich und der Zweite Weltkrieg, Bd. 7, S. 599.
6 Ebda, S.
7 Weigley, Eisenhower's Lieutenants, S. 228 ff.
8 Das Deutsche Reich und der Zweite Weltkrieg, Bd. 7, S. 600.
9 Ebda, S. 600.
10 Funkspruch v. Dönitz v. 21.8.1944, in: BaMa, RM 7/148.
11 Funkspruch v. 25.8.1944, in: BaMa, RM 7/148.
12 Neitzel, Der Kampf um die Atlantik- und Kanalfestungen, in: MGM 55 (1996), S. 407.
13 Weigley, Eisenhower's Lieutenants, S. 228.
14 Lieb, Konventioneller Krieg oder NS-Weltanschauungskrieg?, S. 458 ff.
15 Das Deutsche Reich und der Zweite Weltkrieg, S. 603 f.
16 Neitzel, Der Kampf um die Atlantik- und Kanalfestungen, in: MGM 55 (1996), S. 407.
17 Weigley, Eisenhower's Lieutenants, S. 237.

23 »Obéir c'est trahir – Désobéir c'est servir.«

1 Warner, Piere Laval, S. 297.

2 Erklärung Pétains im Ministerrat v. 13.6.1940, zitiert bei Aron, Histoire de Vichy, S. 21.

3 Jackson, France. The Dark Years, S. 149.

4 Memorandum v. Maxime Weygand v. 28.6.1940, zitiert bei Jackson, France. The Dark Years, S. 143.

5 Jackson, France. The Dark Years, S. 150.

6 Ebdada, S. 192 f.

7 Gide, Journal 1939–1949, S. 29 u. 53.

8 Mazower, Hitlers Imperium, S. 384 f.

9 Jackson, France. The Dark Years, S. 272.

10 Ebda, S. 169.

11 Ebda, S.

12 Mazower, Hitlers Imperium, S. 187 ff.

13 Ebda, S. 108.

14 Jackson, France. The Dark Years, S. 179.

15 Ebda, S. 145 f.

16 Mazower, Hitlers Imperium, S. 386.

17 Jackson, France. The Dark Years, S. 407.

18 Ebda, S. 431.

19 Wieviorka, Histoire de la Résistance, S. 447.

20 Ebda, S. 443.

21 Jackson, France. The Dark Years, S. 447 f.

22 Wieviorka, Histoire de la Résistance, S. 336 ff.

23 Ebda, S. 280.

24 Jackson, France. The Dark Years, S. 429.

25 Julian Jackson schätzt deren Zahl für Ende 1942 auf rund 220 000 Anhänger; siehe: Jackson, France. The Dark Years, S. 194.

26 Wieviorka, Histoire du Débarquement, S. 357 ff.

27 Ebda, S. 390 f.

28 Wieviorka, Histoire de la Résistance, S. 383 f.

29 G3-Bericht über die Operationen in der Bretagne v. 5.8.1944, zitiert bei Wieviorka, Histoire de Débarquement, S. 392.

30 Bradley, A Soldier's Story, S. 366.

31 De Gaulle, Memoires des Guerre, Bd. 2, S. 346.

32 Wieviorka, Histoire de la Résistance, S. 390 f.

33 Ebda, S. 376.

24 Von der Seine bis zum Westwall

1 Brief v. 31.8.1944, in: Buchbender/Sterz, Das Andere Gesicht des Krieges, S. 157 f.

2 Ludewig, Der deutsche Rückzug, S. 174.

3 Stückler, 2. SS-Panzer-Division »Das Reich«, Juni bis September 1944, in: BaMa ZA/1/2175, S. 62.

4 Ludewig, Der Deutsche Rückzug, S. 143 f.

5 Kortenhaus, 21. Panzerdivision, S. 379.

6 Ludewig, Der deutsche Rückzug, S. 139.

7 Eisenhower, Kreuzzug in Europa, S. 331.

8 Blumenson (Hrsg.), Patton Papers, S. 513.

9 OKH/GenStdH, Blutige Verluste O.B.West v. 6.11.1944, in: BaMa, RM 7/809: Demnach beliefen sich die Ausfälle bis Ende August auf 334 400 Mann, 1 100 Panzer und Sturmgeschütze sowie 3 300 Geschütze.

10 Stückler, 2. SS-Panzer-Division »Das Reich«, Juni bis September 1944, in: BaMa ZA/1/2175, S. 62.

11 Weigley, Eisenhower's Lieutenants, S. 273.

12 Ludewig, Der deutsche Rückzug, S. 195.

13 Das Deutsche Reich und der Zweite Weltkrieg, Bd. 7, S. 573.

14 KTB LXXXIX. AK v. 1.9.1944, BaMa RH 24–89/10, S. 5/2.

15 Aktennotiz über Frontbesuch im Westen, BA Koblenz, zitiert in: Hargraves, The Germans in Normandy, S. 239.

16 Ludewig, Der deutsche Rückzug, S. 218.

17 Ebda, S. 234.

18 Weigley, Eisenhower's Lieutenants, S. 277 f.

19 Das Deutsche Reich und der Zweite Weltkrieg, Bd. 7, S. 606 ff.

20 Ludewig, Der deutsche Rückzug, S. 325.

21 Montgomery, Von der Normandie zum Baltikum, S. 212 f.

22 Ludewig, Der deutsche Rückzug, S. 334.

Fazit

1 Die Invasion, Geschichte der Panzergruppe »West«, in: BaMa ZA/1/817, S. 39.

2 Lieb, Overlord, S. 211 f.

3 Hitlers Weisung Nr. 51 v. 5. 11.1943, in: Hubatsch (Hrsg.), Hitlers Weisungen für die Kriegführung, S. 235.

4 Oberstleutnant Ziegelmann, Geschichte der 352. Infanterie-Division, in: BaMa, ZA/1/782, S. 14.

5 Rommel, »Betrachtungen zur Lage« v. 15.7.1944 sowie von Kluge, Lagebeurteilung v. 21.7.1944, in: BaMa, RH 19 IX/8, Bl. 21 ff.

6 O.B.West v. 7.6.1944, in: BaMa, RH 19 IV/47, S. 44.

7 Stückler, Die 2. SS-Panzer-Division »Das Reich«, Juni bis September 1944, in: BaMa, ZA/1/.

8 Beurteilung der Lage durch O.B.West v. 11.6.1944, in: BaMa RH 19 IV/47, S. 163.

9 Geyr von Schweppenburg, Invasion. Geschichte der Panzergruppe West, in: ZA/1/817, S. 39.

10 Citino, The Wehrmacht's Last Stand, S. 110.

Bibliographie

Ungedruckte Quellen

Bundesarchiv – Militärarchiv Freiburg (BaMa)

RW 4, Oberkommando der Wehrmacht/Wehrmachtsführungsstab

RH 3, Oberkommando des Heeres/Generalquartiermeister

RH 19 IV, Bestand Heeresgruppe „D"/ O.B.West 1944/45

RH 19 IX, Bestand Heeresgruppe „B", 1943/45

RH 20-7, Armeeoberkommando 7

RH 21-5, Panzergruppe „West", Panzer-Armeeoberkommando 5

RM 35/II, Marinegruppenkommando „West"

RL 7-3, Luftflotte 3

Foreign Military Studies, ZA/1/ 226, 353, 607, 769, 782, 791, 817, 975, 1077, 1136, 2175

Quellensammlungen

Martin Blumenson (Hrsg.), The Patton Papers 1940–1945, Boston 1974.

Ortwin Buchbender/ Reinhold Sterz (Hrsg.), Deutsche Feldpostbriefe 1939–1945, München 1982.

Harry Cecil Butcher, Three Years with Eisenhower. The Personal Diary of Captain Harry C. Butler, London 1946.

Alfred D. Chandler u.a. (Hrsg.), The Papers of Dwight David Eisenhower, 21 Bde, Baltimore 1971–2001.

Alex Danchev/ Daniel Todman (Hrsg.), Alan Brooke, War Diaries 1939–1945, London 2001.

Max Domarus (Hrsg.), Hitler-Reden und Proklamationen, 2 Bde, München 1965.

Elke Fröhlich (Hrsg.), Die Tagebücher von Joseph Goebbels, Bd. 6–9, München 1998.

Charles de Gaulle, Memoires de Guerre, 3 Bde, Paris 1971–1974.

Helmut Heiber (Hrsg.), Hitlers Lagebesprechungen. Die Protokollfragmente seiner militärischen Konferenzen, 1942–1945, Stuttgart 1962.

Basil Henry Liddell Hart (Hrsg.), The Rommel Papers, New York 1953.

Walther Hubatsch (Hrsg.), Hitlers Weisungen für die Kriegführung 1939–1945. Dokumente des Oberkommandos der Wehrmacht, Frankfurt/Main 1962.

David C. Isby (Hrsg.), Fighting in Normandy. The German Army from D-Day to Villers-Bocage, Yorkshire 2001.

Hans Adolf Jacobson, Der Zweite Weltkrieg in Chronik und Dokumenten, Darmstadt 1967.

Stefan Martens/ Friedrich Rudolph Nagel (Hrsg.), Walter Dreizner. Ein deutscher Soldat erlebt die Befreiung von Paris 1944, in: Militärgeschichtliche Zeitschrift (MGZ) 65, 2006, S. 504–544.

Russell Miller, Nothing Less Than Victory. The Oral History of D-Day, London 1993.

Percy Ernst Schramm, Kriegstagebuch des Oberkommandos der Wehrmacht, 1940–1945, Bd. IV, Frankfurt 1961.

Aufsätze

Karl Gundelach, Drohende Gefahr West. Die deutsche Luftwaffe vor und während der Invasion 1944, in: Wehrwissenschaftliche Rundschau, 9. Jg. (1959), H.6, S. 299–328.

Stephen Hart, Indoctrinated Nazi Teenaged Warriors. The Fanaticism oft he 12th SS-Panzer-Division Hitlerjugend in Normandy, in: Matthew Hughes u.a (Hrsg.) Fanaticism and Conflict in the Modern Age, London, New York 2005, S. 81–100.

Andreas Hillgruber, Das Problem der „Zweiten Front“ in Europa 1941–1944, in: Ders. Deutsche Großmacht und Weltpolitik im 19. und 20. Jahrhundert, Düsseldorf 1977, S. 332–349.

Theodor Krancke, Invasionsabwehrmaßnahmen der Kriegsmarine im Kanalgebiet 1944, in: Marine-Rundschau, 66. Jg. (1969), H. 3, S. 170–187.

Peter Lieb, Erwin Rommel. Widerstandskämpfer oder Nationalsozialist? In: Vierteljahresheft für Zeitgeschichte, 61 (2013), S. 303–343.

Sönke Neitzel, Der Kampf um die deutschen Atlantik- und Kanalfestungen und sein Einfluss auf den alliierten Nachschub während der Befreiung Frankreichs 1944/45, in: Militärgeschichtliche Mitteilungen (MGM), 55/1996, S. 381–430.

Albert Norman, Die Invasion in der Normandie 1944, in: Hans Adolf Jacobson/ Jürgen Rohwer (Hrsg.), Entscheidungsschlachten des Zweiten Weltkriegs, Frankfurt/Main 1960, S. 399–439.

Jean-Paul Sartre, Ein Spaziergänger im aufständischen Paris, in Gabriele Kalmbach (Hrsg.), Paris 1940–1944. Die dunklen Jahre der „Ville Lumière, Berlin 1993, S. 232–270.

Martin Treutlein/Sönke Neitzel, Paris im August 1944, in: Harald Welzer/Söhnke Neitzel/ Christian Gudehus (Hrsg.), „Der Führer war wieder viel zu human, viel zu gefühlvoll". Der Zweite Weltkrieg aus der Sicht deutscher und italienischer Soldaten, Frankfurt 2011, S. 172–195.

Monographien

Stephen E. Ambrose, D-Day. 6 June – The Battle for the Normandy Beaches, London 1994.

Ders., Supreme Commander. The War Years of Dwight D. Eisenhower, Jackson (Miss.) 1990.

Ders., Citizen Soldiers. From the Beaches of the Normandy to the Surrender of Germany, London 2002.

Dankwart Graf von Arnim, Als Brandenburg noch die Mark hieß, Berlin 1991.

Antony Beevor, D-Day. Die Schlacht um die Normandie, München 2010.

Ders. Der Zweite Weltkrieg, München 2014.

Martin Blumenson, Breakout and Pursuit, Washington 1993.

Stephen Alan Bourque, Beyond the Beach. The Allied War Against France, Annapolis (Maryland) 2018.

Omar Bradley, A Soldier's Story, New York 1951.

Martin van Creveld, Kampfkraft. Militärische Organisation und Leistung der deutschen und amerikanischen Armee 1939–1945, Graz 2020.

Winston Spencer Churchill, Der Zweite Weltkrieg. Memoiren, 5 Bde, London 1948–1952, Deutsche Übersetzung, Bern, München 1985.

Robert Michael Citino, The Wehrmacht's Last Stand, Kansas 2017.

Terry Copp, Fields of Fire. The Canadians in Normandy, Toronto 2003.

Adrien Dansette, Histoire de la Libération de Paris, Paris 1994

Michael D. Doubler, Closing with the Enemy. How GIs fought the War in Europe, 1944–1945, Lawrence (Kansas) 1994.

Trevor N. Dupuy, Numbers, Prediction and War, New York 1978.

Lionel Frederic Ellis, History of the Second World War. Victory in the West, Bd. 1, Uckfield (UK) 1962.

Dwight David Eisenhower, Kreuzzug in Europa, Amsterdam 1948.

Carlo D'Este, Eisenhower. A Soldiers Life, New York 2002.

Ders., Patton. A Genius for War, New York 1995.

Ders., Decision in Normandy. The Real Story of Montgomery and the Allied Campaign, London 1983.

David French, Raising Churchill's Army. The British Army and the War against Germany 1919–1945, Oxford 2000.

Martin Gilbert/Randolph Churchill, Winston Spencer Churchill, 8 Bde, London 1971–1988.

Martin Gilbert, D-Day, London 2003.

Nigel Hamilton, Monty. Master oft he Battlefield 1942–1944, London 1983.

Richard Hargreaves, The Germans in Normandy, Barnsley (GB) 2006.

Gordon A. Harrison, Cross-Channel Attack, Washington D.C. 1993.

Russel A. Hart, Clash of Arms. How the Alliies Won in Normandy, Bolder (Colorado) 2001.

Max Hastings, Overlord. D-Day & The Battle for Normandy, New York 1984.

Ders., Finest Years. Churchill as Warlord 1940–45, London 2009.

Friedrich Hayn, Die Invasion. Von Contentin bis Falaise, Heidelberg 1954.

Winfried Heinemann, Unternehmen „Walküre". Eine Militärgeschichte des 20. Juli 1944, Berlin, Bosten 2019.

Michael Howard, British Intelligence in the Second World War (History oft the Second World War Bd. 5), London 1990.

Ders., Liberation or Catastrophe? Reflections on the History oft the Twentieth Century, London 2007.

David Irving, Rommel. Eine Biographie, Hamburg 1978.

Julian Jackson, The Fall of France. The Nazi Invasion of 1940, Oxford 2003.

Ders., A Certain Idea of France. The Life of Charles de Gaulle, Oxford 2018.

Ders., France. The Dark Years 1940–1944, Oxford 2003.

Otto Jacobsen, Erich Marcks. Soldat und Gelehrter, Göttingen 1971.

Eberhard Jäckel, Frankreich in Hitlers Europa. Die deutsche Frankreichpolitik im Zweiten Weltkrieg, Stuttgart 1966.

Ernst Jünger, Strahlungen, 2 Bde, Stuttgart 1988.

Hermann Jung, Die Ardennenoffensive 1944/45. Ein Beispiel für die Kriegführung Hitlers, Göttingen 1971.

Gabriele Kalmbach (Hrsg.), Paris 1940–1944. Die dunklen Jahre der „Ville Lumière", Berlin 1993.

John Keegan, Six Armies in Normandy. From D-Day to the Liberation of Paris, London 1982.

Alexander Kershaw, The Bedford Boys. One American Town's Ultimate D-Day Sacrifice, Cambridge 2003.

Ian Kershaw, Hitler, 2 Bde, Stuttgart 2000.

Kersten Knipp, Paris unterm Hakenkreuz, Darmstadt 2020.

Werner Kortenhaus, 21. Panzerdivision 1943–1945, Uelzen 2007.

Peter Lieb, Unternehmen Overlord. Die Invasion in der Normandie und die Befreiung Westeuropas, München 2014.

Ders., Konventioneller Krieg oder NS-Weltanschauungskrieg? Kriegführung und Partisanenbekämpfung in Frankreich 1943/44, München 2007.

Sean Longden, To the Victor the Spoils. Soldier's Lives from D-Day to VE-Day, London 2007.

Hans von Luck, Panzer Commander. The Memoirs of Colonal Hans von Luck, New York 1991.

Joachim Ludewig, Der deutsche Rückzug aus Frankreich 1944, Freiburg 1994.

Peter R. Mansoor, The GI Offensive in Europe. The Triumph of American Infantry Divisions 1941–1945, Lawrence (Kansas) 1999.

Mark Mazower, Hitlers Imperium. Europa unter der Herrschaft des Nationalsozialismus, München 2009.

Hubert Meyer, 12. SS-Panzerdivision „Hitlerjungend", Selenth 2001.

Militärgeschichtliches Forschungsamt (Hrsg.), Das Deutsche Reich und der Zweite Weltkrieg, 10 Bde., Stuttgart 1979–2008.

Winfried Mönch, Entscheidungsschlacht „Invasion" 1944?, Stuttgart 2001.

Frederick E. Morgan, Peace and War. A Soldier's Life, London 1961.

Stephan Napier, The Armoured Campaign in Normandy . June–August 1944, Brimscomb Port Stroud (UK) 2015.

Sönke Neitzel/ Harald Welzer, Soldaten. Protokolle vom Kämpfen, Töten und Sterben, Frankfurt 2011.

Ders., Deutsche Krieger. Vom Kaiserreich zur Berliner Republik, Berlin 2020.

Dieter Ose, Entscheidung im Westen 1944. Der Oberbefehlshaber West und die Abwehr der alliierten Invasion, Stuttgart 1982.

Richard Overy, Die Wurzeln des Sieges. Warum die Alliierten den Zweiten Weltkrieg gewannen, Stuttgart 2001.

Geoffrey Perret, There's A War to be Won. The United States Army in World War II, New York 1991.

Maurice Philip Remy, Mythos Rommel, München 2004.

Felix Römer, Kameraden. Die Wehrmacht von innen, München, Zürich 2012.

Henri Rousso, Vichy. Frankreich unter deutscher Besatzung 1940–1944, München 2009.

Friedrich Ruge, Rommel und die Invasion. Erinnerungen, Stuttgart 1959.

Heinrich Severloh, WN 62. Erinnerungen an Omaha-Beach, 6. Juni 1944, Garbsen 2000.

William L. Shirer, Berliner Tagebuch. Aufzeichnungen 1934–1941, Köln 1991.
Albert Speer, Erinnerungen, Frankfurt 1969.
Marlis Steinert, Hitlers Krieg und die Deutschen. Stimmung und Haltung der deutschen Bevölkerung im Zweiten Weltkrieg, Düsseldorf, Wien 1970.
Mark A. Stoler, Allies in War. Britain and Americans Against the Axis Powers 1940–1945, London 2005.
Hans Umbreit, Invasion 1944, Hamburg, Berlin, Bonn 1988.
Walter Warlimont, Im Hauptquartier der deutschen Wehrmacht 1939–1954. Grundlagen, Formen, Gestalten, Bonn 1964.
Russell F. Weigley, Eisenhower's Lieutenants. The Campaign of France and Germany, 1944–1945, Bloomington (Indiana) 1990.
Ders., The American Way of War. A History of United States Military Strategy and Policy, Bloomington (Indiana) 1973.
Hans Wegmüller, Die Abwehr der Invasion. Die Konzeption des Oberbefehlshabers West 1940–1944, Freiburg 1979.
Bernd Wegner, Das deutsche Paris. Der Blick der Besatzer 1940–1944, Paderborn 2019.
Harald Welzer, Sönke Neitzel, Christian Gudehus (Hrsg.), „Der Führer war wieder viel zu human, viel zu gefühlvoll". Der Zweite Weltkrieg aus der Sicht deutscher und italienischer Soldaten, Frankfurt 2009.
Olivier Wieviorka, Histoire du Débarquement en Normandie. Des Origines à la Libération de Paris, Paris 2007.
Ders., Histoire de la Résistance, Paris 2013.
Chester Wilmot, Der Kampf um Europa, Hamburg 1963.
Niklas Zetterling, Normandy 1944. German Military Organization, Combat Power and Organizational Effectivness, Havertown, Oxford 2019.
Stefan Zweig, Die Welt von Gestern. Erinnerungen eines Europäers, Frankfurt 1982.

Bildnachweis

akg-images: S. 2/3, S. 23, S. 37 (Sammlung Berliner Verlag / Archiv), S. 44, S. 55 (Sammlung Berliner Verlag / Archiv), S. 77 (Abbie Rowe), S. 85 (Mondaori Protfolio), S. 102 (Science Photo Library / Library of Congress), S. 103, S. 122 (UIG / Underwood), S. 171 (Glasshouse), S. 181 (Sammlung Berliner Verlag / Archiv), S. 185 (TT News Agency / SVT), S. 198, S. 203 (Sammlung Berliner Verlag / Archiv), S. 230, S. 247, S. 278, S. 287 (UIG / Underwood), S. 301 u. 307 (Sammlung Berliner Verlag / Archiv)

bpk: S. 155 (Jean-Marie Marcel / adoc-photos)

Peter Palm: Vor- und Nachsatz, S. 94/95, S. 108, S. 111, S. 115, S. 162/163, S. 176, S. 241, S. 254/255, S. 260, S. 284

Bundesarchiv: S. 225 (Wolfgang Vennemann)

Register

C

D

E

F

G

M

N

O

P

Q

R

S

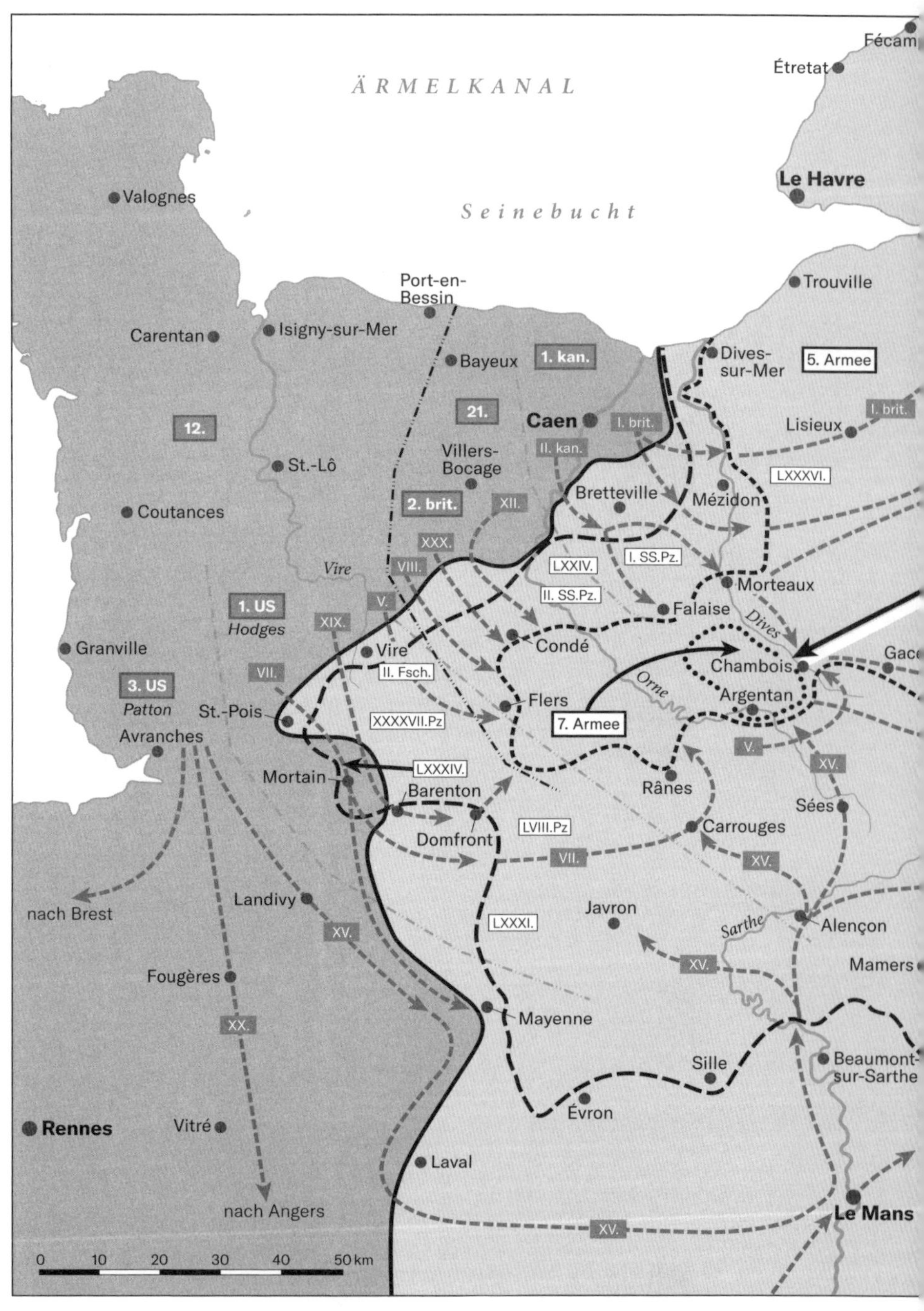

ÄRMELKANAL
Seinebucht
Fécam
Étretat
Le Havre
Trouville
Valognes
Port-en-Bessin
Carentan
Isigny-sur-Mer
Bayeux
1. kan.
Dives-sur-Mer
5. Armee
21.
Caen
I. brit.
Lisieux
I. brit.
12.
II. kan.
St.-Lô
Villers-Bocage
LXXXVI.
Bretteville
Mézidon
Coutances
2. brit.
XII.
XXX.
I. SS.Pz.
LXXIV.
Vire
VIII.
Morteaux
1. US
Hodges
V.
II. SS.Pz.
Falaise
Dives
XIX.
Condé
Granville
Vire
Chambois
Gace
VII.
II. Fsch.
Orne
3. US
Patton
St.-Pois
Flers
Argentan
Avranches
XXXXVII.Pz
7. Armee
V.
XV.
LXXXIV.
Mortain
Barenton
Rânes
Sées
Domfront
LVIII.Pz
Carrouges
VII.
XV.
nach Brest
Landivy
Javron
LXXXI.
Sarthe
Alençon
XV.
Fougères
XV.
Mamers
Mayenne
XX.
Sille
Beaumont-sur-Sarthe
Rennes
Vitré
Évron
Laval
nach Angers
Le Mans
XV.
0
10
20
30
40
50 km